Koukoulofori – Die Vermummten

Impressum

creative commons
Verlag immergrün
www.immergruen.cc

Grafik und Covergestaltung: Martina Zaninelli
Satz: Elemer
Druck: mcp

ISBN: 978-3-910281-11-0

Wir bitten diejenigen Fotograf*innen, die wir nicht recherchieren konnten, sich bei uns zu melden.

Koukoulofori – Die Vermummten

Anarchie und Widerstand in Griechenland 1967 – 1996

IMMERGRÜN

Inhalt

Vorwort

»The historical memory of freedom and revolt is
in fact a window to the present and the future.«

Zum 41. Jahrestag der Niederschlagung des Aufstands gegen die griechische Militärdiktatur, folgten im November 2014 zahlreiche Menschen einer Einladung der Gruppe Anarchistisches Archiv. Die nahezu jährliche Veranstaltung im Athener Polytechnio beleuchtet die Revolte von 1973 mit unterschiedlichen Schwerpunkten. In diesem Jahr lag er auf der Frage, ab welchem Zeitpunkt Anarchist*innen die politische Bühne in Athen betreten haben.

Das Durchschnittsalter der Anwesenden war relativ hoch und so entwickelte sich nach dem üblichen Monolog der Veranstalter ein teilweise heftiges Streitgespräch unter Zeitzeug*innen über die Entwicklung der anarchistischen Bewegung seit den 70er Jahren.

Einer der strittigen Punkte war, ob es überhaupt eine anarchistische Beteiligung an den Protesten gegen die Junta 1973 gab und wie es mit der Positionierung der anarchistischen Bewegung zu den linken Parteien stand bzw. steht, damals (Pasok*) und heute (Syriza *). Insgesamt gibt es über die griechische Geschichte zwischen 1944 und 1974 nicht viel leicht zugängliches Material in deutscher Sprache (die Werke von Heinz A. Richter ausgenommen) – auf Griechisch vor allem innerhalb der kommunistischen Geschichtsschreibung – und kein offizielles Gedenken von Seiten des Staates an den Bürgerkrieg. Die Diktatur der Obristen von 1967 bis 1974 wird mittlerweile weitgehend verdrängt oder instrumentalisiert. Das jährliche Andenken an den 17. November 1973, dem folgenreichen Tag der Erstürmung des besetzten Polytechnios durch das Militär mit dreißig Toten und hunderten Verletzten, bildet hier die absolute Ausnahme und bezeugt, dass jede Regierung das Datum in ihrem Sinne für sich vereinnahmt. Die Richterin Katerina Sakellaropoulou, die auf Vorschlag von Kyriakos Mitsotakis (ND) seit 2020 Staatspräsidentin von Griechenland ist, formulierte in einer Rede zum 50.

Jahrestag der Polytechnio-Ereignisse: »Heute, da die Demokratie fest und robust ist, liegt es in unserer Verantwortung, sie mit der gleichen Leidenschaft und unerschütterlichen Entschlossenheit zu schützen, wie es diese widerstandsfähigen jungen Menschen vor fünfzig Jahren getan haben.«[1]

Und Mitsotakis sagte selbst dazu: »Der November ’73 inspiriert daher weiterhin durch die ständige Erneuerung seiner Forderungen. Der Slogan ›Brot-Bildung-Freiheit‹ treibt die heutigen Bemühungen um ein moderneres und widerstandsfähigeres Griechenland an – eine Nation mit einer vereinten Gesellschaft, die ein besseres tägliches Leben anstrebt und sich zum Nutzen aller ihrer Bürger weiterentwickelt. Wir gedenken des 50. Jahrestages des Aufstandes und zollen den Kämpfern gegen die Diktatur unseren Respekt. Wir bemühen uns, den Jahrestag frei von parteipolitischer Instrumentalisierung zu halten, die seine Bedeutung schmälern würde.«[2]

Dem staatlichen Narrativ zufolge, war die Militärjunta von 1967 bis 1974 eine Art Entgleisung in der Geschichte, deren Bedeutung nicht übertrieben werden sollte. In der Vermittlung von Geschichte, wie beispielsweise in Schulen und Museen, wird der Kampf um die Unabhängigkeit gegen das Osmanische Reich 1821, der Krieg gegen die Türkei mit der Vertreibung der griechischen Bevölkerung aus der Gegend um Izmir 1922 (»Kleinasiatische Katastrophe«), der Widerstand des Metaxas-Regimes gegen Italien 1940 und der Zypern-Konflikt 1974 unkritisch und als besonders wichtig hervorgehoben. Dieser Auslegung nach war die Junta nur eine kurze Unterbrechung der Demokratie, während die Kollaboration mit Deutschland bis 1944, der darauf folgende Bürgerkrieg bis 1949 und der staatliche Autoritarismus bis 1967 verdrängt werden. Die Besetzung des Polytechnios im November 1973 war demzufolge ein friedlicher Akt zivilen Ungehorsams. Für Nea Dimokratia* (ND) ein demokratisches Vorbild (die politische Beliebigkeit dessen zeigt sich daran, dass ND zahlreiche Funktionäre der Junta in ihre Partei aufnahm und heute bekennende Faschisten zu Ministern macht), für Pasok und Syriza eine friedliche Delegitimierung des rechten Lagers und für die Kommunistische Partei Griechenlands* (kke) eine linke Erhebung, die gegen Provokateur*innen verteidigt werden musste und muss. Der militante Widerstand gegen die Obristen wird verdrängt und wenn sogar damals Gegengewalt weder legitim noch notwendig war, ist heute jede illegale[3] Aktionsform erst Recht zu verurteilen. Über die Details in der Interpretation des 17. November, dürfen die Jugendorganisationen der Parteien jedes Jahr während der Feierlichkeiten streiten. Die von jedem Ministerpräsident, seit 1974, am 17. November unter Polizeischutz zelebrierte Rede im Polytechnio, vor den Resten des 1973 zerstörten Tores, symbolisiert diese Vereinnahmung.[4]

Ein weiteres Beispiel der staatlichen Definitionsmacht über die Vergangenheit, ist der »Nein-Tag« am 28. Oktober. Ein Feiertag, an dem das Nein des faschistischen Diktators Metaxas zum Ultimatum Mussolinis 1940 gepriesen und der Widerstand gegen die Besatzung im Zweiten Weltkrieg verzerrt wiedergegeben wird. Der folgende Bürgerkrieg bis 1949 wurde von den rechten Regierungen der 50er und 60er Jahre nur mit Ritualen in ihrem Sinne aufgearbeitet, mit der Intention, die Perspektive der linken und kommunistischen Gruppen aus dem kollektiven Gedächtnis zu verbannen. Zwar sind inzwischen zahlreiche Publikation zur Geschichte der Elas* erschienen, aber der Widerstand gegen die Junta von 1967 bis 1974 liegt weiterhin größtenteils im Verborgenen.

Hier beginnt die Recherche, denn irgendwann in diesem Zeitraum muss die anarchistische Bewegung in Griechenland ihr Erscheinen angekündigt haben, als Splitter zwischen zahlreichen militanten linken Strömungen, die einige Koordinaten bezüglich der Legitimität von politischer Gewalt festlegten und bestrebt waren, revolutionäre Prozesse in der Gesellschaft zu definieren. Sowohl die anarchistische Bewegung als auch die verschiedenen Strömungen der Linken und Linksradikalen sind bemüht mit der Gesellschaft zusammen soziale Kämpfe zu führen. Mit

Demonstrationen, Erklärungen und Versammlungen soll eine gesellschaftliche Legitimität erreicht werden. Den Vorwurf des antisozialen Verhaltens durch bestimmte Aktionsformen, versuchen die meisten Gruppen zu vermeiden. Die Anarchist*innen und die bewaffneten Gruppen haben aber die Bedeutung einer Legitimation oder den Diskurs, woraus sich Legitimation ableiten lässt, unterschiedlich gewichtet. Der Bruch damit kam erst 2008 mit den Texten der Verschwörung der Feuerzellen.

Die überwältigende Mehrheit der in diesem Buch vorgestellten bewaffneten Gruppen, Personen und anarchistischen Strömungen, ging von einem Antagonismus der Gesellschaft zum Staat aus. Die Verschwörung der Feuerzellen hingegen ging davon aus, dass »die Lebensweise der Menschen die soziale Moral gestaltet, der sich dann die politischen Umstände anpassen. Daraus entstehen die Begriffe Macht, Staat und Eigentum, die sich institutionalisieren, indem sie ihre Hierarchie konsolidieren, die wiederum in die Gesellschaft eintaucht und somit den autoritären Lebensstil besiegelt. Kurz, trotz ihrer Gegensätze entfalten Staat und Gesellschaft ein wechselseitiges Verhältnis. Folglich interagiert die Bildung von Staat und Macht mit der Gesellschaft und ist ihr nicht fremd.«[5] Die Feuerzellen unterstützten zwar auch Massenkämpfe, führten diese aber auf lediglich wirtschaftliche Unzufriedenheiten bestimmter Schichten zurück. Folglich versuchten sie auch nicht die Legitimation der Gesellschaft zu erlangen.

Wenngleich erste anarchistische Gedanken ab 1860 unter dem Einfluss italienischer Genoss*innen in den meisten griechischen Städten und auf den Inseln Verbreitung fanden, resultierten sie nicht so häufig in der Propaganda der Tat, die in der Geschichtsschreibung anderer nationaler Gebiete als Anfang der anarchistischen Tendenz behandelt wird. Eine Ausnahme war Alexandros Schinas, der am 18. März, 1913 in Thessaloniki den König Georg I. erschossen hatte und, nachdem man ihn folterte, am 6. Mai aus einem Fenster des Polizeipräsidiums stürzte.[6] Als weitere Ausnahme gilt Dimitris Matsalis, der am 3. November 1893 in Patras den Bankier Dionysis Frangopoulos auf offener Straße erstach und einen weiteren Händler verletzte.[7]

Im Dezember 1944 fielen zahlreiche Anarchist*innen den Säuberungen der KKE zum Opfer, die noch schnell ihre Gegner eliminierte bevor sie Athen den britischen Truppen überließ. In den folgenden Jahren führten weitere Repressionen zum fast völligen Verschwinden der anarchistischen Strömung bis zum Ende der 60er Jahre.

Seitdem beeinflusst die anarchistische Bewegung, mit zahlreichen Höhen und Tiefen, über die Grenzen Griechenlands hinaus Analysen, Theorien und Praxen eines antagonistischen und autonomen Milieus weltweit. Die folgende Abhandlung will für den deutschen Sprachraum etwas historisches Grundwissen vermitteln und aufzeigen, unter welchen Bedingungen sich der griechische Anarchismus in soziale Kämpfe einmischte oder diese anzettelte. Dies geschieht auch unter dem Eindruck der, mit einigen Jahren Abstand, gewonnenen Erkenntnis, dass die Autonomen und Linksradikalen in der BRD sich mit den Hintergründen und Folgen des Dezember 2008 und den Unruhen während der sogenannten Finanzkrise 2010–2014, zu oberflächlich beschäftigt haben und vieles nur als Spektakel wahrgenommen wurde.

Wenn die anarchistische Bewegung in Griechenland als relativ groß und handlungsfähig bezeichnet werden kann – wobei sie weniger isoliert von den sozialen Prozessen der Gesellschaft erscheint, als in den meisten anderen Ländern – lassen sich daraus Indikatoren für die Entwicklung anarchistischer Perspektiven erkennen? Während des hier behandelten Zeitraums war Griechenland von unterschiedlichen sozialen Kämpfen geprägt, in denen sich linkes und linksradikales Aufbegehren, meistens in den verschiedenen Varianten des kommunistischen Klassenkampfes, äußerte. Die Begrenztheit marxistisch-leninistischer, maoistischer und trotzkistischer Analysen sowie eine inkonsequente Praxis, offenbarte vielen Menschen überhaupt erst die

Notwendigkeit individueller oder kollektiv-horizontaler Organisierungsversuche.

Die einzelnen Kapitel beschreiben die jeweiligen Tendenzen der Stadtguerilla[8], die kulturellen Einflüsse und die Orte, aus denen sich das diffuse[9] Spektrum bildete, dass heute den anarchistischen Raum[10] darstellt.

Als zeitlicher Rahmen liegt das Geschehen von Mitte der 60er bis Mitte der 90er Jahre zugrunde, innerhalb dessen vieles ausprobiert wurde, was nach der Jahrtausendwende die Melange des Widerstands auch in anderen Regionen bewegt.

Die Geschichte des Widerstands in Griechenland gegen die deutsche Besatzung, der folgende Bürgerkrieg und die Phase bis Mitte der 60er Jahre, würde jeden Rahmen sprengen um sie halbwegs nachvollziehbar darzustellen. Besonders über den Kampf von EAM und ELAS gibt es sehr gute Quellen.[11] Es ließen sich wenig Hinweise auf Theorie und Praxis von Anarchist*innen vor der Machtergreifung der Obristen finden, daher fängt der Zeitrahmen 1967 an. Er endet 1996, weil danach so viele Veränderungen in der anarchistischen Bewegung und insgesamt im politischen Leben Griechenlands stattgefunden haben, dass ich ab 1996 vom Beginn der Gegenwart sprechen würde. Und über die Gegenwart gibt es erneut sehr viele Quellen, die jeden Rahmen sprengen würden. Zudem wollte ich keinen Bericht über die Gegenwart schreiben. Die Protagonist*innen des letzten Kapitels haben jedenfalls die Verantwortung für die Art und Weise getragen, mit denen sich diese Bewegung ins Bewusstsein der deutschsprachigen Szene und manchmal auch der Nachrichten gebracht hat.

Die Anfang der 2000er Jahre aufkommende Antiglobalisierungsbewegung wurde bei den Gipfelprotesten in Prag und Genua, unter anderem auf der praktischen Ebene, das heißt hinsichtlich der Taktiken des Straßenkampfes, auch von der Bewegung aus Griechenland beeinflusst. Beim EU-Gipfel 2003 in Thessaloniki machten viele angereiste Autonome und Linksradikale ihre erste, und oft letzte, Bekanntschaft mit dem anarchistischen Raum

Griechenlands. Ein Auswertungstext (»militant errors – Auswertung Thessaloniki 2003«[12]), der im Anschluss auf deutschsprachigen Gegeninformationsseiten und in der *Interim* zirkulierte, attestierte der griechischen Bewegung Mackertum, Militanzfetisch und Sexismus als wesentliche Kritikpunkte.

Wahrgenommen wurde diese Bewegung vor allem durch das militante Auftreten Vermummter bei Krawallen. Die Vermummung tauchte erst Mitte der 80er Jahre auf, wird von einigen Beteiligten bei jedem Anlass verwendet und von anderen wiederum abgelehnt; sie wollen Gesicht zeigen. Vom politischen Gegner wird die Vermummung regelmäßig als Beleg wilder Verschwörungstheorien ausgenutzt. Sie ist also nicht nur Schutz sondern auch Einfallstor für die Reduzierung der Anarchie auf eine bestimmte Praxis.

In jener Phase bedienten sich Diskurse über anarchistische Theorien und Perspektiven weltweit häufig an dem, was zwischen Athen und Thessaloniki publiziert wurde. Ob die dabei verwendeten Zuschreibungen (u.a.: Sozialanarchisten, Antiautoritäre) und Begriffe (u.a.: Nihilismus, Insurrektionalismus) tatsächlich zutreffend waren und sind, darf bezweifelt werden.

Denn um wirklich zu verstehen wie eine Bewegung oder eine Gesellschaft funktioniert, müsste mensch sich über einen längeren Zeitraum dort aufhalten. Was während der aufständischen Perioden, wie dem Dezember 2008 oder den Revolten der Krisenjahre und der folgenden Syriza-Regierung im deutschen *Indymedia* und Szenepublikationen geschrieben oder in Diskussionen vorgebracht wurde, erweckte meistens den Eindruck, dass die Verfasser*innen nicht bei der Entwicklung von Positionen, Konfliktlinien oder Begriffen dabei gewesen sind und oftmals lediglich die Bilder als Projektionsfläche der eigenen Zustimmung oder Ablehnung genutzt wurden.

Die anarchistische Szene in Deutschland hat ihre Beziehung zur Gesellschaft und zur Linken seit dem nicht weiterentwickelt, wie auch der hiesige militante Widerstand sporadisch erscheint.[13]

Mit der hier vorliegenden Abhandlung wird ein Schlaglicht auf eine historische Periode einer spezifischen Region geworfen. Dafür habe ich mich auf verschiedene Quellen[14] gestützt. Auch weitere von mir genutzte (auto)biografische Aufnahmen, besonders von Jahrestagen historischer Momente auf Indymedia Athen oder unbekannteren Blogs, sowie Wortbeiträge auf Veranstaltungen zu Jahrestagen, aktuelle Debattenbeiträge und informelle Gespräche, aber auch einige Aktionserklärungen, die immer wieder Bezug auf die Vergangenheit nehmen, lassen die von mir geteilte Intention erkennen, diesen Teil der Geschichte nicht der Vergessenheit anheim fallen zu lassen. Würden mehr solche Schlaglichter bestimmte Perioden anderer Regionen aufhellen, stünde ein erheblicher Erfahrungsschatz für Entscheidungen in stürmischen Zeiten zur Verfügung.

Das Einmischen in Arbeitskämpfe, die Beteiligung an Bildungsprotesten und das Verständnis von Universitäten als wichtige Orte, das schnelle Reagieren auf staatliche Repressionen, das offenere Auftreten in Versammlungen oder die Verteidigung von Nachbarschaften, haben sich ja bereits in vielen Ländern und Phasen als geeignete Momente zur Entwicklung anarchistischer Perspektiven bewiesen. Die zahlreichen Veröffentlichungen zu Italien in den 70er Jahren oder den Gelbwesten in Frankreich, verstehe ich als solche notwendigen Schlaglichter. Es existiert tatsächlich die Hoffnung, dass sich die etwas eindringlicheren Recherchen gegen die Social-Media-Kommentare durchsetzen können. Ich behaupte, dass Wissen notwendig ist für Analysen und diese die Voraussetzungen für Positionen sind, die als Konsequenz kollektive Entscheidungen, wie z. B. verbindlichere Organisierung, ermöglichen.

Ich glaube, dass es gefährlich werden könnte, wenn die historische Erzählung der anarchistischen Bewegung von der Bewegung selbst vernachlässigt wird, und stattdessen nach und nach in einen wissenschaftlichen Diskurs übergeht, der nicht dem Zweck dient, die Inhalte und Praxis der Anarchie weiterzuentwickeln, sondern diese vielmehr von außen seziert und zu einer bestimmten Realität werden lässt. Und das letztendlich aus der Perspektive der Herrschenden. Dazu folgendes Beispiel:

»Eine sichtbare und erkennbare Tendenz im griechischen Anarchismus hat jedoch eine linke Symbolik und eine objektive materialistische theoretische Perspektive auf der Grundlage der westlichen Philosophie angenommen. Diese Tendenz neigt dazu, in ihrer Haltung und Taktik puritanischer und militanter zu sein. In dieser Hinsicht ist es wichtig, den etwas zu großen Einfluss auf den griechischen Anarchismus oder die radikale revolutionäre Theorie zu beachten, die spontane, gewaltsame Aktionen befürwortet. So waren beispielsweise die Schriften des russischen Nihilisten Sergej Nechajew, der an das Ideal der Revolution mit allen Mitteln glaubte und den Kodex des einsamen Revolutionärs vertrat, der jede Autorität verachtet, weit verbreitet. Die Illegalisten bekannten sich zu Beginn des zwanzigsten Jahrhunderts offen zu einem kriminellen Lebensstil, für den es außer dem Streben nach Lust keine moralische Rechtfertigung gab. Darüber hinaus haben anarchistische Verlage in Griechenland die Philosophie von Max Stirner und anderen, die als Verfechter eines individualistischen und aufständischen Anarchismus gelten, übersetzt. Diese Strömungen haben die Rechte des Individuums und die Notwendigkeit des Aufstandes gegenüber allen äußeren Zwängen betont. Schließlich veröffentlicht die anarchistische Presse die Kommuniqués und Aussagen von selbsternannten ›Stadtguerilla‹-Gruppen. Andere im anarchistischen Milieu lehnen diese Ideen jedoch ab, weil sie den Individualismus und die Gewalt des kapitalistischen Systems reproduzieren und von der Gesellschaft und der Arbeiterbewegung losgelöst sind. Vielleicht kann der folgende Auszug aus einer anarchistischen Anthologie etwas Licht in die Faszination der Gewalt bringen:

›Unser bestes Selbst verwirklicht sich in der Kommunikation der revolutionären Wut.‹ Mit diesem Slogan auf der Titelseite und einem Mickey Bakunin, der Molotow-Cocktails trägt, erschien vor 15 Jahren, in der Aufregung der großen Studentenbesetzungen von 90–91, eine Zeitung. Ihr vorausgegangen war die Begegnung zweier Jugendlicher (in jenen berühmten Tagen Mitte November) mit sehr klaren Ansichten zum sozialen Antagonismus (›immer wieder eine bestimmte Flüssigkeit in einem bestimmten Glasbehälter‹). Sie hielten das damalige antiautoritäre Material für wischiwaschi (igitt!) und beschlossen, eine weitere Zeitung herauszugeben, ›…um Unnachgiebigkeit, Nichteinhaltung, Aufruhr, Destabilisierungsanomalie, Subversion, Gewaltchaos, Nicht-Sanftmut usw. zu säen‹. Der Auszug deutet darauf hin, dass die Feierlichkeiten zum Aufstand am Polytechnio (Mitte November) der Ort waren, an dem sich die Jugendlichen trafen und Freundschaften und Kooperationen schlossen, die auf Militanz und ›anarchistische‹ Bestrebungen ausgerichtet waren. Er verdeutlicht auch die Bedeutung, die die Anarchisten damals gewalttätigen Protestformen beimaßen. Der Einfluss der militanten Literatur und der antisozialen Ideen könnte dazu beitragen, den Vergleich von Kriminellen und Linksterroristen mit revolutionären Helden zu erklären. Darüber hinaus gab es Fälle, in denen inhaftierte Anarchisten mit Kriminellen zusammenarbeiteten und gemeinsame Unternehmungen durchführten, während Anarchisten ihre Unterstützung für inländische Linksterroristen, wie die Revolutionäre Organisation 17. November, zum Ausdruck brachten. Aufgrund der öffentlichen Wahrnehmung der Assoziation mit Extremismus haben Bezeichnungen wie ›anarchistisch‹ und ›antiautoritär‹ eine problematische Konnotation erhalten. Für Aktivisten hingegen haben diese Begriffe nach wie vor einen erstrebenswerten Charakter. Siehe z.B. die folgenden Auszüge aus zwei Interviews aus den Jahren 1992 und 2011, in denen die Befragten gefragt wurden, wie sie sich selbst nennen: ›Gute Frage … wir sind keine Anarchisten, das ist sicher. Zu sagen, dass man Anarchist ist, ist eine große Verpflichtung. Wir sind Antiautoritäre‹. Und in ähnlicher Weise: ›Ich sage, dass ich versuche, ein Anarchist zu sein … Ich weiß nicht, ob ich dem jemals nahe kommen kann. Ich bin auf dem Weg, ein Anarchist zu werden.‹ Obwohl keine formale Geschichte geschrieben wurde, wird allgemein anerkannt, dass die anarchistische Bewegung in Griechenland in den 1980er Jahren mehr oder weniger charakteristische Aktions- und Diskursrepertoires entwickelte. Ihr Erbe ist für nachfolgende Generationen von Jugendlichen, die sich in unterschiedlichem Maße mit ihr auseinandergesetzt haben, relevant geblieben. Der Haupteffekt des ›antiautoritären‹ Chóros bestand darin, die linke Agitation aus dem traditionellen Umfeld der Fabriken und Universitäten auf die Straße und in den Alltag zu verlagern.«[15]

In diesem Text ist nicht alles falsch und er kommt zunächst scheinbar sympathisierend daher. Aber mit dem Einfließen von Begriffen wie »kriminell« und »Terroristen« wird doch klar Stellung bezogen.

2021 wurde von Ourania Evangelinou an der National and Kapodistrian University of Athens eine Arbeit veröffentlicht mit dem Titel *The political theory of anarchism and the dimensions of the modern anarchist movement:*

»Diese Arbeit wird sich mit der politischen Theorie des Anarchismus und ihrer Entwicklung seit ihrem ersten Auftreten bis heute befassen. Sie wird sich auf Griechenland konzentrieren und versuchen, seine vielfältigen Dimensionen herauszuarbeiten. Die Fragestellung der Untersuchung betrifft die Frage, wie die Theorie des Anarchismus reicher wird und sich im Vergleich zu den historischen und sozialen Erfordernissen erneuert, aber in einer Konstante mit philosophischen Fragen.
Unser Projekt wird zunächst versuchen, einen Überblick über die grundlegenden Thesen und Prinzipien der Theorie des Anarchismus zu geben, wie sie ursprünglich von ihren wichtigsten Vertretern (Bakunin, Kropotkin, Proudhon, Malatesta usw.) vertreten wurden. Der Konflikt mit dem Marxismus, die Ablehnung des Staates und des repräsentativen Systems,

> die Anerkennung des Feindes an der Macht, die Verteidigung der Gewaltlosigkeit und der Aufruf zur Selbstorganisation sind einige der Punkte, die die anarchistische Theorie von den linken Parteien unterscheiden und ihre Originalität ausmachen. Im Folgenden werden wir eine kurze Beschreibung der vorherrschenden Tendenzen innerhalb der zeitgenössischen anarchistischen Bewegung in Griechenland geben, in Verbindung mit dem historischen und sozialen Hintergrund, aus dem sie hervorgegangen sind.
>
> Später wird unser Projekt die grundlegenden Veränderungen erwähnen, die im Charakter der zeitgenössischen anarchistischen Bewegung nach der Wirkung des Metadomismus und der Theorien über die menschliche Natur und die Macht zu beobachten sind. So werden Themen wie das Aufspüren des Feindbildes durch den Anarchisten, die Verwandlung des kämpfenden Individuums vom Proletarier und der Arbeiterklasse zum unterdrückten Individuum und die Veränderung der Organisationsweise der Anarchisten unter diesen Umständen gegeben.
>
> Um die oben genannten politischen Fragen und alle anderen Unterscheidungen innerhalb der anarchistischen Gemeinschaft verständlicher zu machen, wird eine Untersuchung durchgeführt, in der all diese Elemente in Bezug auf einige anarchistische Gruppen in Griechenland nachgezeichnet werden.«[16]

Diese Arbeit ist nicht öffentlich zugänglich und es bestätigt, dass die Geschichte dieser Bewegung nicht nur für die Bewegung selbst von Bedeutung ist.

Eine Kritik während der Vorbereitung dieses Buchs war, dass es sich um keinen politischen Text, sondern um eine journalistische Sammlung von Informationen handelt, da der Verfasser in dem behandeltem Zeitraum kein Teil des Subjekts, der anarchistischen Bewegung in Griechenland, war. Das mag zutreffen, allerdings hat dieses Subjekt für sich selbst den Anspruch formuliert, alles zu verändern. Daher ist dieser Text ein Bericht, der auch Reaktionen auf die Bewegung wiedergibt.

Anmerkungen

1 https://www.ekathimerini.com/news/1225128/pm-says-athens-polytechnic-uprising-a-beacon-for-democracy/

2 Ebd.

3 Militanz hat in Griechenland (wie in den meisten anderen Ländern) nicht die Bedeutung wie im Deutschen, sie muss nicht gewalttätig sein.

4 Für den Staat symbolisiert der Auftritt des Ministerpräsidenten die demokratische Legitimation, nichts mit der Junta zu tun zu haben, also auf der Seite der historischen Sieger zu stehen. Faktisch war das von Anfang an immer unter Polizeischutz. Angehörige der KKE und des Militärs tragen dann auch von dort gemeinsam eine griechische Fahne zur Demo.

5 Aus: *Die neue anarchistische Stadtguerilla, Συνωμοσία Πυρήνων της Φωτιάς*. 2012.

6 Über Alexandros Schinas liegen wenig wirklich gesicherte Informationen vor. Ob er auf der Flucht stürzte, aus dem Fenster geworfen wurde oder bereits tot war, als er fiel, kann nicht mit Bestimmtheit gesagt werden.

7 *Dimitris Matsalis and individual terrorism – Liopetas-Agallopoulos case*, auf dem Blog https://ngnm.vrahokipos.net/index.php/english/dimitris-matsalis-and-individual-terrorism-liopetas-agallopoulos-case.
Dort finden sich auch weitere Texte über anarchistische Bestrebungen aus dem Zeitraum 1890–1945, mit Schwerpunkt auf Patras.

8 So gab es zum Beispiel Gruppen, die sich an dem kubanischen, also guevaristischen Modell orientierten, andere fühlten sich von den TUPAMAROS inspiriert, manche wurden durch Ereignisse in Frankreich beeinflusst, andere hatten Kontakte nach Italien. Die Gruppe 17.NOVEMBER* (17N) war marxistisch, andere eher sozialrevolutionär. Der anarchistische Einfluss in solchen Gruppen nahm langsam zu. Musik- und Kleidungsstile waren politisch aufgeladen, die unterschiedlichen Gruppen bildeten sich aus Jugendsubkulturen und Studierenden.

9 Diffus war das Spektrum in dem Sinne, dass es widersprüchlich, für den Staat schwer zu durchschauen war und es viele interne Konflikte gab.

10 Ich verwende den Ausdruck »anarchistischer Raum«, wie er im Griechischen verwendet wird um etwas zu beschreiben, was nicht nur Bewegung und Ort ist, sondern auch Inhalt und Bewusstsein. Ähnlich schwer zu übersetzen ist der gängige Begriff »politischer Körper« für eine Eigenschaft von Gruppen und Versammlungen.[Eine Definition des anarchistischen Raums von 1974–2010 aus soziologischer Perspektive bemüht u.a. Habermas: Kitis, E. Dimitris; *The Anti-Autoritarian Chóros: A Space for Youth Socialization and Radicalization in Greece (1974–2010).* Xi'an Jiaotong-Liverpool University, 2015.]

11 Siehe z.B.: Charitopolous, Dionyses; *ARIS: Lord of the Mountains.* Topos 2011.

12 https://giptelsoli.org/Home/Thessaloniki_2003/386.html 91

13 Der Satz ist etwas provokativ, auch mit der Absicht Entgegnungen hervorzurufen. Ich bin davon ausgegangen, dass die heutige anarchistische oder autonome Szene in Deutschland durch die Gipfelproteste Anfang der 2000er und folgende spektakuläre Ereignisse in Griechenland, auf die dortige Bewegung mit ihren Kämpfen aufmerksam geworden ist. Daraus sind aber keine langfristigen eigenen Konsequenzen entstanden, obwohl sich zwischendurch Meinungen gebildet hatten. Das trifft natürlich auch auf andere Länder zu und ist ein grundsätzliches Phänomen: das zwar beobachtet wird, was geht woanders ab, sich aber oft nur konsequenzlose Meinungen bilden, statt gemeinsame Positionen, aus denen z.B. mehr Organisierung oder andere Praxisformen werden.

14 Unter anderem : Eberhard, Erik; *Revolution und Konterrevolution in Griechenland.* Arbeitsgruppe Marxismus, 2005, oder John Brady Kiesling*; Greek Urban Warriors.* Lycabettus Press, 2014. Diese beiden Quellen sind von Außenstehenden mit eigener Intention verfasst worden. Andere Quellen direkt Beteiligter sind mit teilweise großem zeitlichem Abstand geschrieben worden, wie: Koufontinas, Dimitris; *Geboren am 17. November.* bahoe books, 2019.

15 Kitis, E. Dimitris; *The Anti-Authoritarian Chóros: A Space for Youth Socialization and Radicalization in Greece (1974–2010).* Xi'an Jiaotong-Liverpool University, 2015.

16 https://pergamos.lib.uoa.gr/uoa/dl/frontend/en/browse/2968833

Kapitel I

Suche nach den Ansätzen einer anarchistischen Spur im Widerstand gegen die Junta 1967–1974

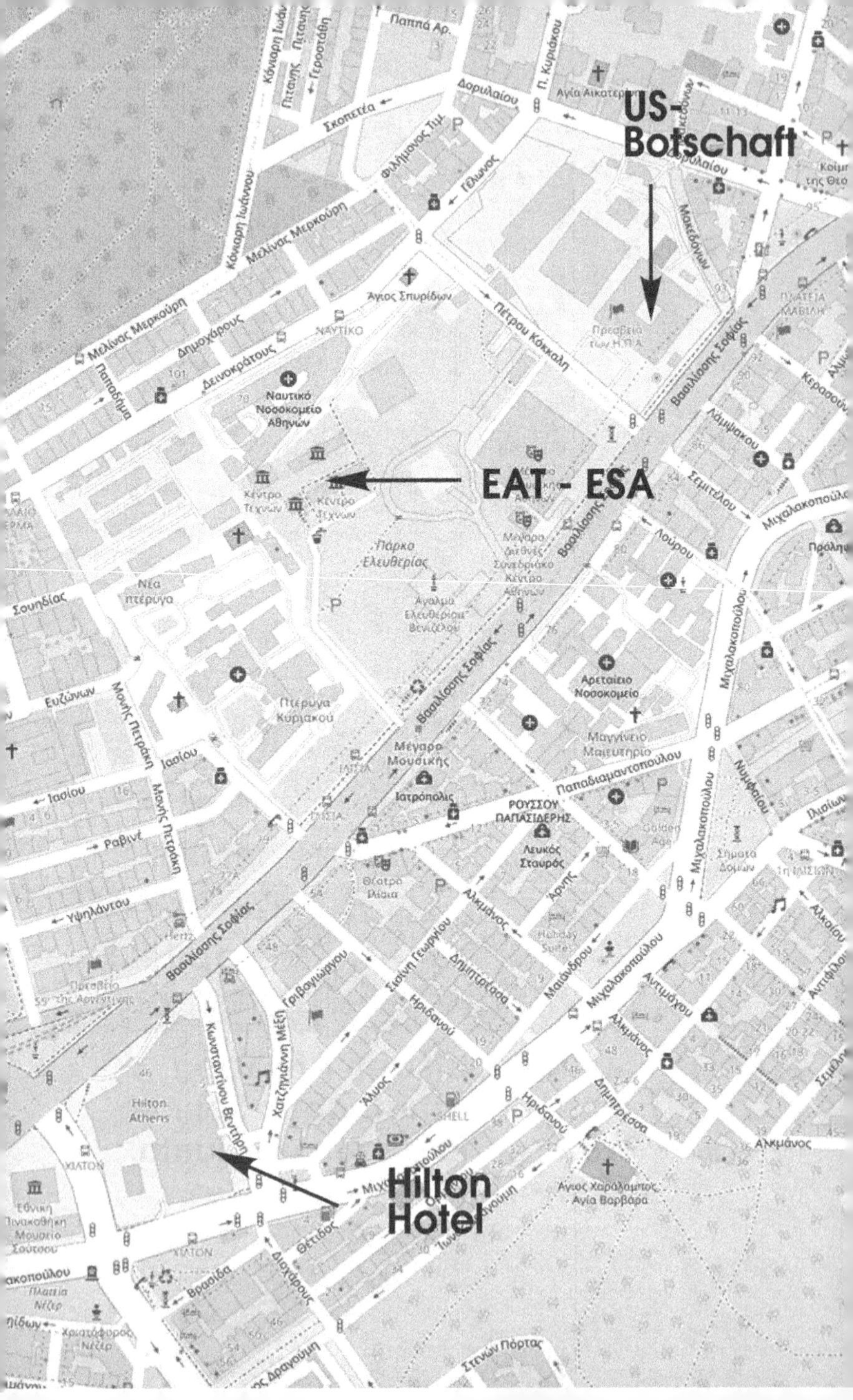
US-
Botschaft
EAT - ESA
Hilton
Hotel
Βασιλίσσης Σοφίας
Μελίνας Μερκούρη
Πέτρου Κόκκαλη
Ναυτικό
Νοσοκομείο
Αθηνών
Κέντρο
Τεχνών
Πάρκο
Ελευθερίας
Άγαλμα
Ελευθερίου
Βενιζέλου
Μέγαρο
Διεθνές
Συνεδριακό
Κέντρο
Αθηνών
Πτέρυγα
Κυριακού
Νέα
πτέρυγα
Αρεταίειο
Νοσοκομείο
Μαγγίνειο
Μαιευτήριο
Μέγαρο
Μουσικής
Ιατρόπολις
Λευκός
Σταυρός
Θέατρο
Ρίαλτο
Hilton
Athens
Εθνική
Πινακοθήκη
Μουσείο
Σούτσου
Άγιος Χαράλαμπος
Αγία Βαρβάρα
Άγιος Σπυρίδων
Πρεσβεία
των Η.Π.Α.
Μιχαλακοπούλου
Παπαδιαμαντοπούλου
Δεινοκράτους
Δημοχάρους
Παπαδήμα
Σουηδίας
Ευζώνων
Μονής Πετράκη
Ιασίου
Ραβινέ
Υψηλάντου
Κωνσταντίνου Βεντήρη
Χατζηγιάννη Μέξη
Γριβαιώργου
Σισίνη Γεωργίου
Δημητρέσσα
Ηριδανού
Άλμος
Αλκμάνος
Μαιάνδρου
Αντιμάχου
Δωριλαίου
Μακεδόνων
Σεμιτέλου
Λάμψακου
Λούρου
Νυμφαίου
Κεραμούντος
Φιλήμονος Τιμ.
Γέλωνος
Σκοπετέα
Κόνιαρη Ιωάννου
Π. Κυριάκου
Παππά Αρ.
Θέτιδος
Διοχάρους
Βρασίδα
Στενών Πόρτας
ΡΟΥΣΣΟΥ
ΠΑΠΑΣΙΔΕΡΗΣ
ΝΑΥΤΙΚΟ
ΧΙΛΤΟΝ
Πλατεία
Νέζερ

Die ersten militanten Gruppen entstehen

Die folgende Aufzählung von Widerstandshandlungen will die Vielfalt der beteiligten gesellschaftlichen Segmente gegen das Regime der Obristen verdeutlichen. Sie vertraten unterschiedliche Ideologien und standen sich, nach dem Ende der Diktatur, teilweise feindlich gegenüber. Für die meisten Bürger*innen war der Putsch ein unerwartetes und traumatisches Ereignis.[1] Unter Regimegegner*innen machte sich eine fatalistische Stimmung breit, da keine der linken Organisationen auf die Machtergreifung des Militärs etwas zu erwidern wusste. Wenig bekannt ist, dass die massivsten Reaktionen auf die Einführung der Diktatur nicht in Athen, sondern in Heraklion auf Kreta stattfanden. Dort versammelten sich am 21. April 1967 Tausende von Demonstrant*innen, um im Zentrum der Stadt Barrikaden zu errichten. Militärkräften griffen sie daraufhin an und trieben sie durch Schüsse auseinander, wobei ein Demonstrant durch Kugeln verletzt wurde. In Athen ist es allerdings in den Wochen zuvor immer wieder zu Zusammenstößen zwischen Student*innen und Arbeiter*innen mit der Polizei sowie mit Mitgliedern der EKOF* gekommen, was am 12. April in blutige Auseinandersetzungen zwischen Arbeiter*innen und Repressionskräften gipfelte.[2]

Der Widerstand gegen den Putsch der sogenannten Kleinen Junta am 21. April 1967 um Oberst Georgios Papadopoulos, dem Chef der Militärpolizei Dimitrios Ioannidis, dem General Stylianos Pattakos und dem Geheimdienstler Makarezos, war eine hoch riskante Angelegenheit. Alle, die den Behörden in die Hände fielen, wurden gefoltert. Diese Folter wurde zum Markenzeichen der Obristen. Verboten war vieles, wie z. B. kritische Bücher und Versammlungen. Mit Verordnungen aus der deutschen Besatzungszeit wurden alle Grundrechte außer Kraft gesetzt, bestimmte Kleidung, Musik oder Frisuren waren verdächtig. Die Polizei konnte jede*n ohne Grund beliebig lange festnehmen. Listen von vermeintlichen Kommunist*innen aus der Besatzungs- und Bürgerkriegszeit wurden abgearbeitet und Ausgangssperren verhängt.

Eine Ausnahme in dem verbreiteten Gefühl der Lähmung und Hoffnungslosigkeit war der 3. November 1968 als der Trauergottesdienst für den verstorbenen Zentrums-Politiker Georgios Papandreou in der Athener Kathedrale stattfand. Obwohl die Teilnahme polizeilich verboten war, erschienen Hunderttausende in der Innenstadt, um dem verehrten ›Alten‹ die letzte Ehre zu erweisen. Mit ihm starb eine Hoffnung auf Reformen. Die Leute kümmerten sich einfach nicht um die Polizei, und die hielt es für ratsam, das Volk gewähren zu lassen und nicht seinen Zorn zu provozieren. Das Zentrum rund um die Kathedrale war schwarz von Menschen und sie begleiteten den Trauerzug nach der Aussegnung zum Friedhof. Es war das erste Mal, dass die Athener Bevölkerung sich über die Anordnungen der Junta hinwegsetzte.

Die Widerstandsgruppen hatten zumindest bis 1968 keine überzeugenden Vorschläge und relevanten Wege für Aktionen zu bieten, um die, mit Ausnahme einiger organisierter Kreise, vorherrschende Passivität vieler verängstigter Griech*innen zu überwinden. Ein weiterer Grund der Lähmung war die Erinnerung an die Schrecken des Bürgerkrieges in den linken und proletarischen Milieus, sowie Gleichgültigkeit durch einen vom Regime subventionierten Anstieg des Wohlstands in bestimmten Schichten der Gesellschaft.

Erst mit der Rückkehr von Student*innen aus Paris, die dort den Aufstand im Mai '68 erlebt hatten sowie Übersetzungen der Texte von Guy Debord und anderen Situationist*innen radikalisierten sich Jugendliche, oft aus kommunistischen Familien stammend, die die Unzulänglichkeiten der Politik ihrer Eltern erkannten.

Die ersten bewaffneten Strukturen entstanden aber bereits 1967 im Verborgenen.

Am 3. August 1967, zündete Dea* (in etwa: Demokratisches Komitee des Widerstands), eine trotzkistische Gruppe, einen großen Feuerwerkskörper in einer Mülltonne vor dem Hilton Hotel während einer Rede des amerikanischen Bischofs dort. Im Oktober 1967 explodierte ein etwas größerer Knaller der gleichen Gruppe vor einem DX-Supermarkt[3] der US-Militär-Mission in der Syngrou Avenue. Im November 1967 wurde ein Sprengsatz an der Truman-Statue entschärft. Damit wurden extrem symbolische Ziele angegriffen: das Hilton, in direkter Nachbarschaft zur US-Botschaft und Zentrale der ESA* galt als besonders sicher für US-Politiker und Agenten, die Statue des Präsidenten Truman wurde 1963 zur Ehrung der amerikanischen Beteiligung im Bürgerkrieg gegen die kommunistische Guerilla aufgestellt.

Gleichzeitig gründeten der Trotzkist Alexandros Giotopoulos[4] und der Maoist Viktoras Anagnostopoulos mit anderen Exil-Griechen in Paris die BEWEGUNG 29. MAI* (29M).

Die BEWEGUNG 29. MAI hatte Verbindungen zu Leuten, die zuvor in Algerien gegen die französische Kolonialherrschaft aktiv waren, wie z. B. der trotzkistische Intellektuelle Michalis Raptis, der seinerseits Kontakte zu Passfälschern und Bombenbauern vermittelte. Raptis unterstützte alle ernsthaften Versuche die Junta zu bekämpfen, auch von bürgerlichen Anhängern der Verfassung, weil er daran glaubte eine soziale Revolution nur mit einer breiten Bewegung auslösen zu können. Die Gruppe verhielt sich für damalige Verhältnisse sehr konspirativ und ihre Mitglieder unternahmen zahlreiche Reisen durch Europa um Papiere und Waffen zu beschaffen sowie Verbündete zu finden. Die griechischen Grenzkontrollen waren allerdings auch eher nachlässig. 1968 wurden aber in Thessaloniki die ersten Studenten wegen Mitgliedschaft in 29M verhaftet und Giotopoulos in Abwesenheit wegen Subversion verurteilt. In diesem ersten Jahr des Bestehens hatte 29M mehr als 30 Mitglieder innerhalb verschiedener Zellen in europäischen Hauptstädten organisiert und erreichte mit der Zeitung *Kinima* Hunderte Griech*innen. Sie schafften es aber nicht, durch einen substanziellen Schlag gegen die Junta, für die Massen sichtbar zu werden.

Zu der nach ihrem Gründungsdatum benannten Organisation gehörten auch Maoist*innen in Berlin. Ein Teil der 29M-Mitglieder ging nun nach Kuba in die Ausbildungslager von Che Guevara. Das kubanische Modell der Landguerilla war jedoch für die griechischen Bedingungen einer Stadtguerilla wenig hilfreich. Ein Handbuch über den Guerillakrieg war das wichtigste, was die griechische Delegation mitnahm, als sie 1969 zerstritten und desillusioniert zurückkehrte. Bauanleitungen für Sprengsätze aus diesem Handbuch dienten vielen Gruppen in Griechenland lange Zeit als Grundlage für eigene Aktionen.

Die Bewegung 29M spaltete sich 1969 wegen einem Richtungs- und Führungsstreit.

Die Zellen aus Berlin und Milano gründeten die E.K.K.E.*, deren größter Erfolg die Bildung der halb klandestinen Studentenorganisation Aaspe* war, die 1973 eine entscheidende Rolle bei der Besetzung des Polytechnios spielte. Während die E.K.K.E.* maoistisch ausgerichtet war, hegte Aaspe* Hoffnungen auf ein Zusammenkommen der aufbegehrenden Studentenschaft mit dem Proletariat.

Die guevaristischen Gruppen an den Unis orientierten sich an der aggressiven Radikalität der kubanischen Revolution. Einzelne Mitglieder von 29M waren auch in studentischen Gruppen organisiert, wobei sie natürlich ihre Mitgliedschaft verschwiegen. Die genaue Abgrenzung in den Unis zwischen Maoist*innen und Anhänger*innen Guevaras, kann aus Platzgründen nicht ausgeführt werden. Die kubanische Revolution war aber für viele dadurch anziehend, dass die Beteiligten offen für den Umsturz auch in anderen Ländern eintraten. Darin lag die aggressive Radikalität dieser Gruppen; kein Blatt vor den Mund zu nehmen. Im Gegensatz zu den klandestinen Kke-nahen Organisationen. Für sie war der Tod von Sotiris Petroulas am 21. Juli 1965 Ausgangspunkt einer neuen Radikalisierung.

Retrospektive: Juliana 1965

Zeitzeugen berichten, dass die Einführung der siebenjährigen Diktatur von vielen Menschen, als »unrealistisch« außergewöhnliches Ereignis erlebt wurde, als ein Ereignis, das eine widersprüchliche gesellschaftliche Realität gewaltsam unterbrach, die seit 1965 bei der »Juliana« zum Ausdruck kam. Bereits vor den Unruhen im Juli '65 ist ein für den 2. April geplanter Student*innenmarsch gegen den Krieg in Vietnam, der sich an die US-amerikanische Botschaft richtete von den Polizeibehörden verboten worden. Dennoch versammelten sich die Student*innen im Bereich der Propyläen, wo sie von den Repressionskräften heftig angegriffen wurden, was zu stundenlangen Zusammenstößen im Zentrum Athens und rund um die Gebäude der Universitätsfakultäten führte. Den Student*innen gelang es, sich vor der US Botschaft zu versammeln, wo es ebenfalls zu Zusammenstößen mit der Polizei kam. Die politische Krise im Sommer 1965 bot Tausenden jungen Menschen, Arbeiter*innen, Bauern und Büroangestellten die Möglichkeit, hunderte Male zu demonstrieren, Barrikaden zu errichten und an erbitterten Straßenschlachten mit der Polizei teilzunehmen, zu einer Zeit, als die EDA* existierte. Deren Kader gingen auch auf die Straße, aber nicht um die Menschen zum Kampf zu mobilisieren, sondern um sie zurückzuhalten, damit sie nicht kämpfen.[5]

> »Im Juli 1965 erschütterten Massenstreiks und Proteste die Straßen von Athen. Der undemokratische Versuch des Königs, eine Volksabstimmung zu kippen, löste die ›Julitage‹ aus. Der Dichter Fontas Lathis schrieb einen der maßgeblichen Berichte aus erster Hand. Er sagte der Schwesterzeitung des *Socialist Worker*, *Workers Solidarity*: »Die Julitage waren einzigartig. Nie zuvor hatte es solche spontanen Mobilisierungen gegeben. Monatelang gingen die Menschen nur in ihre Häuser, um sich auszuruhen – sie hatten die Straßen zu ihrem Zuhause gemacht. Die Demonstrationen waren von einem Optimismus und einem Kampfgeist geprägt, der sie unberechenbar machte und sich den

engen, von der Führung geplanten Grenzen entzog. Als Teil der Massen fühlten sich zum ersten Mal alle stark. Wir sprechen von einer Gesellschaft, in der jedes Molekül aufgewühlt war.
Der ›königliche Staatsstreich‹ fand am 15. Juli 1965 statt. Premierminister Georgios Papandreou wollte die Rolle des Verteidigungsministers übernehmen. Der König legte sein Veto gegen das Kabinett ein und forderte Papandreou auf, dies zu akzeptieren oder zurückzutreten.
Er hatte einen Nachfolger parat – und bestach ›Abtrünnige‹ aus Papandreous Partei, ihn zu unterstützen. Doch ihre Regierung hielt sich kaum einen Monat.
Die Menschen lehnten sich gegen das nackte Eingreifen des Palastes auf, um den gewählten Premierminister abzusetzen.
›Sie gingen 70 Tage lang in einer Massenbewegung auf die Straße und sagten dem König: ›Das Volk will dich nicht, nimm deine Mutter und verschwinde‹. Kurz gesagt, die Menschen auf der Straße sagten, was das politische System nie zu artikulieren wagte.‹
Papandreou war kurz davor, einen Rückzieher zu machen, doch die Opposition auf der Straße veranlasste ihn, die Rücknahme des Staatsstreichs zu fordern. Seine Zentrums-Partei hatte keine große Mitgliederstärke. Die verbotene Kommunistische Partei (Kke) und ihre legale Tarnorganisation, die Vereinte Demokratische Linke (Eda), hatten jedoch Mitglieder – und sie dominierten die Bewegung. Sie wollten eine konstitutionelle Monarchie, die es ihnen ermöglichen würde, eine Regierung zu bilden. Doch die Demonstrant*innen waren ihnen voraus.
Fontas erinnert sich: ›Jedes Mal, wenn wir marschierten, war es die Mehrheit – nicht nur ein paar Hitzköpfe – die zum Palast weiterziehen wollten. Die Führung hatte Mühe, die Menge zurückzuhalten.‹
Bei einer Demonstration am 21. Juli verhaftete die Polizei Hunderte. Der Student Sotiris Petroulas, ein Jugendleiter der Eda, wurde getötet. Der Staat gab dem Tränengas die Schuld – doch die Wunden am Hals deuten auf eine Strangulierung hin.

›Damit wurden die Pläne der Regierung durchkreuzt, und es wurde sichergestellt, dass es ein ordentliches Begräbnis geben würde‹, sagte er. ›Und die Beerdigung wurde zu einer Massenmobilisierung der Bevölkerung‹.

In der folgenden Woche widersetzten sich die Arbeiter*innen einem Aufruf der EDA-Führung, nach einem Generalstreik ruhig nach Hause zu gehen. Sie marschierten durch Athen und riefen: ›Sotiris lebt‹ und forderten das Ende der Monarchie. Eine Regierung stürzte am 20. August, eine weitere am 22. September. Drei weitere sollten in den nächsten zwei Jahren folgen. Keine Regierung konnte die Bewegung auf der Straße und den antidemokratischen ›tiefen Staat‹ zufrieden stellen. Doch die Ausrichtung der EDA-Führung auf die Wahlen begann, die Proteste zu demobilisieren.

Bei den Wahlen im Mai 1967 wäre sie wahrscheinlich an der Regierung beteiligt gewesen. Doch am 21. April ergriffen rechte Armeeoffiziere durch einen Militärputsch die Macht. Die Bewegung, die sie hätte aufhalten können, war verpufft. Der Historiker Michalis Limberatos erklärte gegenüber der *Workers Solidarity*, das dies eine unnötige Tragödie sei. ›Hätte die Linke [EDA], anstatt die Bewegung zu lähmen, die Forderung nach der Absetzung des Königs aufgegriffen, hätte sie wahrscheinlich gewonnen. Dies hätte den Weg für weitere Siege geebnet und alles verändert.‹

›Diese Möglichkeit erschreckte den König damals – und die Obristen zwei Jahre später. Aber die Unfähigkeit der Linken, eine revolutionäre Perspektive einzunehmen, gab ihnen Zeit, ihren Putsch zu organisieren.‹

Die KKE orientierte sich nach der Sowjetunion. Doch in den 1960er Jahren bildeten sich durch Spaltungen zwischen verschiedenen Regierungen, die sich selbst als kommunistisch bezeichneten, neue Gruppen.

Die Kämpfe des Juli – und später der Polytechnische Aufstand von 1973, der das Militärregime zu Fall brachte – brachten neue Lehren. Eine neue Linke setzte auf die Stärke der Arbeiter*innen, anstatt sich auf staatliche Institutionen zu verlassen.

> Fontas: ›Die Julitage waren ein Katalysator für die Entwicklung linker Kräfte, die nach mehr Radikalität strebten.
> Es war die Geburtsstunde des Hinterfragens und Infragestellens alter Ideen. Aber es war nicht genug Zeit, um sich zu entwickeln. Was wir brauchten, war eine zweite Runde.‹«[6]

Die Bewegung 29M z. B. sah im Aufbau von Zellen einer Stadtguerilla den einzigen Weg der Diktatur etwas entgegenzusetzen. Andere Gruppen verfolgten eine weniger eskalative Strategie und beschränkten sich auf symbolische Angriffe.

Mitglieder der trotzkistischen Gruppe Laiki Pali (Popular Struggle) fingen 1968 in Thessaloniki damit an Flugblättern zu verteilen und Transparente an zentralen Gebäuden anzubringen, bevor sie Bomben legten. Laiki Pali scheiterte, wie wir im folgenden sehen, am Widerspruch der Euphorie durch den Angriff und der Angst vor den Konsequenzen.

Diese Gruppe, die die Notwendigkeit des bewaffneten Widerstands als Teil eines breiteren internationalen Klassenkampfes propagierte, ging aus der trotzkistischen Organisation Spoudastiki Pali (Studentenkampf), die sich bald in Laiki Pali (Volkskampf) umbenannte, in Thessaloniki hervor. In einem, im Frühjahr 1968, verbreiteten Flugblatt wird die Position der Gruppe beschrieben: »Die ›demokratischen‹ Fronten jenseits der Parteien von oben und des parlamentarischen Drucks sind nicht in der Lage, die Diktaturen zu stürzen. Junge Arbeiter und Studenten gehen wie Brüder weiter. Der einzig richtige Weg ist der Weg des Klassenkampfes.« Diese Gruppe, deren führender Kern aus etwa zehn Personen bestand und die insgesamt nicht mehr als fünfzig Mitglieder zählte, machte den Widerstand gegen die Junta zu einem ideologischen Vorrecht. Triantafyllos Mitafidis, eines der führenden Mitglieder der Gruppe, erinnert sich:

> »Ideologisch waren wir für eine Revolution, wir sprachen von einer Arbeiterdemokratie – das haben wir auch vor dem Kriegsgericht gesagt. Wir waren für den gewaltsamen Umsturz der

> Diktatur, des Regimes, all das. Natürlich haben wir das in Bomben umgesetzt, mit dieser Logik. Andere taten das auch, auch wenn sie nicht die gleichen Prinzipien hatten.«[7]

Tasos Daveris, ein weiteres führendes Mitglied der Organisation, schildert in seinem halb fiktiven karthesianischen Roman[8] eine Diskussion unter den Mitgliedern, in der sie sich darüber streiten, ob Gewalt als Katalysator für den revolutionären Prozess der Geschichte dienen kann. An einem bestimmten Punkt sinniert eine der Figuren: »Mit anderen Worten, ihr wollt, dass wir unsere Finger in das Arschloch der Geschichte stecken.« Hier wird die Revolution, das »Arschloch der Geschichte« und der »Finger« ·[der Gewalt] auf ironische Weise beschrieben, was die prekäre Erwartung eines historischen Regresses in einer bachtinischen[9] Umkehrung, die den ganzen Prozess lächerlich macht, darstellt.

Die Aktionen von Laiki Pali, die mit dem Verteilen von Flugblättern und dem Entfalten großer Anti-Junta-Transparente von den Dächern zentraler Gebäude begannen, gingen in das Anbringen von Sprengsätzen an wichtigen Orten über. Die Mitglieder führten ein Doppelleben im Verborgenen, da diese Aktionen mit einem Anstrich von Legalität versehen wurden, wozu auch der regelmäßige Besuch des Unterrichts gehörte. Die Mitglieder der Organisation wurden nach eineinhalb Jahren Untergrundtätigkeit verhaftet, kurz bevor sie einen ehrgeizigen, organisierten Plan zur Anbringung einer Bombe im Militärpavillon der Internationalen Messe von Thessaloniki im Herbst 1969 während der Rede von Papadopoulos ausführen konnten. Die Mitglieder der Gruppe wurden vor ein Kriegsgericht gestellt und erhielten hohe Strafen, darunter lebenslange Haft. Interessanterweise lehnten die beiden führenden Mitglieder der Organisation in ihren Plädoyers »dynamische Aktionen« ab. Antonis Liakos, ein Führer der Laiki Pali und heute Historiker, erklärte:

> »Unser Credo ist, dass die mobilisierende Kraft der Geschichte der Klassenkampf ist, und wir glauben nicht an Dynamit

> und Terrorismus«, während Mitafidis unverblümt erklärte, dass Griechenland nicht Lateinamerika sei und der bewaffnete Kampf in Griechenland keine Aussicht auf Erfolg habe. Die Plädoyers der führenden Mitglieder der Laiki Pali unterscheiden sich jedoch deutlich von Daveris eigener literarischer Darstellung und können durchaus als zuverlässiger Beweis für ihre wahren Überzeugungen gelten.
>
> Nach den Erinnerungen ehemaliger Laiki-Pali-Mitglieder stellte der Widerspruch zwischen der Gefährdung des Lebens und der Hilfe für die Sache ein traumatisches Dilemma dar. Mitafidis erinnert an das Risiko, an einer solchen Aktion beteiligt zu sein, und betont den biografischen Bruch zwischen Vergangenheit und Gegenwart: »Und die große Gefahr war natürlich, getötet zu werden. Und nicht nur getötet zu werden, sondern auch die Leute des gesamten Gebäudeblocks mit Dynamit in die Luft zu jagen … Das waren große Risiken, aber wir hatten damals eine andere Denkweise.«[10] Gleichzeitig war dies der Moment, in dem die Euphorie, endlich aktiv und effizient zu sein, an die Stelle der Qual trat, sich zu fragen, ob die Leute die Broschüren lesen, und die allgemeine gesellschaftliche Trägheit durchbrach. Wie der Theoretiker Giannis Papatheodorou argumentiert: »Es waren die Bomben und nicht die Flugblätter, die die Trägheit der überwachten Gesellschaft durchbrachen.«

Am anderen Ende des Spektrums blieb der Journalist Klearchos Tsaousidis Mitglied der Laiki Pali, bis die Organisation beschloss, zu den Waffen zu greifen. Wenn er jetzt auf diese vergangenen Entscheidungen zurückblickt, sieht er seine Entscheidung, sich von der Laiki Pali zu distanzieren, gleichermaßen als Ergebnis des individuellen Bewusstseins und des Selbsterhaltungstriebes: »Als der Moment der aggressiveren Taktik kam, habe ich mich distanziert, wahrscheinlich aus Angst. Das heißt, man muss sehr genau in den Spiegel schauen, um zu wissen, ob man an der Notwendigkeit zweifelt, Menschenleben zu verschwenden, oder ob man Angst hat. Oder beides?« In seinen rückblickenden Analysen führt Tsaousidis seine Desillusionierung über die Organisation auf die Ablehnung und Verurteilung von Gewalt zurück, während er über die Menschlichkeit der damaligen Polizisten nachdenkt:

> »Egal, was man tut, egal, welche Vorsichtsmaßnahmen man trifft, bei Sprengstoff besteht immer die Gefahr, dass Unschuldige den Preis dafür zahlen müssen. Jetzt, wo ich darüber nachdenke, frage ich mich, ob der durchschnittliche Gendarm, der in seinem Kopf nur Mist über die bösen Kommunisten und die Feinde der Nation und der Religion hat, nicht unschuldig ist.«[11]

Auch Mitafidis beschwört den Faktor Angst herauf, aber er stellt ihn als eine Quelle von Adrenalin dar. Für ihn verstärkte die Angst die Entschlossenheit, den Kampf fortzusetzen, obwohl er wusste, dass er in einer unmöglichen Situation gefangen war: »Wenn eine Organisation getroffen wird, spürt man ein Zittern im Nacken. Wie soll ich es jetzt ausdrücken? Es war eine Situation, in der man in der Schwebe lebte … Wir waren großen Gefahren ausgesetzt. Es gab keine Möglichkeit, dass sie sich mit uns erbarmen würden.«[12]

Der Theoretiker Giannis Papatheodorou würdigte die militanten Aktionen, da »die Bomben und nicht die Flugblätter die Trägheit der überwachten Gesellschaft durchbrachen«, aber letztlich siegte die Angst. Die Führungsgruppe wurde zu lebenslanger Haft[13] verurteilt.

Während der Zeit der Junta explodierten im Durchschnitt 27 Bomben jährlich. Einen Höhepunkt erreichten die explosiven Anschläge 1969. Britische Journalisten berichteten von einer großen Zustimmung in der Bevölkerung zu der Bombenwelle.[14] Für das Verständnis der weiteren Entwicklung von Militanz in Griechenland, sind die Worte von Petros Efthymiou, dem späteren (2000–2004) Erziehungsminister in der Pasok-Regierung, bedeutsam.[15]

Er war während der Diktatur ein Studentenführer an der Universität von Ioannina und schrieb als Lob an Dimitris Psychogis, ein Kader der GRUPPE 20. OKTOBER*:

> »Ich werde nie die wilde Freude vergessen, die ich ihm schulde, als in einer Nacht im Mai 1970 die Explosion einer Bombe hörbar war, welche Dimitris im Gebäude der GSEE (die von der Junta kontrollierte Gewerkschaft) gelegt hatte – während ich in einem Topf die Materialien für eine TNT-Ladung mixte.«

Ein weiterer Juntagegner war Alexandros Panagoulis, der der Zentrumsunion nahestand.

Er desertierte von seinem Wehrdienst als die Putschisten die Macht ergriffen. Sein Bruder Giorgos war der Anführer der Widerstandszelle LAOS*. Alekos stand aufgrund der Desertation schnell auf den Fahndungslisten und floh mit schlecht gefälschten Pass nach Zypern. Statt den Gesuchten aber den griechischen Behörden auszuliefern, versorgte ihn der dortige Innenminister Georkatzis mit falschen Papieren und ließ ihn im Umgang mit Sprengstoff ausbilden. Am 13. August 1968 zündete Alexandros Panagoulis an der Straße von Sounion nach Athen eine Bombe mit dem aus Zypern gelieferten Sprengstoff. Ziel war die Wagenkolonne des Diktators Papadopoulos, die regelmäßig diese Route nahm. Der Anschlag misslang jedoch, da die Bombe Sekunden zu früh explodierte. Papadopoulos überlebte und Panagoulis wurde nach kurzer Flucht verhaftet. In der Haft wurde er durchgehend gefoltert und zum Tode verurteilt. Durch internationalen Druck wurde er jedoch kurz vor der Hinrichtung begnadigt und sein Urteil in lebenslange Haft umgewandelt. Er brach am 5. Juni 1969 aus und wurde einige Tage später wieder verhaftet, wodurch er zu einer Symbolfigur des Widerstands wurde.[16]

Zwischen Mai und August 1969 explodierten in Athen und Thessaloniki über neunzig Bomben. Es gab Anschläge gegen Autos

Alexandros Panagoulis vor Gericht, mit Folterspezialisten, zu denen auch Evangelos Mallios gehörte.

von US-amerikanischen Offizieren und Diplomaten und gegen NATO-Einrichtungen.

Es gingen ebenfalls Sprengsätze im Gebäude des Premierministers, in der Generaldirektion der Asfalia (Sicherheitspolizei) und im Hauptgebäude der Kyp (Geheimdienst) los. Aber nach wie vor galt die ungeschriebene Regel, dass Gewalt nur gegen Sachen angewendet werden sollte. Deshalb gab es zwar einige Leichtverletzte, aber keine Toten.[17] Die Anschläge zeigten der Junta, dass man auch ernst machen könnte, und verunsicherten sie so.

Heinz A. Richter, ein deutscher Historiker mit dem Spezialgebiet Griechenland und Zypern, vertritt die These, dass »die Bombenexplosionen in der Innenstadt von Athen die Bevölkerung beunruhigen und verunsichern sollten«. Eine problematische Interpretation, die sich möglicherweise mit seiner übermäßigen Quellennutzung der damaligen Artikelserien im Magazin *Der Spiegel* und den Arbeiten des britischen Ideologie- und Extremismushistorikers Mark A. Mazower erklären lässt.

Richter, sicher kein Freund der Obristen, lieferte mit dieser Verdrehung der Zielsetzung der Bomben, die von jedwedem Staat genutzte Argumentation, um militanten Widerstand zu diskreditieren, da dadurch die Bevölkerung in Mitleidenschaft gezogen wird.

Das Jahr 1969 war für die entstehenden Widerstandsbewegungen in Europa von erheblicher Bedeutung.

Mitte 1968 hatte die ETA im Baskenland mit Erschießungen und Bomben gegen Kommandeure der franquistischen Geheimpolizei begonnen, war aber bereits im April 1969 durch Verhaftungswellen in ihren operativen Fähigkeiten stark eingeschränkt. Die Diktatur in Portugal war durch die Aufstände in den Kolonien erheblich unter Druck geraten, in einer Operation angolanischer und kapverdischer Widerstandsgruppen um Amílcar Cabral, der LIGA DE UNIDADE E ACÇÃO REVOLUCIONÁRIA in Portugal und Hamburger Student*innen wurde am 13. Oktober 1969 im Hamburger Hafen eine für Salazars Marine gebaute Fregatte mit einer Bombe angegriffen.

In Italien, deren Behörden gut mit den griechischen Behörden zusammenarbeiteten, wurde die »Strategie der Spannung« angewandt. Die »Strategie der Spannung« wurde entwickelt, da Faschisten, rechte Politiker*innen, Bullen, Geheimdienstler (teils organisiert in der Geheimloge PROPAGANDA DUE – P2) und Gladio-Strukturen[18] befürchteten, dass die gesellschaftliche Stimmung sich weiter nach Links entwickeln würde. Gleichzeitig hielten sie die Situation für günstig Italien in eine Diktatur zu führen; wie es sie zu dem Zeitpunkt in Portugal, Spanien und Griechenland gab. Die Methode bestand aus Bombenanschlägen auf zivile Ziele mit vielen Opfern, die der politischen Linken – vor allem der KOMMUNISTISCHEN PARTEI ITALIENS, die bei den Parlamentswahlen 1976 34,4 % Wähler*innenstimmen erhielt – in die Schuhe geschoben werden sollte, um über einen Ausnahmezustand die Macht zu ergreifen. Bei einem Erfolg hätte sich das natürlich negativ ausgewirkt auf die üblichen Fluchtrouten griechischer Oppositioneller nach Italien und die Versorgung mit Geld und Material.[19]

»Zu dieser Zeit war die italienische extreme Rechte von den Methoden von Papadopoulos und seiner Junta sehr beeindruckt. Im April 1968 lud Papadopoulos fünfzig Mitglieder der italienischen extremen Rechten zu einer Griechenlandreise ein, um die Methoden der Junta zu demonstrieren. Zu den Eingeladenen gehörten Stefano Delle Chiaie* und Mitglieder von Ordine Nuovo*, Avanguardia Nazionale*, Europa Civiltà* und Fuan-La Caravella[20]*. Die Italiener waren beeindruckt. Nach der Rückkehr in ihr Land eskalierten sie die politische Gewalt und begannen eine Terrorkampagne mit Bombenanschlägen und anderen Gewalttaten, bei denen Hunderte von Menschen getötet und verletzt wurden. Anschließend gaben die rechten Anstifter dieser Gewalt den Kommunisten die Schuld.
Nach ihrem Besuch in Griechenland führten die italienischen Neofaschisten auch Operationen unter falscher Flagge durch und begannen eine Kampagne zur Unterwanderung linker, anarchistischer und marxistisch-leninistischer Organisationen. Einer der Neofaschisten führte in den Monaten vor dem Bombenanschlag auf der Piazza Fontana am 12. Dezember 1969 zahlreiche Provokationen und Unterwanderungen durch. Die griechische Junta war von der Art und Weise, wie ihre italienischen Kollegen den Weg zu einem italienischen Staatsstreich ebneten, so beeindruckt, dass Papadopoulos ihnen am 15. Mai 1969 eine Glückwunschbotschaft schickte, in der es hieß: ›Seine Exzellenz, der Ministerpräsident, stellt fest, dass die Bemühungen, die von der griechischen Nationalregierung in Italien seit einiger Zeit unternommen werden, allmählich eine gewisse Wirkung zeigen.‹«[21]

Mit der Bombe auf der Piazza Fontana am 12. Dezember 1969 setzte eine Verhaftungswelle auch gegen Anarchist*innen ein, in deren Folge Giuseppe Pinelli aus dem 4. Stock des Polizeipräsidiums in Mailand geworfen wurde.[22]

Die Militanten in Griechenland verfolgten natürlich in den Medien und der Untergrundpresse die Aktivitäten ausländischer

Genoss*innen und Polizeibehörden sehr genau. So war ihnen klar, dass der Verdacht von false-flag-Aktionen unbedingt vermieden werden musste.

Wie an anderer Stelle ausführlicher beschrieben, hatten Studienaufenthalte in Paris und Italien in der Phase 1968/69 einen radikalisierenden Einfluss auf die griechische Jugend. Sie war jedoch im internationalen Vergleich beim Einsatz von Bomben und Waffen zurückhaltender als ähnliche Zusammenhänge.

Der Student Giorgos Anomeritis bildete mit Freunden aus der Studentenbewegung der Zentrumsunion* im Jahr 1968 eine Gruppe unter dem Namen Demokratische Union*, die für acht Bombenangriffe im Herbst des Jahres verantwortlich ist. 1969 legten sie unter der Bezeichnung Edk* (Griechische Demokratische Bewegung) sechzehn weitere Bomben, in der Hoffnung internationale Aufmerksamkeit zu erlangen.

Ziele waren u.a. die Strom- und Wasserversorgung der Mittelmeer-Spiele.[23] Die Angehörigen der Edk wurden verraten und im Oktober 1969, nach einem Anschlag auf das Galaxis-Hotel, verhaftet.

Im Sommer 1969 legte Kea* (Bewegung der Nationalen Befreiung) 16 Bomben, weil der Royalist Ippokratis Savvouras verhaftet wurde. 1972 wurde er freigelassen und im Mai 1973 als Führer der Ean* (Griechische Anti-Diktatur Jugend) erneut verhaftet.

Dieser Gruppe werden weitere 16 Bombenanschläge zugerechnet.

In Italien wurde der griechische Widerstand gegen die Diktatur durch griechische Auslandsstudent*innen und der italienischen Linken unterstützt. In Genua zündete sich der Student Kostas Georgakis am 19. September 1970 auf der Piazza Matteotti aus Protest gegen die Obristen selbst an. Er stand der Pak nahe und hatte einer italienischen Zeitschrift, Sigla A,[24] ein anonymes Interview über die Infiltration der griechischen Studentenbewegung in Italien durch den griechischen Geheimdienst (Kyp) in den wichtigsten Universitätsstädten Italiens gegeben. Dort hatten als Studenten getarnte griechische Geheimdienstmitarbeiter eine Vereinigung namens Esesi (Nationale Liga griechischer Studenten in Italien) gegründet, deren Aufgabe die Bespitzelung und Denunziation demokratischer Studenten war. Außerdem machte er auf die seit 1969 dokumentierte Verbindung zwischen den Obristen und einigen rechtsextremen italienischen Soldaten und Politikern aufmerksam. Dem griechischen Konsulat gelang es jedoch, Georgakis als Interviewpartner zu identifizieren.

Das Regime enthob daraufhin seine Befreiung vom Militärdienst und strich sein Stipendium, zusätzlich setzte es seine Eltern unter Druck. Um seine Familie zu schützen und Aufmerksamkeit für den Kampf gegen die Diktatur zu schaffen, beschloss er, sich selbst zu opfern. Er schrieb Abschiedsbriefe und fuhr mit seinem Auto auf die Piazza Matteotti, wo Reinigungskräfte auf seine Selbstentzündung aufmerksam wurden. Georgakis lief brennend vor ihnen weg, um sich nicht löschen zu lassen, wobei er Parolen gegen die Junta rief. Die Auswirkungen auf das griechische Regime waren beträchtlich, eine große Demonstration in Italien wurde von der exilierten Künstlerin Melina Mercouri angeführt und es entstanden Filme zu dem Protest. Gefördert von italienischen Intellektuellen und Künstler *innen, war es für viele Menschen legitim, den griechischen Widerstand durch Geld und Waffenschmuggel in der Ägäis zu unterstützen.

Filmdirektor Gianni Serra, der Dichter Nikiforos Vrettakos, die Journalistin Oriana Fallaci, Schauspieler Yves Montand oder Kostas Gavras lieferten den kulturellen Hintergrund, vor dem es leicht fiel, sich mit dem Widerstand gegen autoritäre Regime zu identifizieren. Bernardo Bertolucci warb offen für bewaffnete Gruppen, einige bekannte italienische Intellektuelle legitimierten mit einem Event die Bewegung 20. Oktober. Pasolini schrieb das Vorwort zu Gedichten von Alekos Panagoulis.[25]

Widerstand und Geschlecht

Der griechische Staat leugnete bis zur ersten Regierungsübernahme durch Pasok 1981 den Bürgerkrieg. Dieser wurde als Bandenbekämpfung gegen Kriminelle und Terroristen bezeichnet. Kommunist*innen waren während der 50er und 60er Jahre auf Verbannungsinseln interniert und mit Berufsverboten belegt. Die Annahme, dass die ehemaligen Angehörigen von Eam und der Dse durch den verweigerten Frieden einem bewaffneten Widerstand positiv gegenüber stehen, zeigte sich auch in der Beteiligung ehemaliger Partisan*innen oder ihrer Kinder an Angriffen. Gleichzeitig waren unter den Verhafteten spätestens seit 1968 nicht nur die üblichen Linken, sondern auch Student*innen, Professoren, Angehörige des Militärs und es gab Bekenner*innenschreiben royalistischer und konservativer Gruppen. Da trotz harter Repression die Angriffe zunahmen, müssen die Beteiligten zumindest keine Ablehnung aus der Gesellschaft verspürt haben. Ein bedeutender Anteil dieser Gesellschaft hatte während der Juliana 1965 die Bereitschaft gezeigt, sich mit militanten Demos zu artikulieren.[26] In dieser Atmosphäre der allgemeinen Akzeptanz des bewaffneten Kampfes gegen die Junta und die USA, entwickelten sich mehrere Linien, in denen sich gemäß klassischer Geschlechtervorstellungen mehrheitlich Männer organisierten.

Tatsächlich nahmen nur wenige Frauen zentrale Positionen in klandestinen Organisationen ein. Dennoch berichtet die Jurastudentin Anna Mandelou (Spoudastiki Pali), dass ihre männlichen Mitstreiter sie angesichts der gemeinsamen harten Bedingungen als gleichberechtigt ansahen. Außerdem stellt sie ihr Handeln innerhalb der Gruppe als eine indirekte Form des Feminismus dar:

> »Wenn man mit einem so harten Regime in Konflikt gerät, betrachtet man die Dinge auf eine tiefgründige Art und Weise, verstehen Sie, was ich meine? Man kommt zum Kern der Dinge,

> man kann nicht sagen: ›Ich bin eine Frau, ich werde nicht reden‹ … Wenn man rebelliert, stellt man auch die Rolle der Frau in der patriarchalischen Gesellschaft in Frage‹«[27]

Eine der wenigen Quellen zur Beteiligung von Frauen in bewaffneten Gruppen dieser Phase findet sich in dem Buch von Kostis Kornetis:

> »Nach dem Muster der politischen Partizipation, die mit einem bestimmten linken Ethos verbunden war, führte die Auferlegung der Diktatur dazu, dass eine begrenzte Anzahl von Studentinnen klandestinen Organisationen beitrat. Christina Vervenioti wurde zusammen mit ihrer Schwester Mitglied der Dea. Sie erinnert sich: ›Wir arbeiteten Tag und Nacht, wir arbeiteten, druckten, verteilten, druckten, verteilten, das war der eine Teil der Organisation, der unter unserer Kontrolle stand, wir druckten das Papier und die Flugblätter und all das. Es gab noch einen anderen Teil, der wahrscheinlich, wie sich herausstellte, mit Bomben zu tun hatte, um Bomben zu legen und dergleichen. Wir haben das gemacht, bis wir erwischt wurden. Sie verhafteten uns sehr schnell. Sie nahmen uns am 3. September 1967 fest, wir hatten im April, Mai, Juni gearbeitet; so wenig war das.‹«[28]

Sowohl Kostis Kornetis als auch Polymeris Voglis erwähnen historische Untersuchungen, die eine Verbindung zwischen Untergrundaktivitäten und einer Konstruktion des Maskulinen herstellen, belegt mit späteren Selbstdarstellungen von Bombenlegern in Interviews. Die umfangreichste Untersuchung bzw. Quellensammlung über feministische Aspekte bezüglich des bewaffneten Widerstands in Griechenland findet sich in Margaret Poulos' *Arms and the Woman: Just Warriors and Greek Feminist Identity*[29]. Poulos behandelt dort die Rolle der Frauen vom Unabhängigkeitskrieg 1821 bis in die 1980er Jahre. Den Höhepunkt der ersten Emanzipation sieht sie in der Rolle der Frauen in Elas und DSE, worauf nach der Niederlage im Bürgerkrieg 1949 die siegreichen Rechten den gesellschaftlichen Roll-back zur obersten Maxime machten. Die Bedeutung von Gender für die Mobilisierung von Widerstand in der griechischen Gesellschaft war demnach der KKE und der EAM bewusst. Laut dem EAM-Strategen Dimitri Glinos »hatte die griechische Gesellschaft sich auf unterwürfige Frauenstereotypen beschränkt.«[30] Hinter dieses Bewusstsein sind offenbar viele Gruppen des Anti-Junta-Widerstands zurück gefallen, was später zum Gegenstand der Forschung wurde. Nicht erwähnt wird die Untersuchung Katherine Stefatos *Engendering the Nation: Women, state oppression and political violence in post-war Greece (1946–1974).*[31] Sie dürfte allerdings in wissenschaftlichen Kreisen recht bekannt sein.

In ihrer Doktorarbeit geht Katherine Stefatos davon aus, dass die moderne wissenschaftliche Forschung zu Griechenland gender-blind verbleibt und die Beteiligung von Frauen am Widerstand gegen die Besatzung, auf demokratischer Seite im Bürgerkrieg und in den Anti-Junta-Gruppen nicht entsprechend bekannt und gewürdigt wird. Politische Gewalt und bewaffneter Konflikt würden als männliche Domänen, ausgeführt von Männern, betrachtet und erforscht, während weibliche Narrative von der heldenhaften Repräsentation der nationalen Vergangenheit ausgeschlossen seien. Dafür würde weiblicher politischer Aktivismus und Leiden in den Zeiten des Bürgerkriegs und der Diktatur ignoriert und heruntergespielt. Der histografische Diskurs sei von den Siegern des Bürgerkriegs bis in die Gegenwart bestimmt worden, wodurch sich die Ideologie der »ethnikofrosini« (national-mindness) mit den zugehörigen Gender-Rollen und der entsprechenden Gewalt etabliert habe.

Stefatos untersucht anschließend zahlreiche autobiografische Äußerungen von überlebenden weiblichen Gefangenen und Aktivistinnen der Periode zwischen 1946 und 1974, die allerdings überwiegend erst in den letzten fünfzehn Jahren getätigt wurden, vorher war es ein Tabu. Viele männliche Gefangene der KKE/

Partisaninnen in ELAS und DSE zwar mit der Waffe in der Hand, verblieb die griechische Gesellschaft trotzdem in konservativen Gender-Rollen.

DSE übernahmen während ihrer Haft nach dem Ende des Bürgerkriegs patriarchale Werte und konservative Angewohnheiten in Bezug zu den weiblichen Gefangenen, weil die Justiz und die klandestine Führung der KKE ähnliche Verhaltenskodexe aufstellten, z. B. die Frauen auf die Rolle der Mutter zu reduzieren. Um vermeintliche Verstöße gegen die Richtlinien der KKE zu bestrafen, isolierte diese sogar ihre eigenen zum Tode verurteilten Gefangenen aus der Knastgemeinschaft und verbreitete Anschuldigungen über deren sexuelle Orientierung.

Weibliche Angeklagte wurden selbst von anderen Partisanen als Provokateurinnen empfunden, wenn sie mit kurzen Haaren, Hosen und in bunten Farben oder rauchend vor Gericht erschienen. Zwischen 1946 und Ende der 50er Jahre wurden in den Gefängnissen und auf den Verbannungsinseln die Guerillakämpferinnen gefoltert und vergewaltigt, weil sie laut der staatlichen Propaganda »bulgarische Huren« seien, die die Ehre Griechenlands verraten hätten. In dieser Phase führte der Staat eine Terrorkampagne allgemein gegen Frauen, auch unpolitische Frauen, um diese davon abzuhalten, die Kommunisten zu unterstützen. Tatsächlich flüchteten viele Frauen zu DSE um dem Terror zu entgehen.

Ein Ziel der Folter von männlichen Gefangenen war ihre »maskuline Ehre« zu brechen, ein dominanter Faktor in der patriarchalen Ideologie und sozialen Ordnung Griechenlands. Kein Wunder, dass die Militanten dagegen hielten indem sie ihre Maskulinität betonten. Weibliche Mitglieder der illegalen KKE berichten über ihre Zeit im Untergrund der 50er Jahre von sexuellem Terror auch durch eigene Genossen. Einige weibliche Gefangene wurden von der Parteiführung dazu gedrängt Reueerklärungen zu unterschreiben, um dadurch frei zu kommen und in den Untergrund gehen zu können.

Die Zusammensetzung des Widerstands gegen die Obristen veränderte sich gegenüber dem vorherigen Bürgerkrieg: die Studierenden und Arbeiter*innen kamen zunehmend aus der urbanen Mittelschicht. Die Beteiligung von Frauen in den Organisationen stieg an, doch die Gender-Ordnung blieb intakt. Auch während der Junta wurden weibliche Gefangene des KKE-nahen Widerstands daran gehindert sich zu Subjekten zu entwickeln, nicht nur durch den Staat, sondern auch durch die Partei, die versuchte soziales Verhalten auf die traditionellen Genderrollen einzugrenzen. Dadurch war die Entwicklung emanzipatorischer und feministischer Positionen in der griechischen Gesellschaft und im Widerstand, im Vergleich zum übrigen Westen, stark gebremst und hielt bis in die Metapolitefsi an. Illias Antonopoulos, ein Gefangener für zwanzig Jahre, bezeichnete es als Würde, keinen Kontakt mit den weiblichen Gefangenen gehabt zu haben.

Durch ihre Tätigkeit wurden die Folterer der ESA zu »hypermaskulinen Supermännern«. Das der Versuch mental dagegen zu halten, bei den männlichen Gefangenen ähnliche Selbstbilder förderte, ist offensichtlich. Aus Sicht der Folterer wurden die männlichen Gefangenen durch die – auch sexualisierte – Folter zu femininen Körpern degradiert.[32]

Im Gegensatz zu den Antihelden waren bestimmte heroische Ikonen des Widerstands im Krieg in der Vorstellung der meisten jungen Menschen, die sich im Untergrund engagierten, sehr präsent. Dazu gehörte Aris Velouchiotis, der berühmteste kommunistische Guerillaführer während der deutschen Besatzung und eine guevaristische Figur avant la lettre (Natürlich war auch Che Guevara selbst für die griechische Jugend eine heroische Ikone). Aris, der Oberbefehlshaber der Partisanenarmee Elas, hatte beschlossen, den bewaffneten Kampf nach der Befreiung fortzusetzen, entgegen dem Willen der Partei. Diese Entscheidung, sein Ausschluss aus der Kke und sein früher Tod führten dazu, dass er von Parteidissidenten als Figur des kompromisslosen und unerbittlichen Kampfes heilig gesprochen wurde. Zu der imaginären Verbindung mit dem Widerstand während des Krieges sollte man auch die Verbindung zwischen Untergrundaktivitäten und der Konstruktion von Männlichkeit hinzufügen.

Ausgehend von der Autobiografie des Tasos Darveris, geht der Historiker Polymeris Voglis einem wichtigen Motiv des gewaltsamen Widerstands nach, nämlich die Aufrechterhaltung der eigenen Subjektivität, wovon ein Aspekt die Konstruktion des Maskulinen sei: »Wenn die Befragten über die Bomben sprechen, die sie vorbereiteten und anbrachten, sprechen sie von Temperament, Stolz, Mut, Aktivsein, Erfindungsreichtum und Kühnheit – Eigenschaften, die der männlichen Identität und Leistung zugeordnet werden.«[33]

Weiter Gruppen entstehen oder die Wurzeln der späteren sozialdemokratischen Krisenverwalter

Eine andere Gruppe organisierte sich in der DA* (Demokratische Verteidigung) als fortschrittlicher Flügel der Zentrumsunion, die später von PASOK absorbiert wurden. DA war eine Gruppe, die sich deutlich an dynamischen Aktionen orientierte, bestehend aus Professoren, Ärzten und Anwälten mittleren Alters, mit einer linken Ausrichtung. Sie platzierten zwischen März und August 1969 in Athen neunzehn Spreng- und Brandsätze gegen symbolische Ziele wie Olympic Airlines oder Konzerne, die das Regime unterstützten, u.a. ESSO. Als sich der Professor der Panteion Universität, Sakis Karagiorgas im Juli '69 mit einer Bombe selbst verletzte, wurden die restlichen Mitglieder verhaftet. Europäische Behörden überwachten die Gruppe auch im Exil. So wurde 1971 einer ihrer Waffenbeschaffer in Bonn verhaftet.

Am 5. Januar 1970 entdeckte eine Putzfrau einen Sprengsatz in der Toilette der US-Botschaft.

Alle Bomben richteten nur symbolischen Schaden an. Aktivisten der DA stellten nach der Junta viele Minister und Funktionäre in Gewerkschaften, Presse und Universitäten, Richter am Obersten Gerichtshof sowie mit Costas Simitis einen Ministerpräsidenten.

Der Politiker der Zentrumsunion und spätere Premierminister der PASOK, Andreas Papandreou, rief vom Exil aus, im Februar 1968, zur Gründung der PAK* (Panhellenic Liberation Movement) auf. Diese Gruppe wurde nicht besonders ernst genommen, weil sie de facto nur auf dem Papier bestand. In Proklamationen solidarisierte sie sich mit dem VIETCONG* und ließ einige Aktivisten von der PLO* ausbilden. Am 3. Oktober 1970 besuchte der US-amerikanische Verteidigungsminister den griechischen Diktator Papadopoulos im Parlamentsgebäude am Syntagma-Platz in Athen, als im benachbarten Nationalgarten eine Bombe explodierte. Von einem zivilen Beamten wurde direkt danach der Rechtsanwalt Ioannis Koronaios festgenommen. Schnell wurden weitere PAK-Aktivisten ermittelt und verhaftet. Den nächsten Versuch unternahmen der spätere PASOK-Innenminister Sifis Valyrakis und Ioannis Kyriazis, die schon seit ihrer Ankunft in Patras im April 1971 observiert und wenige Tage später verhaftet wurden. Vermutlich waren sie unter der Folter von anderen PAK-Mitgliedern vorher verraten worden.

Papandreou war schon während der Metaxas-Diktatur inhaftiert und hatte damals eine Reueerklärung unterschrieben um frei zu kommen. Danach war er von den USA ausgebildet worden. Andere Widerstandsgruppen misstrauten ihm, weil sie wussten, dass er nach einem Ende der Junta wieder die Interessen der griechischen Bourgeoisie vertreten würde.

Die PAM*, ein Derivat von EDA und KKE, konnten sehr zügig Druckwerke über Widerstandsaktivitäten herausgeben und verbreiten. Ihre Mitglieder verloren sich in anhaltenden Debatten über die Ethik von Gewalt und die Notwendigkeit radikalerer und sichtbarer Aktionen. Einer der PAM-Anführer, Antonis Brillakis, wurde persönlich für den Tod eines Passanten in Athen durch eine Bombe in den ersten Monaten der Diktatur verantwortlich gemacht.

DA, PAM und PAK waren in den Augen vieler Junta-Gegner*innen kompromittiert durch die Beteiligung bürgerlicher Politiker. Radikalere Gruppen wurden durch Texte und Aktion der RAF und der BRIGATE ROSSE inspiriert, so zum Beispiel die Gruppe LEP* (LAIKI EPANASTATIKI PALI – Revolutionärer Volkskampf).

LEP entstand 1968 in Thessaloniki aus Trotzkisten und dem Maoist Tasos Darveris. Trotz einer gewissen Agitation gelang es ihnen nicht die Massen zu erreichen, so dass sie beschlossen den Innenminister der Junta zu töten. Da aber auch sein polizeilicher Leibwächter die Bombe nicht überlebt hätte, wurde von diesem Plan wieder Abstand genommen. Stattdessen sollten nun die Olympic Airlines, eine militärische und eine US-Einrichtung in

Thessaloniki angegriffen werden. Am 5. September 1969, kurz vor den geplanten Anschlägen, wurde Darveris verhaftet und verriet unter Folter den Bombenbauer Katsaros. Auch dieser wurde gefoltert und mit drei weiteren LEP-Mitgliedern zu einer lebenslangen Freiheitsstrafe verurteilt.

In seinen Memoiren verfestigt Stergios Katsaros, der während der Juliana Militanter der LAMBRAKIS-Jugend war, die reale und psychologische Unterscheidung zwischen seiner Generation und der nachfolgenden in mythologischer Hinsicht. Für die erste Generation erforderte der klandestine Widerstand die prometheischen Qualifikationen von Mühsal, Selbstdisziplin und Selbstaufopferung. Im Gegensatz dazu habe die nachfolgende Generation die Kritik Herbert Marcuses an solchen selbstverleugnenden Attributen unterstützt. Stattdessen bewunderten sie Orpheus und Narziss, die für Befreiung und Hedonismus stehen: »Wenn wir berücksichtigen, dass die Taktik der bewaffneten Aktion Planung, Methode, Verschwörung und strenge Disziplin beinhaltet, ist es sehr einfach, die Gefühle dieser rebellierenden halb-anarchistischen Jugend zu verstehen.«[34]

Trotz der etwas überzogenen Art seiner Argumentation, die das dionysische Element im Verhalten der nachfolgenden Generation stark überbewertet, sind die analytischen Vorzüge seiner Kategorisierung nicht zu übersehen – einschließlich der Tatsache, dass Marcuse in der Tat ein fester intellektueller Bezugspunkt dieser Generation geworden ist. Aus einem Nachruf auf Katsaros:

> »Stergios Katsaros hatte das Buch *Ich, der Provokateur, der Terrorist* geschrieben – darin gibt er sein persönliches Zeugnis über das große und ›verbotene‹ Thema der bewaffneten Aktion ab, indem er in erster Person seine Erfahrungen mit der LAMBRAKIS-Jugend und den Barrikaden der Juliana im Jahr 1965 bis zum Staatsstreich vom 21. April 1967 und der Illegalität schildert. Sein Leben war turbulent und er verfolgte die Gerechtigkeit und den Kampf für

eine klassenlose Gesellschaft überall, von Kuba, wo Katsaros sich kurz nach dem Tod von Che Guevara als Schiffbrüchiger wiederfand, bis nach Tinos und seinen illegalen Kontakten im Haus von Giannoulis Halepa. Diese zweite Phase der Illegalität führte ihn nach seiner Verurteilung zu lebenslanger Haft durch die Junta in die Gefängnisse von Korydallos und Aegina. Mit der Zeit, nach der Metapolitefsi und der Einberufung zur Armee, schließt sich ein Kreis und markiert einen besonderen ›Abschied von den Waffen‹. Stergios, der aus einer armen Bauernfamilie stammte, brach sofort sein Studium ab, um bis ins hohe Alter als Baumeister zu arbeiten. Ich glaube, dass seine Herkunft und seine Arbeit seinem ohnehin schon widerspenstigen Temperament den ›revolutionären Individualismus‹ hinzufügten, der ihn auszeichnete – ein seltenes Beispiel, wage ich zu behaupten, für einen bergigen griechischen Wagenlenker und russischen Linksradikalen. Sein Buch *Ich, der Provokateur, der Terrorist* zeigt sowohl inhaltlich als auch vom Schreibstil her viele dieser Eigenschaften. Deshalb denke ich, dass er nicht der klassische geduldige Organisator war, sondern vor allem der Kämpfer der Straße, der heftigen Zusammenstöße und Straßenblockaden, von Juliana und dem Polytechnio bis zum 23. Juli '75 und 25. Mai '76. Das bedeutet natürlich nicht, dass Stergios die politische Intervention (auch in Form von Wahlen) oder die unersetzliche Rolle der Arbeiterselbstorganisation und der direkten Demokratie unterschätzt hätte.«

Tasos Darveris ist eine tragische Figur des Widerstands. Er wurde 1944 in Thessaloniki als Sohn einer wohlhabenden Familie von rechtsgerichteten Tycoons geboren und studierte in den USA. Nach seiner Rückkehr nach Thessaloniki setzte er sein Studium an der Universität fort und schloss sich dem anti-diktatorischen Kampf an, zunächst als Mitglied der LAMBRAKIS-Jugend*.

Dann wurde er Mitglied einer pro-maoistischen Gruppe und beteiligte sich an der Zeitschrift *Student World*. Nach dem Staatsstreich von 1967 wurde er verurteilt und nach einer achtmonatigen Haftstrafe stieg er bei der Organisation LEP ein, die nicht nur trotzkistische und maoistische Theorien vertrat, sondern auch für Anhänger der KKE offen war. 1972 wurde er nach einer zweiten Verurteilung aus gesundheitlichen Gründen vorübergehend aus der Haft entlassen, 1973 floh er ins Ausland. Als Darveris zurückkehrte, suchte er wieder Kontakt ins widerständige Milieu, um seine revolutionären Aktivitäten fortzusetzen und half in Nicaragua, Kuba und Serbien, unterstützte aber auch die Palästinenser*innen und die Kurd*innen.[35] Seine Erlebnisse während der Diktatur versuchte er in Büchern zu verarbeiten. Er geriet mit der PASOK aneinander und näherte sich der KKE.[36] Am 20. Mai 1999 beging Tasos Darveris Selbstmord und es gibt Spekulationen, dass der NATO-Krieg gegen Serbien seine Depressionen verstärkte.

Maria Elena Angeloni – fast verwehte Spur von Brigate Rosse bis Genua

RIGAS FERAIOS* entstand im Dezember 1967, laut anderen Quellen erst 1969, an den Universitäten aus Teilen der Jugendstruktur der abgespaltenen KKE-Fraktion ›KKE ESOTERIKOU‹. Den Namen liehen sie sich von dem Helden des Unabhängigkeitskampfes gegen das Osmanische Reich 1821. Ab Mitte 1969 fing der abgespaltene Flügel der Exil-KKE-ESOTERIKOU an, unter dem Zusatz ARIS eine militante Struktur aufzubauen.

Bisherige Quellen machen meistens ARIS RIGAS FERAIOS (ARF) für das Fiasko am 2. September 1970 an der US-Botschaft verantwortlich.

Giorgos Tsikouris, ein Student aus Zypern, versuchte am 21. August 1970 die Schienen der Eisenbahn von Piraeus nach Kifissia zu sprengen, aber der Zünder versagte.

Tsikouris und seine italienische Freundin Maria Elena Angeloni gehörten zum ARIS-TEAM, benannt nach ARIS Velouchiotis*. ARF ist eine Gruppe, die aus der PAM, der KKE-nahen Anti-Diktatur-Front, in Mailand hervorgegangen ist. In der Nacht des 2.

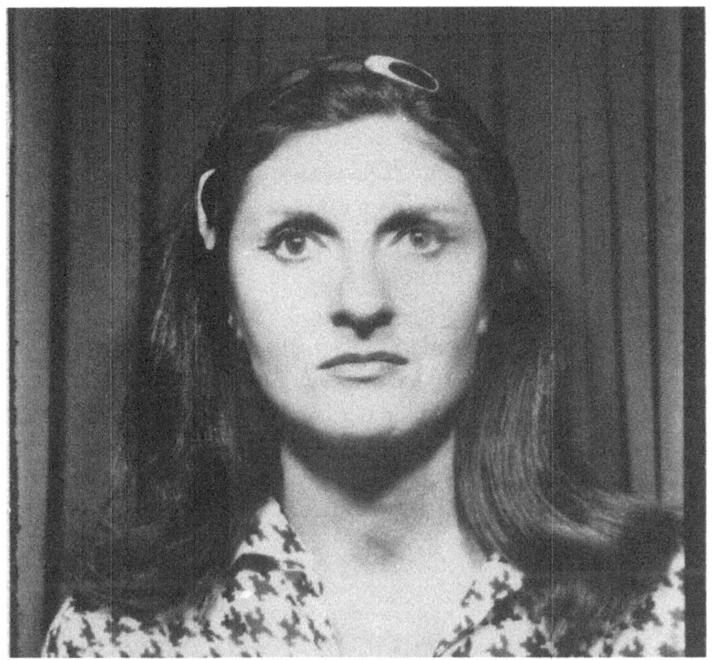

Maria Elena Angeloni.

September 1970 wollten die beiden eine Autobombe mit Zeitzünder hinter der US-Botschaft in Athen abstellen. Die Bombe explodierte jedoch vorzeitig und ließ nicht nur die Fenster der Botschaft und umliegender Gebäude zerplatzen sondern riss auch Giorgos Tsikouris in Stücke. Maria Elena Angeloni verbrannte im Fahrzeug.

Maria Elena Angeloni (die Tante von Carlo Giuliani, der später zur traurigen Bekanntheit gelangte) wurden Verbindungen zu den gleichzeitig entstandenen BRIGATE ROSSE nachgesagt. Als Mitglied der Kommunistischen Partei Italiens nahm sie Kontakt zu griechischen Exilant*innen auf. 1969 fuhr sie nach Griechenland, wo sie beim Fotografieren von Folterzentralen erwischt wurde. Irgendwann im Sommer 1970 bekam eine Freundin in

Italien einen Anruf, dass in Athen ein Attentat stattgefunden hat, es gibt zwei Tote und das sie ein Foto von Elena brauchten, um sie zu identifizieren. Dieses Foto landete auf der Titelseite einer rechten Zeitung mit der Überschrift »Terroristische Gang aufgedeckt, die die Züge sprengt«. Die KOMMUNISTISCHE PARTEI ITALIENS rief bei dieser Freundin an und sagte, dass jegliche Spuren, die auf einen Kontakt zwischen Elena und der Partei hinweisen können, zerstört werden müssten.

> »Die Idee der Aktion kam von der Gruppe ARIS, die Teil des Sektors Delta vom PAM war. Dieser Sektor bestand aus unterschiedlichen Gruppen, die sowohl in Griechenland agierten als auch im Ausland, aber sie waren vom PAM unabhängig. Der Mensch, der den Auftrag hatte, den Sektor Delta zu koordinieren, war auch einer der höchsten Funktionäre des PAM und der Kommunisti-

Giorgos Tsikouris.

schen Partei im Inland. Die einzelnen Gruppen hatten nur eine Kontaktperson, die die weitere Kommunikation übernahm.

Das Ziel unseres Sektors war dynamische und demonstrative Aktionen zu planen und durchzuziehen; wir wollten der griechischen Bevölkerung zeigen, dass sie nicht alleine ist, und die Bevölkerung anderer Länder für das Problem der Diktatur in Griechenland sensibilisieren.

Die ganze Operation war mit der größten Sorgfalt vorbereitet worden. Die Materialien und finanziellen Ressourcen waren durch mehrere Leute unserer Organisation besorgt worden. Die »Pyramiden-Struktur« sah vor, dass sich Gruppen, die aus nur drei Menschen bestanden, nur um einzelne Sachen kümmerten, die Pyramiden-Gruppen hatten keine parallele Kommunikation und hatten nicht die geringste Ahnung um welche Aktion es sich letztlich handelte.

Das Auto, in dem beide getötet wurden.

Vier oder fünf Monate vorher wurden mehrere Objekte observiert, der zypriotische Genosse und ich, der Verantwortliche der Gruppe Aris vor Ort, hatten uns dann für das Objekt entschieden.
Er war für die Vollstreckung der Aktion verantwortlich und ich für die lokale Unterstützung.
Die Aktion sollte keine Tote verursachen. Wir hatten uns deshalb für die ersten Morgenstunden entschieden. Der Zeitmechanismus hätte in dem Auto platziert werden sollen. Am Tag davor, genau 12 Stunden vorher, hätte der zypriotische Genosse das Auto mit eingelegtem Gang am Rande des Parkplatzes geparkt. Der Zeitmechanismus hätte dann einen kleinen Motor und den Scheibenwischer gestartet.
Der kleine Motor hätte dazu geführt, dass das Auto in Richtung des Gebäudes gerollt wäre, der Parkplatz ist leicht schräg nach unten, und der Scheibenwischer hätte mit leichter Verspätung die Bombe gezündet. Ein voller Tank und ein paar Kanister Benzin im Kofferraum vollendeten das Bild.
Das Auto mit schwedischen Kennzeichen wurde von Elena gekauft. Alles in Griechenland lief perfekt, so dass der italienische Genosse, der für die Technik verantwortlich war, trotz unseren Widerworten, zurückflog.
Kurz danach fand ein Notfalltreffen statt: der kleine Motor war kaputt, zu oft ausprobiert. Man entschied sich für die Reparatur des Mechanismus und das Weitermachen. Das Auto wurde zu einer Werkstatt gefahren, nachdem der Sprengstoff wieder entladen wurde, ein paar Stunden später war alles repariert. Der zypriotische Genosse, der das Mal davor alles beobachtete hatte, legte den Sprengstoff wieder an den richtigen Stellen ein, aber wenn man das Auto anmachte, fing auch der Scheibenwischer an zu funktionieren. Sie wollen es trotzdem versuchen. Es lief alles gut, bis sie kurz vor der Botschaft waren, das Auto fuhr nicht mehr. Er stieg aus, machte die Motorhaube auf und das Auto flog in die Luft.«[37]

Das Kommando-Mitglied Giorgos Romaios war so traumatisiert von der Aktion, dass die Gruppe diese nie nachbereitete. Einige von ARF* begannen aber danach mit der, von Paris aus operierenden LEA zusammenzuarbeiten, beispielsweise bei einer Serie von fünf Bombenanschlägen, am 8. Juli 1971 in Athen und Piraeus, die sich vor allem gegen US-Fahrzeuge und -Einrichtungen richteten.

Erst 2016 veröffentlichte der italienische Blog *infoaut.org*, dass Alberto Franceschini, der Mitbegründer der BRIGATE ROSSE, Angeloni und Tsikouris als Mitglieder des SUPERCLAN identifiziert habe. Der SUPERCLAN (super-clandestini) war eine geheime Organisation, die zwischen 1970 und 1971 von Corrado Simioni aus den Kernen der SINISTRA PROLETARIA* (Vorläufer der BRIGATE ROSSE) gegründet wurde. Ihr Sitz war angeblich in Paris mit dem Ziel, die Guerillaorganisationen auf internationaler Ebene zu koordinieren. Simioni, der das Attentat auf die Botschaft geplant hatte und mit der Anwesenheit einer Frau rechnete, hatte sich zunächst an Mara Cagol gewandt und sie gebeten, daran teilzunehmen, und nach ihrer Absage schließlich Maria Elena Angeloni als Freiwillige gefunden. Simionis Rolle in der Geschichte ist umstritten, mit Sicherheit hatte er sich mit den entstehenden BRIGATE ROSSE überworfen. Die Aktion gegen die amerikanische Botschaft in Athen markierte in der Tat den endgültigen Bruch der Beziehungen zwischen SUPERCLAN und BRIGATE ROSSE; Curcio sagte in einem Interview in Mario Sciajolas Interviewbuch *A viso aperto*:

> »Alles begann mit einem Machtkampf auf dem Kongress in Pecorile; Corrado Simioni kam mit der Absicht, eine hegemoniale Position innerhalb der kämpfenden proletarischen Linken zu erobern: er wurde in eine harte Diskussion genommen und argumentierte, dass die Gruppe weiter militarisiert werden müsse. Sein Versuch scheiterte, aber nach seiner Rückkehr nach Mailand gab er nicht auf: Er schlug Angriffe vor, die für eine Organisation, die noch in einer sehr breiten Bewegung stand und eigentlich für alle offen war, undenkbar waren. Mara, Franceschini und ich waren uns einig in der Einschätzung, dass seine Ideen gefährlich und leichtsinnig waren; wir beschlossen daher, ihn zusammen

> mit den ihm nahestehenden Genossen Duccio Berio und Vanni Mulinaris zu isolieren: Wir hielten sie aus dem Gespräch über die Entstehung der BRIGATE ROSSE heraus und informierten sie nicht über unsere erste Aktion, die gegen Pellegrinis Auto.[38] Simioni versammelte eine Gruppe von einem Dutzend Mitstreitern, darunter Prospero Gallinari und Francoise Tusher, Enkelin des berühmten Abbe Pierre.[39] Sie verließen die Bewegung mit der Begründung, sie seien bereits nichts anderes als streunende Hunde. Aber es gab gemeinsame Freunde, die uns über ihre Diskussionen auf dem Laufenden hielten, und wir wussten von ihrem Plan, eine geschlossene und sichere Struktur zu schaffen, die in einem zweiten Moment als bewaffnete Gruppe in Aktion treten konnte: wenn wir, unorganisiert, nach ihren Vorhersagen, alle verhaftet worden wären.«

Gerade wegen dieser Umstände wird Maria Elena Angeloni für viele Jahre in Vergessenheit geraten oder dem Schweigen überlassen, um dann mehr als dreißig Jahre später wieder aufzutauchen. Als ihr Neffe Carlo Giuliani während des G8-Gipfels in Genua im Jahr 2001 von einem Carabiniere getötet wird, erinnerte mensch sich auch ihrer wieder.

1972 trat ein weiteres ARIS-TEAM aus enttäuschten Mitgliedern der kommunistischen Jugendbewegung RIGAS FERAIOS mit spontanen bewaffneten Aktionen in Athen in Erscheinung.

Sie setzten am 5. Januar eine Granate gegen die neue Zentrale der ASFALIA am Mesogeion-Boulevard ein. Aufgrund einer Informationssperre der Pressezensur wurde dieser Angriff nicht bekannt.

Am 26. April 1971 zündete eine Bombe in einer Mülltonne vor dem amerikanischen DX-Supermarkt in der Syngrou-Avenue in Athen später als erwartet. Ein Angestellter wird schwer verletzt. Auch die Zentrale der Gewerkschaft GSEE wird angegriffen. Zu den Anschlägen bekannte sich ein REVOLUTIONÄRES TEAM MAKRYGIANNIS. Diese Gruppe übernahm in der zweiten Ausgabe von *Epithesi* die Verantwortung für Anschläge auf zwei US-Autos in Glyfada, die am 16. Oktober 1971 im Zusammenhang mit dem Besuch des US-amerikanischen Vizepräsidenten in Athen verübt wurden. Das Makrygiannis-Team gab dabei auch ihr Zusammengehen mit Lea bekannt.

Zwischen Februar 1971 und April 1972 bekannte sich die Aaa* (Unabhängiger Befreiungswiderstand) zu 21 kleineren Sprengstoff-Anschlägen vor allem gegen US-Militärfahrzeuge, für die schließlich der Offizier Tassos Minis verhaftet und gefoltert wurde.

Die trotzkistische Gruppe Okde* wurde gleich in der Anfangsphase der Diktatur durch zahlreiche Verhaftungen geschwächt, bis 1970 waren mehr als 100 Mitglieder in Haft, darunter der zentrale junge Kader Giannis Felekis. Ein Teil der jüngeren Kader ging auf eine, wie es der Okde-Führer Theologos Psaradellis ausdrückte, »spontaneistische Bomber-Linie« über, während ein anderer Teil den »individuellen Terror« gegen das Regime ablehnte. Psaradellis wurde im April 1969 wegen Diebstahl von Dynamit verhaftet und anschließend gefoltert. Einige Monate später gelang ihm eine vorübergehende Flucht aus der Junta-Haft nach Bulgarien. Von dort wurde er dann aber an Griechenland ausgeliefert. Er wurde zu zwölf Jahren Haft verurteilt. Auf die Frage, ob er der Führer der Gruppe sei, antwortete er: »Wir haben keine Führer. Gangs haben Anführer.« 1972 wurde er aus gesundheitlichen Gründen haftverschont und entkam über Jugoslawien nach Paris. Nach seiner Rückkehr 1974, war er als Drucker tätig und wurde zwischenzeitlich verdächtigt zu 17N zu gehören.

LEA

Mit einer Bombenexplosion im Eingang der Wirtschaftsverwaltung des Präsidialamts der Regierung trat am 6. Juli 1971 eine neue revolutionäre Gruppe an die Öffentlichkeit, Revolutionärer Volkswiderstand* (Laiki Epanastatiki Antistasi – Lea).

Zwei Tage später sprengte sie in einem Industriegebiet den Tank eines ESSO-Depots und am 14. Juli zündete sie eine Bombe in der griechisch-amerikanischen Stiftung Hellenic American Union.[40]

Gründungserklärung und Bekennerschreiben von LEA wurden in der illegalen Zeitschrift *Epithesi* abgedruckt.

Ελεύθερη Ελλάδα

ΕΒΔΟΜΑΔΙΑΙΑ ΕΛΛΗΝΙΚΗ ΑΝΤΙΣΤΑΣΙΑΚΗ ΕΦΗΜΕΡΙΔΑ

Περίοδος Β' Χρόνος Γ' Άρ. 96 (245) Τιμή δρχ. 5 — 26 Όκτωβρίου 1972 — Έκδοση της «Έλεύθερης Πατρίδας» Ρώμης

'Η επέτειος τοῦ «ΟΧΙ»

ΟΧΙ

Π.Α.Μ.

Ή κινητοποίηση γιά τούς πολιτικούς κρατουμένους

ΚΑΝΕΝΑΣ ΣΤΙΣ ΦΥΛΑΚΕΣ ΓΙΑ ΠΑΤΡΙΩΤΙΚΗ ΔΡΑΣΗ!

Έκκληση τοῦ προέδρου τῆς ΚΕΠΠΕ Μ. Παπαδημήτρη πρός τήν διεθνή καί τήν Έλληνική Κοινή Γνώμη. Είναι άπαράδεκτο νά βρίσκονται στίς φυλακές άνθρωποι γιά τίς πολιτικές τους ίδέες

'Η δίκη τῶν τεσσάρων Γερμανῶν

Τά "άναπτυξιακά έργα" τῆς χούντας έξεγείρουν τόν πληθυσμό

ΕΞΕΓΕΡΣΗ ΣΤΑ ΣΠΑΤΑ ΚΑΤΑ ΤΟΥ ΑΕΡΟΔΡΟΜΙΟΥ

Θά καταστραφοῦν άμπελῶνες 41.000 στρεμμάτων. Οί κάτοικοι άποφασισμένοι νά φθάσουν στά άκρα γιά νά προστατεύσουν τά κτήματά τους

Οί ποινές πού έπέβαλε τό στρατοδικεῖο

Στή χώρα τῶν "Έλλήνων Χριστιανῶν"

ΤΑ ΒΑΣΑΝΙΣΤΗΡΙΑ, ΜΟΝΙΜΗ ΑΝΑΚΡΙΤΙΚΗ ΜΕΘΟΔΟΣ

Καταγγελία τῆς "Διεθνοῦς Άμνηστίας," τῆς "Διεθνοῦς Ένώσεως Νομικῶν" καί 54 Πολιτικῶν Κρατουμένων

ΕΝ ΟΨΕΙ ΤΩΝ ΑΡΧΑΙΡΕΣΙΩΝ

Οί φοιτητές σέ συναγερμό γιά τήν γνησιότητα τῶν έκλογῶν

ΖΗΤΟΥΝ ΠΑΡΑΤΑΣΗ ΤΗΣ ΠΡΟΘΕΣΜΙΑΣ ΕΓΓΡΑΦΗΣ ΣΤΟΥΣ ΚΑΤΑΛΟΓΟΥΣ

Ό τιμηθείς μέ τό Νόμπελ συγγραφεύς Μπέλ γιά τούς κρατουμένους

χτυπήματα

ΣΥΣΤΑΣΕΙΣ

Cover der Zeitung *Freies Griechenland* von 1972.

Anlässlich des Besuchs des amerikanischen Vize-Präsidenten Spyro Agnew verübte LEA im Oktober 1971 zwei Brandanschläge auf US-Militärfahrzeuge.

Diese linksradikale Gruppe hatte sich von der BEWEGUNG 29M abgespalten und orientierte sich an den TUPAMAROS in Uruguay.

Als strategisches Ziel formulierte LEA die Übernahme der Macht durch das Volk und die gewaltsame Zerstörung des gesamten Systems. Sie sah sich damit im Gegensatz zu den meisten anderen Widerstandsgruppen, die Anschläge verübten, um den USA und Europäern zu zeigen, das die Junta die Lage nicht unter Kontrolle hat und deshalb abgelöst werden müsse. Die Übersetzungen von Texten südamerikanischer Stadtguerilla-Gruppen[41] spielten eine wichtige Rolle in der theoretischen und praktischen Entwicklung von LEA, die als Vorläufer der revolutionären Organisation 17. NOVEMBER angesehen wird. Der hierarchische Aufbau der meisten anderen Gruppen wurde abgelehnt. Nach der ersten Anschlagsserie reisten einige Mitglieder zurück nach Paris, u. a. Alexandros Giotopoulos und Anagnostopoulos. Dort wurden sie jedoch fast verhaftet, da sie vor ihrer Abreise ein Erddepot mit Waffen und Sprengstoff in einem Wald bei Athen angelegt hatten. Um dieses wiederzufinden wurden Fotos von der Stelle gemacht. Diese Fotos, zusammen mit gefälschten Pässen und revolutionären Druckwerken, lagerte ein anderer Genosse in einem Koffer in der Wohnung einer Freundin in Paris. Dort wohnte kurzfristig eine weitere Freundin, die beim Ladendiebstahl erwischt wurde; die folgende Hausdurchsuchung brachte das Material in die Hände der französischen Polizei. Anagnostopoulos wurde festgenommen, von einem sympathisierenden Staatsanwalt jedoch freigelassen, Giotopoulos tauchte unter. Der französische Geheimdienst räumte das Erddepot in Athen aus, ohne dass die griechischen Behörden informiert wurden.[42]

Nach dem Tod des Dichters, Nobelpreisträgers und Regimegegners Giorgos Seferis am 20. September 1971 wurde seine Beerdigung zu einem Demonstrationszug gegen die Diktatur.

Zehntausende nahmen die Beerdigung in Athen zum Anlass das Demonstrationsverbot zu umgehen. Leute, die sich die Anonymität in der Masse zunutze machten, riefen Anti-Junta Slogans.

Zum fünften Jahrestag des Putsches sprengte LEA am 19. April 1972 in Piraeus eine Statue von General Metaxas, dem Diktator von 1936–41, in die Luft. In diesem Jahr fühlte sich LEA durch die Schläge der Behörden in Uruguay gegen die befreundeten TUPAMAROS betroffen. Daraufhin beschäftigte sich die Gruppe intern mit den Haftbedingungen, denen die verhafteten TUPAMAROS unterlagen. Und sie versuchte eigene Rückschlüsse aus den repressiven Erfolgen der dortigen Behörden zu ziehen.

Am 29. August 1972 zündete LEA in den Toilettenräumen der Cafeteria im Erdgeschoss der US-Botschaft eine Bombe.

Nach damaligen Presseberichten war der Schaden erheblich. Die LEA schrieb in einer Erklärung, die im Oktober 1972 im internen Bulletin[43] der Organisation veröffentlicht wurde:

> »Unsere militante Gruppe von Kämpfern hat heute den Sitz des amerikanischen Imperialismus in Griechenland, die amerikanische Botschaft, angegriffen. Wir brauchen heute nicht zu erklären, nicht einmal dem letzten Griechen, dass sie es sind, die überall auf der Welt Diktaturen und Papadopoulos errichten, das Blut der Menschen aussaugen und sogar die Nazis an Verbrechen übertroffen haben! Wahre Unabhängigkeit und Volksmacht für die Menschen der Welt gehen notwendigerweise über die Zerschlagung des Imperialismus. Es gibt keinen anderen Weg. So wie wir im Oktober letzten Jahres Vizepräsident Agnew auf unsere Weise begrüßt haben, indem wir zwei amerikanische Militärfahrzeuge in Glyfada in die Luft gesprengt haben, so wie wir im April letzten Jahres fünf Jahre Militärdiktatur gefeiert haben, indem wir die von der Junta in Kokkinia errichtete Statue des Faschisten I. Metaxas in die Luft gesprengt haben, so nutzen wir heute die gleichen Mittel, um uns zu einer grundlegenden, fundamentalen, prinzipiellen Sache für unser Volk zu äußern: die Angelegenheit der nationalen Unabhängigkeit und der imperia-

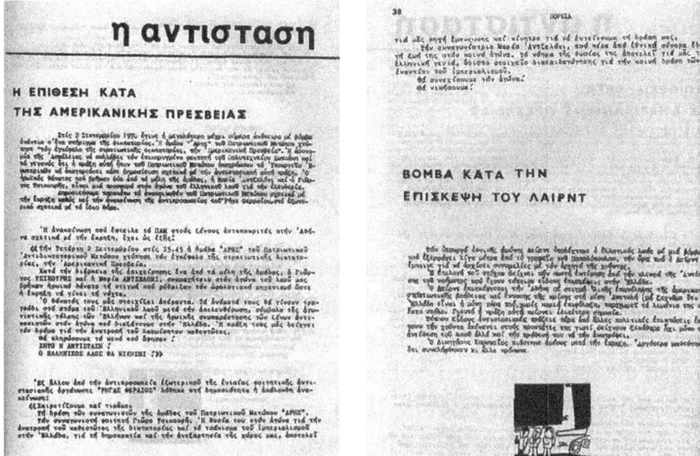

η αντισταση

Η ΕΠΙΘΕΣΗ ΚΑΤΑ
ΤΗΣ ΑΜΕΡΙΚΑΝΙΚΗΣ ΠΡΕΣΒΕΙΑΣ

ΒΟΜΒΑ ΚΑΤΑ ΤΗΝ
ΕΠΙΣΚΕΨΗ ΤΟΥ ΛΑΙΡΝΤ

Erklärung zum Anschlag auf die US-Botschaft.

listischen Abhängigkeit unseres Landes. Unsere anti-imperialistische Aktion heute, ist der Erinnerung an die Kämpfer C. Tsikouri und M. Angeloni gewidmet, die vor zwei Jahren am selben Ort, bei einer ähnlichen Aktion ihr Leben verloren.«[44]

Die einzige Stadtguerilla während der Diktatur mit anarchistischen Tendenzen

Die Gruppe 20.O* (Bewegung 20. Oktober) bezeichnete sich nach dem Datum ihrer ersten Aktion, eine Bombenexplosion 1969 in einem Mülleimer im Stadtteil Kolonaki von Athen. Die Gruppe wurde von Dimitris Psyhogios gegründet, der mit weiteren Genoss*innen Zellen in Athen, Paris und Stuttgart[45] aufbaute. Diese Struktur kann als linksradikal mit anarchosyndikalistischen Einflüssen beschrieben werden.

Giorgos Votsis war Journalist bei *Eleftherotypia* (dt. *Pressefreiheit,* 1975–2014), einer linken Tageszeitung, die eine der am weitesten verbreiteten Zeitungen des Landes war. Er wechselte von der PAM zu 20.O, die vor allem Student*innen aber auch Arbeiter, unter anderem Giannis Serifis aus Stuttgart, mobilisierte. Im März 1970 zündete die BEWEGUNG 20. OKTOBER eine Bombe anlässlich des Prozesses gegen DA-Mitglieder vor der Evelpidon-Militärakademie und am 1. Mai 1970 vor der Zentrale der Gewerkschaft GSEE.

Eine weitere wichtige Persönlichkeit war der 1943 geborene Christos Kassimis, der seit 1966 in Paris studierte und dort den Versand von Materialien an Gruppen organisierte, die militant gegen die Junta vorgehen wollten. Er kehrte 1971 nach Griechenland zurück, um die Gruppe 20.O zu organisieren.

Am 20. OKTOBER 1971 wurden vier Mitglieder einer Zelle von 20.O verhaftet, als sie versuchten einen elektrischen Verteiler im Hilton-Hotel zu sprengen, um die Rede des US-amerikanischen Vize-Präsidenten zu unterbrechen. Alle wurden gefoltert und die

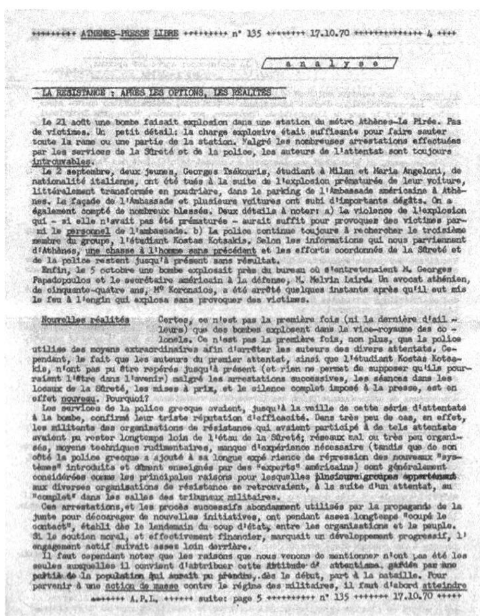

++++++++ ATHENES-PRESSE LIBRE ++++++++ n° 135 +++++++ 17.10.70 ++++++++++++ 4 ++++

analyse

LA RESISTANCE : APRES LES OPTIONS, LES REALITES

Le 21 août une bombe faisait explosion dans une station du métro Athènes-Le Pirée. Pas de victimes. Un petit détail: la charge explosive était suffisante pour faire sauter toute la rame ou une partie de la station. Malgré les nombreuses arrestations effectuées par les services de la Sûreté et de la police, les auteurs de l'attentat sont toujours introuvables.

Le 2 septembre, deux jeunes, Georges Tsékouris, étudiant à Milan et Maria Angeloni, de nationalité italienne, ont été tués à la suite de l'explosion prématurée de leur voiture, littéralement transformée en poudrière, dans le parking de l'Ambassade américaine à Athènes. La façade de l'Ambassade et plusieurs voitures ont subi d'importants dégâts. On a également compté de nombreux blessés. Deux détails à noter: a) La violence de l'explosion qui – si elle n'avait pas été prématurée – aurait suffit pour provoquer des victimes parmi le personnel de l'ambassade. b) La police continue toujours à rechercher le troisième membre du groupe, l'étudiant Kostas Kotsakis. Selon les informations qui nous parviennent d'Athènes, une chasse à l'homme sans précédent et les efforts coordonnés de la Sûreté et de la police restent jusqu'à présent sans résultat.

Enfin, le 5 octobre une bombe explosait près du bureau où s'entretenaient M. Georges Papadopoulos et le secrétaire américain à la défense, M. Melvin Laird. Un avocat athénien, de cinquante-quatre ans, M° Koronaios, a été arrêté quelques instants après qu'il eut mis le feu à l'engin qui explosa sans provoquer des victimes.

Nouvelles réalités — Certes, ce n'est pas la première fois (ni la dernière d'ailleurs) que des bombes explosent dans le vice-royaume des colonels. Ce n'est pas la première fois, non plus, que la police utilise des moyens extraordinaires afin d'arrêter les auteurs des divers attentats. Cependant, le fait que les auteurs du premier attentat, ainsi que l'étudiant Kostas Kotsakis, n'ont pas pu être repérés jusqu'à présent (et rien ne permet de supposer qu'ils pourraient l'être dans l'avenir) malgré les arrestations successives, les séances dans les locaux de la Sûreté, les mises à prix, et le silence complet imposé à la presse, est en effet nouveau. Pourquoi?

Les services de la police grecque avaient, jusqu'à la veille de cette série d'attentats à la bombe, confirmé leur triste réputation d'efficacité. Dans très peu de cas, en effet, les militants des organisations de résistance qui avaient participé à de tels attentats avaient pu rester longtemps loin de l'étau de la Sûreté; réseaux mal ou très peu organisés, moyens techniques rudimentaires, manque d'expérience nécessaire (tandis que de son côté la police grecque a ajouté à sa longue expérience de répression des nouveaux "systèmes" introduits et dûment enseignés par des "experts" américains) sont généralement considérées comme les principales raisons pour lesquelles plusieurs groupes appartenant aux diverses organisations de résistance se retrouvaient, à la suite d'un attentat, au "complet" dans les salles des tribunaux militaires.

Ces arrestations, et les procès successifs abondamment utilisés par la propagande de la junte pour décourager de nouvelles initiatives, ont pendant assez longtemps "coupé le contact", établi dès le lendemain du coup d'état, entre les organisations et le peuple. Si le soutien moral, et effectivement financier, marquait un développement progressif, l'engagement actif suivait assez loin derrière.

Il faut cependant noter que les raisons que nous venons de mentionner n'ont pas été les seules auxquelles il convient d'attribuer cette attitude d'attentisme, gardée par une partie de la population qui aurait pu prendre, dès le début, part à la bataille. Pour parvenir à une action de masse contre le régime des militaires, il faut d'abord atteindre

+++++++ A.P.L. ++++++ suite: page 5 ++++++++++ n° 135 +++++++ 17.10.70 +++++

Widerstandsrundbrief aus Paris, 1970

griechische Polizei erhielt so eine Adresse in Paris, die daraufhin von der französischen Polizei ausgehoben wurde. In der Wohnung wurde Sprengstoff und »Anna«, die Wohnungsbesitzerin vorgefunden, die festgenommen wurde. Auch Giannis Serifis in Stuttgart wurde dadurch bekannt.[46] Als letzte Aktion platzierte die Gruppe im Februar 1972 im Zentrum Athens einen Radiosender, über den eine Nachricht an die Bevölkerung ausgestrahlt wurde.

Nach dem Aufstand vom November '73 verfolgte Christos Kassimis entschieden den Weg zur Vereinheitlichung der militanten Bewegung, nachdem die Schwäche der revolutionären Organisationen in dieser Phase offenkundig wurde. 20. Oktober, Aris-Team von Rigas Feraios und Lea planten zwar eine Erklärung dazu, aber es erfolgte keine gemeinsame Aktion.[47]

Zwei Frauen der ersten Generation von Rigas Feraios waren 1971 festgenommen und gefoltert worden. Margarita Gerali und Tsembelikou wurden legendär durch ihre mutigen Statements vor Gericht. In einem Nachruf wird die Verhaftung von Margarita Gerali auf 1968 datiert, sie wurde gemäß dem Gesetz 509 zu fünfundzwanzig Jahren verurteilt, im August 1973 amnestiert und nach der Polytechnio-Besetzung erneut verhaftet. Später trat sie Syriza bei.[48]

In diesem Jahr sollte die Untergrundbewegung angeblich ausgelöscht worden sein, was 1973 zu einem Generationswechsel führte. Die Amnestie im Sommer 1973 durch Papadopoulos, auch für Bombenleger*innen, sollte zeigen, dass das Regime keine Angst hatte. Der klandestine Widerstand schaffte es nicht, einen signifikanten Sektor der Gesellschaft zu mobilisieren, nicht mal den studentischen. Er konnte selbstverständlich auch nicht öffentlich vorgehen um damit eine Bewegung zu initiieren. Trotzdem darf der psychologische Faktor der Existenz der bewaffneten Option nicht unterschätzt werden, sowohl für die Gegner*innen der Junta als auch für den Staat.

Die bewaffneten Strukturen koordinieren sich

Die Gruppen LEP*, 20.O und ARIS-TEAM wurden von der kleinen Organisation AA* (Unabhängige Linke) seit 1971 unterstützt.

Ihr Theoretiker was Giannis Galanopoulos, ein ehemaliger Partisan der ELAS. Von 1945 bis 1960 inhaftiert, war er 1967 nach Italien entkommen. Galanopoulos propagierte in Texten und Untergrundzeitungen, wie der *Epithesi*, den autonomen Kampf kleiner Gruppen, die sich ihre Ziele selbst suchen und bei Bedarf mit anderen Gruppen kooperieren. Er lehnte maoistische Führungsprinzipien ab und bot bewaffneten Zusammenhängen logistische Hilfe an.

Bürgerliche und liberale Gruppen arbeiteten ebenfalls zusammen, unter dem Namen EMA* (Griechischer militanter Widerstand) wurden zahlreiche Bomben gelegt, die im Umfeld des Kriegsveteranen Tasos Panagiotopoulos und des Bombenbauers Tassos Minis vorbereitet wurden. Hier bestanden Kontakte zu jüngeren Angehörigen der Oberschicht, die mit sauberen Pässen den Widerstand unterstützten, z. B. eine Aktion gegen die US-amerikanischen Verbindungsstellen.

LEA konnte im Ausland zahlreiche Unterstützer*innen gewinnen, unter anderem Jean-Paul Sartre und Francois Truffaut.

Die in diesem Kapitel dargestellten Guerillaaktivitäten, wie auch die im folgenden beschriebenen Widerstandsebenen, wurden durch bestimmte Faktoren begünstigt. Es gab Menschen, die Kontakte zu anderen Revolten im Ausland suchten und internationale Verbindungen knüpften. Sie taten dies in einer weltweiten Aufbruchstimmung und transportierten Texte und Gegeninformationen hin und her und sorgten für Übersetzungen. In den Zeiten vor dem Internet war dies eine mühsame und nicht ungefährliche Tätigkeit.

Anmerkungen

1 Interessant ist die Begründung des Oberst Papadopoulos für den Putsch. In einer im Archiv des staatlichen Fernsehens *ERT* erhaltenen Aufnahme, ist seine Rede am Tag der Machtergreifung im Parlament zu sehen. Papadopoulos dort: »Dieser Schritt ist nötig geworden, weil sich in allen Bereichen der Gesellschaft die Anarchie breitgemacht hat. Dadurch bestand die akute Gefahr, Griechenland an den Kommunismus zu verlieren.«

2 Diese Details wurden erst im November 2022 in der Zeitschrift *Route zur Freiheit* unter dem Pseudonym »Provokateur« veröffentlicht.

3 In den DX-Supermärkten versorgten sich die amerikanischen Militärs.

4 Giotopoulos wurde im Juli 2002 als Führungsmitglied der Revolutionären Organisation 17. November festgenommen und im folgenden Jahr zu mehrfach lebenslänglicher Haft verurteilt. Im Gegensatz zu den meisten anderen Angeklagten machte er keine Angaben zu den Vorwürfen. Sein erster Hafturlaub im Juli 2022 wurde von Athens Bürgermeister Kostas Bakoyannis (ND) scharf kritisiert. Das Verhältnis im Knast zwischen Dimitris Koufontinas und Giotopoulos gilt als angespannt, weil Koufontinas als Einziger die politische Verantwortung für 17N übernommen hat.

5 Siehe: Livieratos, Dimitris (mit G. Karabelias); *Juli '65. Die Explosion.* Kommouna, 1985.

6 https://socialistworker.co.uk/

7 Aus: Kornetis, Kostis; *Children of the Dictatorship: Student Resistance, Cultural Politics and the ›Long 1960s‹ in Greece.* Mitafidis, 2013 (Interview mit Kostis Kornetis).

8 Darveris, Tasos; *Mia Istoria tis Nychtas 1967–1974 (A Night's Tale 1967–1974).* Vivliopelagos, 2002.

9 Der bachtinsche Dialogismus bezeichnet eine Sprachphilosophie und eine Gesellschaftstheorie, die von Michail Michailowitsch Bachtin entwickelt wurde. Das Leben ist dialogisch und ein gemeinsames Ereignis; Leben bedeutet Teilnahme am Dialog. Bedeutung entsteht durch den Dialog, egal auf welcher Ebene dieser stattfindet. Nichts kann ohne Sinn existieren; alles hat einen Sinn.

10 Ebd.

11 Aus: Kornetis, Kostis; *Children of the Dictatorship: Student Resistance, Cultural Politics and the ›Long 1960s‹ in Greece.* Mitafidis, 2013 (Interview mit Tsaousidis), S. 71.

12 Ebd., Kapitel 2.

13 Zwar gab es noch die Todesstrafe, aber es sind seit Ende der 50er Jahre keine Hinrichtungen politischer Gefangener bekannt geworden. Lebenslänglich wur-

de selten länger als 25 Jahre vollstreckt. Der Diktator Papadopoulos amnestierte mehrfach politische Gefangene, auch Lebenslängliche, um Souveränität zu beweisen, u. a. Panagoulis. Die Führungsriege der Junta saß ihre lebenslangen Strafen bis zum Ende ab.

14 »The general reaction to the wave of bombings by the resistance in 1969 was enthusiastic.« Aus: Jones, Mervyn; Witness in Athens. In: *New Statesman*, 3. März 1972.
oder auch: »Die Menschen gingen ermutigt zu Bett und wachten mit der Hoffnung auf, von weiteren Versuchen zu hören; ihre Moral stieg.« aus: Kanakaris, Rodis Roufos; *Truth about Greece.*

15 Es gab es nach dem Fall der Junta Phasen, wo der Eindruck entstand, dass für Student*innen bzw. für Aktionen vom Universitätsgelände aus, alles möglich ist und der Staat vieles durchgehen lässt. Der ND warf PASOK oft vor, dass sie den »Terror« von 17N und Anarchist*innen decken würden. Dieser Vorwurf speiste sich unter anderem daraus, dass viele Menschen in führenden Funktionen bei PASOK, während der Diktatur selbst Bomben legten. Dieser Umstand verhinderte jedoch auch eine entschlossenere Konfrontation der außerparlamentarischen Bewegung mit den PASOK-Regierungen. und sorgte für viel Streit. Obgleich PASOK genauso brutal regierte wie ND, hatten die Verantwortlichen jedoch eine andere Geschichte. Auch während der SYRIZA-Regierung ab 2015 wiederholte sich dieser bewegungsinterne Konflikt sowie auch die Vorwürfe seitens ND. Seinen symbolischen Höhepunkt findet dieser Konflikt in der Diskussion über das inzwischen abgeschaffte Asyl auf Campus-Geländen.

16 Der Kampf von Alekos Panagoulis ist sehr ausführlich beschrieben in: Fallaci, Oriana; *Ein Mann*. Kindler, 1980.

17 Alle gefundenen Quellen, die Beteiligte zitieren bzw. die Erklärungen, berichten von diesem Diskussionsstand: keine Toten riskieren. Telefonanrufe um vor Bomben zu warnen, sind erst nach 1974 überliefert.

18 Aus einem Artikel von Daniele Ganser in der *NZZ*: Am 3. August 1990 bestätigte der damalige Premierminister Italiens, Giulio Andreotti, die Existenz einer Nato-Geheimarmee vor einem mit der Untersuchung von Terroranschlägen beauftragten Ausschuss des italienischen Senates. In Italien, so sagte Andreotti, habe die Geheimarmee unter dem Decknamen «Gladio» (das Schwert) als verdeckte Unterabteilung des militärischen Geheimdienstes SISMI (Servizio per le Informazioni e la Sicurezza Militare) operiert. [...] Die Geheimarmeen, so Andreotti, wurden als Stay-behind-Netzwerk von der Nato für den Fall einer sowjetischen Invasion von Westeuropa aufgebaut. Die Stay-behind-Armeen verfügten über geheime Sprengstoff- und Waffenlager und hätten im Kriegsfall auf italienischem Territorium als antikommunistische Guerilla die ROTE ARMEE bekämpfen sollen. [...] Für die rechtsextremen Terroristen, welche im Rahmen der «Operation Gladio» die «Strategie der Spannung» ausführten und danach durch den militärischen Geheimdienst geschützt wurden, war das Volk ein legitimes Ziel, um indirekt die italienischen Kommunisten zu bekämpfen.
Vgl. auch: Ganser, Daniele; *NATO-Geheimarmeen in Europa. Inszenierter Terror und verdeckte Kriegsführung.* Orell Füssli 2004.

19 Siehe auch: Balestrini/ Moroni; *Die Goldene Horde.* Assoziation A, 2024, Lanza, Luciano; *Bomben und Geheimnisse. Geschichte des Massakers von der Piazza Fontana.* Edition Nautilus, 1999., *Blätter für internationale Politik*: https://www.blaetter.de/ausgabe/2004/juli/strategie-der-spannung

20 Vgl. Frattini, Eric; *The Entity: Five Centuries of Secret Vatican Espionage.* 2004, S. 304.

21 https://en.wikipedia.org/wiki/Greek_junta#Italian_connection

22 Ausführlicher nachzulesen in: Balestrini/ Moroni; *Die Goldene Horde.* Assoziation A, 2024.

23 Sportliches Großereignis, an dem die an das Mittelmeer angrenzenden Nationen teilnehmen.

24 https://www.robertspublications.com/blog/kostas-georgakis-genoa-19th-september-by-david-roberts

25 Andreadis, *The Resistance of Memory.*

26 Eine ausführliche Beschreibung der Entwicklung des bewaffneten Kampfes ab 1967 findet sich in: Voglis, Polymeris; *»The Junta came to power by the force of arms, and will only go by arms«. Political Violence and the Voice of the Opposition to the Military Dictatorship in Greece, 1967–74.* University of Thessaly, 2016.

27 Aus: Kornetis, Kostis; *Children of the Dictatorship: Student Resistance, Cultural Politics and the ›Long 1960s‹ in Greece.* Mitafidis, 2013 (Interview mit Mandelou).

28 Aus: Kornetis, Kostis; *Children of the Dictatorship: Student Resistance, Cultural Politics and the ›Long 1960s‹ in Greece.* Mitafidis, 2013 (Interview mit Verveniot.

29 Poulos, Margaret: *Arms and the Woman: Just Warriors and Greek Feminist Identity.* Columbia University Press, 2009.

30 Chimbos, Peter D.; Women of the 1941–44. Greek Resistance against the Axis, Historical and Sociological Perspective. In: *Atlantis* 28.1, Winter 2003.

31 Stefatos, Katherine; *Engendering the Nation: Women, state oppression and political violence in post-war Greece (1946–1974).* University of London, 2012.

32 Ebd.

33 Voglis, Polymeris; *»The Junta came to power by the force of arms, and will only go by arms«. Political Violence and the Voice of the Opposition to the Military Dictatorship in Greece, 1967–74.* University of Thessaly, 2016.

34 Katsaros, Stergios; *Ich, der Provokateur und Terrorist.* 1999.

35 In welcher Form dies geschah, darüber schweigen sich die Quellen aus.

36 Zum Konflikt mit Pasok kam es anscheinend durch deren Zustimmung zum NATO Krieg gegen Serbien 1999. Quelle ist der Nachruf auf: https://taxalia.blogspot.com/2013/05/blog-post_9271.html

37 Erzählung eines griechischen Genossen aus dem Buch: Staccioli, Paola/Giuliani, Haida Gaggio; *Non per odio ma per amore.* Red Star Press, 2018.

38 Siehe auch: Moretti/Rossanda/Mosca; *Brigatte Rosse. Eine italienische Geschichte.* Assoziation A, 2006. leider vergriffen.

39 Abbé Pierre war ein französischer katholischer Priester und Kapuziner, der die Wohltätigkeitsorganisation EMMAUS (französisch Emmaüs) gründete. Sein Pseudonym Abbé Pierre stammt aus jener Zeit des Zweiten Weltkrieges, als er der französischen Résistance angehörte und jüdischen Flüchtlingen half.

40 Eine Non-Profit-Organisation, die von der US-Regierung gefördert wurde, um kulturelle und bildungspolitische Beziehungen zu fördern.

41 *Kleines Handbuch der Stadtguerilla* von Carlos Marighella wurde kollektiv von mehreren Gruppen übersetzt und verbreitet. Des weiteren: *Philosophie der Stadtguerilla* von Abraham Guillen und *Wir, die Tupamaros* mit einem Vorwort von Regis Debray. Paris, 1972.

42 Kiesling, John Brady: *Greek Urban Warriors. Resistance & Terrorism 1967–2014.* Lycabettus Press, 2014.

43 Trotz ausführlicher Suche konnte der Name des Reprints nicht festgestellt werden. Es kann nicht ausgeschlossen werden, dass manche Texte das interne Bulletin mit der offiziellen Zeitung *Epithesi* von LEA verwechseln.

44 Artikel der Tageszeitung *Ελευθεροτυπία* vom 8.3.2003 über den Prozess gegen die Angeklagten des 17. NOVEMBER, hier in Bezug auf Alexandros Giotopoulos. Giotopoulos bekannte sich im 17N Prozess zur Mitgliedschaft in LEA und dem Bombenangriff auf die US Botschaft am 29.8.1972, weitere Quellen dafür in: Telloglou, Tasos/Papachelas, Alexis; *The 17 November File.* Estia, 2002, S. 37–38 und Lampropoulos, Vassilis C.; *Patmos and Damareos corner.* Synchronoi Orizontes, 2003, S. 51. Der erste Nachdruck der Erklärung erschien 1983 in These struggles continue, herausgegeben von einer autonomen Initiative, S. 12, und nochmal mit anderen LEA-Texten in: *Unattached Press* am 25.8.2002.

45 Es gab in Deutschland und Frankreich Solidaritätskomitees mit dem Anti-Junta-Widerstand. Aus dem syndikalistischen Flügel dieser Gruppen näherten sich einige Menschen der Bewegung 20.O an, das waren in Stuttgart auch so genannte »Gastarbeiter«. Viel mehr ist nicht bekannt, weil die natürlich klandestin organisiert waren.

46 Psyhogios, Dimitris; Interviews in der Zeitung *Anti* #245, S. 10.

47 Telloglou, Tasos/Papachelas, Alexis; *The 17 November File.* Estia, 2002, (Interview mit LEA Mitglied Andreas Zembilas in: »Fakelos 17 Noemvri«)

48 Zeitung *Alfavita*, 25.10.2023.

Kapitel II

Gegenkultur und Konfliktfeld Universität

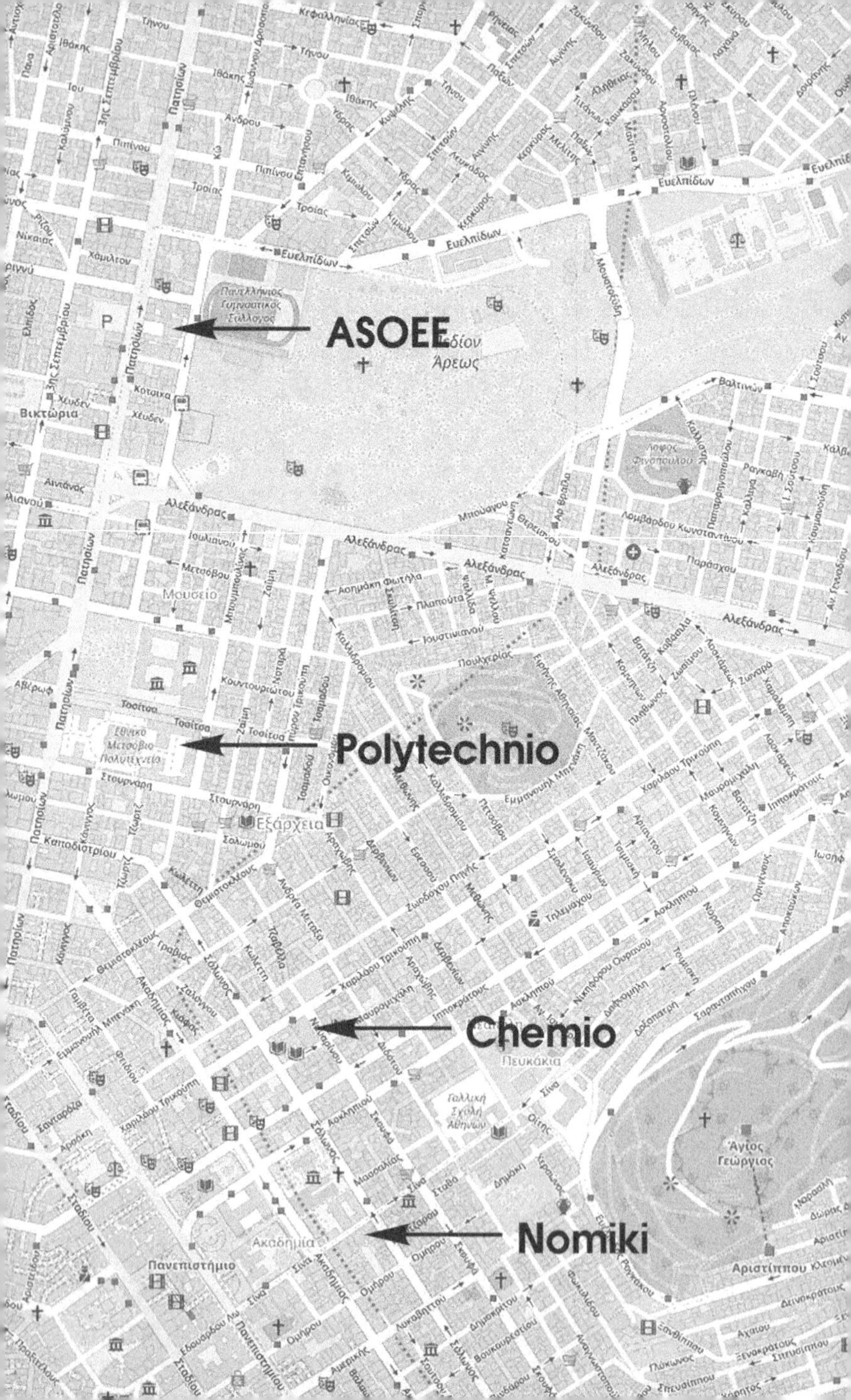
ASOEE
Polytechnio
Chemio
Nomiki
Βικτώρια
Μουσείο
Εξάρχεια
Πευκάκια
Ακαδημία
Πανεπιστήμιο
Άγιος Γεώργιος

Die Student*innen ergreifen die Initiative

Die US-Regierung beriet die Junta in allen Belangen, auch auf dem Bildungssektor. Sie waren an einer pro-amerikanischen Elite in zukünftigen Wirtschafts- und Verwaltungsstrukturen interessiert. In Verkennung der Realität stellten Anfang 1973 die britische *Times* und die Leitungen der Hochschulen eine politische Apathie bei den Studierenden fest. Zu einem ähnlichen Ergebnis kam auch eine Untersuchung der US-Botschaft. Die Obristen betrieben gleichzeitig einen plumpen Antikommunismus, der wenig Zustimmung an den Unis fand. Vielmehr machte er linke Positionen für die Studierenden überhaupt erst interessant. Trotz der schlechten Stimmung, die die Junta unter den Studierenden verursachte, stellten jedoch die, in klandestinen Strukturen, Aktiven nur eine Minorität dar. Der reaktionärere Teil der Studierendenschaft organisierte sich in Pro-Junta-Gruppen, teils motiviert durch geförderte Unterhaltungsprogramme für Studierende. Da der Staat Tickets für Stadien spendierte und Sportveranstaltungen überhaupt für nationalistische Mobilisierungen nutzte, wurde die Begeisterung für Fußball mit einer zustimmenden Einstellung für die Junta gleichgesetzt. Dass Schüler*innen bei Propagandaveranstaltungen den Diktator durch Applaus am Sprechen hinderten, war eine schöne aber seltene Ausnahme. Die Universitäten wurden zunehmend ein Feld der Auseinandersetzungen zwischen Faschisten und linken Gruppen.

Eingebettet in eine begrenzte geografische Struktur, in der es schwer fiel sich zu verbergen, schien die Universität von Thessaloniki liberaler als andere Uni-Zentren. Obwohl es schon damals als ein Zentrum parastaatlicher Schlägergruppen galt, wo sich Studierende auf dem Campus oft Angriffen der rechten Studentenorganisation Ekof* ausgesetzt sahen. Die Studierenden der Universität von Athen waren dafür mit reaktionäreren Professoren konfrontiert.

Für Georgios Georgalas, den Chefideologen der Junta, war die »Entgiftung« der Jugend eines der wichtigsten Ziele des Regimes, womit besonders die Universitäten ins Visier gerieten.[1] Spitzel wurden in die Studentenschaften eingeschleust, liberale Professoren überwacht und verdrängt, Angst und Misstrauen gehörten zum Alltag an den Unis. Jede Opposition war gefährlich, trotzdem versuchten kleine Zellen militanter Student*innen als Demokratische Widerstandskomitees* (DEA) zu operieren.

Sie gehörten zur Vierten Internationale der Trotzkisten und agierten führerlos und untereinander abgeschottet zum Schutz vor erzwungenen Aussagen. Christina Vervenioti, die Teil dieser Struktur war, schilderte später ihren Handlungsrahmen als pausenloses Drucken und Verbreiten von Flugblättern, während andere Mitglieder Bomben legten. Die meisten Aktivist*innen dieser Gruppe wurden jedoch nach wenigen Wochen festgenommen.[2]

Die Ereignisse im Mai 1968 in Paris und die damit verbundene Phase der Rebellion in anderen europäischen und US-amerikanischen Staaten beunruhigte die Junta. Über die gleichgeschalteten Medien führte sie nicht nur eine Desinformationskampagne[3] gegen die weltweiten Anti-Kriegsbewegungen und Unruhen von Studierenden, sie betrachtete das auch als einen Kulturkampf einer kranken, westlichen Gesellschaft, die unter kommunistischem Einfluss und Drogen litt. Junta-nahe Theoretiker, wie Georgios Georgalas[4], und Universitätsrektoren verbreiteten die These, dass die Krise der christlich-geistigen Werte des Westens durch die Konsumgesellschaft, die Nihilismus und Anarchie befördert, entstanden sei und allein Griechenland noch als letzter einsamer Vorposten dastehe.

Damit erreichten sie jedoch weniger eine abschreckende Wirkung sondern weckten eher Interesse für in Griechenland unterdrückte Gegenkulturen. Während Paris zum Zentrum aller revolutionären griechischen Student*innen und Organisationen wurde, verurteilte die KKE die französischen Unruhen als opportunistisch und antikommunistisch. Eine typische Position nicht nur der stalinistischen Linken. So stigmatisierten auch andere traditionelle linke Führungsgremien bewaffnete Aktionen als das Werk von staatlichen Provokateuren. Diese beständige Suche nach Provokateuren führt bis heute zu Spannungen zwischen Mas*, der Kke-Studierendenorganisation, und anderen Gruppen – insbesondere bei den verschiedensten Demonstrationen oder am Jahrestag des 17. November.

Am 22. Mai 1968 besetzten griechische Studierende in Paris den Griechischen Pavillon in der Cité Universitaire und verkündeten dort den »ersten befreiten Boden Griechenlands«. Die Besetzer*innen bezeichneten ihre Aktion als »Widerstandshandlung gegen den griechischen Faschismus und Teilnahme an dem französischen Volksaufstand«. Ein Transparent am Eingang verkündete »Fantasie an die Macht«, ein damals sehr bekannter situationistischer Slogan. Die Kämpfe in den Straßen von Paris waren für sie eine Zeichen der weltweiten Hoffnung und des Internationalismus, deren Erfahrungen sie für den Kampf gegen die Junta nutzen wollten.

Mit der 1972 beginnenden Reform der Obristen, die versuchten der Diktatur einen demokratischeren Anstrich zu geben, wechselte auch das Repertoire des studentischen Widerstands: Massenkämpfe traten neben klandestine Praktiken. Die erste kleine Demonstration fand am 21. April 1972 statt, dem Jahrestag des Putsches.

Bei den Propyläen, vor dem Hauptgebäude der Universität von Athen, trafen sich spontan ungefähr 50 Studierende, von denen viele verhaftet wurden. Wenige Tage später gab es eine Kundgebung für die Gefangenen vor dem Archäologischen Museum Athen und zum 1. Mai 1972 versammelten sich vierhundert Student*innen im Hof des Polytechnios, während andere versuchten am Kotzia-Platz zu demonstrieren. Es folgten Massenfestnahmen.

Anfang 1972 wurden Student*innen noch von einigen Offiziellen der Junta als »ungefährliche Mücken« bezeichnet, aber die juristischen Auseinandersetzungen ihrer Organisationen mit dem Regime wurden zum Katalysator für die Verbreitung des

Protestes. Schon in den vergangenen Jahren hatte sich der Unmut der Student*innen vor allem an der Tatsache entzündet, dass ihnen keine demokratische Wahl ihrer Vertretung in den Universitätsgremien[5] erlaubt wurde. Auch die Lerninhalte sollten zu Diskussion gestellt werden. Die anschließenden gerichtlichen Verfahren in denen es um die Zulassung selbstgewählter Vertretungen ging, wurden zunächst durch Minister Georgalas als Gegensatz von »reformistischen Kommunisten« und »revolutionären Linken« interpretiert.[6] Jedoch entwickelten sie sich durch zweiundvierzig Unterschriften unter einer Klage von Studierenden der Juristischen Fakultät (Nomiki), zu einem echten Konflikt. Als im Wintersemester 1972/73 ihnen die Wahl der Vertretungen erneut verweigert wurden, kam es zu Protesten, die gewaltsam niedergeschlagen wurden. Als weitere Konsequenz wurde das Gesetz 1347/73 erlassen, dass den Einzug von aufsässigen Studenten zum Militärdienst ermöglichte und einer manipulativen Fake-Wahl, die von Student*innen boykottiert wurde. Im März 1973 wurden 120 Studenten zwangsweise zum Militär eingezogen.

Für den Regimesprecher Georgalas, der Versuch von »Terroristen, mit faschistischen Methoden« Unruhe an den Unis zu stiften. Junta-treue Studenten bezeichneten in ihren Flugblättern den Wahlboykott als Werk einer »anarchistischen Minorität«. Die Konflikte an den Universitäten nahmen zu; an der Panteion-Universität in Athen kam es fast täglich zu Schlägereien zwischen Faschisten und Antifaschist*innen.

Jede Organisation an den Universitäten war hierarchisch aufgebaut, es gab die ideologische Leitung, die klandestin agierte und einen öffentlich in Erscheinung tretenden Teil.

Sie verbreiteten alle ihre jeweiligen konspirativen Zeitungen und Flugblätter[7] und die meisten bezeichneten andere Organisationen als Revisionisten und einzelne Student*innen als agents provocateurs oder Spitzel.

Der Einfluss von Gegenkultur und Intellektuellen auf die Massenproteste

Nach einer vorübergehenden Lockerung der Zensurbestimmungen ab 1970, veröffentlichten regimekritische Zeitungen wie *Ta Nea* und *Thessaloniki* ausführliche Prozessberichte von Angeklagten vor den Militärgerichten, inklusive deren Verteidigungsreden. Damit konnten sich Studierende über die Auswirkung militanter Praxis und Strategien vor Gericht informieren.[8] Diese Zeitungen wurde somit zu einem wichtigen Kommunikationsmittel studentischer Mobilisierungen. Gleichzeitig erfolgte eine Welle von Buchveröffentlichungen mit Texten von Karl Marx, Mao Tse-tung und Herbert Marcuse durch die Verlage Themelio und Neo Stochoi, die aufgrund ihrer trotzkistischen Tendenz von der KKE als polizeiliche Provokation diffamiert wurden. Obwohl unter linken Jugendlichen und Studierenden in dieser Phase eine kulturelle Aufbruchstimmung herrschte, landeten doch erstaunlich viele von ihnen bei der KKE/KNE.

In den ersten Jahren der 70er bedeutete jede Veröffentlichung eines kritischen Buchs einen Akt politischen Widerstands gegen das Regime. Die Werke von Nazim Hikmet, Pablo Neruda, Fjodor Dostojewski oder Giannis Ritsos lieferten den Gegensatz zum patriotischen Gestammel der Junta.

Einige Buchläden entwickelten sich so zu Treffpunkten und Diskussionsorten der Linken und wurden, wie z. B. der Laden von Manolis Glezos,[9] häufig von rechten Schlägern angegriffen.

Die Sicherheitsbehörden machten sich nicht nur Sorgen um den zunehmenden Einfluss der Buchläden sondern überwachten auch die Kinos. Zwar gab es eine Zensur, jedoch war der subversive Gehalt mancher Filme nicht vorhersehbar. Die Vorstellungen wurden daher uniformiert und zivil beobachtet. Hunderte Jugendliche stürmten die Säle um Filme wie *The Strawberry Statement* oder die Woodstock-Dokumentation zu sehen. Die Polizei versuchte einige Kinos zu schließen, aber an die 2000 Jugendlichen durchbrachen die Absperrungen und begannen am 30. November 1970 im Zentrum Athens Straßenschlachten, die von der Regierungspresse wütend als Zeichen westlicher Dekadenz kommentiert wurden.[10] Die Verhafteten wurden nicht nur misshandelt sondern auch, ähnlich wie in anderen europäischen Ländern, ihrer ›zu‹ langen Haare beraubt. Am Tag nach den Auseinandersetzungen, trat der Minister Georgalas in der Panteion-Universität auf, um mit einem rechten Studentensprecher[11] über das Problem von »drei- bis fünftausend Anarchisten« zu diskutieren, von denen die Jugend »entgiftet« werden müsse. Die Zensur der Kinos bewirkte aber nur das Gegenteil der erhofften Wirkung. Ein Teil von ihnen wurden nunmehr auch zu Treffpunkten des sich sammelnden Aufstands. Das jährliche Filmfestival in Thessaloniki wurde mit seinem regimetreuen Programm zum Ziel von situationistischen Protesten eines subkulturellen Publikums, welches die Stars und Kulturschaffenden der Diktatur lächerlich machte. Beispielsweise buhten Student*innen die Stars der pro-Regime-Filme während der Vorstellungen aus oder skandierten Slogans aus der TV-Werbung u. a. bei dem Film *Raging youth [Orgismeni*

διεφθαρμενη-χωρα (Korruptes Land), für Bücher wie dieses wurde der Buchladen von Manolis Glezos angegriffen.

Genia] von Gerasimos Papadatos, 1972. Ebenso kommentierte das Publikum lautstark den Film *Hippocrates and Democracy* von Dimis Dadaris.[12] Auch an den Theatern wurde Kritik am System laut. Insbesondere nach dem Aufstand am Polytechnio 1973, in deren Folge die Schauspielerin Jenny Karezi beispielsweise für einen Monat von der EAT-ESA* inhaftiert wurde.

Kulturschaffende und Intellektuelle bezeichneten den von der Junta unterstützten Vormarsch der Fernsehgeräte in die privaten Haushalte als eine Methode der Diktatur, »kulturellen Abfall zu verbreiten«.[13] So wie in Francos Spanien wurde Fernsehen eines der wichtigsten Instrumente der Regime-Propaganda und der Manipulation, auch durch Werbung. Die sich wechselseitig beeinflussenden Faktoren Kultur und Protest beschreibt Nikolaos Papadogiannis in seinem Buch *Militant Around the Clock?*: »Protestbewegungen wurden erkannt als bedeutende Beiträge politischer Beteiligung und Transformation von Kultur und Wertesystem.« Darüber hinaus war Musik ein wichtiges verbindendes Element. So waren für die nonkonformistischen Student*innen Konzerte von Dionysis Savvopoulos ein wichtiger Treffpunkt für eine Gegenkultur. Diese Gegenkultur bediente sich aus den gleichen Quellen volkstümlicher Musik, aus denen auch die Obristen zu schöpfen suchten, um ihre Interpretation griechischer Kultur zu artikulieren.

Viele Besucher*innen der Auftritte von Savvopoulos fanden sich wenig später in der Besetzung des Polytechnios wieder. Dissidente Kreise ließen Rembetiko[14] und Partisanenlieder aus der deutschen Besatzungszeit wieder aufleben, da sich viele mit den sozialen Protesten der 20er Jahre und dem kommunistischen Widerstand gegen die Deutschen identifizieren konnten. Vom Regime wurde diese Musik (richtigerweise) als Angriff verstanden und Leute sind dafür verhaftet worden.[15] Tavernen und Nachtclubs entwickelten sich zu Orten der Konfrontation mit der Polizei, die den Kampf gegen die Subkultur ernst nahm – so wie sie zehn Jahre später Punk mit Repression überziehen würden. In Berichten aus dieser Zeit, wird dem kollektiven Leben besondere Bedeutung beigemessen.[16]

Zu Beginn des Jahres 1973 wurde den Studierenden kein sozialer und politischer privater[17] Raum zugestanden. Alle Versammlungen mit mehr als drei Personen innerhalb von Gebäuden waren verboten. Dadurch entwickelte sich der öffentliche Raum mit seinen Plätzen und Avenues zum Territorium von offenen Konfrontationen und Zusammenstößen mit der Polizei. Versammlungen, deren Überwachung und Zerschlagung fanden jetzt vor den Augen der Passant*innen statt und nicht mehr hinter den Mauern der Unis. Die Diskrepanz zwischen Medienberichten und Realität wurde deutlicher. Dadurch erhielt die Student*innenbewegung eine größere Anhänger*innenschaft, eine höhere Sichtbarkeit und gelegentlich auch offene Unterstützung.

Dies trug dazu bei, den Konflikt öffentlich zu machen, ihn auf erfolgreichere Formen des Kampfes zu lenken und ihn schließlich zu einer Bewegung zu verschmelzen, da Arbeiter*innen bereits Kontakt mit Student*innen gehabt hatten. Während dieser Zeit versuchte die berüchtigte Sicherheitspolizei aktiv, den Mechanismus der Student*innenmobilisierung zu entschlüsseln, indem sie diejenigen verhaftete und folterte, die als die Hauptagitator*innen und Anführer*innen der Studierenden identifiziert wurden. Als sich das Potenzial der Bewegung zu einer ernsthaften Bedrohung entwickelte, griffen die Junta-Behörden erneut zu extremen Formen öffentlicher Gewalt. Das bedeutete, dass Verhaftungen noch brutaler durchgeführt wurden, die Verhafteten exzessiver gefoltert und die Verbreitung von Fotos misshandelter Angeklagter bei Prozessen erlaubt wurden. Die studentische Opposition wurde durch das Regime und rechten Studenten zwar als ›anarchistisch‹ bezeichnet, aber das betraf häufig Menschen, die sich selbst gar nicht so definierten.

Ähnliches konnte man in Deutschland beobachten, wo das Bundeskriminalamt nach der RAF, die sich bekannterweise nie als anarchistisch bezeichnete mit einem Aufruf fahndete, der überschrieben war mit: »Anarchistische Gewalttäter – Baader/Meinhof-Bande«. Offensichtlich diente der Begriff anarchistisch damals als besonders diskreditierend, wie auch heute noch in

Festnahme im Zentrum von Athen, Anfang 1973.

beiden Staaten in der Presse von »selbst ernannten Anarchisten/Autonomen« die Rede ist.

Ende Januar 1973 konfrontierten einige Student*innen in der Umgebung des Polytechnios Polizeibeamte, die gegen Passant*innen vorgingen. Elf von ihnen wurden festgenommen und wegen Beamtenbeleidigung und »Teddyboyism«[18] angeklagt. Der Vorfall wurde später unter der Bezeichnung »Kleines Polytechnio« bekannt und resultierte aus der Entscheidung der Studierenden, in die Offensive überzugehen. Aber es gab auch weiterhin Versuche auf administrativem Wege Änderungen zu erreichen. Unter anderem wurde eine Delegation von Studenten zum Rektor des Polytechnios geschickt, um eine Petition für intellektuelle Freiheit zu überbringen. Das Regime erließ daraufhin ein Dekret, diese männlichen Studenten zu exmatrikulieren. Dahingegen widersetzten sich die Professoren zum ersten mal einer Anordnung des Regimes.

Auch der Versuch, Studenten zum Militärdienst einzuziehen, verlief offenbar anders als von der Junta erhofft.

Während einer Sitzung am 13. Februar 1973 und der Demonstration gegen diese Einziehung, versammelten sich Student*innen im Hof des Polytechnios und skandierten Parolen wie »Folterer raus!«, während die Polizei das Gelände umstellte. Schließlich betraten die Einsatzkräfte das Polytechnio, womit sie das auch damals schon geltende Universitätsasyl brachen, und schlugen die Anwesenden zusammen – teilweise in den Büros von Professoren, die ebenfalls bedroht wurden. 37 Demonstranten wurden sofort zum Militär eingezogen. Infolgedessen kam es zu weiteren Unruhen und 51 neuen Einberufungen.[19]

Nomiki-Besetzung, Februar 1973

Dies alles bewirkte, dass der Prozess vom 16. bis 19. Februar 1973 gegen die elf Verhafteten des »Kleinen Polytechnio« zu einem politischen Event wurde. Prominente positionierten sich gegen die Junta und die Fotos von den zusammengeschlagenen Angeklagten, die solchermaßen erstmals von einigen Zeitungen abgebildet wurden, schockierten die Öffentlichkeit und schufen Sympathien für die kämpferische Jugend. Kurz vor Prozessbeginn besetzten Student*innen die Juristische Fakultät (Nomiki) in Athen und bildeten ein Koordinierungskomitee, in dem die Vertreter*innen der unterschiedlichen Gruppen der verschiedenen Fachschaften vertreten waren. Sechs ehemalige Minister solidarisierten sich mit den Studierenden. Es dominierten Student*innen der juristischen und der humanistischen Fakultät, weil diese eher in A-Efee und Rigas organisiert waren, von denen die Aktion ausging. Sie wollten die Forderungen auf universitäre Belange begrenzen, weswegen die Physik- und Mathematikstudierenden etwas ausgeschlossen wurden, die in linken Gruppen organisiert waren und eher die Junta insgesamt konfrontieren wollten. Bei einem Ritual wurde gelobt, die »Gewalt und den Terrorismus« des Regimes zurück zuweisen.[20] In einer Erklärung wurde sich mit den zuvor von Repression betroffenen Student*innen solidarisiert und das Asyl auf Universitätsgelände gefordert. Es wurde begonnen Slogans vom Dach zu rufen und von dort Flugblätter auf die Straße zu werfen. Die studentischen Forderungen wurden bald von allgemeinen Anti-Junta-Slogans übertönt.

Die Junta reagierte auf die Besetzung, indem sie 120 Studenten zum Militärdienst einberief.

Die Besetzung der Nomiki markierte auch das erste Auftauchen einer kleinen anarchistischen Gruppe, deren Mitglieder Nikos Balis und Christos Konstantinidis bekannter wurden. Beide waren keine Studenten, aber militante Intellektuelle. Die dominierenden kommunistischen Organisationen versuchten die Anarchist*innen zu isolieren und als Provokateure aus der besetzten Fakultät zu schmeißen, allerdings scheiterte dieser Versuch. Derweil versammelten sich gegen fünf Uhr nachmittags etwa fünfzig Faschisten in der Solonos-Straße, und griffen eine Stunde später den Eingang an. Dieser Angriff konnte aber zurückgeschlagen werden. Ein erneuter Angriff vom Eingang zur Sina-Straße gelang, da sie diesen aufgrund seiner Aluminiumkonstruktion leicht durchbrechen konnten. Es kam zu einem heftigen Kampf, den die Besetzer*innen, hier vor allem eine dynamische anarchistische Gruppe, zu ihrem Gunsten entschieden. Der Senat der

Makis Balaouras, später Abgeordneter von Syriza, mit Spuren von Misshandlung, im »Prozess gegen die Elf«.

Universität versuchte derweil aufgrund der Einberufung der Studenten zu vermitteln und bewegte die Studierenden dazu die Besetzung zu beenden. Doch der stellvertretende Premier Stylianos Pattakos blieb hart – die einberufenen Studenten sollten ihren Wehrdienst ableisten.

Demonstrationen

Demonstrationen zur Unterstützung der Besetzung, die sich auf die Straßen Akadimias und Solonos konzentrierten, dauerten, ebenso wie die Agitation vom Dach aus, bis tief in die Nacht.

Die Konfliktlinie innerhalb des Gebäudes zeigte sich auch, als einige Besetzer*innen, auf Initiative der Anarchist*innen, versuchten mehrere Lautsprecher an den Fenstern zu platzieren, um Botschaften und Parolen nach außen zu übermitteln. Als Sprecher der beiden Komitees, die aus den beiden KKE sowie bürgerlichen Sozialisten bestand, verhinderte Artemis Psaromiligakis, der Mitglied der Anti-EFEE (KNE) war, die Installation der Lautsprecher. Dies geschah unter dem Vorwand, dass die Installation der Lautsprecher illegal sei (als ob die Besetzung legal wäre) und es den Bullen das Recht geben würde, einzumarschieren. Es kam zu einer intensiven verbalen Episode mit dem Anarchisten Christos Konstantinidis, was fast zu einem Kampf führt, der jedoch im letzten Moment verhindert wurde. Aber die Lautsprecher wurden nicht aufgebaut. Kurz nach der Besetzung fand sich im Zentrum von Athen eine Großdemonstration mit 30.000 Menschen zusammen. Die Breite und Schnelligkeit der Mobilisierung war beispiellos und führte zu Zusammenstößen mit der Polizei, in Folge dessen Dutzende verletzt wurden. Auch Teile der Uni-Leitung und Professoren unterstützten den Widerstand. Nach Zusagen seitens Konstantinos Toundas, dem Rektor der Universität, beendeten die meisten Studierenden am 23. Februar die Besetzung.

Studierende in Thessaloniki und Patras fühlten sich durch diese Ereignisse ermutigt und stellten ähnliche Forderungen, die zu Unruhen führten. Vor allem in Thessaloniki wurden sie dabei von EKOF-Mitgliedern angegriffen. Nur eine Woche später verbarrikadierten sich erneut dreitausend Studierende in der Juristischen Fakultät Athens, organisiert von A-EFEE* und RIGAS. Die hunderten Besetzer*innen auf dem Dach der Nomiki, begnügten sich nicht mehr damit Parolen mit studentischem Bezug zu rufen, sondern skandierten auch»Amis raus« und »Nieder mit der Junta«, was natürlich aus einem umstellten Gebäude heraus sehr riskant war und womit sie sich über die Vorgaben ihrer Organisationen hinweg setzten.

Derweil bildete sich in den umliegenden Straßen ein enormer Menschenauflauf und ein Verkehrsstau – die Bevölkerung solidarisierte sich mit der Aktion.

Einige Beteiligte erinnerten sich später an diesen historischen Moment, als den Augenblick in dem die Angst besiegt wurde und dem Gefühl von Freiheit wich. Am 20. März 1973 stürmte die Polizei, nach Anforderung durch die Uni-Leitung, das Gebäude.

Das Dekret zur Einberufung für unbequeme Studenten löste unbeabsichtigt einen emanzipativen Schub für die Studentinnen aus. Mit seiner ausschließlich auf Männer zielenden Absicht, drückte es die Unterschätzung der Regierung für die Frauen aus, die von nun an führende Positionen in der Student*innenbewegung übernahmen. Insgesamt liegen über diese Phase keine einheitlichen Bewertungen vor, ob der Widerstand auch eine feministische Perspektive hatte und wie sich die sozialen Beziehungen unter den Beteiligten entwickelten. Vor dem Hintergrund der Misogynie des Regimes kann aber festgehalten werden, dass militante Frauen zwar eine wichtige Rolle in der Politik und mehr Emanzipation im täglichen Leben erlangten, dies – von einigen bemerkenswerten Ausnahmen abgesehen – aber nie in tatsächliche Gleichberechtigung, separate Forderungen oder in eine feministische Praxis mündete.[21] In einigen Bereichen (wie Lohnarbeit und Universität oder im öffentlichen Leben in Cafés

Auf dem Dach der Nomiki.

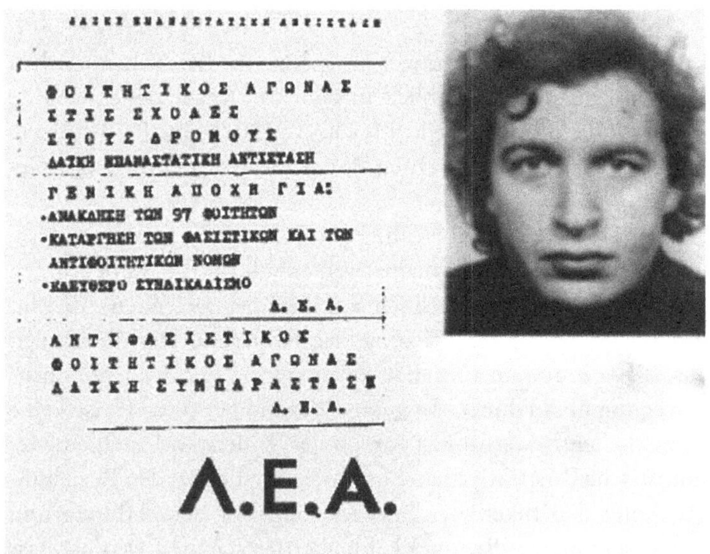

ΛΑΪΚΗ ΕΠΑΝΑΣΤΑΤΙΚΗ ΑΝΤΙΣΤΑΣΗ

ΦΟΙΤΗΤΙΚΟΣ ΑΓΩΝΑΣ
ΣΤΙΣ ΣΧΟΛΕΣ
ΣΤΟΥΣ ΔΡΟΜΟΥΣ
ΛΑΪΚΗ ΕΠΑΝΑΣΤΑΤΙΚΗ ΑΝΤΙΣΤΑΣΗ

ΓΕΝΙΚΗ ΑΠΟΧΗ ΓΙΑ:
•ΑΝΑΚΛΗΣΗ ΤΩΝ 97 ΦΟΙΤΗΤΩΝ
•ΚΑΤΑΡΓΗΣΗ ΤΩΝ ΦΑΣΙΣΤΙΚΩΝ ΚΑΙ ΤΩΝ ΑΝΤΙΦΟΙΤΗΤΙΚΩΝ ΝΟΜΩΝ
•ΕΛΕΥΘΕΡΟ ΣΥΝΔΙΚΑΛΙΣΜΟ

Λ. Ε. Α.

ΑΝΤΙΦΑΣΙΣΤΙΚΟΣ
ΦΟΙΤΗΤΙΚΟΣ ΑΓΩΝΑΣ
ΛΑΪΚΗ ΣΥΜΠΑΡΑΣΤΑΣΗ

Λ. Ε. Α.

Λ.Ε.Α.

LEA-Flyer für die Nomiki-Besetzung und Polizeifoto von Giotopoulos.

und Bars) und in ihrer Selbstdarstellung kann bei den Frauen der 70er Jahre eine selbstbewusstere Haltung beobachtet werden. Ihre Bestrebungen nach völliger Gleichberechtigung wurden jedoch oft durch die männlich kontrollierte Parteihierarchie abgewiesen. Die im Vergleich zu früheren Jahren signifikante Präsenz der Frauen in der Bewegung und deren linke Sozialisierungen, die eine freie Gestaltung ihres Privatlebens und ihres Körpers bewirkten, führten zur Untergrabung langjähriger Moralvorstellungen in der griechischen Gesellschaft.[22] Dies gehört unter anderem zu den innovativsten Elementen der Bewegung.

Das Erscheinungsbild eines revolutionären Lebens, das auf Stil- und Verhaltensweisen basierte, stand in krassem Gegensatz zur konservativen Sichtweise der vorherigen Studentengeneration, die sich durch Kleidung und soziale Rigide nicht von gewöhnlichen Erwachsenen unterschied.[23] Diese neue Generation schaffte einen Durchbruch in der Entwicklung eines eigenen Ansatzes zur Sozialisierung und Ästhetik, der durch die Schwierigkeiten, offen gegen das Regime zu agieren, noch verstärkt wurde. Mit anderen Worten, das äußere Erscheinungsbild erlangte eine enorme symbolische Bedeutung, ebenso wie all die indirekten, untergründigen semantischen Codes und Signale, die eine oppositionelle Politik gegenüber dem Regime und dessen eigener Ästhetik implizierten. Bestimmte Kleidung z.B. war eindeutig links konnotiert. Ebenso war, aufgrund der verengten moralischen Vorstellungen des Regimes, das Lesen bestimmter Bücher und Zeitschriften in der Öffentlichkeit ein Akt der Subversion.

Die Junta vertrat eine sehr rigide Auslegung was griechisch, christlich und patriotisch war. Dadurch fanden sich Jugendliche für geringste Normabweichungen schnell in einer rebellischen Rolle wieder, auch wenn sie zunächst keine politischen Motive hatten. Frisur, Kleidung oder Freizeitgewohnheiten waren Auslöser für Probleme mit der Staatsgewalt. Die Polizei machte das Private zum Politischen und provozierte damit Widerstand von denen, die sich nicht abschrecken ließen. Es betraf überwiegend die Jugend, weil sich deren Eltern nach dem Bürgerkrieg daran gewöhnt hatten, sich wegzuducken. Es war eigentlich das gleiche wie in anderen westlichen Ländern Anfang der 70er Jahre, setzte aber etwas später ein und traf auf eine härtere Reaktion des Staates. Dadurch wurde es zu einer bewussteren Entscheidung. Begleitet von diffamierenden Verlautbarungen der Junta und ihrer Presse über Aussehen und Charakter der rebellischen Jugend, war dies ein neuer Habitus, der durch die Ablehnung die er erfuhr, den Raum für Dissidenz und Dissonanz erweiterte. Alternative Kultur wurde zum täglichen Brot der Studierenden; junge Menschen lasen in allem das Politische und trainierten sich selbst, in allen Ausdrucksformen der Kultur, zwischen den Zeilen zu lesen. All dies sollte sich in den zehn Monaten, die Griechenland 1973 erschütterten, immer weiter zuspitzen und zum spektakulärsten Akt des kollektiven Widerstands während der sieben Jahre der Diktatur führen.

Kostis Kornetis kommt in seinem Buch *Children of the Dictatorship* zu der Analyse, dass die Besetzungen der Nomiki im Frühjahr 1973 der Wendepunkt in der Geschichte der Junta waren, vergleichbar mit der Ermordung von Benno Ohnesorg 1967 in Berlin und den Barrikadennächten in Paris 1968.

Innerhalb der Junta taten sich in dieser Phase Brüche auf, Papadopoulos wollte dem Regime einen demokratischeren Anstrich verpassen, wozu eine Amnestie und eine zeitweise Lockerung der Pressezensur gehörte. Nicht nur die Studierenden entglitten dem Griff der Obristen, kurz nach den Besetzungen der Nomiki offenbarten sich Unzufriedenheiten in der Marine.

Im Mai 1973 scheiterte eine Meuterei auf dem griechischen Kriegsschiff Velos.

Die Velos nahm an einem NATO-Manöver vor der italienischen Küste teil, als der Kommandant Nikolaos Pappas und leitende Offiziere über Funk erfuhren, dass in Griechenland Marineoffiziere verhaftet und gefoltert wurden. Diese waren wie Pappas Angehörige einer Gruppe demokratischer Militärs. Der Kommandant beschloss nach Italien zu desertieren und verkündete das seiner Mannschaft, die zustimmte. Damit sollte die öffentliche Meinung gegen die Junta mobilisiert werden. Während einige Mitglieder der Besatzung politisches Asyl in Italien beantragten, fuhren andere mit der Velos zurück nach Griechenland, wo sie verhaftet wurden. Die Berichte[24] über die Folterungen der Besatzung in den Zellen der EAT-ESA waren damals eine Sensation, weil das Regime eigentlich Folter bestritt. In den Augen der Bevölkerung war das ein Zeichen von Machterosion. Tatsächlich war die griechische Armee ein Jahr später, im Zypern-Krieg, nicht mehr in der Lage zu mobilisieren. Ebenfalls im Frühjahr '73 folgten zwei Verhaftungswellen gegen vermeintliche führende Köpfe der Student*innenbewegung. Auch alle diese Verhafteten wurden gefoltert.

Ehemalige Gefangene berichteten[25], dass es leichter war der Folter zu widerstehen und nichts zu sagen, wenn sie zu einer großen Organisation, vor allem der KKE, gehörten.

Mitglieder kleinerer Gruppen fühlten sich in der Haft hilfloser und machten eher Aussagen. Das führte zu einer Spaltung der Überlebenden.

Das Regime ließ die Gefolterten belastende Aussagen und Erklärungen schreiben und alle wussten, dass damit weitere Verhaftungen und Folter verbunden waren. Die Reueerklärung (Δήλωση μετανοίας) und der Verzicht auf den Kommunismus war ein Dokument, das von Personen verfasst und unterzeichnet wurde, die kommunistischer Aktivitäten beschuldigt wurden. Mit ihrer Unterzeichnung und Veröffentlichung wollten die staatlichen Behörden ihre Verfolgung sowie die Inhaftierung in Gefängnissen und Verbannungsorten für diejenigen, die bereits inhaftiert, verurteilt oder deportiert worden waren, beenden. Reueerklärungen tauchten erstmals in den 1930er Jahren während der Metaxas-Diktatur auf. Vorbild für die Reueerklärungen war die Verordnung 375/18-12-1936 des stellvertretenden Ministers für öffentliche Sicherheit Konstantinos Maniadakis.

Die Reueerklärung

Die »Erklärung der Reue und des Verzichts auf den Kommunismus« war eine von der betreffenden Person verfasste und unterzeichnete Erklärung, in der sie sich von kommunistischem Gedankengut, der KKE und allen »kommunistisch-subversiven« Aktivitäten lossagten und erklärten, dass sie alle derartigen Aktivitäten in Zukunft einstellen würden. Die Erklärung wurde der Familie, den Freund*innen und dem beruflichen Umfeld der Person mitgeteilt, in der Presse veröffentlicht und in der Gemeinde der Person verlesen. Nach der Unterzeichnung der Erklärung wurden die Personen entlassen und konnten zu ihren Familien und an ihren Arbeitsplatz zurückkehren. Mit der Reueerklärung zielte Maniadakis darauf ab, die Mitglieder, Kader und Anhänger*innen der KKE vollständig zu »deaktivieren« und für die Zukunft handlungsunfähig zu machen, da sie aus der Partei gestrichen , ihre Handlungen angeprangert wurden und sie die Verachtung und den Hass ihrer ehemaligen Genossen erfuhren.

Nach offiziellen Angaben des Ministeriums für öffentliche Sicherheit gaben bis 1940 47.000 Kommunist*innen solche Erklärungen ab, während die Zahl der Verhafteten bei etwa 50.000 lag. Im Allgemeinen fehlt es jedoch an wissenschaftlichen Aufzeichnungen, und die offiziellen Zahlen stimmen nicht immer mit anderen Aufzeichnungen überein. Außerdem waren viele »Deklaranten« nicht einmal Kommunisten, sondern andere Gegner des Regimes, das durch die Reueerklärung eine weitere Möglichkeit fand, sie zu demütigen. Die Metaxas-Diktatur wendete harte Maßnahmen an, um den Gefangenen Reuebekundungen zu entlocken. Sie zielten darauf ab, die Gefangenen zu terrorisieren, zu konformisieren und zu unterwerfen, und zwar mit in Griechenland beispiellosen Methoden (ständige Schläge und Demütigungen, Drohungen und Erpressungen, willkürliche Einschließung in Einzelhaft, Folterungen wie Harzöl, Stehen auf Eis, die »Phalanx«, scharfer Pfeffer in den Anus usw. usw.). Darüber hinaus gab es auch extreme Fälle von Folter wie Kastration oder kaltblütige Morde mit in der Euthanasie erprobten Methoden, um den Polizeibehörden das Alibi »Selbstmord« zu liefern (so geschehen bei Mitsos Maroukakis, Nikos Valianatos u. a.). In der Zeit von Makronisos (1947–1961) reichte es nicht aus, eine Reueerklärung zu schreiben und zu unterschreiben. Die »Genesenen« mussten außerdem Reden an die »Unbußfertigen« halten um damit in den Dörfern »die anti-griechischen Aktivitäten der Kommunisten aufdecken zu helfen«.

Viele bekannte Persönlichkeiten der Linken wurden der »Erklärungen« beschuldigt, in der Regel als Versuch, sie moralisch zu stigmatisieren. Aris Velouchiotis war vielleicht der berühmteste Fall (er unterzeichnete im August 1939 im Gefängnis von Korfu eine Erklärung), da ihm dies nicht nur von der Rechten und dem Zentrum, sondern auch von seinen linken Genoss*innen vorgeworfen wurde. Auch Yannis Ritsos, Mikis Theodorakis und Andreas Papandreou (als Mitglied einer trotzkistischen Gruppe vor seiner Ausreise nach Amerika) wurden zeitweise beschuldigt, Erklärungen abgegeben zu haben, allerdings mit zweifelhaften Beweisen.[26]

Zwar gab es weitaus weniger Tote durch Folter als in den südamerikanischen Diktaturen aber es starben auch Gefangene an den Bedingungen auf den Verbannungsinseln. 22 Menschen starben, laut Nar – einer Kke-Abspaltung–, während der Folter und 21 Menschen starben an den Folgen kurz nach der Entlassung.[27]

Im April 73 ließ Papadopoulos einige der deutschen Spd nahestehende Gefangene frei, im Gegenzug übergab die BRD 440 Mio. D-Mark Militärhilfe.

Dafür besuchte Spd-MdB Kurt Mattik, als stellvertretender Vorsitzender des Auswärtigen Ausschusses, Ende März 1973 die Junta, um über einen Besuch von Scheel zu verhandeln. Dabei ging es auch um die Freilassung von Gefangenen, die Andreas Papandreou nahe standen. Ganz konkret wurde die Freilassung von Professor Dimitris Tsatsos gefordert, der an der Bonner Universität Verwaltungsrecht lehrte. Nach dessen Freilassung floss die Militärhilfe.[28]

Der Aufstand im November '73

Am 4. November 1973 jährte sich zum fünften Mal der Tod von Georgios Papandreou. Zum Gedenken an ihn wurde ein Gottesdienst abgehalten.

Durch Mundpropaganda informiert, erschienen einige Tausend Leute auf dem Zentralfriedhof. Nachdem der Gedenkgottesdienst endete, begann die versammelte Menschenmenge Slogans gegen die Junta zu rufen und marschierte Richtung Athener Stadtzentrum. Die vollkommen überraschte Polizei, die damals noch nicht über Schutzausrüstungen verfügte, versuchte zwar, die Menge auseinander zu treiben, doch diese antwortete mit Steinwürfen und errichtete Barrikaden.

Bei der darauf folgenden Straßenschlacht schoss die Polizei in die Menge und schmiss ebenfalls Steine, wodurch ca. 60 Menschen verletzt wurden. Aber auch die Polizei musste Verletzte in den eigenen Reihen feststellen. Am Ende dieser Auseinandersetzung waren ungefähr hundert Menschen verhaftet. An den folgenden Tagen wurden 17 Verhaftete, darunter drei Studenten vor Gericht gestellt.[29] Der Vorwurf lautete »eine Gruppe von Extremisten zu sein, die anarchistische Handlungen und unverschämte Aktivitäten gegen das kleine Polizeiaufgebot begangen hätten«. Die Verurteilung der drei Studenten führte zu Protesten zunächst in Athen, dann aber auch in Patras und Thessaloniki. Um die Spannungen abzumildern, erklärte die Regierung, dass die politischen Führer keine Verantwortung für die Ausschreitungen trügen, die von einer kleinen Gruppe Unruhestifter angezettelt worden seien.

Gleichzeitig wurde Griechenland von der Ölkrise getroffen und das Regime reagierte mit Kürzungsprogrammen, die zu einer Inflation und damit zu Preissteigerungen von Grundnahrungsmitteln führten. Zu diesem Zeitpunkt fühlten sich die Studierenden als Avantgarde gegen die Diktatur, legitimiert durch eine gesellschaftliche Basis. Die Presse war voll mit Berichten über die Aufstände der Jugend und Student*innen in Europa, die sich vor allem gegen den Faschismus in Portugal und Spanien richteten.

Nachdem sich das Gerücht verbreitet hatte, dass die Polizei am Polytechnio Stress machte, begaben sich am 14. November 1973 Studierende aus der Nomiki auf den Weg dorthin. Die Menge wuchs auf 2.000 Menschen und besetzte das Polytechnio trotz den Versuchen der Polizei das zu verhindern. Die Student*innen forderten erneut, dass sie ihre Studierendenvertretung selbst wählen durften. Die Wahlen dafür sollten am 4. Dezember 1973 abgehalten werden.

Die Besetzer*innen des Polytechnio setzten sich neben Studierenden auch aus amnestierten Militanten sämtlicher Widerstandsebenen und einigen Arbeiter*innen zusammen. Die trotzkistischen und anarchistischen Zusammenhänge, die dort ebenfalls vertreten waren, wirkten radikalisierend, während andere Organisationen vergeblich versuchten ihre Mitglieder von der Teilnahme an der Besetzung abzuhalten. Der bereits zitierte Heinz A. Richter hält die Studenten für naiv und kommentiert in seinem Buch *Griechenland 1950–1974* über den 14.11.73: »Unter diese mischten sich Sympathisanten und die bei solchen Gelegenheiten üblichen Chaoten linker Couleur sowie agents provocateurs der Geheimpolizei. Später wurde bekannt, dass die aggressivsten Slogans von den agents provocateurs stammen.«

Die A-Efee distanzierte sich vom ersten Moment von der Besetzung, die Gruppe Rigas ebenso.

Es waren die kleineren linken Gruppen, marginalisierte Splitter der Bewegung und Anarchist*innen, die die Richtung vorgaben, indem sie Parolen an die Wände und vorbeifahrende Busse malten sowie Flugblätter gegen die Junta verteilten. Zwischen der anarchistischen Spontanität und dem kommunistischen Pragmatismus bestand während der Besetzung eine konstante Spannung.

Die staatliche Presse bezeichnete die Mobilisierung als anarchistisch und stellte sie als Albtraum der sozialen Subversion dar – damit erreichte sie jedoch das Gegenteil der erhofften Wirkung.

Während in der Staatsführung Konflikte auftraten – der Dekan der Uni verweigerte der Polizei eine Stürmung[30] – und sich am zweiten Tag der Besetzung bereits 10.000 Menschen rund um das Polytechnio aufhielten, rief der, von den Besetzer*innen installierte,

Radiosender die Bevölkerung zum Aufstand auf. Es wurde schnell ein Koordinierungskomitee gebildet, in dem die kommunistischen Organisationen die Mehrheit hatten. Das gelang unter anderem dadurch, dass A-Efee und Rigas von ihrer Forderung, das Gebäude zu räumen, zurücktraten um die Kontrolle über die Geschehnisse zu übernehmen. Von nun an mussten alle Slogans und Verlautbarungen von diesem Komitee genehmigt werden. Die Anarchist*innen liefen ernsthaft Gefahr vom Gelände verjagt zu werden.

> »Die Rolle der Anarchisten ist seit langem von allen Seiten umstritten und wird abwechselnd über- und unterbewertet. Es ist fast sicher, dass ihre Rolle während der Besetzung des Polytechnios 1973 marginal, aber höchst umstritten war. Den Anarchisten wurde vorgeworfen, eine libidinöse Vorstellung von Politik zu haben, die der Bewegung schade. Berühmt ist, dass eine ihrer führenden Figuren, ›Aretoula‹, an die Wände des Polytechnios geschrieben haben soll: ›Es leben die Orgien!‹ Diese bombastische Forderung nach uneingeschränktem sexuellem Vergnügen wurde von allen Studentengruppen als reine Provokation zurückgewiesen und vom Regime effektiv genutzt, um die Studentenbesetzung als pansexuelle Fiesta zu diffamieren. In solchen Fällen wurden die Anarchisten sofort als Provokateure abgestempelt. Ein Mitglied von Rigas und des Koordinationskomitees erinnert sich an diesen Konflikt: ›Die extremen und hochtrabenden Slogans der Anarchisten wie Nieder mit dem Staat‹, sexuelle Revolution usw. wurden gelöscht, und sie wiederum beschimpften uns als antiquiert. Im Gegensatz dazu reagierte Nikitas Lionarakis, ein weiteres Rigas-Mitglied, auf meine Behauptung, dass die Anhänger der beiden kommunistischen Parteien auf der Suche nach Provokateuren seien, mit dem Argument, dass nur die Kne, Rigas rivalisierende Organisation, dies tue: Das ist es, was die Kne versucht hat. Wir waren vernünftiger. Wir waren uns der Tatsache bewusst, dass nicht jeder ein Provokateur ist‹«.
>
> »Die Anarchisten waren schnell dabei, Anti-Establishment-Parolen wie ›Nieder mit den Behörden‹, ›Soziale Revolution‹,

›Staatliche Unterdrückung‹, ›Nieder mit dem Kapital‹, ›Nieder mit der Armee‹, ›Allgemeiner Aufstand‹, ›Nieder mit den Lohnarbeitsplätzen‹ und ›Patrioten sind Idioten‹ zu verwenden. Sie verbreiteten auch arbeiterfreundliche Slogans wie ›Arbeiterräte‹ und ›Arbeiter haben kein Vaterland‹. Der hyperrevolutionäre Charakter ihrer Slogans irritierte die kommunistischen Studenten. Letztere waren teilweise von der pragmatischen Einschätzung geleitet, dass die Besetzung des Polytechnios eine ernste Situation darstellte, die sich kaum mit dem Libertarismus des Mai '68 in Frankreich in Verbindung bringen ließ. Diejenigen Studenten, die sich zu radikal verhielten, boten der Junta den Vorteil, die Studenten als ›Anarchisten‹ zu beschuldigen. Die Slogans der anarchistischen Studenten waren gewagt und zu ›weit hergeholt‹ für das Kaliber und die Ziele der Studentenbewegung. Die Idee der Kommunisten war, dass Revolution und Gegenkultur verdeckt und gut versteckt sein mussten, zu einer Zeit, als einige Studentenorganisationen noch unpolitische Forderungen vertraten. Großes Aufsehen erregte ein riesiges anarchistisches Plakat mit der Aufschrift ›Nieder mit dem Staat‹ am Haupttor des Polytechnios, das später von der Propaganda des Regimes benutzt wurde, um die Bewegung als nihilistisch zu bezeichnen.

Da die Slogans der Anarchisten in Wirklichkeit denen der radikalen Linken näher standen als der anarchistischen Tradition, fühlten sich die linken Gruppen dieser Art von Radikalismus weniger feindlich gegenüber als der Rest. Der OSE-Führer Stavros Lygeros erklärt, dass die der KKE nahestehenden Aktivisten diese Anarchisten gewalttätig behandelten. Er argumentierte, dass die Anarchisten sich darauf verließen, dass er sie verteidigte, was eine gewisse Komplizenschaft impliziert: ›Ich habe sie beschützt. Sie wurden verprügelt, KKE-Leute holten sie und verprügelten sie innerhalb des Polytechnios, und sie baten mich um Schutz‹.

Stergios Katsaros, ein selbsternannter ›Berufsrevolutionär‹ der vorherigen Generation, der kurz vor den Ereignissen aus dem Gefängnis entlassen wurde, zeichnet ein anderes Bild: ›Die Parolen

> der Anarchisten, wie *Nieder mit dem Staat*, wurden von niemandem übernommen.
> Sie muteten etwas seltsam an, da die anarchistische Bewegung in Griechenland keine Tradition hatte. Dennoch ging niemand gegen sie vor, auch wenn einige Stalinisten dies versuchten. Ihre Versuche wurden von der breiteren Toleranz der Menschen absorbiert.‹ Diese sehr viel nüchternere Version der Ereignisse vernachlässigt jedoch völlig die ständige Typisierung der Anarchisten als agents provocateurs par excellence und ihre systematische Schikanierung durch den Rest.
> In vielerlei Hinsicht war die Stimme der Anarchisten – und insbesondere ihr Beharren auf der jouissance – Ausdruck der provokativen Seite von '68 gegenüber der ernsthafteren griechischen Studentenbewegung. Was bei der Besetzung der juristischen Fakultät kurz und in kleinerem Rahmen geschehen war, wiederholte sich nun in größerem Umfang: Achtzehn- und neunzehnjährige Frauen blieben den ganzen Tag außer Haus und verbrachten die Nacht mit ihren Kolleginnen. Die Intensivierung der Erfahrungen erstreckte sich vom Tag auf das Nachtleben. Natürlich wurden die intimen Aspekte des Polytechnios von den Teilnehmern damals zensiert, um der Junta keine weiteren Argumente für den ›anarchistischen und pansexuellen‹ Charakter der Besetzung zu liefern, aber auch, weil die sexuelle Befreiung zumindest offiziell nicht zu den Prioritäten der Bewegung gehörte.«[31]

Auf Initiative von Anarchist*innen kamen in der Nacht auf den 15. November im Gini, einem Gebäude direkt hinter dem Eingang von der Stournari-Straße, einige Hundert Arbeiter*innen und andere nicht Studierende zu einer Versammlung zusammen, die sich von dem autoritären Stil des linken Koordinierungskomitees abgrenzte.

Diese Versammlung diskutierte die ganze Nacht ob sie eine Erklärung verabschieden wolle, die zum Generalstreik aufrief und zwischen trotzkistischen und antiautoritären Positionen schwankte. Morgens wurde die Versammlung von linken Parteikadern gesprengt, die danach versuchten allen Menschen ohne Studentenausweis den Zugang zum Polytechnio zu verwehren; mit der Begründung damit einer Unterwanderung durch Zivis vorzubeugen. Das dieser Versuch der »Aussperrung« misslang, bewiesen später die Festnahmen von 475 Arbeiter*innen und 317 Studierenden.

Die Besetzung des Polytechnio war deswegen so bedeutend, da sie eine einfache Möglichkeit der Partizipation für all jene darstellte, die mit dem Regime noch eine »Rechnung offen hatten« und die in diesen Tagen dort vorbeikamen. Dennoch wurde die Beteiligung von 100.000 Menschen in einer zweieinhalb Millionenstadt als Versagen der Mobilisierung gewertet. Kurz vor der Erstürmung des Universitätsgeländes durch das Militär hatte bereits die Angst Oberhand genommen und die Straßen Athens waren weitgehend leer. Die Schriftstellerin Maro Douka beschrieb es später in ihrer Novelle mit einem Zitat von Frantz Fanon: »Alle Zuschauer sind Feiglinge und Verräter«.

Am Freitag morgen, 16. November 1973 verließ die A-Efee das Polytechnio, da sie glaubten, dass eine weitere Besetzung den Zielen der Bewegung schaden würde. Jedoch kehrten viele ihrer Mitglieder in den folgenden Stunden zurück. Es zeigte sich, dass die Student*innen die Grenzen ihrer Organisationen übertraten.

Das Koordinierungskomitee litt unter den Richtungskämpfen, die sich in gegenseitigen Beschuldigungen als Anarchist, Leftist, Provokateur, bourgeoiser Extremist oder Bombenleger ausdrückten. Trotz dessen machte sich unter vielen Beteiligten an diesem Tag die Euphorie breit, jetzt Geschichte zu schreiben und das Regime zu Fall bringen zu können.

Das drückte sich unter anderem auch im folgenden, von der offiziellen Geschichtsschreibung kaum erwähnten Geschehen aus. Am Abend des 16. November fanden Demonstrationen statt, aus denen heraus brennende Barrikaden errichtet und Ministerien umzingelt und angegriffen wurden. Namentlich wird hierbei verständlicherweise immer das Innenministerium genannt. Als die Polizei zuerst Tränengas und dann scharfe Munition einsetzte, verbreiteten sich schnell Berichte über die ersten

Tote und Verletzten. Eine wütende Menge machte sich auf den Weg zum Innenministerium, unweit des Polytechnios, und bewarf zum ersten Mal seit dem Putsch von 1967 die Sicherheitskräfte und ihre gepanzerten Fahrzeuge systematisch mit Molotow-Cocktails.

Diese Straßenschlachten wurden von der Polizeiführung als Aufstand von Arbeitern mit Schusswaffen dargestellt, die einzelne Beamte abgeschlachtet hätten und Teil einer anarchistischen Bewegung wären.

Mit der Bezeichnung »Anarchie« versuchte das Regime die sozialen Spannungen, wie sie vor der Machtergreifung der Obristen existierten, zu delegitimieren. Ein Beamter des Innenministeriums verglich den Aufstand des 16. Novembers auch mit den Dezemberereignissen von 1944, in denen, laut offizieller Geschichtsschreibung, die britischen Truppen die »kommunistische Gefahr« hätten bekämpfen müssen und damit den Bürgerkrieg auslösten.[32]

Heinz A. Richter sieht in seinem Buch bei den am 16. November eskalierten Demonstrationen wieder nur Provokateure

Demonstration am 15. November 1973 auf der Patission.

und Chaoten am Werk, ein »Athener Mob, der bis heute bei jeder Demonstration zur Gewaltanwendung bereit ist.«[33]

In der Nacht zum 17. November war der Bereich zwischen Omonia und Syntagma in Tränengas gehüllt, das Regime hatte Scharfschützen auf den Dächern rund um das Polytechnio postiert, die das Feuer auf Demonstrierende und Unbeteiligte eröffneten. Vierundzwanzig Menschen wurden in dieser Nacht in den umliegenden Straßen getötet, jedoch niemand von den Besetzer*innen.

Vermutlich war Diomidis Komninos der erste Tote in dieser Nacht. Der 17jährige Schüler wurde an einer nahen Kreuzung von einer Kugel getroffen. Der Kommandant eines Panzers äußerte sich dahingehend, dass man nicht mit Anarchisten verhandelt.[34]

Das Koordinierungskomitee der Student*innen, also mehrheitlich die kommunistischen Organisationen, hatten derweil entschieden, dass es keine militante Verteidigung des Polytechnios geben wird. Natürlich waren viele damit nicht einverstanden. Somit wurde das Tor zur Patission (eine zentrale Verkehrsachse, die auch den Namen Straße des 28. Oktober trägt) von innen verbarrikadiert, u. a. mit dem Auto des Rektors. Viele Menschen postierten sich hinter dem Zaun, weil sie hofften, dadurch die Soldaten davon abzuhalten Gewalt anzuwenden. Als einer der Panzer (die aus dem Stadtteil Goudi ins Stadtzentrum gerufen wurden) durch das Tor des Polytechnios rollte, zermalmte er die Beine der Studentin Peppi Rigopoulou. Die nachfolgenden Soldaten und Polizisten schlugen und traten die ungefähr 1.000 auf dem Universitätsgelände Eingeschlossenen. Es gibt aber auch Berichte von Soldaten, die sich zurückhielten sowie von zahlreichen Entkommenen, die von der Nachbarschaft versteckt wurden.

In diesem letzten Akt der Besetzung zeigte sich die patriotische Komponente der damaligen griechischen Gesellschaft, die auch auf die linken und linksradikalen Kräfte ausstrahlte, deutlich. Die einzige Flagge, die von den Besetzer*innen verwendet wurde, war die griechische Nationalfahne und sie sangen die Nationalhymne. Damit fühlten sie sich auf einer Linie mit dem Widerstand von EAM/ELAS gegen die deutsche Besatzung im Zweiten Weltkrieg. Das Zeigen der griechischen Fahne wurden von einigen Beteiligten als Gegenpositionierung zur anarchistischen Präsenz verstanden.

Die Besetzung des Polytechnios in Athen löste weitere Aktionen in anderen Städten aus. In Patras, Ioannina und Thessaloniki okkupierten Studierende ebenfalls ihre Universitäten, wobei besonders in diesen Städten am 16. November der ambivalente Charakter der kommunistischen Organisationen deutlich wurde. RIGAS und A-EFEE versuchten die Entscheidung zu einer Besetzung zu verschleppen, weil sie befürchteten, dass dies negativen Einfluss auf die Bewegung haben könnte. Die Maoist*innen, die für schnelle und direkte Aktionen waren, ergriffen dann die Initiative. Dies zwang die anderen Gruppen dazu sich doch zu beteiligen, weil sie eine Spaltung der Bewegung verhindern wollten.

2.500 Student*innen besetzten das Gelände der ARIStoteles-Universität Thessaloniki und betrieben auch einen autonomen Radiosender, der radikalere Töne als in Athen verbreitete. Aller-

Diomidis Komninos, 17 Jahre, aus Zypern, erschossen am 16. November 1973 an einer Kreuzung gegenüber dem Polytechnio.

dings blieb die Unterstützung der Massen auf der Straße aus. Dafür beteiligten sich viele Jugendliche, die bereit waren den Konflikt militant auszutragen, während die A-EFEE auf Flugblättern eine Beendigung der »Provokationen« forderte.

Der Moment bevor der Panzer das Tor durchbricht ...

... das Tor am Morgen danach.

Der Versuch eine hierarchische Informationspolitik umzusetzen, wie es für ein bestimmtes linkes Spektrum typisch ist, misslang. Diese Organisationen wollten den Besetzer*innen die eintreffenden Nachrichten von der Erstürmung des Polytechnios verweigern, um eine vermeintliche Panik zu verhindern. Es misslang deswegen, da die Besetzer*innen bereits über ausländische Radiosender informiert waren und, wie sich zeigte, sich davon nicht zurückschrecken ließen. Entgegen des Willens der Student*innen, vereinbarte dieses Besetzungskomitee, welches von den selben Gruppen wie in Athen dominiert wurde, am Morgen des 17. November eine freiwillige Räumung und appellierte an die Soldaten, keine Gewalt anzuwenden, weil sie doch Brüder wären.

Die »Brüder« von Polizei und Militär misshandelten die Leute beim Verlassen des Geländes massiv und nahmen zweihundert fest, anderen gelang die Flucht. Dass in Thessaloniki niemand getötet wurde, wertete ein Führer von Rigas als Erfolg, während die maoistischen Gruppen die Position vertraten, dass dies nur in friedlichen Zeiten ein Erfolg sei, nicht aber in revolutionären Zeiten, in denen man die Verantwortlichen dafür hassen würde. Wie so oft standen die von der Kke dominierten Organisationen mit ihrer fehlerhaften Analyse alleine gegen maoistische und trotzkistische Gruppen.

Nach diesen Ereignissen folgte eine Phase verschärfter Repression und es fand ein »interner Putsch« innerhalb der Junta statt. Der November-Aufstand hatte das »Experiment der Liberalisierung« zur Aufrechterhaltung einer akzeptableren Fassade zu Fall gebracht und Papadopoulos wurde vom Chef der Esa, Brigadier Dimitrios Ioannidis abgesetzt. Umgehend wurden neue Maßnahmen des Ausnahmezustands verkündet und die obristenhörige Presse hetzte gegen den Vandalismus der Linken, die die Universitäten zerstört hätten.

Kornetis dagegen schreibt, dass die Schäden eher durch die Sturmtruppen selber verursacht worden seien. Die Student*innen hätten alles – im Vergleich zur Besetzung der Sorbonne in Paris 1968 – sauber hinterlassen um nicht als »Anarchisten« verunglimpft zu werden.

Einen weiteren Unterschied zur westlichen Entwicklung der 68er-Revolte sieht er im brutalen Charakter der griechischen Junta begründet. Aufgrund dessen hätten die Studierenden nicht »bohemian« oder situationistische Protestformen ergreifen können, mit dem Ergebnis dass die wenigen Anarchist*innen bei der Nomiki- und Polytechnio-Besetzung marginalisiert und suspekt erschienen. Kostis Kornetis vertritt eine Strömung innerhalb des studentischen Widerstands, die es als ihren Erfolg sieht, den linksradikalen und anarchistischen Einfluss der europäischen 68er-Bewegung isoliert zu haben, in der Hoffnung damit auf die Zustimmung breiterer gesellschaftlicher Schichten zu stoßen. Die Distanz der damaligen Protagonist*innen zu der Kraft des Imaginären und Utopischen, die bezeichnend für vorrevolutionäre Situationen wie den Pariser Mai waren, macht er mitverantwortlich für die starke Bindung an die KKE. Diese verurteilte '68 als »opportunistischen Zirkus« , dem entgegen die griechische Student*innenbewegung ernsthafter wäre. Auch Maoist*innen und Trotzkist*innen, trotz einer gewissen Nähe zur Radikalität und damit der Revolutionierung des Gesellschaftlichen und des Subjekts, hätten die »neoanarchistischen Tendenzen« der 68er-Bewegung, mit einer negativen Bedeutung versehen.

Auf der im Vorwort erwähnten Veranstaltung des Anarchistischen Archivs von 2019, mit dem Thema »Wahrheiten und Lügen«, wurden die Ereignisse so bewertet:

> »Was 73 geschah, war kein Aufstand gegen die Diktatur. Er richtete sich zwar gegen die Diktatur, aber es war eigentlich eine Liberalisierung – ein Übergang zum Parlamentarismus…
> Vor '67 war das auch so, denn wir dürfen nicht vergessen, dass es eine Kontinuität gibt. Wie wir sagen – der Staat hat Kontinuität. Und die Folterer haben Kontinuität – Karapanayiotis und Babalis waren auch in der Zeit der Demokratie Folterer. … Der Staat hat Kontinuität, nur seine Kleidung wechselt – und die Macht hat Kontinuität, nur ihre Techniken variieren. … Die Diktatur wurde von der Bevölkerung de facto und bewusst akzeptiert. Nur

> ein Teil hatte noch einen Einwand. Aber nicht die gesamte Bevölkerung. Das sind Lügen, denn wenn die gesamte Bevölkerung gegen die Einführung der Diktatur gewesen wäre, wären zumindest die Straßen Athens mit Leichen übersät gewesen.«[35]

Laut dieser Quelle gab es eine Absprache des Koordinationskomitees mit den Behörden, welches den Panzereinsatz akzeptierte, der zur Zerstörung des Haupteingangs des Polytechnios und zu den Verletzungen von Peppi Rigopoulou führte.

Eine weitere, unter Pseudonym veröffentlichte Positionierung stellt fest:

> »Was war also das Polytechnio von 1973 für die Anarchisten? Dies zeigt sich in ihrer dynamischen Präsenz sowohl bei der Erstbesetzung der Polytechnischen Universität als auch bei der Besetzung der Juristischen Fakultät bis zum großen Aufstand vom 14. bis 18. November 1973.
>
> All die Jahre haben die Anarchisten diesen ›Moment‹ nicht vergessen.
>
> Als drei ganze Tage lang das Zentrum Athens, das sich auf das Polytechnio und seine Zäune, Gebäude und Tore konzentrierte, vor allem aber die Seelen und die Leidenschaft der Menschen, von denen die meisten jung waren, von den Demonstrationen, den Parolen, den Auseinandersetzungen mit den Kräften staatlicher Gewalt, der Polizei und der Armee, den Panzern und den Scharfschützen erschüttert wurden…
>
> Als die Welt mit ihren Aktionen und Slogans der Anarchie viel näher war…
>
> Nicht weil sie mit den damals wenigen Genossen ›Nieder mit der Macht‹ gerufen haben, sondern weil eine Rebellion ihrem Inhalt nach immer anarchisch ist, da sie in dem Moment, in dem sie ausbricht, Strukturen und Mächte ablehnt, Führer und ›Vorgeschriebenes‹ ablehnt und ihre Dynamik selbst für diese unvorhersehbar ist. Die Rebellion macht Pläne zunichte und folgt niemals den Plänen der Etatisten. Sie gibt auch nicht vor, für etwas zu

kämpfen, das ohnehin vom Staat umgesetzt wird, und ist sich nur darüber uneinig, wann es in Griechenland umgesetzt wird. Dies ist auch der Grund, warum Rebellion – jede Rebellion – keine Politik macht und nicht in politische Formen passt. Deshalb arbeitet die Politik manipulativ, zensiert, unterdrückt, sie will den Aufstand sowohl während als auch danach unter Kontrolle bringen. Für die Herrscher zählt das NACHHER.

Dann erklärten die Stimmen, die die Atmosphäre zum Tanzen brachten, in einem Ausbruch der Selbstverleugnung: HEUTE NACHT WIRD THAILAND SEIN. Es erfordert Entschlossenheit, Leidenschaft und Trotz, einen solchen Slogan zu schreien, von dem man genau weiß, was er bedeutet.

Denn zu dieser Zeit hatte es in Thailand ein massives Verbrechen der Staatspolitiker gegeben. Auf große Studentendemonstrationen reagierte das Militär mit Waffen und die Straßen Bangkoks waren übersät mit Hunderten Leichen von Studenten und Jugendlichen.

Manche behaupten, der Aufstand vom November 1973 sei ein Höhepunkt gewesen. Höhepunkte werden von denen ›gesehen‹ und konstruiert, die nach eigenem Ermessen ein ›Ende‹ geben und einen ›Anfang‹ setzen wollen, um das Handeln von Menschen und Gesellschaften einzuschränken und zu technisieren und damit dem Spontanen im Weg zu stehen. Wer menschliches Handeln in Etappen misst, kann von Höhen und Tiefen sprechen. Aber die Besetzung des Polytechnios könnte vielleicht als Station einer langen Reise zum sozialen Aufstand charakterisiert werden, der anarchistischen Revolution, die der ANARCHIE den Horizont öffnen wird.

Ein Aufstand wie der vom November 1973 war, ist und wird für Anarchisten von besonderer Bedeutung sein, ebenso wie die aufrührerischen und konfliktreichen Ereignisse, die in den nächsten 33 Jahren folgten und andauern. Anarchisten spenden ihre Geschichte, Erfahrung und ihr Handeln nicht an Politiker und technokratische Manager sozialer Kämpfe. Denn jedes Delegieren ist auch ein Rückzug, eine Diskreditierung und Belastung der staatsfeindlichen Befreiungsaktion.

Soziale Kämpfe sind kein Geschenk an die Feinde der Freiheit. Es ist das Erbe von Erfahrungen, das nicht durch bedeutungslose Erzählungen und bewusste Verzerrungen vermittelt wird.
All diese traurigen Versuche, die Realität eines Aufstands zu verfälschen, wurden und werden von Anarchisten nicht mit stillschweigender Distanzierung, sondern mit praktischer Konfrontation beantwortet.
Wo Anarchisten einen Beitrag geleistet haben – und immer die Fähigkeit haben, einen Beitrag zu leisten und sich mit dem Rest der Welt zu vereinen –, sind Konflikte und Aufstandsprozesse, Aufstände und soziale Revolutionen.
Wenn die Geschichte der sozialen Kämpfe in den Händen der Herrschenden liegt, wird sie zu einem traurigen Überbleibsel. Anarchisten werden niemals auf die schockierende Erfahrung von Aufständen und Konflikten verzichten, in denen ALLES MÖGLICH ist.
Das Polytechnio und jede Rebellion gehören dazu, es steht denen nahe, die für die universelle Freiheit kämpfen.
Das Polytechnio bestätigte erneut, dass die Bedeutung und Nutzung aller Aktionsmittel, die der soziale und staatsfeindliche Kampf hervorgebracht hat, durch die Teilnehmer wertvoll und notwendig ist.
Rebellion ist kein eiliger Spaziergang einiger verängstigter und keuchender Körper. Es ist die Leidenschaft für die Freiheit derer, die sich nicht beugen und wissen, dass sie keine Mittel zur sozialen Aktion ignorieren und unterschätzen dürfen und die ihren Körper und Geist über die Straßen strömen lassen. Keine der vorbereiteten Demonstrationen konnte zu einem qualitativen und umfassenden Ausdruck der gesellschaftlichen Konfrontation mit dem Staat und den Entscheidungen seiner Vertreter und Manager führen. Es bedurfte der Herausforderung, um den großen Schritt zu machen. Und es gab frühere Erfahrungen an der Fachhochschule und an der juristischen Fakultät, um Ängste zu überwinden, Wut auszudrücken und zu beweisen, dass der Staat nicht unbesiegbar ist.

Es sind die Besetzungen und die permanenten Konfrontationen, die Konflikte mit dem Staat und seinen Organen, die den Glauben festigen und die Bedingungen für die soziale Revolution schaffen. Kein Staat war durch eine Aktionsform gefährdet, wie dynamisch sie auch war. Im Gegenteil: Die Besetzung und Zerstörung von Strukturen und Mechanismen sind die Hauptmerkmale von Aufständen. [...] Das bedeutet soziales und befreiendes Handeln.
Wir sagen es noch einmal: Das Leben in einer Rebellion ist etwas Einzigartiges, etwas, das sich nicht mit Worten beschreiben lässt. Es ist eine Emotion, die von denen, die sie austreiben oder bekämpfen, nicht verstanden werden kann, weil ihre menschlichen Reflexe durch ständige Reibung, Kontakt oder Identifikation mit herrschsüchtiger Logik und Selbstsucht ausgehöhlt, abgestumpft oder mutiert sind.
Manchmal kommt es sogar darauf an, wer das Streichholz anzündet oder den oder die Funken entfacht, um das Feuer menschlichen Verlangens, Leidenschaft und kreativer Zerstörung zu verbreiten. Rebellion ist die Voraussetzung für eine menschliche Welt, ein unwiederholbarer Moment, in dem nur diejenigen, die sie leben, die grenzenlosen Möglichkeiten der Freiheit und des Lebens erkennen, die sie der Menschheit bieten. Es waren die Anarchisten und das aufständische Volk, die den Aufstand vom November 1973 wirklich und ohne selbstsüchtige Absichten wollten. Aufstände gehören zu uns. Der Aufstand des Polytechnios gehört uns und wir gehören dazu.

AXINF«[36]

Die ersten Schritte im anarchistischen Raum

Das verlegerische Kollektiv »Internationale Bibliothek« leitete die Geburt und die weitere Entwicklung des antiautoritären und anarchistischen Raums im modernen Griechenland ein.

Im Herbst 1971 gründete eine Gruppe junger Leute, die an einer Hand abzuzählen war, auf Initiative von Christos Konstantinidis die erste antiautoritäre Gruppe, die unter dem Namen Diethnis Vivliothiki (Internationale Bibliothek) bekannt wurde.

Sie begannen damit in ihrer Buchhandlung, ebenfalls mit dem Namen Internationale Bibliothek, die Klassiker der anarchistischen und situationistischen Literatur zu verbreiten. Der Kiez der anarchistischen Szene in den 70er Jahren war übrigens nicht Exarchia, sondern die Platia Dexameni in Kolonaki. 1973 wirkte die Gruppe der Internationalen Bibliothek initiierend bei der Besetzung der juristischen Fakultät und kurz darauf auch des Polytechnios mit.

Sie waren diejenigen, die die Parolen »Nieder mit dem Staat!« und »Nieder mit dem Kapital!« an die Eingangstore des Polytechnios schrieben, die später von linken Studenten mit pragmatischeren Parolen überdeckt wurden.

Die Präsenz anarchistischer Genoss*innen bei den Ereignissen um die Revolte vom November 1973 war bedeutsam. Nicht hinsichtlich ihrer zahlenmäßigen Stärke, sondern im Hinblick auf ihren außergewöhnlichen Beitrag, der sich nicht auf Slogans gegen die Diktatur beschränkte, sondern auf weiter gefasste politische Bestimmungen zurückgriff, die antikapitalistisch und anti-staatlich waren. So hatten bisher alle linke Bemühungen in der griechischen Geschichte immer auf die Übernahme der Macht gezielt. Zum ersten Mal wurde in einem historischen Moment die Abschaffung der Macht proklamiert.[37] Zusammen mit Militanten aus der radikalen Linken waren sie unter den wenigen, die diese Revolte begannen.

Die Sichtbarkeit ihrer Präsenz war derart, dass Repräsentanten der formalen Linken ihre Anwesenheit bei den Ereignissen verurteilten und sie verleumdeten. Bereits während der Diktatur veröffentlichte die Internationale Bibliothek die Zeitschrift *Pedestrian* (drei Ausgaben von April '73 bis Juli '74 und zehn weitere Ausgaben nach dem Regimewechsel) und 14 Bücher.

Nicht alle wollten allerdings auch die Anarchist*innen sein, als die sie von den Behörden bezeichnet wurden, was immer auch die Gefahr der Folter mit sich brachte. So ist es zum Beispiel vier Studierenden aus Deutschland ergangen, die am 8. Juli 1972 als anarchistische Gruppe[38] verhaftet wurden.

Einen guten Überblick über die anarchistischen Anfänge der 70er Jahre liefert das Buch von Kyriakos Vassiliadis *Mein Bruder Stelios*, das im Jahr 2012 im griechischen Rigma-Verlag erschien. Der Rigma-Verlag, der auch einen Buchladen unterhielt, war in Kokkinia in den Jahren 1975–1978 ein lebendiger Raum der Verbreitung von antiautoritären bzw. anarchistischen Ideen und Aktionen. Als politische Biografie des Anarchisten Stelios Vassiliadis (dem Bruder des Autors) beschreibt das Buch unter anderem die Ereignisse des Kleinen Polytechnios, die als Katalysator für die Radikalisierung der Anti-Diktatur-Bewegung bezeichnet werden.

Das Buch dokumentiert auch den Beitrag autonomer anarchistischer Student*innen zu dieser wenig bekannten Geschichte und das Wiederauftauchen von Anarchist*innen in Griechenland während der Zeit der militärisch-faschistischen Diktatur bis zur Übergabe der Macht in die Hände der Politiker. Zu ihnen gehörte auch Stelios Vassiliadis, dessen Aktivitäten ein ständiges Ziel der Repressionsapparate des Regimes waren.

Sein Weg wurde abrupt durch einen Unfall unterbrochen – ein »Verkehrsunfall«, wie es in den Zeitungen hieß. Kyriakos Vassiliadis bestreitet dies jedoch und behauptet, dass sein Bruder wegen seiner Aktionen von den griechischen Paramilitärs ermordet worden sei. Neben den Aktionen von Stelios Vassiliadis zeichnet das Buch auch seine Verbindungen zu den wenigen Anarchist*innen der damaligen Zeit (wie den Leuten der Internationale Bibliothek) nach. Die Dokumentation seiner Folter und seiner würdevollen Haltung wird durch Dimitris Maronitis, Professor der Aristoteles-Universität, bezeugt. Er war 1972 Zellengenosse von Stelios Vassiliadis in den Zellen der Esa:

> »Ich wollte eine neue Tatsache an die Öffentlichkeit bringen, die in den Furchen meines Geistes wohnt und meinen bitteren Optimismus in schwierigen Zeiten nährt. Ich wusste nie, welcher Bursche auf dem Korridor stöhnte. Er knurrte dumpf, gab aber nie einen lauten Schrei von sich.
> Einmal hörte ich, wie er in seine Zelle gezerrt wurde, während der Wärter ihn mit Flüchen überschüttete, die nicht für ihre Originalität bekannt waren: ›Du dreckige kommunistische Schwuchtel, du wirst hier verrotten.‹ Und als sich die Tür schloss, ertönte eine ruhige, klare, perfekt ausbalancierte Stimme: ›Ich bin kein Kommunist, ich bin ein Anarchist.‹ Ich möchte den Vorfall eines Tages ganz einfach erzählen und dann darum bitten, ihn in die Schullektüre aufzunehmen, denn diese mutige, unerwartete Reaktion hat mich damals zutiefst getröstet und mir ein für alle Mal gezeigt, wie die Würde des Menschen bis zum Tod weitergeht.«[39]

Eine, nach dem Ende der Diktatur eingeleitete Untersuchung[40] der Folterungen in den Höllenlöchern der Esa ergab, dass es sich bei dem Gefangenen um Stelios Vassiliadis handelte.

Die Kke und ihre Parteigliederungen vertraten eine andere Bewertung des anarchistischen Einflusses während der Polytechnio-Besetzung.

Die illegale Zeitung *Panspoudastiki* Nr. 8 der Kne erklärte Anfang 1974:

> »Wir verurteilen die im Voraus geplante Invasion des Polytechnios am Mittwoch, den 14. November, durch etwa 350 organisierte Agenten der Kyp gemäß dem provokativen Plan von Roufo-

galis-Karagiannopoulos, der auf den Befehlen des inzwischen abgesetzten Oberst Papadopoulos und der amerikanischen Cia beruht, um mit allen Mitteln der Einschüchterung und Provokation lächerliche und anarchische Slogans zu projizieren, die nicht den Moment und die spezifischen Kraftverhältnisse ausdrücken. So konnten sie unsere Bewegung und unsere Polytechnische Veranstaltung von der Gesamtheit des Volkes und der Jugend isolieren. Damit sie weiterhin, (mit Hilfe der Junta-Medien) das Bild eines isolierten extremistischen revolutionär-anarchistischen Aufstandes konstruieren, der nicht die Unterstützung des Volkes hat, erneut den abschreckenden Vorwand des ›bedrohten sozialen Regimes‹ benutzen können. Und um den Anschein zu erwecken, dass es sich um nichts anderes als die wütenden nihilistischen Aktionen reueloser anarchistischer aufrührerischer Zerstörer handelt.«

Namentlich als Anführer »des extremistischen revolutionär-anarchistischen Aufstandes« und Regierungsagent »entlarvte« die KNE den Maoisten Dionysis Mavrogenis, der daher nicht nur vor dem Staat auf der Flucht war, sondern mit diesem Artikel von der KNE als »vogelfrei« erklärt wurde. Die formale Linke war der Revolte selbst gegenüber feindselig eingestellt, da sie den friedlichen Übergang der Diktatur zur Demokratie unterstützte. Und weil sie die spontane Revolte der Jugendlichen und Arbeiter*innen nicht aufhalten konnte, versuchte sie diese zu manipulieren und nach dem Fall der Junta auszunutzen. Der Artikel in der *Panspoudastiki* Nr. 8 sorgte auch fünfzig Jahre später noch für Diskussionen. Dimitris Godikas, Mitglied des Zentralkomitees der KKE, sagte in seiner Rede anlässlich des 50. Jahrestages der Besetzung von Nomiki im Februar 1973 unter anderem:

»Wir haben nie behauptet, dass die KNE in diesen schwierigen Jahren alles richtig gemacht hat, dass sie keine Fehler gemacht hat, dass sie keine Mängel und Schwächen bei der Leitung der

Ereignisse hatte. Es ist jedoch bedauerlich, dass ein einzelnes Ereignis, wie etwa eine Veröffentlichung der *Panspoudastiki* Nr. 8, die tatsächlich nach dem Aufstand am Polytechnio geschrieben wurde, die überhaupt keine Rolle spielte und die Entwicklungen auf keinem Gebiet in irgendeiner Weise beeinflusste, hervorgehoben wird als ein separates Problem, das der Geschichte von Kne schadet. Es ist Kleinlichkeit und Missachtung der historischen Wahrheit und des heroischen Kampfes der Kne-Studentenorganisation während der Jahre der Diktatur und insbesondere ihres Beitrags zum Aufstand des Polytechnios.«

Darauf entgegnete die Zeitung *Διαδρομή Ελευθερίας* (*Route der Freiheit*) im März 2023:

»Dimitris Godikas wurde wahrend der Diktatur brutal gefoltert und diese Tatsache ist eine historische Wahrheit.
Die historische Wahrheit ist jedoch auch das Elend der Veröffentlichung in *Panspoudastiski* Nr. 8, sonst meint Godikas wahrscheinlich, dass die »historische Wahrheit« auf Kleinlichkeit und Respektlosigkeit hinausläuft, weil sie so zur parteiischen ›Wahrheit‹ passt.[41]
Godikas erkennt offen die Urheberschaft der Veröffentlichung an. Jetzt kann er nicht anders. Schließlich übernahm die Kke postpolitisch[42] zeitweise die Führung und übernahm manchmal öffentlich die politische Verantwortung für die Veröffentlichung. Godikas charakterisiert die Veröffentlichung als ein ›separates Ereignis‹ und behauptet, dass sie, da sie nach dem Aufstand am Polytechnio geschrieben wurde, ›absolut keine Rolle spielte und die Entwicklungen in keinem Bereich beeinflusste‹.
Godikas lügt wissentlich und unverhohlen.
Und die Gründe sind einfach. Die Veröffentlichung der *Panspoudastiki* Nr. 8 mit der Denunziation von rund 350 Provokateuren[43] durchdringt von oben bis unten die Parteilinie der Kke, die sie vom ersten Moment der Ereignisse an zum Ausdruck brachte,

die zur Besetzung des Polytechnios führten: Besetzungen sind unerwünscht und weitere Opfer sollen vermieden oder, wenn dies nicht möglich ist, durch die ›Enthüllung‹ unterdrückt werden, aber auch durch die Verunglimpfung der ›extremistischen Elemente‹, die an vorderster Front stehen. Diese Parteilogiken wurden von der Kne in den Veranstaltungen am Polytechnio in die Tat umgesetzt, wie wir uns später erinnern werden.

Godikas weiß, wie die Kke, sehr gut, was es bedeutet, unter den Bedingungen der brutalen Unterdrückung durch die Junta als ›Provokateure‹ ›markiert‹ zu werden, die sich in einem illegalen Status befinden, wie etwa Dionysis Mavrogenis.

Es handelte sich also nicht um eine wertlose und sinnlose Veröffentlichung, sondern um eine abscheuliche Provokation, die darauf abzielte, eine bestimmte Rolle zu spielen und die mögliche Fortsetzung der Anti-Diktatur-Reaktionen, die vielleicht nicht gegeben, aber sicher waren, maßgeblich zu bestimmen. Die Kke beteiligte sich mit dieser spezifischen Veröffentlichung, ob sie will oder nicht, aktiv an der Unterdrückung von Dissidenten, eine Tatsache, die durch die Unterdrückung, die sie selbst im Februar 1974 erlitt, nicht im Geringsten geschmälert wird.

Und noch etwas: Durch Provokation leugnet die Kne die Verantwortung für die Besetzung des Polytechnios, unterscheidet sie sich von den Studentenmobilisierungen, zeigt der Junta, dass die ›Anderen‹ die Hauptverantwortlichen sind, einschließlich dessen, was dies für die Fortsetzung impliziert:

›im Kampf des Polytechnios prangern wir gegenüber der gesamten Studentenwelt, der Jugend und dem Volk die verzweifelten Bemühungen der Junta, Kyp und ihrer bezahlten Agenten an, vom Anbeginn unserer großen Veranstaltung des Polytechnios, den Kurs und die Inhalte zu verfälschen. Das großartige Ereignis wurde durch die *anarchistischen Elemente* verfälscht, sowohl im Ablauf (Umwandlung in eine Besetzung) als auch im Inhalt (Studentenforderungen wurden außer Acht gelassen…).‹ Die Esa erklärte damals: ›vom ersten Tag der Besetzung an verloren die organisierenden Fraktionen die Kontrolle über die Situation, was dazu führte, dass extremistische Elemente des internationalen Anarchismus, unabhängig vom Status eines Studenten, zu denjenigen übergingen, die unter nihilistischen Prinzipien lebten[44] und die Einrichtungen und Aufsichtsorgane des Polytechnios zu zerstören und zu plündern, was einen Schaden verursacht hat, der auf eine Milliarde geschätzt wird.

Sie kamen aus den Räumlichkeiten des Polytechnios und begannen mit Brandstiftung, Zerstörung und Plünderung fremden Eigentums, wodurch im Zentrum Athens ein Bild der Verwüstung entstand.‹ Es handelt sich also nicht um einen ›Fehler‹, um ein ›politisches Versagen‹ eines ›distanzierten‹ Führungskerns, es handelte sich auch nicht um eine ›Initiative‹ des Redaktionssekretärs des KNE-Studenten Kostas Giantzis.

Die Geschichte der KKE ist reich an Säuberungen von ›Dissidenten‹ mit der Parteilinie und der Vernichtung von Erzmarxisten, Trotzkisten und Anarchisten in der Vergangenheit in Griechenland. Sowohl die Publikation als auch ihre Initiatoren sind Teil dieser Geschichte, und natürlich nicht nur der verstorbene Kostas Giantzis und derjenigen, die ihn geleitet haben. Aus diesem Grund widmete Dimitris Godikas Dionysis Mavrogenis kein einziges Wort.

Wir beziehen uns nun auf den berüchtigten *Bericht und Schlussfolgerungen zu den Ereignissen vom November 1973*, der auf der 4. Plenarsitzung des Zentralkomitees der KKE im Juli 1976 angenommen wurde.

Schauen wir uns einige Lehrverse an und kommentieren sie, zunächst einmal über Besetzung als eine Form des Kampfes: Die Unmöglichkeit, vorherzusagen, welche Formen dieser Kampf annehmen kann, zeigte sich auch bei der Ausarbeitung der KNE-Linie. Im Gegenteil wurde betont, und zwar sogar nachdrücklich (was im Großen und Ganzen richtig war), dass Fälle isolierter Aktionen des ΦK – und insbesondere in Form von Gebäudebesetzungen – unter dem Einfluss spontaner und linker Elemente vermieden werden sollten. Das hatte aber auch seine negative Seite, denn es beschränkte die Behandlung auf eine fehlende, allgemein ablehnende Orientierung. Es wurde (richtigerweise) betont: ›keine ungeplanten Aktionen, keine Besetzungen‹. Es wurden jedoch keine spezifischen Methoden für unser positives Eingreifen in eine solche isolierte Aktion und für deren Entwicklung im richtigen Kontext der Entwicklung des allgemeinen Anti-Junta-Kampfes ausgearbeitet…‹ Mit anderen Worten: Die ›Linie‹ der KNE richtete sich klar gegen die Besetzungen, die als ›überholt‹ galten und auf das kategorischste abgelehnt wurden. Das identifizierte ›Problem‹ ist die Unfähigkeit der KNE, mit ›ausgeklügelten Methoden‹ einzugreifen, wenn die ›linken‹ oder ›spontanen‹ Elemente die ›Oberhand‹ gewinnen.

Es muss gesagt werden, dass die Besetzung eine Überraschung für die Führung der Partei und der KNE war.

Sie waren nicht darauf vorbereitet, ihre Methoden des Eingreifens in Ereignisse ebenso zu erkennen wie ihre Methoden, ihr Handeln zu koordinieren. Die KOA und das KΣ[45]-Büro der KNE betrachteten die Besetzung zunächst als gefährliche Komplikation in der Entwicklung des Anti-Junta-Kampfes. Ihre Absicht bestand hauptsächlich darin, Maßnahmen für die sofortige Evakuierung der Studenten aus dem Polytechnio zu ergreifen und die Veranstaltung zu Demonstrationen gegen die Diktatur in eine oder mehrere Richtungen zu entwickeln. […] Die ›Besetzung‹ von außen erweckte schon den Eindruck von Extremismus. Linke Parolen setzten sich durch. Es kam zu Provokationen gegenüber Polizisten. Die handschriftlichen Ankündigungen sowie die mehrfach geschriebenen, förderten auch linke Parolen. Sie waren natürlich skizzenhaft und viel improvisiert. Daher galt sie als unverantwortliche und übereilte Bewegung mit einem starken linken Element, das in gewissem Maße außerhalb der Linie der Organisation stand, die zu dieser Zeit generell gegen Besetzungen und übereilte und ungeplante offene Demonstrationen war.

[…]

Die Besetzung erweckte bei der Partei den Eindruck von ›Extremismus‹, weil sie ›damals generell gegen Besetzungen‹ und

> natürlich ›ungeplante offene Veranstaltungen‹ war. Von der KKE ungeplant und daher ›unverantwortlich‹...
> Als ob kein Tag vergangen wäre...«[46]

In der Phase des Ioannidis-Regimes von 25. November 1973–23. Juli 1974, gab es keine öffentlichen Aktionen des studentischen Widerstands mehr. Diejenigen Mitglieder von A-EFEE und E.K.K.E, die für die Organisierung des Widerstands wichtig waren, wurden im Frühjahr 1974 identifiziert und verhaftet.

Erst vor kurzem wurde der Fall von Yannis Kailis wieder ins kollektive Gedächtnis gerufen. Der 24-jährige Kailis war Student der School of Fine Arts und zum 50. Jahrestag seiner Ermordung berichteten die Medien, dass am 22. Februar 1974, drei Monate nachdem der Panzer an der technischen Universität eindringen konnte, Passanten auf dem Grundstück einer Baustelle in der Valtetsiou-Straße in Exarchia seine Leiche fanden. Der Tote wies Folterspuren auf und war vorher tagelang verschwunden. Kailis war der Student, der mit seinem Pinsel am Polytechnio-Tor die beiden Slogans geschrieben hatte, die in der Geschichte unverkennbar blieben: »USA Raus« und »NATO raus«. Die Behörden behaupteten Selbstmord durch Fenstersprung als Todesursache, doch die Anwältin Filanthi Psirri startete für die Aufklärung einen harten Kampf. Ermittlungen führten ein Jahr später zur Exhumierung der Leiche und der Erkenntnis, dass der griechischen Staat Kailis für seine demokratischen Ideen und seine Teilnahme am Kampf gegen die Junta ermordet hatte. Er war zum Malen geneigt und wurde 1971 in die School of Fine Arts aufgenommen. Dort war er eines der aktiven Mitglieder des Kampfes der Student*innen gegen die Junta und einer der Protagonisten in den Veranstaltungen der technischen Universität. Aus den Informationen, die wir haben, wurden die Slogans an den Säulen des Tores von ihm geschrieben, ebenso wie viele Skizzen, die von Hand zu Hand zirkulierten. Unmittelbar nach der Unterdrückung des Aufstands scheint Yiannis Kailis ebenso wie andere Student*innen in die Illegalität übergegangen zu sein, weil er von der ESA gesucht wurde. Im Februar '74 war er kurz nach Distomo gekommen. Sobald er nach Athen zurückkehrte, verschwand er. Kurz darauf wurde er in der Valtetsiou-Straße gefunden. Die Anwältin Filanthi Psyrri übernahm insgesamt 36 Fälle, die Yannis ähnlich waren und von der Junta-Folter ermordet wurden. Trotz der Bemühungen der Diktatur, Yiannis Kailis als geistig gestört zu präsentieren, lieferte die Forschung Beweise. Die Aussagen des Regimes widersprachen unter anderem dem offiziellen Bericht der ASFALIA-Beamten. Karapanagiotis, Leiter des Studentendezernats der allgemeinen Sicherheit, schrieb im Dezember 1973: »Unter den Teilnehmern an den Ausschreitungen an der technischen Universität war der Student Yiannis Kailis, geb. 1950 in Distomo, wohnhaft in der Evdilou-Straße, der bei allen Ausschreitungen war und die Parolen gegen die Amerikaner schrieb.«[47]

Die bewaffneten Gruppen nach der Niederschlagung des Aufstands

Die LEA hatte zuvor, im Februar 1973, eine Erklärung verbreitet, in der sie die Studentenproteste begrüßten und im Juli warb sie für ein »Nein« zum Referendum[48] des Diktators Papadopoulos. Von der Dynamik des Aufstands im November waren alle bewaffneten Gruppen überrascht und sie waren sich uneinig in der anschließenden Bewertung der Ereignisse um den 17. November '73. 20.O war unzufrieden mit der eigenen Beteiligung, Das wurde aber den ständigen Bemühungen, ihre Struktur vor dem Zugriff der Behörden zu retten, zugeschrieben.

Zusammen mit ARIS-TEAM, LEP und AA riefen sie zur Rache für die Ermordeten, Verletzten und Gefolterten auf.

Von den Mitgliedern der späteren Organisation 17. NOVEMBER waren viele gar nicht bei der Besetzung der Universitäten dabei.

Nach der Stürmung des Polytechnios durch das Militär setzten einige militante Gruppen und Individuen auf den Massenkampf, andere entwickelten ihre Bombenkampagnen weiter.

Aris-Team verfasste einen Aufruf für die Entwicklung von Kampfkomitees in Nachbarschaften, Schulen und Arbeitsplätzen, die als autonome Gruppen in einer revolutionären Organisation zusammenarbeiten könnten. Dieser Aufruf soll das Gründungspapier von Ela im Jahr 1975 inspiriert haben.

Das maoistische Komitee der Griechischen Antifaschisten in Paris, sah den Aufstand im November '73 dahingehend als erfolgreich, als das die geplante Transformation der Militärdiktatur hin zu einem parlamentarischen Faschismus verhindert wurde. Jedoch ist dem System später genau das aber gelungen.

Zum Jahreswechsel '73/'74 fand in München ein Treffen von Delegierten verschiedener Widerstandsgruppen statt. Hier forderte Andreas Papandreou ein härteres Vorgehen gegen die Junta und sprach sich auch für Attentate auf Personen aus. Damit stand er relativ alleine da und verfügte auch nicht über eigene handlungsfähige Strukturen. Lea, 20. Oktober und Aris-Team vereinbarten eine Zusammenarbeit, konnten das aber nach dem Putsch von Dimitrios Ioannidis gegen Papadopoulos kaum umsetzen. Die Stadtguerilla in Griechenland operierte in dieser Phase sehr gemäßigt, im Vergleich zu anderen Gruppen in Ländern mit ähnlichen Regimen und historischen Hintergründen. So hatten in Spanien etwa die Linke (und die Anarchist*innen) ebenfalls einen Bürgerkrieg verloren und der Franquismus war der Obristendiktatur verwandt. Ein Angriff, wie ihn die Eta am 20. Dezember 1973 durchführte, indem sie den Regierungschef Luis Carrero Blanco[49] mitsamt Fahrer und Polizeieskorte in Madrid durch eine Bombe tötete, war unter den griechischen Verhältnissen anscheinend nicht vermittelbar.

Die Pak von Papandreou half dem Künstler Grigoris Christeas, der aus den USA zurückkehrte, beim Aufbau einer Gruppe unter dem Namen Laos, dem gleichen Kürzel unter dem Panagoulis 1968 den Anschlag gegen den Diktator verübt hatte.

Diese LAOS stand jetzt für Organisierte Volksbefreiungsarmee. Ihre ersten fünf Bomben richteten sich am 22. Februar 1974 gegen die Firma Dow Chemical in Lavrio, eine US-Firma, die Gifte für den Vietnamkrieg produzierte[50]. Vier Bomben explodierten und richteten Schaden an, bei der Entschärfung der fünften starben zwei Techniker. Die PAK begrüßte den Anschlag, zu dem sich die 8. Abteilung der LAOS bekannte. Die Gruppe wurde jedoch nach der Aktion verraten. Christeas gelang die Flucht in die Schweiz, während andere Mitglieder verhaftet und gefoltert wurden.

Danach trat die Gruppe nicht mehr in Erscheinung, auch über Urteile ist nichts weiter bekannt.

Aus dem Baseler Exil beschuldigte Christeas einen der Beteiligten, einen späteren Mitbegründer von PASOK, des Verrats. Den Grund dafür sah er in dem Wunsch nach Märtyrern. Die PASOK ging auf die Vorwürfe jedoch nie ein. Noch 2004 wiederholte Christeas diese Vorwürfe in einem Brief an Giorgios Papandreou – ohne Konsequenzen.[51]

Panagoulis, der nach der Amnestie heimlich wieder aus Italien eingereist war, unterstützte diesen Anschlag von LAOS8 nicht. Seine Gruppe, unter der Bezeichnung LAOS1, platzierte am 3. Dezember 1973 Bomben bei der Bank of America in Piraeus und der Comercial Bank. Des weiteren ließ sie zwischen dem 9. und 19. Januar 1974 Bomben bei einigen US-Fahrzeugen hochgehen und beschädigte mit einer weiteren Bombe am 14. April 1974 eine Polizeistation in Athen.

Da trotz der jahrelangen Bombenkampagnen und des Aufstands vom 17. November die Junta nicht gestürzt werden konnte, sollten angeblich einige Gruppen einen Teil ihrer Mitglieder in Ausbildungslager der PLO geschickt haben, um eskalativere Taktiken zu trainieren. Demnach sollen auch Waffen geliefert worden sein, die aber nicht zum Einsatz kamen.[52] Ein Beispiel für internationale Solidaritäten gegen das Obristenregime gab der Kölner Journalist Günther Wallraff indem er sich als Delegierter des »Ausschusses Griechenland-Solidarität« am 10. Mai 1974 an einen Laternenmast auf dem Syntagma-Platz kettete und regimekritische Flugblätter verteilte. Die heran eilenden Zivilbeamten misshandelten ihn an Ort und Stelle. Im Hauptquartier der Sicherheitspolizei wurde er gefoltert, bis er seine Identität offenbarte. Nach seiner Verurteilung zu 14 Monaten Einzelhaft kam er in das Gefängnis Korydallos, wo er bis zum Zusammenbruch der Junta verblieb. Von deutschen Politikern und der CDU-Presse wurde er für seine Aktion geschmäht.[53]

Mit der Unterstützung eines Putsches auf Zypern am 15. Juli 1974 gegen den dortigen Präsidenten Makarios und der dadurch ausgelösten Invasion der Insel durch die Türkei leitete Ioannidis den Zusammenbruch der Diktatur ein. Der schwelende Konflikt innerhalb des Regimes, zwischen den Falken und den rationaleren Kräften brach damit vollends aus. Die Mobilmachung der griechischen Armee am 20. Juli offenbarte deren demoralisierten Zustand und die Obristen mussten, auf Druck der Generäle, am 23. Juli den rechten Politiker Konstantinos Karamanlis aus dem Exil zurückrufen.

Dieser hatte am 16. November 1973 folgende Nachricht an Oberst Nikolaos Makarezos, ein Führungsmitglied der Junta, geschickt: »Diese Bewegung im Polytechnio muss von der Armee unterdrückt werden.« Gleichzeitig entschuldigte er sich für seine ablehnende Position zum Putsch vom 21. April 1967. Karamanlis war nach dem Zweiten Weltkrieg Minister und Ministerpräsident in diversen rechten Regierungen und damit auch Verantwortlicher für den weißen Terror des Bürgerkriegs. Karamanlis war von November 1946 bis Februar 1947 unter den Ministerpräsidenten Konstantinos Tsaldaris und Dimitrios Maximos Arbeitsminister, von Mai bis Oktober 1948 unter Themistoklis Sofoulis Verkehrsminister und von November 1948 bis Januar 1950 unter Themistoklis Sofoulis und Alexandros Diomidis Sozialminister. Nach der Wiederwahl in das Parlament im März 1950 war er von September bis November 1950 Verteidigungsminister unter Premierminister Sophoklis Venizelos. Nach dem Tod des Premierministers Alexandros Papagos am 5. Oktober 1955 wurde Karamanlis von König Paul I. mit der Bildung einer neuen Regierung beauftragt. 1955 gründete er die konservative Partei Ere. In seine Amtszeit als Ministerpräsident fiel auch die Ermordung des pazifistisch ausgerichteten Parlamentsabgeordneten Grigoris Lambrakis am 27. Mai 1963. Deren Aufklärung zeigte Verstrickungen von Polizei und Justiz mit rechtsgerichteten, royalistischen Kreisen auf. Er war also an den Regierungen des Bürgerkriegs und den Jahren der schlimmsten Kommunistenhatz beteiligt.[54]

Mitnichten war also eine Änderung der politischen Verhältnisse von ihm zu erwarten.

Die nun einsetzende Phase des Übergangs von der Diktatur zur Demokratie wurde als Metapolitefsi bezeichnet und legte den Grundstein für die Notwendigkeit von anarchistischen Positionen. Denn es wurde zwar den demokratischen Erfordernissen dahingehend entsprochen, dass die Kke, beteiligt am Kampf gegen die deutsche und britische Besatzung, wieder legalisiert wurde, doch für viele blieb ihr Markenzeichen Verrat und Stalinismus. Die Kke-Studentent*innen hatten darüberhinaus im Polytechnio und in den anderen Schulen alles getan, um Kontrolle über die Situation zu erhalten, um nach der Diktatur wieder legalisiert zu werden.

Eine der ersten Amtshandlungen von Karamanlis war die Wiedereinsetzung der Verfassung von 1952, eine Handlung, die selbst ein Staatsstreich war. Eigentlich hätte nämlich nur das Parlament die Verfassung ändern können. Auch die Verfassung von 1952 war nicht demokratisch zu Stande gekommen, sondern von den Siegern des Bürgerkriegs implementiert worden. Im Herbst 1974 gründete Karamanlis die Nea Dimokratia, die ein Auffangbecken für Anhänger der Diktatur war.

Bei den ersten Wahlen wurde Alexandros Panagoulis (ehemals Laos) für die Zentrumsunion – Neue Kräfte (E.k. – N. d.) ins Parlament gewählt, trat aber nach einigen Monaten wegen Konflikten – er beschuldigte Dimitris Tsatsos der Kollaboration mit der Junta – aus der Partei aus und blieb als unabhängiger Parlamentarier. Nachdem er angekündigt hatte, Archive der Militärpolizei Esa veröffentlichen zu wollen, in denen Informationen über die Kollaboration wichtiger Politiker mit der Junta enthalten sein sollen, starb er am 1. Mai 1976 bei einem vermutlich von Angehörigen der Sicherheitskräfte fingierten Verkehrsunfall. Diese Archive konnten anscheinend vor der behördlich angeordneten Vernichtung gerettet werden, sind aber nie offengelegt worden.[55]

Andreas Papandreou wiederum sammelte in der Pasok viele linksradikale und trotzkistische Kämpfer*innen gegen die Diktatur, was zu einer (beabsichtigten) Entradikalisierung dieser führte.[56]

Wer nicht im Apparat der Pasok aufstieg, suchte die Rückkehr in ein bürgerliches Leben oder beteiligte sich an einer der unzähligen kleinen Splittergruppen, die zu der Zeit existierten.[57] Viele andere ehemalige Bombenleger wurden Journalisten oder Professoren. Das gesellschaftliche Klima war erwartungsvoll; Erwartungen die von den Programmen der linken Organisationen nicht erfüllt werden konnten.

In der Umgebung des Polytechnios, in Exarchia, ließen sich ehemalige politische Gefangene, aus dem Exil zurückgekehrte Dissidenten und Student*innen nieder.

Nach sieben Jahren Zensur waren die Buchläden und Zeitschriften voll mit subversiven Texten – die Zeit war reif für einen anarchistischen Raum.

Anmerkungen

1 Confidential, American Embassy Athens to Department of State, »Georgalas again discusses the future of the revolution«, 9.12.1970, POL 23, USNA.

2 In: Kornetis, Kostis; *Children of the Dictatorship: Student Resistance, Cultural Politics and the ›Long 1960s‹ in Greece.* Mitafidis, 2013 (Interview mit Vervenioti).

3 Die Kampagne lief unter dem Slogan »Beatles and beatniks, the products of

teddy-boyism, have no place in Greece«.

4 Dafür verfasste Georgalas ein Buch mit dem Titel *The Crisis of Consumerist Society*.

5 In etwa vergleichbar mit den Allgemeinen Studierendenausschüssen (AStA) in Deutschland

6 Die verbotene KKE und andere verbotene linke Organisationen unterhielten Tarnorganisationen, die unter unverfänglicheren Namen versuchten in Unigremien zu gelangen. Die offen regimefeindlichen Strukturen konkurrierten mit ihnen.

7 Siehe Abschnitt über das KNE-Pamphlet *Panspoudastiki* Nr. 8.

8 In den Prozessen wurden die unter Folter gemachten Aussagen verlesen, was wiederum Eingang in die Prozessberichte fand. Die Beunruhigung des Regimes über bestimmte Aktionen wurde in den Prozessen sichtbar. Darüberhinaus zeigten wenige Angeklagte Reue. Im gesamten wurde durch die Prozesse und die Berichte darüber die Breite des Widerstands greifbar.

9 Es war die Verlagsbuchhandlung »Vegas«, Ippokratos Str. 4, an deren Wand der Spruch »Hominem unius libri timeo (Den Mann eines Buches fürchte ich.)« hing. Manolis Glezos war von 1971 bis 1981 daran beteiligt.

10 Roger Miliex, Roger (Direktor des französischen Instituts); *Diaries*.

11 Laut der Zeitung *Thessaloniki* vom 01.12.1970 wurde er nur als Medizinstudent bezeichnet, ohne Namen.

12 Siehe Artikel von Gavriil Lamtsidis, *Thessaloniki*, 28.9.1972.

13 Nach: Kornetis, Kostis; *Children of the Dictatorship: Student Resistance, Cultural Politics and the ›Long 1960s‹ in Greece.* Mitafidis, 2013.

14 Rembetiko ist ein griechischer Musikstil, der aus der Verbindung der Volksmusik Griechenlands und der osmanischen Musiktradition in den sich zu Beginn des 20. Jahrhunderts in den Städten Athen, Piraeus und Thessaloniki bildenden Subkulturen hervorgegangen ist.
Das Rembetiko wird oft auch als der »griechische Blues« bezeichnet, weil die Texte ähnlich wie im Blues von den alltäglichen Sorgen und Erfahrungen der einfachen Leute handeln.

15 Man wurde für den Besitz von Tonbändern bestimmter Interpreten ebenso wie für das kollektive Hören in Tavernen, manchmal für Stunden, manchmal für Wochen inhaftiert. Als einzig bekannter Musiker, der verhaftet wurde ist Theodorakis zu nennen.

16 Siehe dazu: Kornetis, Kostis; *Children of the Dictatorship: Student Resistance, Cultural Politics and the ›Long 1960s‹ in Greece.* Mitafidis, 2013. Und: Papadogiannis, Nikolaos; *Militant Around the Clock? Left-Wing Youth Politics, Leisure, and Sexuality in Post-Dictatorship Greece, 1974–1981.* Berghahn Books, 2016.

17 Es war auch nicht möglich, sich mit mehreren Personen in einer Wohnung zu treffen.

18 »Teddyboyism« war ein Paragraph, der sich gegen das richtete, was in Westdeutschland als Krawalle von »Halbstarken« bezeichnet wurde – »westliche« Kleidung, lange Haare, renitentes Verhalten.

19 Die Quellenlage ist hier unklar. Auf einer Veranstaltung des Anarchistischen Archivs im November 2019 wurde die erste Invasion der Polizei ins Polytechnio auf den 11. Januar 1973 datiert, 3.000 Menschen wären dort und in der Umgebung versammelt gewesen. https://anarchypress.wordpress.

20 Zeitung *Thessaloniki* vom 22. Februar 1973. Und: Dafermos, Olympios. Φοιτητές και δικτατορία: Το αντιδικτατορικό φοιτητικό κίνημα 1972–1973 [Students and dictatorship: The antidictatorial student movement 1972–1973]. Athens: Themelio, 1992

21 Feminismus im heutigen Verständnis war nicht Teil des politischen Alltags, das kam erst Jahre später.

22 Es konnte keine feministische Literatur zu dem Thema in dieser Phase gefunden werden. Das bisher geschriebene ist eine Zusammenfassung mündlicher Überlieferungen aus vielen Quellen.

23 Das typische Straßenbild im Griechenland der Obristen war ähnlich dem im Deutschland der 50er Jahre, es gab wenig individualistische Erscheinungen, junge Leute hatten den selben Kleidungsstil der älteren Leute, der öffentliche Raum war in vielen Bereichen Männern vorbehalten, Studierende die kommunistischen Organisationen nahe standen, unterschieden sich nicht vom Auftreten und Erscheinungsbild der Konservativen, auf Provokationen aller Art wurde verzichtet.

24 Kornetis, Kostis; *Children of the Dictatorship: Student Resistance, Cultural Politics and the ›Long 1960s‹ in Greece.* Mitafidis, 2013, dort ohne Quellenangabe.

25 U.a. Kapitel »The cost of participation«. In: Kornetis, Kostis; *Children of the Dictatorship: Student Resistance, Cultural Politics and the ›Long 1960s‹ in Greece.* Mitafidis, 2013.

26 https://el.wikipedia.org/wiki/%CE%94%CE%AE%CE%BB%CF%89%CF%83%CE%B7_%CE%BC%CE%B5%CF%84%CE%B1%CE%BD%CE%BF%CE%AF%CE%B1%CF%82

27 https://www.anaireseis.gr/11/2013/mpoympoylinas-18-i-endoxi-aithoysa-vasanistirion/

28 Im deutschen *Wikipedia* wird Tsatsos Verhaftung nicht erwähnt, im englischen hingegen: »Im Jahr 1970 wurde er zum ständigen Professor an der Universität Bonn gewählt. 1973 wurde er von der Diktatur inhaftiert.«
Nach dem Sturz der Diktatur im Jahr 1974 wurde er in das Athener EDIKA gewählt. Kurz vor seiner Ermordung beschuldigte Alekos Panagoulis Tsatsos öffentlich der engen Zusammenarbeit mit dem Militärregime und des Schreibens

vernichtender Berichte über Studenten, die sich an der Widerstandsbewegung beteiligten. Die Beweise werden von Oriana Fallaci in: *Ein Mann* auf den Seiten 471–473 erörtert.

29 Die Berichte dazu sind lückenhaft. Die Verhafteten waren unterschiedlich lange in Gewahrsam und wurden gefoltert. Die Situation der Student*innen ist zum Teil bekannt, da sie sich im Gegensatz zu anderen Gruppen halbwegs offen organisieren konnten.

30 Das Universitäts-Asyl gab es ungeschrieben seit dem Altertum. Aus den späteren Verwaltungsvorschriften zum Betreten der Unis durch Polizei wurde 1982 ein Gesetz mit sehr hohen Hürden. Nachdem es verschiedene Einschränkungen gab, wurde das Uni-Asyl 2011 schließlich abgeschafft. 2017 wurde es wieder eingeführt, jedoch 2019 erneut abgeschafft. Polizeiliche Einsätze auf dem Universitätsgelände waren und sind jedoch immer an die Opportunität und die Ausrichtung der Unileitung gebunden.

31 Kornetis, Kostis; *Children of the Dictatorship: Student Resistance, Cultural Politics and the ›Long 1960s‹ in Greece.* Mitafidis, 2013.

32 Die Analogie beider Momente besteht in der Konfrontation des »Volkes« mit dem Staat. Im Dezember 1944 beherrschte eine rechte Regierung als Erfüllungsgehilfe der Briten eine Gesellschaft, die mit einer kommunistischen Ausrichtung soeben die Achsenmächte aus dem Land gejagt hatte. Die Schüsse von Polizei und Briten auf eine Demonstration der KKE am 3. Dezember 1944 markierten den Beginn des Bürgerkriegs. Die Obristen, als direkte Abkömmlinge der siegreichen Rechten des Bürgerkriegs, sahen sich in des selben Situation wie 1944, als sie neunundzwanzig Jahre später erneut das Feuer auf linke Demonstrant*innen eröffneten.

33 Richter, Heinz A.; *Griechenland 1950–1974. Zwischen Diktatur und Demokratie.* Rutzen, Ruhpolding, 2013, S. 389.

34 Augenzeugenbericht

35 Transkript eines Redebeitrags auf der jährlichen Veranstaltung des Anarchistischen Archivs.

36 *Route der Freiheit*, November 2006

37 Siehe den Beitrag von Alkis in: A.G. Schwarz/Tasos Sagris/Void Network (Hg.); *Wir sind ein Bild aus der Zukunft. Auf der Strasse schreiben wir Geschichte.* Laika Verlag, 2010, S. 25.

38 Siehe Kapitel 3, Bericht von Werner Robbers.

39 Artikel anlässlich einer Buchvorstellung https://www.enetpress.gr/anafora-mnimis-gia-to-syntrofo-mas-stelio-vasileiadi/

40 Οι Δίκες των Βασανιστών (The Trials of the Torturers) vom 7. August 1975 bis 9. Dezember 1975 vor dem Militärgericht Athen.

41 Der Konflikt zwischen anarchistischen und KKE-Positionen dreht sich oft um

»Wahrheit«, Διαδρομή Ελευθερίας zielt hier auf die Neigung der KKE, häufig Fakten zu verdrehen bzw. orwell'sche Geschichtsfälschung zu betreiben.

42 Eine eher seltene Formulierung in griechischen Texten. Gemeinhin ist das ein zeitdiagnostischer Begriff der politischen Philosophie, mit dem Gesellschaften beschrieben werden, in denen die bestehende politische Grundstruktur als unveränderlich und alternativlos betrachtet wird und in denen der grundsätzliche politische Konflikt fehlt. Bei Post-Politik steht die Abwesenheit von Auseinandersetzungen (Diskurs-Verzicht) im Vordergrund. Žižek versteht unter Post-Politik die Verwerfung des Politischen zugunsten von Policy-Maßnahmen, endlosen Verhandlungen sowie Politikmanagement. Mouffe nennt die Politik des III. Weges, wie sie von den Soziologen Anthony Giddens und Ulrich Beck als »Propheten einer ›Politik ohne Gegner‹« vertreten wurde, Post-Politik.

43 Die hier kritisierte Veröffentlichung behauptete Anfang 1974, dass die Polytechnio-Besetzung von 350 Provokateuren des Geheimdienstes bzw. mit Hilfe der USA durchgeführt wurde. Nach dem Ende der Junta behauptete die KKE, dass diese Besetzung maßgeblich von ihr ausgegangen wäre.

44 Die ESA behauptet also, dass die Polytechnio-Besetzung eine Symbiose von internationalen Anarchist*innen und Nihilist*innen war. Bekennende Nihilist*innen werden sonst in keiner Quelle erwähnt. Diese Formulierung diente dazu, die linken Student*innenorganisationen von den radikaleren Kräften zu spalten.

45 Wofür die Abkürzungen stehen, konnte nicht genau recherchiert werden. Es handelt sich um Untergliederungen der KNE.

46 Versammlung der Anarchisten – Veröffentlicht in *PATH OF FREEDOM*, Nr.235, März 2023

47 U.a. https://www.zougla.gr/politismos/50-chronia-apo-ti-dolofonia-tou-gianni-kaili-apo-ti-chounta-ekdilosi-mnimis-sto-distomo/ und https://www.protothema.gr/stories/article/1469660/giannis-kailis-50-hronia-apo-ti-dolofonia-tou-foititi-tis-sholis-kalon-tehnon-sto-distomo-tha-timithei-i-mnimi-tou/)

48 Nachdem Papadopolous am 1. Juli, in Reaktion auf die Kritik durch den 1967 entmachteten ehemaligen Premier Konstantinos Karamanlis und die Forderung der Rückkehr des Königs, die Monarchie offiziell abgeschafft hat, ließ er Ende Juli 1973 ein Referendum abhalten. In diesem sollte über ihn selbst als einzigen Präsidentschaftskandidaten abgestimmt werden. 77% (3,8 Mio.) stimmten für JA und 22% (1 Mio.) für NEIN. Trotz zahlreicher Zweifel erklärte der Oberste Gerichtshof am 13. August 1973 die Wahlen für gültig.

49 Siehe: *Operation Menschenfresser. Wie und warum wir Carrero Blanco hingerichtet haben. Ein authentischer Bericht und Dokumente der ETA*. Phantom-Verlag 1987.

50 Unter anderem ist Dow Chemical zusammen mit Monsanto für die Herstellung von Agent Orange verantwortlich. durch dessen Einsatz tausende Vietname-

sen und auch amerikanische Soldaten gesundheitlich geschädigt wurden. Aber auch Napalm wurde von DOW für den Vietnamkrieg hergestellt. Daneben ist das Unternehmen, das bis heute existiert für viele andere Schweinereien verantwortlich.

51 Kiesling, John Brady: *Greek Urban Warriors. Resistance & Terrorism 1967–2014*. Lycabettus Press, 2014, S. 35.

52 Ebd., S. 35.

53 Seine Erfahrungen hielt er in seinem Buch *Unser Faschismus nebenan. Griechenland gestern – ein Lehrstück für morgen* fest.

54 Heinz A. Richter ist es gelungen auf nur 11 Seiten die vermutlich treffendste Analyse des griechischen Parteiensystems zu erstellen, wobei auch Karamanlis einen Platz einnimmt. Richter, Heinz A.; *Griechenland 1950–1974. Zwischen Diktatur und Demokratie*. Rutzen, Ruhpolding, 2013., https://lisa.gerda-henkel-stiftung.de/binaries/content/3204/die_politische_kultur_griechenlands.pdf?t=1345716265
Staatstragender, aber mit nur 16 Seiten ebenfalls eine kompakte Infoquelle, ist der Beitrag von Prof. Vassiliki Georgiadou von der Panteion Universität Athen, *Der Übergang Griechenlands von der Diktatur zur Demokratie. Oberflächliche Vergangenheitsaufarbeitung und Modernisieungswiderstände*. Am schärfsten urteilt Wassilis Aswestopoulos über Karamanlis, indem er dessen sonst unterschlagene Vergangenheit beleuchtet, »Der Auschwitz-Gedenktag und ein notwendiger Denkmalsturz« in https://kritischeperspektive.com/kp/2020-03-der-auschwitz-gedenktag-und-ein-notwendiger-denkmalsturz/)

55 Fallaci, Oriana; *Ein Mann*. Kindler, 1980.

56 Siehe Kapitel 3. *The Rebirth of Radical Politics 1974–1977*. So beschrieben wird es in: Kiesling, John Brady; *Greek Urban Warriors. Resistance & Terrorism 1967–2014*. Und: Koufontinas, Dimitris; *Geboren am 17.November*. bahoe books 2020. Ebenso hier: Eberhard, Erik; *Revolution und Konterrevolution in Griechenland*. Etwas anders formuliert in https://www.britannica.com/topic/Panhellenic-Socialist-Movement.

57 Einige davon traten zu Wahlen an und beteiligten sich an militanten Massenkämpfen. Wie Kiesling es bezeichnet: Every major international revolutionary tendency acquired Greek standart bearers: E.K.K.E., OMLE, OKDE, EDE, OSE, OPA.

Kapitel III

Folter als Herrschaftsinstrument

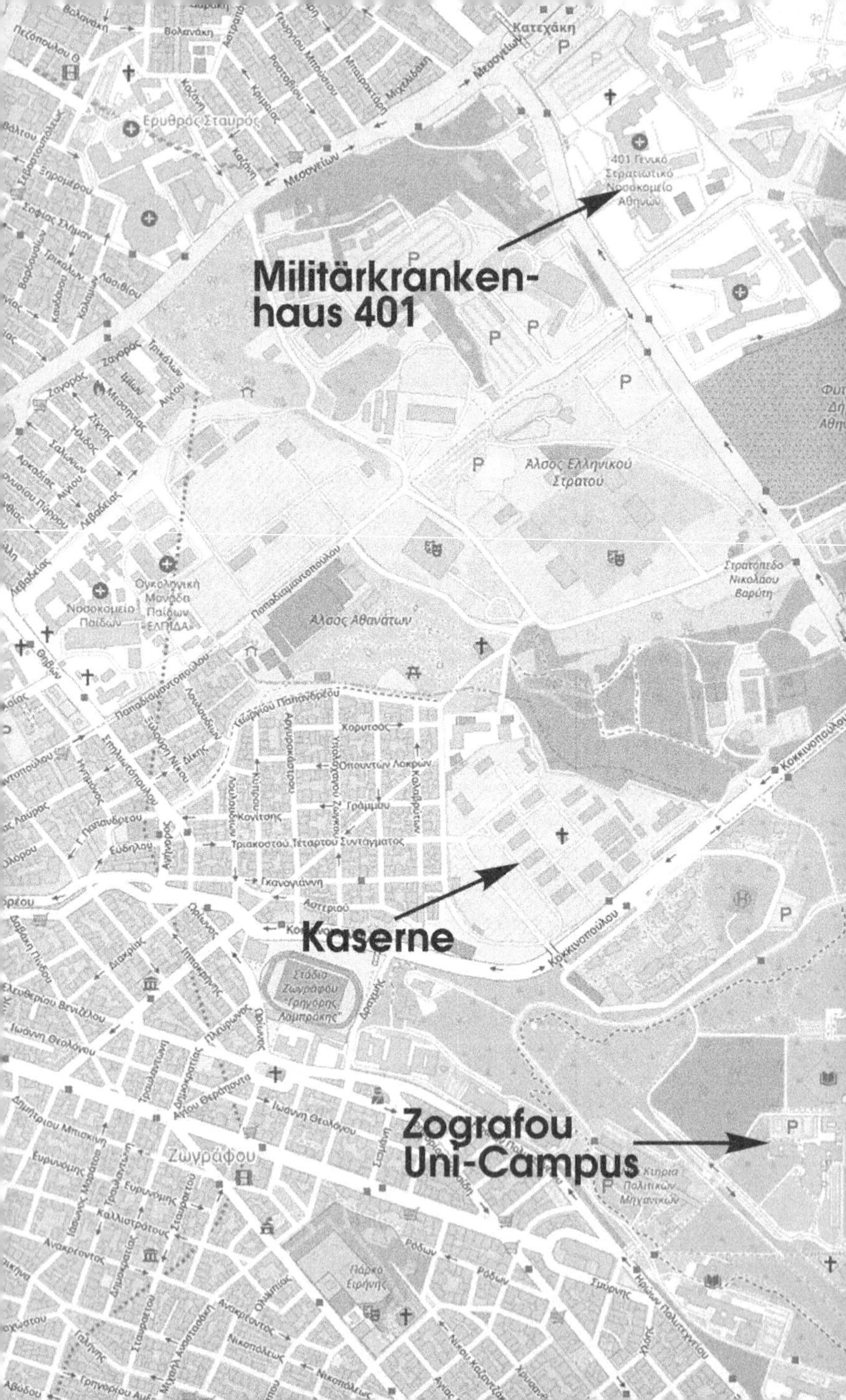
Militärkranken-
haus 401
Kaserne
Zografou
Uni-Campus
401 Γενικό Στρατιωτικό Νοσοκομείο Αθηνών
Κατεχάκη
Μεσογείων
Ερυθρός Σταυρός
Άλσος Ελληνικού Στρατού
Στρατόπεδο Νικολάου Βαρύτη
Άλσος Αθανάτων
Ογκολογική Μονάδα Παίδων ΕΛΠΙΔΑ
Νοσοκομείο Παίδων
Παπαδιαμαντοπούλου
Κοκκινοπούλου
Στάδιο Ζωγράφου Γρηγόρης Λαμπράκης
Ιωάννη Θεολόγου
Ζωγράφου
Κτίρια Πολιτικών Μηχανικών
Πάρκο Ειρήνης
Ηρώων Πολυτεχνείου

Die Aufarbeitung der von den Obristen begangenen Verbrechen beschäftigte die griechische Gesellschaft in den 70er Jahren noch stark. Einige Gruppen hatten Rache für die Morde, Entführungen und Folter der vergangenen sieben Jahre geschworen. Ein Brief, der 1969 aus der Zentrale der Sicherheitspolizei in der Bouboulinas-Straße 21 geschmuggelt wurde und an Jean-Paul Sartre gerichtet ist, unterstreicht diesen Wunsch nach Rache:

> »Meine Zelle ist so eng, dass ich nur mit angezogenen Beinen liegen kann. Sie hat kein Licht, keine Belüftung, der Boden ist feucht und wimmelt von Wanzen. Das Guckloch in der Tür ist meine Angst und meine Hoffnung. Oft blicke ich durch das winzige Gitter und versuche etwas zu erkennen. Im Gang unterdrücktes Murmeln: ein Körper wird, in eine Decke gewickelt, vorbeigetragen.
>
> Der Mann stöhnt. Schritte nähern sich. Ich fürchte mich. Ein Schlüssel knirscht in meinem Schloss, meine Tür geht auf, man bringt mich hinaus. Und bald, wenn ich erst dieser in die Decke gewickelte blutende Körper bin, werde ich vor Schmerzen nur noch stöhnen können.
>
> Man führt mich eine Etage höher. Das Verhör beginnt. Mallios ist ein Theoretiker, Lambrou dagegen wendet die Methoden dieses ausgeklügelten, perfektionierten Systems an. Ich schreie auf.
>
> Sartre! Hörst Du mich? Ich weiß das es Vietnam gibt, ich bin unbedeutend gegenüber den Feuern dieser Hölle, aber ich schwöre Dir, Sartre, unsere Tage in diesem Polizeigebäude sind der Keim eines zweiten Vietnam! Du kannst dieses Gebäude sehen, wenn du einmal in Athen spazieren gehst. Tausende von Leuten laufen täglich an ihm vorbei, ohne den Blick zu heben. Die einen aus Angst, die anderen aus Unwissenheit.
>
> Zwei Schritte weiter befindet sich der Park des Nationalen Archäologischen Museums. Unsere Schreie werden von dem Lärm der Stadt übertönt, in der die ausländischen Touristen in der Sonne spazieren gehen … Oft steht vor dem Gebäude ein Motorrad mit laufendem Motor, fährt aber niemals ab. Sein Lärm übertönt

die Schreie. Wenn die Henker in der Eckkneipe ein Bier trinken gehen, wird der Motor abgestellt.

Du wirst auf diese Bank gebunden. Ein Reigen von Wilden umringt dich. Sie gehören der selben Henkerrasse an, die in Vietnam meine Schwestern Pham Thi Binh, Nguyen Thi Tho gefoltert haben. Ich kann nicht, ich will Dir nicht sagen, Bruder, wie, womit, wie sehr sie mich gefoltert haben.

Ich schließe die Augen, um meine Henker nicht zu sehen. Lambrou steht etwas abseits, ein Arzt ist neben ihm.

Er heißt Kioupis. Sein Name gehört auf die Liste derer, die eines Tages gerichtet werden müssen. Er fühlt meinen Puls. Er befiehlt: weitermachen … anhalten … Ich soll am Leben bleiben, ich soll sprechen, die Namen meiner Genossen nennen. Ich schwöre Dir, ich habe nichts gesagt. Mein Schweigen gibt mir das Recht, Dir zu schreiben.«

Bouboulinas-Terasse.

Vasilis Lambrou, der auch in diesem Brief genannt wird, war Oberinspektor der ASFALIA und einer der bekanntesten Folterer des Systems. Ein Zitat von ihm gegenüber einem Gefangenen ist bekannt geworden:

> »Wenn Sie glauben, dass sie irgendetwas tun können, machen Sie sich allenfalls lächerlich. Die Welt ist in zwei Hälften geteilt. Es gibt die Kommunisten und die freie Welt. Die Russen und die Amerikaner, sonst nichts. Und was sind wir? Amerikaner. Hinter mir steht die Regierung, hinter der Regierung steht die NATO, hinter der NATO stehen die USA. Ihr könnt nicht gegen uns kämpfen, wir sind Amerikaner.«[1]

Im Verlauf der, im September 1967, angesetzten Untersuchung[2] wollten die Ermittler, die von der europäischen Kommission für Menschenrechte beauftragt wurden, diejenigen Polizisten und Militärs anhören, die von den gefolterten Gefangenen am häufigsten genannt wurden. Die meisten von ihnen gaben derlei Erklärungen ab, die die Sache der Obristen in verheerender Weise bloßstellte: Sie verloren die Selbstbeherrschung, beschimpften die politischen Gefangenen, behaupteten, dass dieser oder jener Häftling nichts als ein dreckiger Simulant sei, der auf Befehl der Kommunistischen Partei handle und sich selbst verstümmelt habe, um den Anschein zu erwecken, dass die »ehrenhaften griechischen Polizisten« Wilde seien.[3] Aber mit Vasilis Lambrou hatten die Mitglieder dieser Kommission einen anderen Mann vor sich. Elegant, höflich, lächelnd, Nerven und Gefühle beherrschend, eloquent, ohne Fachausdrücke zu benutzen, war er der vollkommene Schauspieler. Er hatte versucht, eine »plausible« Erklärung glaubwürdig zu machen: dass nämlich unvermeidliche Fehler in der Polizei eines jeden Landes vorkommen, zudem wies er dabei noch auf die »besonderen Umstände« in Griechenland hin. Derlei prädestiniert, wurde er später in die USA eingeladen um dort Vorträge über die Bekämpfung des Kommunismus zu halten.

Die 34jährige Schauspielerin Kitty Arseni machte nach ihrer Ausreise nach Frankreich vor der Menschenrechtskommission des Europarats (diese wurde auf Betreiben von Schweden, Dänemark und Norwegen tätig; die BRD dagegen unterstützte die Obristen) am 26. November 1968 folgende Aussage (Sie war nachts in ihrer Wohnung von den Beamten Lambrou, Babalis und Mallios festgenommen worden):

> »Lambrou fragte mich im Auto ob ich bereit wäre Fragen zu beantworten.
> Sonst würden sie mit mir nach Damaria fahren, ein einsamer Berg in Athen, bei Patissia. Im Auto fingen sie an mich zu beschimpfen und mir gegen den Kopf zu schlagen. Angekommen in der verlassenen Gegend, zogen sie mir die Schuhe aus, Mallios legte sich auf mich und hielt mir den Mund zu, während mir der Fahrer mit einem Rohr auf die Fußsohlen schlug. Sie sagten sie würden mich hinrichten. Danach wurde ich in die Zentrale der Asfalia in der Bouboulinas-Straße gebracht wo ich in einer winzigen, leeren Zelle ohne Tageslicht in Isolation gehalten wurde.
> Bei weiteren Verhören wurde ich auf dem Dach des Gebäudes u. a. von dem Beamten Spanos geschlagen, sie haben wieder die Falanga[4] angewendet. Sie drohten mich vom Dach auf die Straße zu werfen. Nach drei Monaten wurde ich auf Bewährung entlassen.«[5]

Am 12. März 1969 befragte die Kommission die beschuldigten Polizeibeamten. Inspektor Vasilis Lambrou bestritt, überhaupt an der Verhaftung von Kitty Arseni am 23. August 1967 beteiligt gewesen zu sein. Die Verhaftung sei von Inspektor Mallios durchgeführt worden, um das subversive Netzwerk des Dichters und Musikers Mikis Theodorakis zu zerschlagen (Letztendlich ging es um die Verbreitung einer Tonbandaufnahme).

Er stritt die Foltervorwürfe ab und bezichtigte Kitty Arseni der Lüge.

Inspektor Evangelos Mallios dagegen erklärte, zusammen mit Lambrou und Babalis in der Nacht der Verhaftung lediglich einige Fragen an Frau Arseni gestellt zu haben um das Versenden eines Tonbands in andere Länder zu verhindern. Er bestritt ebenfalls die Foltervorwürfe und sagte, Kitty Arseni sei geisteskrank. Inspektor Babalis behauptete, als Verantwortlicher für die Sicherheit der Gefangenen kann er aussagen, dass Frau Arseni sehr gut behandelt worden sei.[6]

Als weitere Zeugin vernahm die Menschenrechtskommission Anastasia Tsirka, die am 23. September 1967 von der ASFALIA verhaftet wurde. Vor dem Putsch war sie auf einer Friedensdemonstration fotografiert worden, jetzt wurden in ihrer Wohnung Flugblätter mit dem Titel »Autonome Aktion« gefunden. Zum Zeitpunkt ihrer Verhaftung war sie sichtbar schwanger.

Auf dem Dach der ASFALIA-Zentrale wurde sie von Lambrou, Mallios, Babalis, Spanos und Georgantas gefoltert, u.a. mit Schlägen auf die Fußsohlen. Es wurde auch gedroht, sie vom Dach zu werfen. In den folgenden Tagen erlitt sie eine Fehlgeburt und wurde nach kurzem Krankenhausaufenthalt ein weiteres Mal der Falanga unterzogen. Sie gab an, nicht sagen zu können von wem sie die Flugblätter erhalten hatte, weil sie diese auf der Straße gefunden hatte.

Die griechische Regierung bezeichnete die Vorwürfe von Frau Tsirka als Lüge, da die Polizei alles schon gewusst habe, also gar kein Grund für Folter vorgelegen habe. Auch internationale Aufmerksamkeit hielt die Behörden nicht davon ab, selbst Bürger*innen anderer Staaten zu misshandeln.

Im Januar 1973 wurde ein Artikel mit der Überschrift »Eine Freude, dich leiden zu sehen« in der deutschen Wochenzeitung *Die Zeit* veröffentlicht:

> »›Ein deutscher Student berichtet: Ein halbes Jahr in Athener Gefängnissen.‹
>
> Am 8. Juli 1972 wurden in Athen vier deutsche Studenten verhaftet: die 19jährige Susanne B., der 27 Jahre alte Jürgen O., der 32jährige Ernst Z. und der 26jährige Werner Robbers. Die vier

waren auf den Hilferuf der mit einem Griechen verheirateten Deutschen Edith Oikonomou nach Athen gekommen. Wenn nötig, wollten sie ihr mit Hilfe des Ausweises von Susanne B. zur Flucht verhelfen. Die griechischen Behörden bezeichneten Edith Oikonomou als Anarchistin und Bombenlegerin; vermutlich hatte sie Kontakt zu oppositionellen Exilgriechen.

Die vier Studenten rückten jedoch bald von ihrem Fluchthilfeplan ab; die Sache kam ihnen zu undurchsichtig vor. Dennoch wurden sie verhaftet. Während ihrer dreimonatigen ›Untersuchungshaft‹ versuchten die Griechen, ihnen mit physischer und psychischer Gewalt Geständnisse abzupressen. Drei wurden geschlagen, dem Mädchen Schläge angedroht. Ernst Z. wurde viermal zu Scheinexekutionen geführt. Am 18. Oktober wurden die vier zu Haftstrafen zwischen sechs und achtzehn Monaten verurteilt. Edith Oikonomou war schon vorher ohne Prozess entlassen worden. Die Schilderungen der Studenten über die Zustände in den griechischen Gefängnissen stehen im krassen Widerspruch zu den Versicherungen der Athener Regierung, nach denen sie ihre Gefangenen menschenwürdig behandelt. Einer der Freigelassenen, der Jura- und Soziologiestudent Werner Robbers, berichtet, ›ein halbes Jahr habe ich in griechischen Gefängnissen gesessen. Drei Monate hielt mich die Militärpolizei (ESA) fest, dann, nach meinem Prozess, brachte man mich in ein Athener Zivilgefängnis Das Ganze hatte am 8. Juli 1972 in Athen begonnen. Damals erschienen zwei Griechen – ein Mann und eine Frau – bei Susanne B., Jürgen O. und mir in unserem Hotel. Sie erklärten, Freunde von Ernst Z. zu sein, und verlangten die Herausgabe ›der Sachen‹. Als wir uns weigerten, sagten sie, wir sollten sie wenigstens zu Z. begleiten.

Doch die Fahrt endete in der Polizeikaserne. Dort trennte man uns vier sofort und verhörte uns nacheinander bis tief in die Nacht.

Was man mir eigentlich vorwarf und was man genau von mir wissen wollte, ist mir nie klar geworden. Es ging immer wieder um den ›Auftrag‹, die ›Organisation‹, die ›Hintermänner‹.

Anscheinend befriedigten meine Antworten nicht. Also schlug man mich.
Das war gleich beim ersten Verhör so und wiederholte sich immer wieder in; den nächsten zwei Wochen: Schläge ins Gesicht und auf den Kopf, Beschimpfungen und Folterungsandrohungen.
Dolmetscher Nikolaou: ›Diese Methoden haben wir von eurem Hitler. gelernt – und wir beherrschen sie sehr gut.‹ Ein andermal: ›Es wird uns eine Freude sein, dich leiden zu sehen!‹ Sie wollten unbedingt ein Geständnis, denn; so einer der Militärpolizisten: ›Aus diesem Gefängnis ist noch nie einer rausgekommen, der nicht gestanden hat.‹ Daß ich wegen ›Verdachts der Kontaktaufnahme mit einer Person‹ verhaftet worden war, sagte man mir erst zwölf Tage später – an dem Tag, an dem zum erstenmal der deutsche Konsul im Gefängnis erschien. Sie hatten mich in eine, fensterlose, dreckige Zelle gesperrt, 2,20 auf 1,20 Meter. Tag und Nacht brannte das Licht. Es war so heiß, daß die geringste Bewegung Schweißausbrüche hervorrief. Außer den verschiedensten Insektensorten gab es in der Zelle nur ein Bett. Gegenüber Auskunftheischenden – Journalisten, Angehörigen und Botschaftspersonal – wurde unsere Behandlung als ›korrekt‹ bezeichnet.
Mitte August wurde ich in ein anderes Militärgefängnis verlegt. Ich selber wurde dort nicht mehr geschlagen, aber ich hörte, wie sie vor meiner Tür die griechischen Gefangenen schlugen und folterten: Noch heute habe ich ihre unmenschlichen Schreie und ihr Stöhnen in den Ohren; noch heute höre ich, wie die gequälten Menschen hilflos und schwer gegen meine Tür fielen; und noch heute spüre ich die ohnmächtige Wut, die damals in mir aufstieg.
Der Prozeß am 18. Oktober war nur eine Farce. Nicht einen Augenblick lang ging es darum, wirklich Recht zu sprechen. Die Vorbereitungszeit war völlig unzureichend gewesen. Unsere Anwälte hatten uns erst wenige Tage vor Prozeßbeginn sprechen können; weder die Klageschrift noch die Aussagen der Mitangeklagten waren übersetzt worden. Außerdem war das Gericht – ein Militärgericht – rechtlich gar nicht zuständig. Hauptzeugen wurden nicht geladen. Gefälschte Zitate aus den Aussagen der

Mitangeklagten sollten uns in Widersprüche verwickeln. Verurteilt wurden wir schließlich ohne jeden Beweis, allein auf der Basis der polizeilichen Behauptungen.

Das Urteil: sechs Monate für Susanne B., zwölf für Jürgen O., vierzehn für mich und achtzehn Monate für Ernst Z. wegen versuchter Fluchthilfe und Bandenbildung.

Nach dem Prozeß wurde ich mit meinem Kommilitonen in ein Zivilgefängnis nach Korydallos (Piraeus) verlegt.

Hier waren die Umstände besser als vorher: Das Licht brannte nicht mehr Tag und Nacht; wir konnten uns auf den Gängen und im Freien bewegen.

Zum erstenmal hatten wir die Möglichkeit, untereinander, aber auch mit griechischen politischen Gefangenen, Kontakt aufzunehmen. Die Art, wie die Griechen den Schauprozeß führten, verriet, wozu unser Fall zu dienen hatte: Er sollte ein Baustein sein in der kunstvollen Konstruktion einer angeblichen ›anarchistischen Weltverschwörung‹, die von außen den Frieden der griechischen Nation zu stören suche.

Der Popanz muß herhalten, um den Blick von den faschistischen Herrschaftsmethoden des Regimes abzulenken.

Heute weiß ich, daß wir in eine von der Polizei planmäßig gestellte Falle gegangen sind. Edith Oikonomou saß seit mindestens Mitte Juni schon im ESA-Gefängnis, ihr ›Hilferuf‹ gelangte aber erst Anfang Juli nach Stuttgart.

Man hatte uns offenbar nach Athen gelockt, um einen Beleg für eine ›internationale Anarchistenbewegung‹ vorweisen zu können. Diesem Zwecke diente auch die gleichzeitige Bekanntgabe der Verhaftung von acht Mitgliedern einer griechischen Organisation – die allerdings teilweise schon lange vor uns festgenommen worden waren.

Vielleicht glaubten die Athener in ihrer kurzschlüssigen Logik, die Bundesregierung neuen Waffenlieferungen an den Nato-Partner Griechenland geneigter machen zu können, wenn sie die ›Gefährdung‹ ihres Landes auf diese handgreifliche Weise demonstrierten; mag sein auch, daß sie dachten, sie könnten den immer wieder verschobenen Scheel-Besuch durch sanften Druck herbeizwingen.

Wahrend der zweieinhalb Monate im Gefängnis von Korydallos habe ich viele politische Gefangene gefragt, wie sie zu den Beziehungen zwischen der Bundesrepublik und Griechenland stünden. Die Antworten waren alle eindeutig: jede moralische, politische, ökonomische oder militärische Unterstützung aus dem Ausland müsse unterbleiben. Ein Grieche: ›Wo immer die Junta auftritt, muß sie das Gefühl haben, angespuckt zu werden.‹

Am 23. Dezember wurden wir vorzeitig entlassen. Während unserer Haft hatten sich unsere Angehörigen, die deutsche Botschaft, das Auswärtige Amt und viele andere Institutionen und Personen für uns eingesetzt. Die Freilassung erfolgte schließlich auf Grund eines Dekretes, das Papadopoulos in seiner Weihnachtsrede im Zuge von ›Liberalisierungsmaßnahmen für politische Gefangene‹ angekündigt hatte.

Wir vier sind freigekommen

Ich frage mich jedoch: Was geschieht mit den anderen politischen Gefangenen? Warum berichtet unsere Presse derart unkritisch? Wir vier haben am eigenen Leibe zu spüren bekommen, wie das ist, wenn regierungsamtliche griechische Meldungen unbesehen oder unkritisch übernommen werden.

Damit nicht genug, stellten manche Blätter auch noch Zusammenhänge mit den Baader-Meinhof-Leuten und der Züricher Anarchistengruppe ›Bändlistraße‹ her. Wir waren nie Tupamaros. In Wirklichkeit ging es uns um nichts anderes als um den Versuch, einem Menschen zu helfen, von dem wir glaubten, daß er politisch verfolgt sei.‹«[7]

Der personell fast ungebrochene Übergang der Sicherheitsbehörden in die als Demokratie bezeichnete Regierungsform und das ungebrochen grausame Verhalten der Polizei, lieferte den Organisationen 17N und ELA die Legitimation durch weite Teile der Gesellschaft, für ihren bewaffneten Kampf. Bis in die Gegenwart wird in Erklärungen aus dem anarchistischen Raum auf die

Kontinuität der Polizeigewalt verwiesen. In der ehemaligen ASFALIA-Zentrale ist heute das Kulturministerium untergebracht, das Gebäude und seine polizeilichen Wachen sind noch immer unregelmäßig Ziel von Angriffen.[8]

Exkurs: Brutalismus

Der Brutalismus ist eine Richtung der Architektur, die geprägt ist von der Verwendung von Sichtbeton, simplen geometrischen Formen und meist sehr grober Ausarbeitung und Gliederung der Gebäude. Der Brutalismus verbreitete sich in den 1960er Jahren auf allen Kontinenten und blieb präsent bis in die 1980er Jahre. Die Vertreter dieser Bauart meinten, dass die modernen industrialisierten Gesellschaften eine möglichst kraftvolle Kunst benötigen. Sie sollten eine »geistige Befreiung erleben, zum Sehen gebracht werden, Sinnlichkeit statt Kommerz erfahren«. Das kommt in dem zugrunde liegenden französischen Wort »brut«

August 1975, die Folterer der EAT-ESA vor Gericht. Vorne, 2.v. Links: Anastasios Spanos, daneben Chefermittler Theodoros Theofiloyannakos, ganz rechts: Kommandant Nikolaos Hajizisis. Sie waren schnell wieder frei.

auch dadurch zum Ausdruck, dass es nicht nur »roh« bedeutet, sondern auch »rau«, »grob«, »herb« oder »ehrlich«.

Anfang der Siebziger Jahre zog die Zentrale der Asfalia von der Bouboulinas-Straße an den Mesogeion-Boulevard um, ein Gebäude im Stil des Brutalismus.

Seit Ende der Sechziger Jahre wurden Pläne verfolgt, einige Fakultäten der Universitäten aus dem unruhigen Zentrum Athens in den Stadtteil Zografou umzusiedeln. Der neue Campus der NTUA wurde auf einem riesigen Areal errichtet, welches im Nordosten begrenzt ist durch das Militärhospital 401 (eine weitere Folterstätte damals), im Westen grenzt der Campus an eine Kaserne der Bereitschaftspolizei (von der 1967 die Panzer starteten), für die extra eine (heute geschlossene) Brücke auf den Campus führt. Im Süden liegt, quasi direkt vor dem Tor, eine weitere große Polizeistation, ebenfalls errichtet im Stil des Brutalismus. Die neuen Gebäude der Universität wurden in den Jahren 1967–1970 von den Architekten Konstantinos Papaioannou und

Zelle in der Tiefgarage der Asfalia am Mesogeion Boulevard, Tausende machten Bekanntschaft mit diesem Ort.

Konstantinos Fines gleichfalls im Stil des Brutalismus entworfen und gebaut, seit 1974 sind sie in Betrieb. In jener Phase wurden fast alle öffentlichen Gebäude so errichtet – eher bedrückend wirkend für viele Betrachter*innen.

Die Ästhetik dieser Architektur erscheint damit wie ein weiteres Herrschaftsinstrument und sicherlich nicht zufällig war die Junta bestrebt, wichtige Institutionen am zentralen Mesogeion-Boulevard zu konzentrieren, der eine Verlängerung der Boulevards ist, an denen die Zentrale der ESA, die US-Botschaft und das Hilton-Hotel lagen. Die Obristen konnten in Athen natürlich nicht die baulichen Strategien verfolgen, mit denen Napoleon II. in Paris den Präfekten Haussmann als Aufstandsbekämpfer[9] beauftragte, dafür drückte sich ihr zentraler Slogan »Griechenland christlicher Hellenen« auch in der totalitären Ästhetik der Architektur von öffentlichen Gebäuden aus.

Anmerkungen

1 Korovessis, Perikles; *Die Menschenwärter*. Zweitausendeins 1981, S. 44.

2 https://www.echr.coe.int/documents/d/echr/Denmark_v_Greece_I

3 https://de.wikipedia.org/wiki/Vasilis_Lambrou

4 https://en.wikipedia.org/wiki/Foot_whipping#See_also

5 https://www.amnesty.gr/wp-content/uploads/2014/11/Let-us-not-forget-tortures.pdf

6 https://content.time.com/time/subscriber/article/0,33009,840474,00.html

7 https://www.zeit.de/1973/01/eine-freude-dich-leiden-zu-sehen

8 Zum Weiterlesen: Nalbadidacis, Janis; *In den Verliesen der Diktatur – Folterzentren während der Militärdiktaturen in Griechenland und Argentinien*. Campus Verlag 2001.

9 Siehe: Ullrich, Tom; *Kulturen des Reparierens, Reparieren nach der Revolution*. Edition Kulturwissenschaft, S. 373. https://medienkultur.ftmk.uni-mainz.de/files/2018/04/Ullrich-Tom_Reparieren-nach-der-Revolution_2018.pdf

Kapitel IV

Anarchistische Strömungen während der frühen Metapolitefsi 1974–1981

Omonia
Syntagma
Πλατεία Βάθης
Εξάρχεια
Ομόνοια
Νεάπολη
Γαλλική Σχολή Αθηνών
Ακαδημία
Πανεπιστήμιο
Ψυρρή
Μοναστηράκι
Σύνταγμα
Εθνικός Κήπος
Πλάκα
Αναφιώτικα
Ethnikós Kípos
Κήπος Ζαππείου
Ζάππειο
Ακρόπολη
Zeus Temple
Βασιλίσσης Όλγας

» … zwischen dem Ende des Widerstands und der Erwartung des Jüngsten Gerichts lassen wir die Tage einen hinter dem anderen vergehen; wir sind des Lebens müde, wir sind der vergehenden Zeit überdrüssig, weil sie leer ist; und wir verachten die Anstrengung, es zu füllen; wir sind erschöpft von der Konventionalität und suchen das unwirkliche Außergewöhnliche, das unsere toten Sinne beleben wird […] Sei es. Wir leben mit der Vergangenheit. Die Vergangenheit projiziert in die Gegenwart, projiziert in die Zukunft, gibt uns eine Daseinsberechtigung – Inkonsistenz? Wenn wir ohne Ziel leben, sind wir nicht mit dem belastet, was wir tun ›werden‹, sondern mit dem, was wir ›getan‹ haben; die Vergangenheit ersetzt die Zukunft. Die Vergangenheit gehört uns; wir waren damals dramatis personae in der Truppe der Geschichte! Trinken wir auf die Gesundheit der Vergangenheit! Und wir haben wirklich getrunken.«[1]

Wie bereits festgestellt wurde, war der anarchistische Einfluss auf den Widerstand gegen die Diktatur bis 1974 zwar nicht unbedeutend, aber gering. Mit dem Austausch der Junta gegen ein demokratisches Regime unter der Führung des rechten Ministerpräsidenten Karamanlis zogen sich viele Menschen und Gruppen erschöpft aus dem Widerstand zurück, sie hatten ihr Ziel der Rückkehr zum Parlamentarismus erreicht.

Alekos Panagoulis verurteilte die gewaltsame Ambitionen von Leuten, die er als »Pseudo-Revolutionäre« bezeichnete und wurde Abgeordneter für die Zentrumsunion – Neue Kräfte. Die Gründungserklärung der Pasok unter ihrem Vorsitzenden Andreas Papandreou war derart radikal sozialistisch, dass viele Bombenleger*innen der Vergangenheit sich damit identifizieren konnten. Premierminister Konstantin Karamanlis hatte alle politischen Gefangenen freigelassen, er kündigte, aufgrund der Spannungen mit der Türkei als populistische aber wirkungslose Maßnahme, den Rückzug Griechenlands aus den militärischen Strukturen der NATO an und machte das Verbot der Kke rückgängig. Gleichzeitig spielte er mit Putschgerüchten des Militärs, dem vermeintlich nur eine rechte Regierung Kontra geben könne.[2]

Bei den ersten Wahlen 1974 gewann die neugegründete ND (NEA DIMOKRATIA) von Karamanlis und Papandreou säuberte die PASOK von ihm unbequemen Mitgliedern aus dem Anti-Junta-Widerstand.

Viele Organisationen setzten von nun an auf den demokratischen Wandel; linksradikale, trotzkistische und kommunistische Zusammenhänge, Gewerkschaften und Kleingruppen leisteten jedoch weiter Widerstand auf der Straße und ihre Mobilisierungsfähigkeit bei sozialen Themen war hoch. In Griechenland waren zum Beispiel die Auswirkungen der »Ölkrise« von 1973, in deren Folge es zu zahlreichen Arbeitskämpfen und Streiks kam, stark spürbar. Des Weiteren gab die Unterstützung der USA für die Türkei im Zypern-Krieg dem Antiamerikanismus weiteren Auftrieb und damit auch dem Antiimperialismus, so dass Forderungen nach dem NATO-Austritt populär waren. Die vermehrte Landflucht führte zu einem starkem Bevölkerungszuwachs in Athen und damit zu größeren Spannungen.

Die KKE war zwar mit militanten Floskeln unterwegs, bezeichnete aber jede Störung der öffentlichen Ordnung als Provokation des Geheimdienstes KYP. Im Stadtteil Exarchia und an den Universitäten entstanden unzählige, besonders maoistische und trotzkistische Splittergruppen, die unter Studierenden für ihre Ziele warben. Diese Gruppen waren zwar relativ klein, bildeten aber das Reservoir der Unzufriedenen, die auf Demonstrationen ein Ventil für ihre Wut suchten und von denen auch einige später in die bewaffneten Gruppen gingen.

Anarchistische Präsenz in Massenkämpfen

Die erste Wahl nach dem Ende der Junta sollte am 17. November 1974 stattfinden, dem Jahrestag des Polytechnio-Aufstands.

Viele Linke, Anarchist*innen und sogar die KKE lehnten die Übernahme des Datums durch rechte Parteien ab und demonstrierten dagegen. Auf der Demonstration am 15. November wurden Flugblätter verteilt, in denen die »Konter-Revolution« verurteilt wurde, die Leute wurden als »bezahlte Sklaven« angesprochen, die von den Lakaien des Staates zu produktiven Robotern und passiven Zuschauern gemacht werden sollen. Unterschrieben war der Text mit »Anarchistische Gruppe der Extremisten«, worauf die Organisatoren der Demo versuchten diese Gruppe zu isolieren. Die Demo wurde von den linken Parteien dominiert und die anarchistische Bewegung war noch zahlenmäßig gering, provokant und seit der Junta ständig von allen Seiten verunglimpft. Auch die Bedeutung von Texten, Plakaten und Transparenten ist wesentlich ausgeprägter als in Deutschland und die Linken wollten keine Provokation dulden. Eine Quelle spricht von einer Million Demonstrant*innen[3]. Die post-diktatorische Unruhe an den Arbeitsplätzen, den Universitäten und in Exarchia sind, dem Flugblatt nach, nicht nur die Nachwirkungen des Novemberaufstands vom Vorjahr, sondern eine lebendige Fortsetzung derer, die der KKE und der KNE offen feindlich gegenüberstehen, die in jeder Hinsicht dem, von der vorherrschenden politischen Verwaltung, gesetzten Ziel des sozialen Friedens dienten.

Von den kommunistischen, trotzkistischen und maoistischen Gruppen, die Mitte der 70er Jahre ihre Hochphase hatten, fanden viele Enttäuschte den Weg in anarchistische Zusammenhänge.

Die Anarchist*innen zeichneten sich – wenig überraschend – dadurch aus, dass sie grundsätzliche Kritik an der Zentralität der Rolle der Arbeiterklasse, den hierarchischen Organisationsformen der Linken, der Idee einer Avantgarde und der Vorstellung einer Machtübernahme durch diese (und überhaupt) übten. Ihre Beteiligung an den schweren Straßenschlachten am 25. Mai 1976, die im Anschluss einer Demonstration für die Rechte der Arbeiter*innen entflammten, auf der sie gemeinsam mit Gewerkschafter*innen kämpften, zeigt jedoch eindrücklich, dass sie entgegen der kommunistischen Propaganda nicht gegen die Befreiung der Arbeiter*innen waren.

Bei den Straßenschlachten wurden dutzende Menschen verletzt und die 67jährige Straßenverkäuferin Anastasia Tsivika von einem gepanzerten Fahrzeug der Polizei getötet.

Der erste explizit anarchistische Block trat am 17. November 1976 bei einer Demonstration zur US-Botschaft, die sich in erster Linie gegen die US-Unterstützung für die Junta richtete, in Erscheinung. Zwei Jahre später wurde diese Route verboten und die Nationale Studentenunion (EFEE) sagte wegen starker Polizeipräsenz die Demo ab. Als viele Leute dennoch vom Polytechnio los marschierten kam es zu Auseinandersetzungen.

Die jährliche Demonstration am 17. November ist immer Ausdruck der wechselnden Verhältnisse zwischen den linken Parteien und Gruppen, der KKE, der anarchistischen Bewegung und der Regierung zu einander und zur Gesellschaft. Die Rituale können weitgehend friedlich verlaufen oder in plötzlicher

Panzereinsatz am 25. Mai 1976.

Gewalt eskalieren, unter linken Gruppen, von der Polizei gegen die Demo, von der anarchistischen Bewegung gegen den Staat ... und ist damit jedes Jahr ein aktuelles Bild von Macht, Willkür und Legitimation.

Verschiedene Faktoren sollten die anarchistische Bewegung in Griechenland beeinflussen. Dabei konnte es sich um Riots, Bücher, Konfliktlinien oder aber auch um ein einzelnes Plakat handeln. Ein solches tauchte im Nachgang zu den schweren Straßenschlachten im Zentrum von Athen am Ersten Mai 1977 auf. Den Riots folgte ein Aufschrei in der bürgerlichen Presse und führte zu einer Debatte im linken Spektrum. Innerhalb dieser Auseinandersetzungen tauchte ein Poster von der Gruppe um Christos Konstantinidis, die inzwischen auch die Zeitung *Pezodromio* herausbrachte, auf. Das Poster, das in der ganzen Stadt plakatiert wurde, enthielt folgendes Zitat des Kardinals von Retz:

> »Ich verstehe, dass Sie sie (den Pöbel) nicht in Betracht ziehen, weil der Hof bewaffnet ist; ich bitte Sie aber, mir zu erlauben, zu sagen, dass Sie sie sehr in Betracht ziehen sollten, jedes Mal, wenn sie selbst glauben, dass sie alles sind. Das ist der Punkt, an dem sie jetzt sind: und sie fangen ihrerseits an, Ihre Armeen nicht zu berücksichtigen, denn das Problem ist, dass ihre Stärke in ihrer Einbildung liegt; und man kann mit absoluter Sicherheit sagen, dass sie im Gegensatz zu allen anderen Arten von Macht, wenn sie einen bestimmten Punkt erreichen, alles tun können, was sie sich einbilden, tun zu können«[4]

Diesem Plakat wird nachgesagt, das Auftreten der anarchistischen Bewegung für die nächsten Jahrzehnte beeinflusst zu haben. Tatsächlich hängt es auch heute noch in zahlreichen Wohnungen und Stekis (das sind Räume, die als Treffpunkte linker und anarchistischer Gruppen dienen. Diese können in Squats, Cafés, Bars oder Unis etc. sein) Ein weiteres anarchistisches Pamphlet dieser Zeit proklamierte: »Wir sind die Romantiker, die Provokateure und die Wütenden«.

Bei den bestehenden Kontakten des griechischen Widerstands nach Italien, scheint es ziemlich wahrscheinlich, dass die dortigen Unruhen und die Entwicklungen der AUTONOMIA im Jahr 1977 Einfluss auf die Bewegung in Athen gehabt haben. Auch der Einfluss von Guy Debord und der SITUATIONISTISCHEN INTERNA-

Das bekannte Plakat mit dem Zitat des Kardinal von Retz.

TIONALE wurde schon kurz gestreift; mit Gianfranco Sanguinetti hat einer der letzten verbliebenen Mitglieder der SI Bücher über die 77er-Bewegung in Italien veröffentlicht, die ins Griechische übersetzt wurden. Auf Druck der italienischen Behörden musste Sanguinetti Italien im Februar 1976 wegen seiner Texte verlassen, Frankreich verweigerte ihm die Einreise, woraufhin er in die Schweiz abgeschoben wurde.[5] Ähnlich wie die Anarchist*innen in Griechenland, befand sich die AUTONOMIA im scharfen Konflikt mit der KPI[6]. Eine weitere Parallele war die Beteiligung an den Massenkämpfen der Arbeiter*innen und Studentinnen.

»Wir verstehen gut«, schreibt Sanguinetti, »für wieviele und aus welchen Gründen 1977, dieses entscheidende und kritische Jahr, zum Schweigen gebracht und vom kollektiven Bewusstsein abgeschnitten wurde, genau wie seit Jahren die unbeugsamen Aufstände des griechischen Volkes«.[7] Angesichts des Jahres '77 warnt er:

> »Aber wir dürfen nie vergessen, dass der kleinste Fehler der Bewegung uns irreparablen Schaden zufügen kann.
> Unzureichende theoretisch-praktische Klarheit in Bezug auf eine strategische Frage wie die der Waffen, birgt die Gefahr schwerwiegender Folgen [...] Waffen werden dann eingesetzt, wenn jeder bereit ist, sie einzusetzen. Und jeder wird bereit sein, sie zu nutzen, wenn ihr Einsatz notwendig ist. Das Problem ist strategisch, nicht taktisch. Wer heute mit Waffen spielt, spielt mit der Macht, die stärker bewaffnet ist als wir: und mit der Macht dürfen wir nicht spielen, wir müssen sie zerstören.«

Wenige Wochen vor den Riots am 1. Mai und dem folgenden bekannten Plakat, hatten die italienischen Behörden ab dem 11. März in Bologna für einige Tage die Kontrolle verloren, nachdem Francesco Lorusso bei einer Demo von Bullen erschossen wurde. Lorusso war Militanter von LOTTA CONTINUA und nahm an einer Demonstration gegen eine rechte, katholische Gruppe teil. Der italienische Ministerpräsident Andreotti bezeichnete seine

Tötung im Fernsehen als »normal und unvermeidbar«. In dieser Periode wurden mehrere Demonstrant*innen von Carabinieri erschossen. Die fortan bewaffneten Demos in Italien beflügelten die Imagination der anarchistischen Sphäre – auch in Griechenland.

Die Zeitschrift *Marmita*, Ausgabe 6 (Teil 1), druckte im Frühjahr 2002 ein Interview mit Michalis Protopsaltis mit dem Titel »Das Polytechnio und die Anarchisten der '70« ab, in dem er Einblicke in die damalige Situation gewährt.

Michalis Protopsaltis (1958–2014) selbst war in jungen Jahren aktiv an der anarchistischen Bewegung der Metapolitefsi beteiligt. Er war der Herausgeber der Magazine *Der Hahn, der im Dunkeln kräht* und *Flowers of Evil* und Co-Autor der Zeitung *Solidarity*. Für seine Tätigkeit wurde er wiederholt inhaftiert und erlebte 13 Hausdurchsuchungen durch den Staatsschutz. Mitte der 1980er Jahre überarbeitete er viele Werke des Anarchismus und gründete den Vivliopelagos Verlag.

Ausschnitte aus dem Interview:

> »**Frage:** Du hast die gesamte Geschichte der anarchistischen Bewegung im modernen Griechenland erlebt. Kannst du den historischen Beginn dieser Tendenz der revolutionären Bewegung benennen?
>
> **M. P.:** Die Entstehung der ersten Anarchisten und Anti-Autoritären in den Jahren der Junta, Ende 1971, sieht aus wie etwas Jungfräuliches, da die Dominanz des Marxismus-Leninismus in der griechischen Bewegung total war. Dies gilt sowohl für die Zwischenkriegszeit als auch für den Zweiten Weltkrieg und den Bürgerkrieg und die Nachkriegszeit. Von da bis 1971/72 war der Faden der historischen Kontinuität des Anarchismus im Wesentlichen zerschnitten. Es gibt einige Berichte von Historikern über einige Anarchisten, einige Dokumente, fünf sechs Intellektuelle,

die den libertären Ideen freundlich sind, die hauptsächlich Texte von Kropotkin übersetzten und veröffentlichten, all dies war gering.
Diese Diskontinuität, die in einem anderen westeuropäischen Land nicht existiert, ist der Nachteil und der Vorteil des griechischen Anarchismus gleichzeitig. In den Jahren der Junta unter Bedingungen der Illegalität, ohne Informationen und Wurzeln in der griechischen Gesellschaft, ohne historische Erfahrung, auch ohne Lebenserfahrung, da die meisten nicht älter als 25 Jahre waren, wird es – wie Nikolas Asimos sang – ›ein großer Sprung zur Befreiung‹ oder – wie Vaneigem sagte – ›die Umkehrung der Perspektive‹: Die ersten Anarchisten versuchten, den Nachteil in einen Vorteil, die Schwäche in Stärke zu verwandeln (›Wir sind die stärksten und schwächsten in der Gegend‹, schrieb 1976 Leonidas Christakis in der Zeitschrift *Panderma*). Sie basierten auf ihrem Instinkt und Voluntarismus, improvisierten, waren spontan und vertrauten der revolutionären Spontanität anderer Arbeiter mit der Leidenschaft von Rosa Luxemburg. Die ersten Anarchisten in Griechenland sind eher von den neuen revolutionären Strömen betroffen, die bei der globalen Explosion der 1960er Jahre entstanden, als durch den traditionellen Anarcho-Syndicalismus und Anarcho-Communismus. Die Bewegungen des befreiendsten Jahrzehnts, das die Menschheit jemals erlebt hat, werden zu den Bezugspunkten: die amerikanische Bewegung, der französische Mai, das deutsche '68 und später die italienische Bewegung. (…) Inspiriert von der magischen Interaktion von Stina-Kastoriadis, den ersten Gruppen, werden die ersten Kerne der Verbreitung antisozialer Ideen und der entsprechenden Verlagshäuser während der Junta geformt. Dadurch entsteht die Veröffentlichungsgruppe ›Act‹ in Thessaloniki und in Athen die Verlags- und politische Gruppe INTERNATIONALE BIBLIOTHEK, die die Geburt und Entwicklung der anarchistischen Bewegung besiegeln wird. Die ›Internationale Bibliothek‹ begann 1971 mit Christos Konstantinidis und den wichtigsten Übersetzern Stina, Nikos Balis, Themis Michael.

(…)
Einige Tage vor dem Polytechnio, am 4. November bekam ich die Taufe des Feuers bei der Demonstration nach dem Gedenken an den alten Papandreou, eine Jagd vom ersten Friedhof nach Omonia mit Ausschreitungen und mehreren Verhaftungen. Am nächsten Tag verkündete die Junta die Konfrontationen als ›anarchistische Ereignisse‹. Natürlich hatte ich noch keine Ahnung von Anarchie. Den Anarchismus lernte ich einige Monate später kennen, Anfang ’74. Ich las zuerst, dass ›Anarchie das System ist, wo jeder tut, was er will, aber es ist Utopie‹ und weil ich ermutigt war, werde ich begeistert sein.

Frage.: Am 23. Juli ’74 brach die Junta zusammen. Was bedeutete das für Anarchisten?

M. P.: In der frühen Metapolitefsi hatte die Gesellschaft unglaubliche Freiheitsgrade, hauptsächlich weil es einen Überschuss vom Glauben an den Menschen und den Wunsch sozialer Veränderungen in großen Bevölkerungsschichten und einen tiefen Glauben gab, dass die Revolution möglich ist – sie glaubten auch an historischen Determinismus. Dieses Erwachen, in dem die griechische Gesellschaft am 23. Juli viele Jahrzehnte der Dunkelheit überwindet und für Visionen und neue Ideen empfänglich ist, wird die wenigen Anarchisten dieser Zeit nicht mehr verlassen. Die ersten Schritte des Metapolitefsi-Anarchismus, obwohl sie instinktiv und improvisiert sind, schaffen es, den Puls der Zeit zu fangen und sich nahe an den Angelegenheiten der Jugend zu befinden und sie zu erweitern. Sie sind durch Erfindungsreichtum, unwahrscheinlichen Humor, Subversivität gekennzeichnet und stehen in akutem Kontrast zu den Linken. (…)
Die Unterdrückung durch die Familie, die Schule, die Armee und Chefs, die sexuellen Befreiung, psychiatrischen Unterdrückung und Antipsychiatrie, der Konsum, Eigentum und Diebstahl, die Entfremdung – die Kritik am Alltag – sind die Probleme, die Anarchisten von 1974–1976 bewegen und hebt

die Anarchie eindeutig von jedem anderen politischen Trend ab. Gleichzeitig kam der Rock und die ersten Konzerte, einige erste Happenings, Hippieismus, Dadaismus und Surrealismus, die Diskussionen in den ersten Treffpunkten sind eng mit dem Anarchismus und Anarchisten verbunden. Die ersten Buchhandlungen werden eingerichtet, wie die Octopus Press in der Koletti Straße in Exarchia vom Autor Teo Romvo (in seinem Buch *Three Moon in the Square* werden diese Jahre auf großartige Weise beschreiben) und der Verlag Rigma in Kokkinia von Kyriakos Vassiliadis. Weitere Hangouts der Zeit sind das Café am Dexameni Platz, der Pop Eleven Record Store in Skoufa Straße, die Diskothek Goldener Schlüssel in Plaka und später der Markt, einer der ersten Pubs, hinter Saint Dionysius. Die Anzahl der ausgestellten antiautoritären Bücher nahm zu, die Ankündigungen nahmen zu, die ersten Plakate und die ersten Broschüren, die ersten antisozialen Comics von Ilias Politis zirkulierten. Und all dies bildete zusammen eine Anti-Kultur, eine Herausforderung im Kultursektor. Octopus Press, die ersten Zeitungen und Zeitschriften wie *Epithesi*, der *Sidewalk*, der *Polar Star*, *Wenn der letzte Kapitalist mit dem Darm des letzten Bürokraten erwürgt ist, wird die Menschheit glücklich sein*, waren die ersten Ausdrücke dieser Anarchisten aus den Emotionen des Novemberaufstands.«[8]

Die Entstehung von ELA

Neben den individuellen Freiheiten waren Arbeitnehmer*innen-Rechte ein zentrales Thema ab 1974. Während der Diktatur hatte es bis auf den gescheiterten Anschlag auf Papadopoulos keine beabsichtigten tödlichen Aktionen gegeben. Ein Mensch war versehentlich durch eine Bombe getötet worden. Politische Tötungen wurden ab dem Zeitpunkt zur Option der militanten Gruppen, als deutlich wurde, dass die Folterschergen der EAT-ESA und der ASFALIA nicht wirklich zur Verantwortung gezogen werden, und dass der Übergang zur Demokratie keine personelle Änderungen in den Machtstrukturen des Landes beinhaltete.

Ende Juli 1974 fanden Diskussionen von Mitgliedern der Widerstandsgruppen statt, wie mit der Situation und der soeben abgesetzten Junta zu verfahren sei.

Militante von LEA, Christos Kassimis von 20. OKTOBER (20.O) und Kostas Agapiou von ARIS-TEAM waren neben wenigen anderen Gruppen aus dem Kampf gegen die Obristen hervorgegangen und berieten die neue Lage. Anfang 1975 gaben die GRUPPE 20. OKTOBER ihre Auflösung bekannt, weil ihrer Meinung nach, Revolutionäre sich in die Massenkämpfe der Arbeiter integrieren sollten und sie dafür kein Programm hätten. Da sie entstanden sind, um die Diktatur zu bekämpfen, stellten sie nun ihre Unfähigkeit fest, das Vakuum zu nutzen, welches durch den Fall der Junta entstanden war. Sie meinten, dass Anschläge nur den Vorwand für Repression liefern würden und die Gegengewalt des Volkes nicht von einer Avantgarde kommen dürfe.

Die Spur von Alexandros Giotopoulos, Gründer von LEA, hatte sich zu diesem Zeitpunkt im Schatten verloren, wie es ein amerikanischer Botschafter formulierte.

Teile der Gruppe, unter anderen Giotopoulos wollten ihre Untergrund-Strukturen erhalten. Sie sahen das Wahlergebnis als Zeichen personeller Kontinuitäten von Angehörigen der Junta, die jetzt im Apparat von NEA DIMOKRATIA weitermachten.

Christos Kassimis und seine Frau Alexandra waren von der Notwendigkeit überzeugt, das griechische Industrieproletariat in die bewaffnete Bewegung einzubeziehen – etwas was während der Junta nie gelungen ist. Die beiden wurden beim Plakatieren entsprechender Aufrufe verhaftet, aber auf Intervention von PASOK-Abgeordneten freigesprochen. Diese Gruppe versuchte auch Student*innen zu agitieren. Weiterhin ging Kassimis davon aus, dass der Widerstand nicht mehr anti-diktatorisch sondern antikapitalistisch sein muss. Die militanten Gruppen der Junta-Ära folgten diesem Vorschlag nicht, weshalb er sich an diejenigen wandte, die noch nicht über eine bewaffnete Praxis verfügten.

Da er überzeugt war, dass Bewusstsein und Organisation durch Praxis entstehen, plante er mit zwei weiteren Genossen bewaffnete Aktionen. Die drei bildeten den Gründungskreis von Ela.

Militante um Kassimis suchten bei Arbeitskämpfen den Kontakt zu Streikenden, Fabriken wurden besetzt und Streikbrecher zusammengeschlagen. Auch in Nachbarschaftsinitiativen wurde Kontakt zu Schichten gesucht, die für revolutionäre Aktionen offen schienen. In diesen Zusammenhängen wurde zwischen Juli '74 und Februar '75 ein Text geschrieben, der in bestimmten Kreisen zirkulierte und im Dezember '75 in einer korrigierten Version veröffentlicht wurde. Eingeschlagen in ein Cover unter dem Titel *Outstanding Chemical Fertilizers* beinhaltete es ein Gründungspapier mit dem Namen *Revolutionärer Volkskampf für die Entwicklung der griechischen revolutionären Bewegung*, auch Lipasmata genannt.

Mit Revolutionärer Volkskampf (Epanastatikos Laikos Agonas – Ela) beteiligte sich nun eine klandestine, kommunistische Gruppe am Konflikt. Ihrem Gründungspapier wird vorgeworfen wenig konkrete Vorschläge zu bieten und diesen Mangel mit obsessiver Wiederholung ideologischer Formulierungen zu

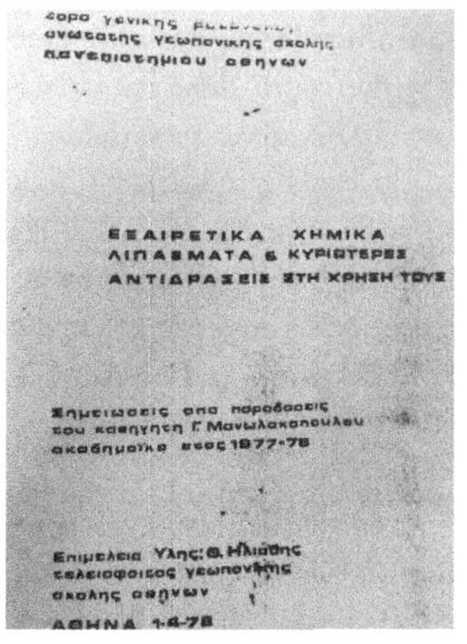
[illegible] γενικης [illegible]
ανωτατης γεωπονικης σχολης
πανεπιστημιου αθηνων

ΕΞΑΙΡΕΤΙΚΑ ΧΗΜΙΚΑ
ΛΙΠΑΣΜΑΤΑ & ΚΥΡΙΩΤΕΡΕΣ
ΑΝΤΙΔΡΑΣΕΙΣ ΣΤΗ ΧΡΗΣΗ ΤΟΥΣ

Σημειωσεις απο παραδοσεις
του καθηγητη Γ. Μανωλακοπουλου
ακαδημαϊκο ετος 1977-78

Επιμελεια Υλης: Θ. Ηλιαδης
τελειοφοιτος γεωπονικης
σχολης αθηνων

ΑΘΗΝΑ 1-4-78

Tarnumschlag des Ela Gründungspapiers.

kaschieren. Die These des Lipasmata-Textes war: die griechische Bourgeoisie kann keinen »nationalen Charakter« bekommen, also können sich die Produktivkräfte des Landes nicht autonom entwickeln und damit auch keine fortschrittliche Rolle bei der sozialen Entwicklung des Landes einnehmen. Das mache jede Zusammenarbeit mit der bürgerlichen Klasse – also eins der Kernelemente reformistischer Politik – unmöglich. Der Text war ein Markenstein der revolutionären Bewegung, schon seine getarnte Verbreitungsform warf direkt die Frage der illegalen Aktion auf.

Ela kündigte an, ihre Erfahrungen aus dem Anti-Junta-Widerstand zu nutzen, um die Massen aufzuklären. Sie glaubten »Volksmacht« und Sozialismus nur durch eine gewalttätige Revolution der Arbeiterklasse gegen Kapitalismus und Imperialismus erreichen zu können. Ela lehnte den Maoismus ab und distanzierte sich vom Begriff der »nationalen Unabhängigkeit« früherer Texte von Lea. Ihr Konzept sah autonome Gruppen vor, die aus den einzelnen Konfliktfeldern erwachsen und sowohl den bewaffneten Kampf praktizieren als sich auch legal organisieren, während daran gearbeitet wird, die bürgerliche Gesellschaft zu überwinden. Im Jahr 2004 wird Christos Tsigaridas in seinem Prozess als Angeklagter vor Gericht, die Ela als Koordinierung autonomer Gruppen auf horizontaler Ebene beschreiben.[9] Die Thematisierung der Löhne und der Lohnforderungen sollte eine Mobilisierung der Fabrikarbeiter bewirken, mit dem langfristigen Ziel, die Lohnarbeit abzuschaffen. 1976 gab es in Griechenland 947 Streiks mit insgesamt 300.000 Beteiligten, die zu über sechs Millionen verlorenen Arbeitsstunden führten.

Das Konzept der aufständischen Hot-Spots, die ihren Schwerpunkt in großen Städten hatten, diente als Zugeständnis für die Anhänger Che Guevaras. Der während der Junta verbannte Historiker Nikos Psyroukis soll mit seinen Texten großen Einfluss auf die Ela-Mitglieder gehabt haben.

Einer der ersten Leser der Gründungserklärung von Ela war Christos Tsigaridas, der als kommunistischer Student des Polytechnios mit den Dogmen der KKE aneinander geraten war. Er wurde von Kassimis überzeugt, der ELA beizutreten und äußerte sich nach seiner Verhaftung 2003 zur Strategie von ELA. Diese sah vor, dass kleine Bombenanschläge symbolischer Natur verübt werden, bei denen Verletzungen von Menschen ausgeschlossen sein müssten.

Dieses Vorgehen beruhte auf der politischen Taktik, keine Distanz zwischen Aktionen einer organisierten, revolutionären Kraft und den Aktionen kleiner, militanter Teams oder der Massenmilitanz der Bevölkerung entstehen zu lassen.

ELA wollte verhindern, dass die Bevölkerung zu Zuschauer*innen ihrer Anschläge degradiert werden. Vielmehr sollte eine revolutionäre Gegengewalt zur Praxis der Arbeiter*innenschicht werden. Nicht materielle Zerstörung sondern die Machbarkeit von Widerstand war das Hauptziel der Aktionen.

Die Gruppe begann mit einfach nachzuahmenden Brandanschlägen. Die Schusswaffen, die sie sich während der Diktatur beschafft hatten, wurden jedoch behalten. Ab Mai 1975 produzierte und verbreitete ELA eine illegale, zweimonatliche Broschüre mit Gegeninformationen unter dem Titel *Antipliroforisi*, die auch an einigen Kiosken offen auslag.

Am 21. April 1975, dem achten Jahrestag des Obristenputsches, zogen zehntausende Demonstrant*innen zur US-Botschaft in Athen, durchbrachen Polizeiabsperrungen und warfen Scheiben der Botschaft ein.

Die maoistische Gruppe E.K.K.E. reklamierte diesen Erfolg für sich und wurde dafür von Papandreou und der KKE der Provokation im Auftrag ausländischer Mächte beschuldigt. Ehemalige Mitglieder von LEA und spätere Aktivisten von 17N bezeichneten das Gebaren von E.K.K.E. als »folkloristisch und kindisch«; den Erfolg in der Auseinandersetzung mit den Bullen vor der Botschaft hatten kleine, autonome Gruppen ermöglicht. Die linken Organisationen hingegen versagten beim Schutz der Demonstration, deren friedlicher Teil in Folge dessen von der Polizei mit Tränengas und Schlagstöcken auseinander getrieben wurde. ELA-Militante waren bei diesem Riot anwesend und zündeten kurz darauf, am 29. April im Hafen von Elefsina acht Fahrzeuge der US-Marine an.

Am 14. Oktober fand in Athen ein Prozess gegen drei Mitglieder des Zentralrats von E.K.K.E. sowie gegen einen 17jährigen Schüler statt. Letzterer war angeklagt, wegen »Zerstörung fremden Eigentums und Beschimpfung einer Behörde«. Er war am 21. April 1975 in der US-Botschaft verhaftet worden und soll mit einen Knüppel in der Hand, den Polizeidirektor Karathanassis mit den Worten »Faschist Karathanassis, damit wirst du sterben« bedroht haben, wofür er fünf Monate Knast bekam. Die Mitglieder der E.K.K.E. erhielten 18 Monate Gefängnis, da sie in einem Flugblatt die Aktionen gegen die US-Botschaft unterstützten.

Am 23. Juli 1975, ein Jahr nach dem Machtwechsel, kam es bei einem Generalstreik zu heftigen Straßenschlachten in Athen. Bei dem Streik ging es um Forderungen von ca. 200.000 Bauarbeitern, die vermutlich alle streikten. Über die Beteiligung anderer Sektoren gibt es kaum Infos. Als die MAT die Demo angriff kam es zu »Unruhen, an denen sich Tausende von Bauarbeitern, vor allem junge, aber auch ältere, die bereits Erfahrungen mit den Mobilisierungen vor der Diktatur hatten, sowie Tausende von Studenten und Schülern, die den Streikenden zu Hilfe eilten, [beteiligten]. Außerdem mobilisierten die Studenten damals, um die Entscheidung der Regierung zu kippen, die Studentenverbände in Körperschaften des öffentlichen Rechts umzuwandeln, um die aufkeimende Studentenbewegung zu kontrollieren.«[10]

> »Am 23. Juli 1975, genau ein Jahr nach dem Zusammenbruch der Junta der Obristen und nur sechs Tage vor dem Prozess gegen die Täter, traten zweihunderttausend Bauarbeiter und Zimmerleute in einen 24-stündigen landesweiten Streik und versammelten sich in vielen Städten des Landes. In Athen versammelten sich Tausende von Bauarbeitern, die ihrem obersten Organ, dem

> Koordinierungsausschuss, gehorchten und die streikbrechenden Maßnahmen der Föderation und des Gewerkschaftsführers Lykiardopoulos ignorierten, vor dem Peroke-Theater. Nach den Reden der Branchenfunktionäre beschlossen sie, zum Arbeitsministerium zu marschieren und eine Petition mit ihren Forderungen einzureichen.«[11]

Ein Supermarkt der amerikanischen Armee (dies waren die DX-Supermärkte, welche amerikanische Einrichtungen extra für US-Personal waren) wurde am 10. November in der Sygrou-Avenue von der ELA angezündet. Der Presse war das nur eine kleine Randnotiz wert, das Bekennerschreiben »einer unbekannten Gruppe« wurde nicht wiedergegeben.

Selbstjustiz gegen die Folterer der Junta – Die erste Aktion von 17N

Im November 1975 wurden sieben CIA-Agenten durch die Zeitung *CounterSpy* enttarnt, darunter der 46-jährige Chef des CIA-Büros, Richard Welch. Dieser diente seit 1951 beim CIA, und war erstmals von 1952 bis 1960 in Athen eingesetzt, bevor er nach Zypern, während des Terrors türkischer und griechischer Faschisten gegen die Zivilbevölkerung, kam. 1965 wurde er nach Guatemala zur Aufstandsbekämpfung geschickt, um dann in Guyana für die Wahlmanipulation eingesetzt zu werden. 1972 war er Chef der CIA-Station in Lima (Peru), wo er im Februar 1975 verschwinden musste, nachdem sein Name in der Zeitung als Organisator einer Verschwörung (Operation Condor, die Aufstellung von Todesschwadronen und die türkische Invasion Zyperns) genannt wurde.[12]

Wieder in Griechenland eingesetzt, wurde er seit seinem Eintreffen in Athen am 15. Juni 1975 observiert. Vermutlich hat Welch diese Observation bemerkt, aber die Verfolger dem griechischen Geheimdienst Kyp und damit zu seinem Schutz zugeordnet. Er übernahm den Posten des Leiters des Cia-Büros in Athen.

Am 23. Dezember 1975 wurde Richard Welch im Nobelviertel Psychiko von einem 17N-Kommando aus vier Leuten bei der Ankunft vor seinem Haus gestellt. Die Adresse hatten sie schon vor der Enttarnung herausgefunden. Zwei Kugeln aus einem Revolver trafen ihn tödlich, sein Fahrer jedoch wurde verschont. Das Fluchtfahrzeug war einige Tage zuvor in Pagkrati besorgt worden.

Mit ihrem Bekennerschreiben zu dieser und anderen Aktionen trat die Revolutionäre Organisation 17. November (17N) erstmals in Erscheinung. Sie propagierte eine Volksmacht und den Sozialismus. Diese Erklärung unterlag zwar einer Nachrichtensperre, wurde aber in Exarchia verteilt. In der Öffentlichkeit, den Verlautbarungen von Presse und Parteien, wurde darüber spekuliert warum der Angriff zu diesem Zeitpunkt erfolgte. 17N begann ihre Angriffe auf Verantwortliche von Folter und Mord als klar wurde, dass von der Justiz keine Gerechtigkeit zu erwarten war. Die Kke und viele Zeitungen bezeichneten die Aktion als Provokation fremder Mächte.

Die Cia nutzte den Anschlag, um die zunehmende Kritik an den USA, die nach der Aufdeckung des Watergate-Skandals einen erneuten Höhepunkt erreichte, mundtot zu machen. Als Vergeltung überlegte der US-Geheimdienst in Athen gegen 35 bis 40 Menschen vorzugehen, die im Zusammenhang mit dem Aufstand am 17. November 1973 den Behörden bekannt geworden sind.

Verschiedene Quellen weisen auf eine gelegentliche Zusammenarbeit von Ela und 17N hin, auch wenn beide Gruppen oft unterschiedliche Positionen vertraten.

Am glaubwürdigsten ist sicherlich Dimitris Koufontinas, der in seinem Buch *Geboren am 17. November*, 17N als eine sich abspaltende Zelle von Ela darstellt. Ela startete eine ganze Serie von Brandanschlägen, die zwar wenig Beachtung in der Presse fanden, aber in der Bevölkerung auf Zustimmung stießen.

Dem ersten Toten der »Demokratie« folgt die Hinrichtung von Folterspezialisten

Am Abend des 30. April 1976 verbreitete der 16jährige Schüler Isidoros Isidoropoulos am Omonia-Platz Flyer seiner kleinen, leninistischen Gruppe. Die deswegen einsetzende Jagd durch die Polizei, trieb ihn vor ein Auto, dass ihn erfasste und tötete.

Einen Tag später wurde Alekos Panagoulis von Killern des »Tiefen Staates« in einem fingierten Verkehrsunfall ermordet, kurz bevor er verschollene Dokumente der ESA veröffentlichen konnte, die eine Verwicklung von demokratischen Politikern in Verbrechen der Junta bewiesen hätten[13].

Mit diesen beiden Morden wurde die Wut in der Bevölkerung weiter angeheizt, die bereits durch die Gesetzesänderungen aufgebracht war, mit denen das Parlament, auf Druck der Industrie, das Streikrecht im Interesse der Arbeitgeber einschränkte. Es begann eine Phase von wilden Streiks, Fabrikbesetzungen und militanten Arbeitskämpfen.

Im Jahr 1976 griff ELA neun Banken und Firmen mit Bomben an, auch (leere) Verkehrsbusse wurden angezündet.

Der oberste Ermittler der Sicherheitspolizei während der Diktatur, Evangelos Mallios, war im September 1975 in einem ersten Prozess in Athen von Foltervorwürfen freigesprochen worden und später nur zu einer Geldstrafe verurteilt worden. Ein erneuter Prozess brachte ihm eine kurze Haftstrafe ein, die er nicht antreten musste, weil sich das Berufungsverfahren auf unbestimmte Zeit verzögerte. Mit ihm auf der Anklagebank saß sein Kollege Petros Babalis.

In Haft waren hingegen der bereits erwähnte Christos Konstantinidis und drei weitere Genoss*'innen wegen den Ausschreitungen bei einer Demonstration für Rolf Pohle, der im Juli 1976 in Athen festgenommen wurde (er wurde im Zuge der Lorenz-Entführung von der BEWEGUNG 2. JUNI aus deutscher Haft freigepresst, in der er wegen RAF-Mitgliedschaft saß). Pohle hatte

Ende der 60er Jahre im AStA der Universität München Kampagnen für, in Bayern lebende, Opfer der griechischen Junta organisiert, die ausländerrechtlich gefährdet waren. Der Anwalt Pohles, Hans-Christian Ströbele, berichtet:

> »Im Juli 1976 war Rolf Pohle in Athen festgenommen worden. Die Regierung Schmidt setzte Himmel und Hölle in Bewegung, um seine Auslieferung in die Bundesrepublik durchzusetzen.
> Sie hatte gleich nach der Verhaftung ein Flugzeug geschickt und außer der sofortigen Übergabe eine Reihe zusätzlicher Bedingungen gestellt, die mit der Selbstachtung der Griechen unvereinbar waren. In Athen wimmelte es von deutschen Garanten der inneren Sicherheit. Schmidt höchstpersönlich schrieb einen Brief an den griechischen Amtskollegen Karamanlis.
> Tatarenmeldungen wie: ›Baader-Meinhof-Bande plant in den nächsten Tagen Invasion von Griechenland‹ waren aus Deutschland in griechische Zeitungen lanciert worden.

Isidoros Isidoropoulos.

Pohle hatte uns als seine deutschen Verteidiger gerufen, um ihm gegen die Schergen der Bundesregierung beizustehen. Unsere Aufgabe war es, die griechischen Kollegen, die griechischen Medien und das griechische Volk, in dessen Namen die Gerichte über das deutsche Auslieferungsersuchen entscheiden sollten, mit Informationen über die Verhältnisse in der Bundesrepublik zu versorgen. Die freie Rede gerade in Athen, die Information als Waffe, das gefiel uns.

Die griechischen Medien stöhnten auf, ob des germanischen Drucks.

Bald erschienen überall kritische Berichte. Die politischen Gefangenen in Deutschland und ihre Sonderbehandlung in deutschen Gefängnissen wurden zum Thema. Der deutschen Staat an der Seite der Imperialisten und vor gar nicht zu langer Zeit auch an der Seite der griechischen Obristen, das interessierte die Griechen. Tausende gingen in Athen auf die Straße und demonstrierten gegen den deutschen Impe-

Das von Killern gerammte Auto von Alekos Panagoulis.

rialismus und für die Unterstützung der Anarchisten[sic] in Deutschland.
Rolf Pohle beantragte in Griechenland politisches Asyl. Am 20. August beschloss das griechische Obergericht, Pohle wird nicht ausgeliefert. Das Gesuch der Bundesregierung ist abgelehnt.
Der Verteidigung war es gelungen, dem Gericht die politischen Hintergründe des Auslieferungsersuchens klarzumachen. Die deutschen Anwälte wurden als Zeugen vom Gericht gehört.
Sie berichteten über die Erfahrungen mit der deutschen Justiz in politischen Verfahren und über die Haftbedingungen, unter denen die Gefangenen aus der RAF in der Bundesrepublik litten.
Nach dreitägiger Verhandlung war das Gericht überzeugt: Rolf Pohle ist ein politischer Täter, eine Auslieferung an die Bundesrepublik Deutschland ist mit griechischem Recht nicht zu vereinbaren.
Die Entscheidung war ein großer Erfolg gegen die Bundesregierung.
Durch sie wurde bestätigt, was deutsche Gerichte nicht wahrhaben wollten und was die deutsche Politik scheute, wie der Teufel das Weihwasser: Die Gefangenen aus der RAF sind politische Gefangene, die gegen sie geführten Strafprozesse sind politische Prozesse gegen politische Straftäter.
Die besondere Bedeutung dieses Richterspruches sahen wir auch darin, daß einer der Richter in Deutschland nicht unbekannt war. Wir kannten ihn aus dem Film *Z*. Als Untersuchungsrichter hatte er während der Militärdiktatur in Griechenland den Mord an einem Widerstandskämpfer rücksichtslos aufzuklären versucht. Der Film war der Wirklichkeit nachgedreht. Den Richter gab es. Er wurde unter der Militärdiktatur für drei Jahre ins Gefängnis gesteckt und gefoltert, weil er versucht hatte einen Mord der Faschisten aufzuklären und zu entlarven. *Z* war nach dem Sturz der Diktatur Richter beim Oberlandesgericht in Athen geworden.
Jetzt war er einer der Richter, die die Auslieferung Pohles abgelehnt hatten.

In Deutschland brach nach dieser mutigen Entscheidung ein Proteststurm los. Die *Bild*-Zeitung titelte: ›Deutschlands schlimmster Terrorist kommt frei!‹. Bundeskanzler Helmut Schmidt schrieb den Brief an den griechischen Ministerpräsidenten, in dem er ›sein völliges Unverständnis‹ über die Entscheidung des griechischen Gerichts zum Ausdruck brachte. Der Kanzler legte nahe, den Richtern doch einmal ein bisschen auf die Füße zu treten. Darüber hinaus wurden den Griechen wirtschaftliche Sanktionen angedroht. Das höchste griechische Gericht, der Areopag musste entscheiden. Der Areopag verschob seine Entscheidung immer wieder. Am 1. Oktober 1976 beschloss er dann, die Auslieferung Pohles an die BRD wird doch zugelassen. Ein paar Tage später konnte man in deutschen Zeitungen lesen, Griechenland seien aus der Bundesrepublik zusätzliche Gelder in Höhe von mehr als 50 Millionen Mark zur Verfügung gestellt worden. Das Rad der Geschichte hatte nur ein bisschen geruckt. Aber wir hatten Gelegenheit, gemeinsam einiges zu lernen. Nicht nur, dass griechische Kollegen sich als Verteidiger vor Gericht stolz als ›Anarchisten‹ bezeichneten und Publikum und Richter das ganz in Ordnung zu finden schienen«

Zwei Büros von Siemens wurden wegen der Pohle-Ausweisung am 14.10.1976 von Ela mit Sprengsätzen angegriffen.[14]

Der gesellschaftliche Hass gegenüber der Straffreiheit, mit der aber die Folterer davonkamen, drückte sich in einer Reihe von Sprechchören vor Gerichten und bei Demos aus, wie »Die Faschisten von Goudi«, »Volksprozesse gegen die Folterer«, »Vergiftet die Hunde der Esa«, »Das Volk vergisst nicht, erhängt die Faschisten«, usw.

Am 14. Dezember 1976 parkte der suspendierte Beamte Mallios sein Auto bei der Polizeistation im Athener Vorort Faliro.

Seine ehemaligen Kollegen sollten verhindern, dass sein Auto angezündet wird. Die letzten Meter zu seinem Haus legte er zu Fuß zurück, als ein dunkles Fahrzeug von hinten kam und jemand Mallios mit zwei Kugeln tötete. Aus dem Fluchtfahrzeug wurden noch Blätter mit einem Kommuniqué geworfen.

In diesem nahm 17N Bezug auf die Morde an Isidoropoulos, Panagoulis und Tsivika, mit denen der Staat die Bevölkerung terrorisiere. Außerdem ging es im Schreiben um den Unwillen der Justiz, die Folterer zu bestrafen und darum, dass Ministerpräsident Karamanlis ein Faschist im Dienst der USA sei. Das Volk müsse sich mit friedlichen und gewaltsamen Mitteln von den Amerikanern, von ausländischem und heimischen Kapital befreien. KKE und PASOK bezeichneten die Hinrichtung erneut als Provokation ausländischer Mächte. Aber selbst ihre Mitglieder glaubten nicht an diese Verschwörungstheorie.

Es gab nicht wenige, die die Aktion des 17. NOVEMBER begrüßten. Zum Beispiel hatte einige Tage nach der Hinrichtung von Mallios, die Gruppe »Proletarische Linke« eine Solidaritätserklärung mit 17N veröffentlicht, in der es hieß: »Unter den gegeben Umständen hat die Organisation des 17. NOVEMBER im Namen des Volkes gehandelt. Die Pistole die Mallios hinrichtete, wurde von den Hunderten, die durch die Diktatur getötet wurden, von den zehntausenden Gefolterten, vom ganzen Volk gehalten. Deshalb war dies der vereinte Widerstand eines ganzen Volkes.«

Rolf Pohle vor Gericht in Athen.

Bei der Beerdigung von Mallios kam es zu Salut-Schüssen und Pro-Junta-Rufen durch uniformierte Polizisten und Ausschreitungen, die von Ultrarechten und Unterstützern der Diktatur ausgingen. Unter ihnen Georgalas, Agathangelou und Michaloliakos, späterer Chef der Chrisi Avgi (Goldene Morgenröte, Golden Dawn). Die Anwesenden riefen antikommunistische Parolen und schlugen unter den Augen der Polizei auf Journalisten ein. Wenig später begann eine zweijährige Serie von über siebzig Bombenanschlägen gegen linke Ziele, zu der sich eine faschistische Organisation als Rache für Mallios bekannte. Damit war die These des 17N vom Parastaat bewiesen.

Eine zentrale Persönlichkeit des bewaffneten Kampfs taucht auf

Als 15jähriger war Dimitris Koufontinas Augenzeuge der gewaltsamen Niederschlagung der Polytechnio-Revolte 1973 gewesen. Seitdem las er aufmerksam alle politischen Publikationen und

Evangelos Mallios.

durchlief verschiedene linke Gruppen, sogar die Jugendgruppe der Pasok, als er 1977 auf ein umfangreiches Manifest der Organisation 17N stieß. 17N schlug darin kleine Zellen von Militanten vor, die bewaffnete Strukturen zur Selbstverteidigung des Volkes aufbauen sollten, die, wenn es an der Zeit wäre, in einer revolutionären Partei des Volkes aufgehen sollten. Die Hinrichtungen von Welch und Mallios waren Ausdruck dieser Strategie. Die liberale Zeitung *Eleftherotypia* druckte dieses Manifest ab, warnte aber davor mit solchen Hinrichtungen eine Repression zu provozieren, wie sie in Deutschland nach ähnlichen Anschlägen stattfand.

Koufontinas fand zunächst Kontakt zu Ela, deren Text *Outstanding Chemical Fertilizers* ihn überzeugte. Ela baute damals kleine Untergruppen auf und in einem dieser Teams unter dem Namen Las (Laiki Agonistiki Syspeirosi) startete Koufontinas eine Serie von 40 Brandanschlägen, meistens auf Fahrzeuge, beginnend mit dem Auto eines US-Militärs in Exarchia. Vier junge Anarchisten, die in Thessaloniki eine ähnliche Serie durchführten, wurden später verhaftet.

Das Echo von Stammheim in Griechenland

Die Ermordung der Raf-Gefangenen in Stammheim am 18. Oktober 1977 löste auch in Athen und Thessaloniki Straßenschlachten durch Hunderte Anarchist*innen aus. Als der Tod von Andreas Baader, Gudrun Ensslin und Jan-Carl Raspe bekannt wurde, sammelte sich in Athen am Nachmittag eine Demonstration bei Akademias. (Die Akademia ist eine zentrale Verbindungsstraße vom Omonia-Platz zum Syntagma, an der sich ein Busknotenpunkt vor der Hauptverwaltung der Universitäten befindet. Seit Jahrzehnten ist das der traditionelle Auftaktort von Demonstrationen.)

Sie zog Richtung Außenministerium und Parlament. Auf der Höhe der Omirou-Straße stellten sich ihnen Bullen in den Weg und es kam zu kleineren Scharmützeln und dutzende Scheiben wurden entglast.

Später, als sich die zerstreuten Demonstrant*innen am Polytechnio versammelten, folgte ein erneuter Angriff der Polizei, die einige bekannte Anarchist*innen z.B. Christos Konstantinidis, festnehmen konnte. Am nächsten Tag wiederholte sich das ganze; während der Zusammenstöße werden Steine und Molotow-Cocktails eingesetzt und Schaufenster zerstört. In Thessaloniki fand eine Kundgebung vor dem (west-)Deutschen Konsulat statt. Am selben Abend wurden auf dem deutschen Soldatenfriedhof in Dionysos Bomben gelegt und Parolen gesprüht: »1944: ELAS-Rebellen, 1977: Stadtrebellen«, »Gewalt gegen die Gewalt des Staates«.[15]

Bei umfangreichen polizeilichen Ermittlungen zur Aufdeckung der Aktivitäten der anarchistischen Bewegung wurden 16 Personen festgenommen.

Als weitere Reaktion auf die Morde in Deutschland machten sich am 20. OKTOBER vier Mitglieder von ELA, darunter Christos Kassimis, in das Industrieviertel Rentis, zwischen Athen und Piraeus, auf, um dort ein Lager der deutschen Firma AEG zu sprengen. Bei den Vorbereitungen wurden sie auf dem Firmengelände von zwei Zivilfahndern überrascht, die Christos Kassimis überwältigen wollten. Es kam zu einem Feuergefecht, bei dem Kassimis von den Bullen erschossen wurde, den drei anderen gelang, teilweise verletzt, die Flucht. Auch beide Bullen wurden angeschossen.

Christos Tsigaridas erklärte im Oktober 2009, im Prozess gegen ELA vor dem Appellationsgericht:

> »Christos Kassimis gehörte nicht zu denen, die das Wort ergriffen und versuchten, die Zuhörer zu beeindrucken. Er sprach nie über seine reiche Widerstandstätigkeit als Mitglied der ORGANISATION 20. OKTOBER. Er war ein bescheidener Mann, ein integrer Kämpfer, dessen Fähigkeit darin bestand, das Denken der Menschen um ihn herum zu mobilisieren, hartnäckig und unermüdlich,

ein echtes Vorbild, dem man folgen sollte. Ein charismatischer Mann, der seinem Status als Kommunist alle Ehre machte.«

Bei der Beerdigung von Kassimis kündigten Hunderte an, Rache nehmen zu wollen. In Heraklion, Kreta, explodierten zwei Bomben, eine auf dem Dach des Deutschen Konsulats und die andere in einer Exportfirma.

Der griechische Polizeiapparat, unverändert von der Junta-Zeit übernommen, entnahm seinen Akten, dass neben Christos Kassimis auch Giannis Serifis bei der Gruppe 20. O gewesen war. Davon wurde er zwar freigesprochen, aber es gab andere Gründe ihn nun für 15 Monate in Untersuchungshaft zu halten.[16]

Der lächerliche Vorwurf war: Mord an Kassimis (der von Beamten erschossen worden ist), Beteiligung an dem Anschlag auf AEG und Mitgliedschaft bei der ELA oder 17N. Giannis Serifis sollte für Jahrzehnte der »übliche Verdächtige« für jeden Anschlag sein, bei denen die Bullen keine Ergebnisse erzielen konnten oder wollten.

Christos Kassimis, getötet bei einer Vergeltungsaktion gegen AEG wegen der Morde in Stammheim.

Durch die Art und Weise der Solidaritätskampagne, die für Giannis Serifis gestartet wurde, die sich juristisch und demokratisch mit den Vorwürfen auseinandersetzte, entstand eine Tendenz zu einvernehmlichen[17] Prozessen. In anarchistischen Kreisen wurde dieser Umgang mit Repression, als falsch und negativ kritisiert.

Die Polizei gab bekannt, dass gegen eine internationale Gruppe anarchistischer Terroristen in Griechenland ermittelt werde.[18]

Von 1977 bis 1980 wurden zahlreiche Brand- und Bombenanschläge von ELA gegen Behörden, Firmen und Banken, Polizeistationen und Fahrzeuge durchgeführt.

Auch bei einem Angriff auf die Polizeistation Zografou im Dezember 1977, der von einer Gruppe unter dem Namen CHRISTOS KASSIMIS REVOLUTIONARY TEAM verübt wurde, wird die ELA als ausführende Gruppe vermutet.

Die ELA-Zeitung *Antipliroforisi* radikalisierte sich nach dem Tod von Kassimis. Ein Grund könnte der sinkende Einfluss linksradikaler Gruppen in den Arbeitskämpfen sein. Wo weniger Arbeiter agitiert werden können, muss auch scheinbar keine Rücksicht mehr auf die spezielle Situation in den Fabriken genommen werden – die Sprache wurde militanter.

Premierminister Karamanlis erklärte im Parlament, Anarchie im Keim ersticken zu wollen. Seine Regierung kündigte, mit Verweis auf die Situation in Italien und Deutschland, neue Anti-Terror-Gesetze an. Unter anderem war dies das Gesetz 774/1978, »Über die Bekämpfung des Terrorismus und den Schutz der demokratischen Verfassung«, dass an die Modelle der italienischen und deutschen Gesetzgebung angepasst war. Danach wurde die Gründung einer terroristischen Vereinigung oder die Beteiligung an einer solchen Vereinigung unter Strafe gestellt, wobei für schwere Straftaten wie Mord und Entführung die lebenslange Haft vorgesehen ist. Dieses Gesetz wurde von den Oppositionsparteien als undemokratisch und gegen die individuellen Freiheiten gerichtet abgelehnt. Ungefähr 25.000 Menschen demonstrierten im April 1978 in Athen und Thessaloniki gegen das Gesetz, welches 1983 von der Pasok-Regierung wieder aufgehoben wurde.[19]

Plakat, Freiheit für Giannis Serifis, 1978.

Ob es einfach leere Flaschen waren, die in dieser Periode bei dem Schriftsteller Filippas Kiritsis und Sophia Kiritsis gefunden wurden oder ob es tatsächlich Molotow-Cocktails waren und wenn ja, wer sie in einem alten Haus gebunkert hat, ist nicht mehr festzustellen. Auf jeden Fall, erhielten die beiden dafür mit neun und fünf Jahren Knast hohe Strafen, die dem Innenminister aber immer noch zu gering erschienen. Gezielt wurden radikale Publikationen und ihre Verleger verfolgt, z. B. die Verleger des Magazins *Der Hahn, der im Dunkeln kräht.* Einige Personen aus diesem Umfeld wurden für ihre Beteiligung an den Krawallen nach den Morden in Stammheim inhaftiert.

Filippas Kiritsis hat 2006 auf *athens.indymedia* einen Text über die Anarchist*innen der 70er Jahre und die Atmosphäre in Exarchia veröffentlicht. Dabei misst er der Zeitspanne 1977/1978 besondere Bedeutung zu und enthüllt u. a. das er selbst auf dem berühmten Plakat mit dem Zitat des Kardinals von Retz abgebildet ist. Seiner Beschreibung nach waren das Phasen der Auseinandersetzung mit der KNE und E.K.K.E. sowie Momente der staatlichen Repression. Diese richtete sich gegen einen Personenkreis, zu dem er selbst, Christos Konstantinidis und Michalis Protopsaltis, der die Zeitschrift *Der Hahn, der im Dunkeln kräht* herausgab. Die Gruppe wurde für unterschiedlichste Publikationen, Flugblätter und Transparente juristisch belangt, wobei *Der Hahn, der im Dunkeln kräht* nicht als verboten bezeichnet wurde. Aber der Inhalt war strafbar. Ein gewisser Mario und Antonakis, wurden Ende '76, Anfang '77 zu elf Monaten Gefängnis verurteilt, weil auf dem Balkon des Büros des »Komitees gegen wissenschaftliche Unterdrückung« ein Transparent (»Nieder mit dem Staat«) hing. Kiritsis war auch an der Veröffentlichung einer an Anarchist*innen gerichteten Zeitung, die im Sommer 1977 unter dem Titel *Bulletin Nr. 1 erschien,* beteiligt. Konstantinidis gab gleichzeitig die Zeitschrift *Fußgängerzone* heraus.[20]

Als weiterer anarchistischer Verleger sticht Leonidas Christakis, *1928–2009, hervor. Er war als Jugendlicher gegen die Deutsche Besatzung aktiv, danach im Dezember 1944 im Kampf gegen die britischen Truppen. Die anschließend wieder errichtete Monarchie verfolgte ihn wegen seiner anarchistischen Positionen. Während der Diktatur produzierte er die ersten antiautoritären Untergrundzeitschriften, *Kouros und Panderma.* Wegen der Veröffentlichung, wie mit Molotow-Cocktails Panzer zerstört werden können, wurde er von der Junta als Terrorist verhaftet, kam aber später auf Druck führender Künstler*innen frei. In der Phase der Metapolitefsi war er Herausgeber der Zeitschrift *Ideodromio,* die in ihren 126 Ausgaben auch die Texte der RAF druckte. Gleichzeitig war er an Büchern wie *The history of hobos, Chaos and culture, The world history of robbery, The dictionary of being high, und Our saints,* die Portraits von Anarchist*innen, Stadtguerillas und Gegenkulturprotagonist*innen verbreiteten, beteiligt. Unter dem Codewort »number 23« war er bis 1981 für die Polizei einer der üblichen Verdächtigen nach jedem größeren Riot oder Anschlag.[21]

Dr. Tsironis, Giannis Skandalis und die OEM

Im Sommer 1978 sorgte die Belagerung des Wohnhauses von Dr. Vassilis Tsironis im Athener Vorort Paleo Faliro für Aufsehen.

Dr. Tsironis wurde 1958 vom ROTEN KREUZ als Arzt auf die Gefängnisinsel Agios Stratis geschickt, ein Ort der Verbannung für die im Bürgerkrieg unterlegenen Kommunist*innen. Unter Missachtung der Befehle seiner Vorgesetzten, die Exilanten zu vernachlässigen, setzte er sich offen für das Wohlergehen und die Gesundheit der Gefangenen im Lager ein, während er die Regierung öffentlich der »vorsätzlichen Tötung« und das Griechische Rote Kreuz der Kollaboration bezichtigte. Um seine Behauptungen zu belegen, spielte er der ausländischen Presse vertrauliche Dokumente und streng geheime Richtlinien des Sicherheitsministeriums zu.[22]

Die Aufdeckung der Zustände in Agios Stratis machte ihn zum Gegenstand von Verleumdungen durch die Regierung und die Monarchie. Er wurde beschuldigt, Kommunist zu sein, und als Arzt entlassen.1962 gründete er in der kurzen Periode der scheinbaren Liberalisierung die »Partei der Unabhängigen«, die jedoch nicht zugelassen wurde. Mit dem Aufkommen der ZENTRUMS-UNION unter Andreas Papandreou schien der erdrückende Antikommunismus der Nach-Bürgerkriegsjahre beendet. Die Juliana 1965 bewies das Gegenteil. Während der Regierung von George Papandreou I. führte Tsironis einen 50 Tage langen Hungerstreik, um die Rückkehr der linken Exilant*innen aus dem Ostblock zu fordern.[23]

Die Ankunft der Obristen im April 1967 und die darauf folgenden Säuberungen gegen die Linke machten Tsironis' Leben besonders schwer. Die Junta verhaftete ihn sofort, und als er Mitte August 1969 ein paar Tage Urlaub von den Gefängnissen des Regimes bekam, nutzte der 40-jährige Arzt die chaotische Tourismussaison und bestieg mit seiner Familie eine DC-3 von Olympic Airways nach Agrinio. Mit Hilfe von zwei Pistolen und zwei Messern entführte die Familie das Flugzeug und zwang den Piloten zur Landung in Albanien. Die albanischen Behörden nahmen Tsironis zunächst in dem Glauben fest, er sei ein Spion, organisierten dann aber ein Bankett für die Familie, die Besatzung und die Passagiere.[24] Angesichts des stalinistischen Regimes in Albanien, entschied sich die Familie Tsironis jedoch bald, nach Schweden zu flüchten. Den nach seinem Tod veröffentlichten Nachrufen zufolge, inhaftierten ihn die schwedischen Behörden jedoch bis zum Ende der Junta.[25]

Tsironis kehrte 1974 nach der zivilen Machtübergabe nach Griechenland zurück, wo er die OEM, Ουδετερόφιλο Ελλαδικό Μέτωπο, die Neutrale Front Griechenlands gründete. In ihrem Rahmen sorgte er für eine Reihe von Skandalen, beispielsweise schoss er mit einer Pistole auf ein riesiges Foto des Premierministers Konstantinos Karamanlis, das auf dem zentralen Markt in Athen hing. Zur gleichen Zeit verfasste und veröffentlichte Tsironis das *Kleine Blaue Buch*, das damals weit verbreitet und gelesen wurde. Das Buch, das als Manifest der OEM gilt (und heute sehr selten ist), ist eine zweideutige Kombination aus selbstsatirischer revolutionärer Analyse und Agitation – das erste und einzige Exemplar dessen, was man als radikalen Postmodernismus in Griechenland bezeichnen könnte. Bei den Wahlen von 1977 warben Tsironis und die OEM für eine Ablehnung aller Parteien durch den weißen Stimmzettel. Davon überzeugten sie allein in der Peripherie Athens 251.000 Wähler*innen, einen erheblichen Prozentsatz der Wählerschaft. Dies führte dazu, dass die Polizei am 30. November 1977 versuchte, ihn am Eingang seines Hauses in der Areos-Straße 35 in Paleo Faliro zu verhaften. Tsironis entkam der Verhaftung und schloss sich in seiner Wohnung ein. Nachdem der Arzt das Feuer auf ein Polizeiauto eröffnet hatte, umstellten Scharfschützen und Spezialeinheiten, auf Anweisung des Ministeriums für öffentliche Ordnung, das Gebäude.

Am 5. Februar 1978, nach mehr als zwei Monaten Belagerung, erklärte Tsironis seine Wohnung zum »unabhängigen Staat« und stellte auf seinem Balkon Megafone auf, von denen aus er Tag für Tag lange »Kriegskommuniqués« gegen den faschistischen Staat an die große Menschenmenge richtete, die sich versammelte, um ihm zuzuhören. Mehrmals eröffneten Scharfschützen das Feuer auf die Megafone, um ihn zum Schweigen zu bringen, aber der Arzt stachelte die Bevölkerung weiter zum Aufstand an.

Die Reaktion der bürgerlichen Medien auf diese Situation war blutrünstig. *Vima*, die führende Zeitung des LAMBRAKIS-Trust, brachte am 7. Juli 1978 eine Titelseite, auf der in großen Buchstaben gefragt wurde »Existiert der Staat überhaupt?« und argumentierte, dass der »autonome Staat« von Tsironis »für den Begriff des Staates an sich subversiv« sei. Tsironis war seit langem ein Feind der größten Druckerei Griechenlands und hatte in einer Reihe von Dokumenten aufgezeigt, dass die angebliche Anti-Diktatur-Haltung des Eigentümers Christos Lambrakis nichts weiter war als ein Deckmantel der Kollaboration. Laut dem Artikel von Leonidas Christakis (auf den sich diese biografischen Absätze hauptsächlich stützen), umfasste die Kampagne von Tsironis gegen das Presseimperium auch Brandanschläge gegen deren Büros. Der führende, nicht unterzeichnete Leitartikel von *Vima*

Vassilis und Barbara Tsironis während der Belagerung auf ihrem Balkon.

kam zu dem Schluss: »Wann wird sich endlich jemand entschließen, die Würde und den Status des Staates zu schützen? Denn der Fall Tsironis unterstreicht die Nichtexistenz des Staates.«

Es war kein Geringerer als der Minister für öffentliche Ordnung, Dimitris Balkos, der sich die Mühe machte, auf den Artikel am nächsten Tag zu antworten und eine Lösung der Situation zu versprechen.

Nachdem der diskursive Grund formuliert war, stürmten am 11. Juli 1978 einige Dutzend Beamte des Spezialkommandos die Wohnung mit Hilfe von Tränengas, während auf Befehl des Polizeipräsidenten das Gebiet vor Journalisten abgesperrt wurde. Am Ende des Einsatzes lag Dr. Tsironis tot am Boden. Offiziell behauptete die Polizei, der Arzt habe Selbstmord begangen, aber Barbara Tsironis, die mit ihm verbarrikadiert im letzten unversehrten Zimmer des Hauses blieb, erklärte öffentlich, dass »die Faschisten Tsironis in seinem Haus getötet haben.« Der Gerichtsmediziner konnte nicht bezeugen, dass sein Tod durch Selbstmord verursacht wurde.

Am nächsten Tag wurden G. Skandalis und D. Nikoloulis als Mitglieder der OEM verhaftet. Zwei Tage nach der Ermordung von Tsironis, am 13. Juli, nahmen rund 1.000 Anarchist*innen und Linksradikale an seiner Beerdigung teil. Am selben Tag erklärte die Regierung der Nea Dimokratia, dass »er mit seinem antistaatlichen und antisozialen Verhalten eine ständige Bedrohung und ständige Gefahr für unschuldige Bürger« gewesen sei und forderte die Behörden auf, der gefährlichen Tätigkeit von Tsironis' Gruppe ein Ende zu setzen.

Mit seiner Verhaftung in diesem Zusammenhang, schrieb sich Giannis Skandalis in die Geschichte der militanten Bewegung ein. Seine Eltern waren beim Elas als Partisan*innen und nach dem Abzug der Wehrmacht weiter auf Seiten der Dse im Bürgerkrieg involviert. Nach der Niederlage flohen sie nach Polen, wo Giannis Skandalis geboren wurde. Der entzog sich dem real existierenden Sozialismus und kam 1978 nach Griechenland. Nach drei Monaten im Land besuchte er Dr. Tsironis in seinem belagerten Haus. Dadurch wurde er von Polizei und Presse als Mitglied der Oem gebrandmarkt und kurz darauf wegen Beteiligung an einer terroristischen Vereinigung und einem Angriff auf die Zeitung *Vima* zu fünf Jahren Haft verurteilt.

Filippas Kiritsis wird später in einem Nachruf vermuten[26], dass Skandalis sich zu Tsironis hingezogen fühlte, weil dessen Organisation der chinesischen Variante des Guerillakriegs nachempfunden war, die dem Guerillakrieg, in dem sein Vater und seine Mutter gekämpft hatten, politisch näher stand. Vassilis Tsironis habe die Methoden der kommunistischen Guerilla der 1960er Jahre übernommen, die versuchte, die Methoden der chinesischen Guerilla der 1940er Jahre zu kopieren.

In den 1970er Jahren wären die einzigen Kommunist*innen, die den gewaltsamen Umsturz des Regimes in Griechenland verteidigten, diejenigen gewesen, die sich an Mao Tse-tungs China orientierten, und Vassilis Tsironis war einer von ihnen.

In diesem Nachruf wurde Skandalis engere Verbindung zur anarchistischen Bewegung auf das Jahr 1979 datiert, als er sich mit anderen Gefangenen im Knast von Korydallos im Hungerstreik befand. Nachdem er 1978 im Rahmen des ersten Anti-

Terror-Gesetzes nach der Diktatur zu fünf Jahren Gefängnis verurteilt worden war, wurde er in das damalige Hochsicherheitsgefängnis von Korfu gebracht. Damals wurden in diesen Gefängnissen schreckliche Folterungen durchgeführt, durch die einige Menschen schwere psychische Verletzungen erlitten. Die nächsten Jahre waren von gemeinsamen Kämpfen im Knast mit Yannis Bouketsidis, Sofia und Filippas Kiritsis und Kyriakos Moira geprägt; bekannte Gefangene der damaligen Zeit. Ende 1981 wurden Skandalis und die anderen entlassen, danach häufen sich Erinnerungen an ihn als äußerst solidarischen und hilfsbereiten Genossen. Er war anscheinend an der Befreiung eines Yannis Petropoulos aus dem Knast beteiligt.[27]

Giannis Skandalis war bis zu ihrem Tod auch in Kontakt mit der Schauspielerin und Schriftstellerin Katerina Gogou, die Solidaritätsevents für Gefangene, deren Fälle von einer solidarischen Bewegung begleitet wurden, unabhängig vom Tatvorwurf, organisierte.

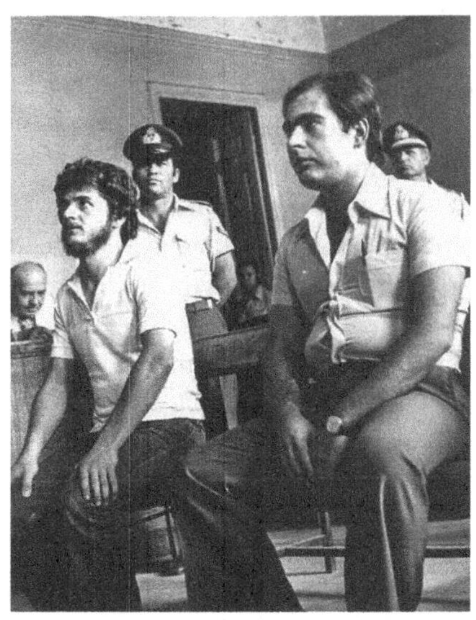

Giannis Skandalis (links), vor Gericht.

An seinem 43. Geburtstag, Ende 1994, wird Giannis Skandalis bei einem Motorradunfall getötete. Nach den Verhaftungen von Mitgliedern der Revolutionären Organisation 17. NOVEMBER im Jahr 2002, wurde seine Beteiligung auch an dieser Gruppe bekannt.

Über die Urheberschaft einer weiteren Hinrichtung rätselten die Behörden lange Zeit.

Im Oktober 1977 war der Chef der Überwachungsabteilung der ASFALIA während der Diktatur, Petros Babalis, nach kurzer Haft wegen der Folter von Regimegegnern, freigelassen worden. Nach der Erschießung seines Kollegen Mallios durch 17N war er wachsam und trug eine Waffe bei sich, sein Personenschutz war wenige Tage zuvor vom Ministerium abgezogen worden.

Trotzdem erwartete ihn am 31. Januar 1979 der Tod: zwei Männer vor seiner Garage richteten ihn mit acht Schüssen hin.

Ein Bekennerschreiben verwies auch auf seine fortgesetzte Tätigkeit als Berater der Polizei, eine faschistische Kontinuität also.

Unterschrieben war diese Erklärung mit »JUNI 78 TEAM«. Spuren in Richtung 17N wurden nicht gefunden und ELA beging unter ihrem Namen keine Hinrichtungen.

Erst im Jahr 1985 würde ELA erklären, dass das »JUNI 78 TEAM« ein eigens gegründetes Kommando der Gruppe war.

Im Sommer 1979 zündete ELA zahlreiche Bomben gegen Ziele, die einen Bezug auf Arbeitskämpfe aufwiesen: Busse der Verkehrsbetriebe, Gerichte und Finanzämter, Ministerien und Arbeitgeberverbände waren betroffen. Die ebenfalls ELA zugehörige LAS, zündete derweil weiter Fahrzeuge von amerikanischen Militärangehörigen an.

Bildungsproteste erweitern den anarchistischen Raum

Ein wichtiger Moment des sozialen Kampfes Ende der 70er war der Kampf in den Universitäten, ausgelöst vom Versuch der Regierung, eine Bildungsreform durchzusetzen. (Während die linken und anarchistischen Bewegungen versuchten in den turbulenten 70ern Fuß zu fassen, wollte die Regierung von Konstantinos Karamanlis über den damaligen Bildungsminister Ioannis Varvitsiotis, diese Phase nutzen und ein Gesetz verabschieden, das an den Universitäten »Ordnung« schaffen sollte. Mit dem Gesetz 815 wollten Karamanlis u. a. die Zahl der Prüfungen von drei auf zwei reduzieren, die Möglichkeit der Übertragung von Studiengängen abschaffen und eine Höchstdauer für das Studium festlegen. Weitere Bestimmungen betrafen das Hilfspersonal der Universitäten und die Beschneidung des Universitätsasyls. Um kein großes Aufsehen zu erregen und die Bevölkerung nicht zu verärgern, wurde es in der Sommersitzung des Parlaments am 22. August 1978 eingebracht und innerhalb weniger Tage verabschiedet, obwohl dieses Vorgehen als verfassungswidrig angeprangert wurde.

Das Gesetz 815 ist das einzige vom griechischen Staat erlassene Gesetz, das sowohl formell als auch inhaltlich wieder abgeschafft wurde. Es gibt viele Gesetze, die in der Praxis unwirksam geworden sind. Aber das Gesetz Nr. 815 wurde aufgehoben, und zwar von derselben Person, die es eingebracht hatte, Konstantinos Karamanlis, in einer landesweiten Fernsehansprache in aller Öffentlichkeit. Die Aufhebung von Nr. 815 wurde nach intensiven langandauernden studentischen Kämpfen und Besetzungen verabschiedet. Die Versammlungen und Mobilisierungen hatten ein Jahr zuvor begonnen, und die Besetzungen fanden vom Montag, dem 4. Dezember 1979 bis zum Donnerstag, dem 3. Januar 1980 statt, als Karamanlis gedemütigt im Fernsehen die Rücknahme von 815 verkündete und zu einem »Dialog« über Bildung aufrief.

Hierbei wurden die Grenzen der Unis überwunden, da sich auch die Eltern der Studierenden sowie die Angestellten der Unis beteiligten. Die Gesellschaft betrachtete die Anliegen der Studierenden mit Sympathie, besonders seit 1973. In dieser Periode entwickelten sich weiterreichende radikale Bestimmungen, die mit der Bereitschaft Bildungseinrichtungen zu besetzen und für mehr als nur traditionelle Arbeitskämpfe auf die Straße zu gehen einhergingen. Insgesamt beteiligten sich deutlich mehr Menschen an den Kämpfen als in anderen Phasen zuvor. Die Anarchist*innen konnten ihren Einfluss auf andere, im Kampf befindliche, gesellschaftliche Bereiche ausweiten, es gab z. B. eine Beteiligung von Arbeiter*innen an den Protesten der Studierenden, die sich wiederum an Arbeitskämpfen beteiligten. Das übertrug sich auf den Stadtteil Exarchia, wo der Widerstand heterogener wurde. Die Strömungen, die sich überall beteiligten, gewannen an Glaubwürdigkeit. Das waren eben die Anarchist*innen, aber nicht nur sie.

Sie allein aber formulierten ein anderes gesellschaftlich relevantes Konfliktfeld: Solidarität mit den Gefangenen. Eine Beschäftigung mit den Gefängnissen galt für die Gesellschaft als Tabu – jetzt wurde deren Abschaffung gefordert.

Am 9. August 1979 eskalierte im Zentrum Athens eine Demonstration von Arbeitern, die von der Polizei eingekesselt wurde als Arbeiter, Studierende und Mitglieder von Parteien die Sperren durchbrachen; bei den folgenden Riots brachen die Bullen das Uni-Asyl, drangen auf das Gelände der Juristische Fakultät ein um Leute zusammenzuschlagen und anschließend festzunehmen.

Eine besondere Rolle nahm das Chemische Institut ein. Die erste der drei historischen Besetzungen der Chemio begann am 4. Dezember 1979 und wurde von Student*innen getragen, die zu einem nicht geringen Teil aus dem anarchistischen Spektrum kamen. Diese Besetzung richtete sich gegen das Gesetz 815, welches faktisch die Streichung des Uni-Asyls bedeutete. So eine Besetzung stellte für die KKE eine rote Linie dar, sie heuerte ihr nahestehende Arbeiter an, um die Ordnung wieder herzustellen. Seitdem werden ihre Ordnungskräfte umgangssprachlich KNAT genannt: KNE + MAT

= Knat. Unter der Führung des berüchtigten Malamis überfielen sie in der Nacht des 16. Dezember, ausgerüstet mit Helmen und Brecheisen, die Besetzung und verletzten fünfzehn Student*innen. Malamis war Ende der 70er Jahre so etwas wie der Einsatzleiter der Knat. Die Kne griff an, weil die Besetzung ohne die Zustimmung der studentischen Gremien stattfand. Es hatte jedoch Massenversammlungen gegeben, die die Besetzung gebilligt hatten. Malamis wurde nach der gewaltsamen Räumung des Chemiegebäudes bekannt, als er den vermeintlichen Hauptbesetzer »verhörte« und ihn aufforderte, ihm von seinen Verbindungen zu den »Anarchisten von Exarchia« zu erzählen. Während des Verhörs drückte er eine Zigarette in seinem Auge aus. Glücklicherweise blieb das Auge unverletzt, wenn auch eine Narbe davon noch vorhanden ist. Nach '89 ging Malamis in den Ruhestand, er war der Finanzdirektor der Zeitung *The First* und seitdem war er Manager großer Unternehmen, womit er den Status des verehrten Volkshelden für die Kne verlor. Immerhin entbrannte 2005 noch eine Debatte um seine Rolle auf *athens.indymedia*, deren journalistischer Anspruch wesentlich höher ist als derjenige bei *de.indymedia*.[28]

Wie gezeigt wurde, waren die Proteste und die Besetzung erfolgreich; das Semester wurde annulliert und die Bildungsreform wurde zurückgenommen.

Knat und Knitis

Zu den Bezeichnungen »Knat und Knitis« gibt es in dem *Modern Greek Satirical Dictionary* von Michalis Pitsilidis diesen Eintrag: »Knat – Kommunistische Jugendliche stellen die Ordnung wieder her.

Die repressiven Kräfte der Kne (Kommunistische Jugend Griechenlands).

Sie waren vor allem in der Zeit von 1974–1986 aktiv. Die Videos von Angriffen und Schlägen der Knat bei Aufmärschen und Kundgebungen gegen Andersdenkende stellen audiovisuelles Lehrmaterial für die Bereitschaftspolizei dar.

KNITIS – (KNE, Kommunistische Jugend Griechenlands). Der Knite ist heute eine vom Aussterben bedrohte Spezies unter den Jugendlichen mit einem normalen IQ, einem normalen Verhältnis von Körpergröße zu Schädelbreite und einer rudimentären Artikulation. Als Gattung blühte der Knite vor allem in der Zeit von 1974 bis 1985 an den Universitäten auf, wo er bei Studentenmobilisierungen und Wahlen aktiv war. Die Gattung zeichnete sich durch eine hölzerne Sprache, ein begrenztes Demokratieverständnis und Gewaltausbrüche gegen Andersdenkende aus (siehe KNAT). Heute wurde die obere Altersgrenze in der KNE von der KKE auf 55 (Männer) bzw.

60 (Frauen) festgelegt, um zu beweisen, dass der Kommunismus den Menschen auch biologisch erneuert.«[29]

Bei den Straßenschlachten hatte sich besonders die 1976 gegründete MAT (Einheit zur Wiederherstellung der Ordnung) mit Brutalität hervorgetan. Den Mitgliedern vom 17N war besonders Pantelis Petrou aufgefallen. Er hatte bereits unter der Junta sein Handwerk verrichtet. Der Direktor der MAT hatte am Rande der Student*innendemos gestanden und über sein Funkgerät Befehle zur Misshandlung von Studierenden gegeben. Am 16. Januar 1980 wurde er in der Nähe seiner Wohnung zusammen mit seinem Fahrer von einem Kommando des 17N erschossen – mit der gleichen Waffe wie Welch und Mallios.

In ihrer Erklärung bezog sich 17N auf die faschistische Unterdrückung der Unruhen an den Universitäten durch die MAT und ihre aus Junta-Zeiten übernommene Doktrin. Der KKE warfen sie vor, die Demonstration im Stich gelassen zu haben, als die Polizei angriff. 17N solidarisierte sich auch mit spontanen Ausschreitungen, in Aghia Varvara wegen dem Rausschmiss eines Schülers und dem Abstieg einer Fußballmannschaft. Revolutionäre Gruppen müssten solche Revolten unterstützen, es sollte eine antiautoritäre Gesellschaft erkämpft werden ohne Bullen, mit bewaffneten Arbeiter*innen und Kommunist*innen.

Es folgte in den kommenden Monaten eine Welle der Repression gegen Studierende und Publizisten linker Literatur. Für die staatlichen Aktionen wie Observationen, Vorladungen, »Befragungen«, Verleumdungen in der Presse wurden auch Namenslisten von Staatsfeinden aus der Diktatur erneut abgearbeitet. Diese Listen wurden 1983 öffentlich verbrannt.

Die Ermordung von Stamatina Kanelopoulou und Iakovos Koumis

Ein sehr wichtiges Ereignis dieser Zeit, das die politische und gesellschaftliche Dynamik der Subjekte des Widerstands ebenso zeigt wie die Grausamkeit der politischen Machthaber, war die Demonstration am 17. November 1980, dem siebten Jahrestag der Revolte im Polytechnio, also dem Ereignis, das die politischen Entwicklungen dieser Zeit definierte.

Wenige Tage vor dem Beginn der Gedenkveranstaltungen beschloss Premierminister Georgios Rallis, den Aufzug von Demonstrant*innen vor der US-amerikanischen Botschaft in der Vasilissis-Sophia-Avenue zu verbieten. Diese Entscheidung war das Ergebnis bestimmter Umstände.

Der Antiamerikanismus war in der griechischen Gesellschaft allgegenwärtig, weil die USA die Junta unterstützt hatten. Einen Monat vor der Demo, am 20. Oktober, trat Griechenland wieder der NATO bei, aus der es sich 1974 nach der türkischen Invasion auf Zypern zurückgezogen hatte.

Darüber hinaus hatte die Regierung Rallis Verhandlungen mit den Vereinigten Staaten aufgenommen, um die Vereinbarungen über den Verbleib US-amerikanischer Stützpunkte in Griechenland zu erneuern. Die Regierung wollte Zwischenfälle vor der US-Botschaft verhindern und legte daher als Endpunkt den Syntagma-Platz fest.

Der Zentralrat der Nationalen Studentenunion Griechenlands (EFEE), der mehrheitlich aus PASOK- und KNE-Jugendlichen bestand, beschloss, dem Befehl der Regierung Folge zu leisten. Autonome und andere Gruppen hingegen hielten an dem Versuch der Demonstration fest. Am Abend des 17. November 1980 sahen sich also Tausende von Demonstrant*innen in der Straße neben dem Parlament, die zur Botschaft führt, einem äußerst starken Polizeiaufgebot gegenüber. Die Versuche der ersten Reihen, bestehend aus Linksradikalen, zur Botschaft durchzubrechen, wurden mit einem massiven Angriff der Sicherheitskräfte beantwortet, der die Menge zerstreuen sollte. Doch trotz der Polizeiangriffe gab es starken und dauerhaften Widerstand von mehreren Tausend Menschen, Jugendlichen und Arbeiter*innen, Anarchist*innen und Autonomen, die im Athener Stadtzentrum Barrikaden errichteten – Barrikaden die im späteren von den Bullen mit gepanzerten Fahrzeugen geräumt wurden.

An der Ecke Vukourestiou und Panepistimiou erschlug eine Gruppe der MAT die 20jährige Stamatina Kanelopoulou. Die Ärzte im Krankenhaus diagnostizierten eine Hirnblutung, die Gerichtsmediziner fanden außerdem Verletzungen an der linken Schulter, dem rechten Oberschenkel und dem linken Schienbein sowie Verbrennungen an der Oberfläche der Brust der Arbeiterin. Der 26jährige zypriotische Student Iakovos Koumis wurde auf dem Syntagma-Platz ebenfalls mit Knüppelschlägen von der Polizei getötet, beide waren Mitglieder von linksradikalen Organisationen. Knapp 200 Leute wurden verletzt, zwei Menschen von den Bullen angeschossen. Einer von ihnen erzählte später einer Zeitung: »Ich war am Eingang des Polytechnios. Auf dem gegenüberliegenden Gehweg standen Polizeikräfte. In dem Moment, als ich versuchte, in den Hof der NTU zu laufen, drehte ich meinen Kopf und sah, wie der Beamte eine Pistole auf mich richtete. Im Bruchteil einer Sekunde traf mich die Kugel in die rechte Pobacke.« Zum Schluss flüchteten die Menschen in den Schutz des Asyls auf dem Polytechnio.[30]

Die Vorfälle wurden von allen politischen Parteien und Studentengruppen verurteilt.

Die Regierung drückte ihre Verärgerung über »organisierte Gruppen anarchistischer und extremistischer Elemente« aus, die »den großen Jahrestag des Volkes beschmutzt und die demokratischen und friedlichen Gefühle des gesamten griechischen Volkes brutal provoziert haben« und fügte hinzu, dass »Untersuchungen zu den Umständen angeordnet wurden, unter denen sich der Tod eines jungen Arbeiters ereignete«. Der damalige PASOK-Vorsitzende und Oppositionsführer Andreas Papandreou sprach von »kleinen Gruppen unverantwortlicher Elemente« und »Provokateuren unbekannter und verdächtiger Herkunft«, die »beklagenswerte Exzesse mit dem offensichtlichen Ziel, das große Volksjubiläum des Polytechnios zu beschmutzen und in Misskredit zu bringen«.[31]

Eine Woche nach den Ereignissen fand im Parlament eine lange Debatte statt, bei der Ministerpräsident Rallis sagte: »Der Erzengel Michael hält auch ein Schwert in den Händen, um sich gegen die Dämonen zu verteidigen. Er trägt keine Blumen.« Während der Ausschreitungen wurden viele kapitalistische Ziele angegriffen und geplündert, darunter Kaufhäuser, Juweliere und dergleichen. Diese Art von Angriffen, die eine der ersten Äußerungen einer metropolitanen Gewalt waren, die sich nicht nur auf die Polizei richtete, sondern auch gegen Symbole von Wohlstand, wurden sogar von den Linken[32] verurteilt, deren politische

Iakovos Koumis und Stamatina Kanelopoulou.

Kultur nur die Polizei als legitimes Ziel anerkannte. Doch eine neue Form von Gewalt hatte sich gezeigt.

1980 war ein markantes Jahr in der jüngeren Geschichte Griechenlands; die Erschießungen von Babalis und Petrou hatten noch einmal die Frage der Selbstjustiz durch das Volk in den öffentlichen Diskurs gerückt und der Staat beantwortete diese Frage mit der Ermordung von Kanelopoulou und Koumis an jenem symbolträchtigen Datum. Weitere Todesfälle sind mittlerweile in Vergessenheit geraten, z. B. der von Tasos Maglaridis, Veteran der EAM. Er nahm an einer Versammlung von Widerstandskämpfer*innen teil, die am 28. Oktober 1980 in Neapolis, Thessaloniki, zu demonstrieren versuchten. An der Kreuzung von El. Venizelos & V. George, wurden sie von der Polizei mit Knüppeln und Tritten angegriffen. Der 76-jährige Militante wurde mit schweren Kopfverletzungen ins Krankenhaus gebracht und erlag dort am 30. November seinen Verletzungen. Oder auch Sotiria Vasilakopolo, Studentin der Panteion Universität, Mitglied der KNE. Sie verteilte am 28. Juli 1980 mittags vor der ETMA-Fabrik in Votanico Flugblätter für die Arbeiterdemonstration gegen die Sparmaßnahmen am folgenden Tag. Sie wurde von einem ausfahrenden Firmenbus erfasst und am Kopf tödlich getroffen. Am selben Abend trat die 3. Schicht der Fabrik in einen Proteststreik, während die Bereitschaftspolizei das Gelände von der versammelten Menschenmenge »räumte«. In einer Erklärung äußerte die Regierung von G. Rallis ihren Unmut über »die Bemühungen, das Polizeibulletin zu politisieren«. Die Tausenden von Menschen, die die 21-jährige Studentin mit Parolen wie »Mehr Gewerkschaften« und »Kein Blut mehr für die Arbeitgeber« zum Friedhof begleiteten, waren natürlich ganz anderer Meinung.[33] Der kommende Regierungswechsel schien zunächst die weitere Eskalation zu verhindern.

Nach dieser Phase wurde die Folter während der Junta verdrängt, im Gegensatz zu den lateinamerikanischen Ländern und ihren Diktaturen.

Das könnte daran liegen, dass in Griechenland weniger Menschen ermordet wurden und daran, dass die überlebenden Gefangenen, von denen alle gefoltert wurden, oft der Folter nicht standgehalten und ausgesagt hatten. Daran wollten die wenigsten später erinnert werden. In Chile sah die Sache anders aus. Pinochet kam mit Hilfe der CIA zu dem Zeitpunkt an die Macht, als sich schon die Krise der griechischen Obristen abzeichnete. Als Lehre aus dem Widerstand in Griechenland und anderen Diktaturen ermordeten die chilenischen und z. B. auch die argentinischen Regime die Menschen nach der Folter und ließen sie verschwinden. Es blieben Angehörige auf der Suche nach den Opfern. Das Trauma, unter Folter Aussagen gemacht zu haben, kollektivierte sich in Lateinamerika nicht so sehr in einem Verdrängungsprozess. Allerdings, macht dieser nur Sinn, wenn in einem globalen Kontext über die Entwicklung während der 70er Jahre von Putsch, Diktatur und Folter als Herrschaftsmittel nachgedacht wird und daran auch die Methoden des Widerstands diskutiert werden. Sämtliche Staatsstreiche dieser Ära in Süd-/ Mittelamerika, Griechenland und der Türkei fanden mit der Unterstützung oder Billigung der USA statt. Dem Widerstand dagegen wurde zumindest nicht überall jegliche Berechtigung abgesprochen. Nach dem Ende der Diktaturen und der Rückkehr zu Demokratie, wurden die weiter agierenden Organisationen nur noch als terroristisch bezeichnet. Dabei waren die demokratischen Regime auch nicht grade zimperlich. Ich glaube es macht Sinn, sich heute nochmal diese Entwicklungen genauer anzusehen, um Herrschaft zu verstehen und einen Umgang damit zu entwickeln, wobei den »demokratischen Werten« genauso entgegengetreten werden muss. Zum Beispiel waren Griechenland und die Türkei, die offiziell verfeindet waren, beide mit unterschiedlichsten revolutionären Gruppen konfrontiert und arbeiteten dennoch für die Unterdrückung der Gruppen zusammen. Oder die südamerikanischen Demokratien, wo ehemals »Linke« Präsidenten werden und die indigenen Schichten weiter ausbeuten. Fast überall wird zwar der Opfer der Diktaturen gedacht, aber die Folterungen gehen dennoch weiter.

Die erste Generation der griechischen Anarchist*innen war enttäuscht, als 1981 Pasok für die Regierungsübernahme gewählt wurde und zusammen mit der Kke versuchte, die sozialen Konflikte der 70er Jahre zu beenden. Isoliert von allem zogen sich viele Leute nach und nach zurück, der Rückschlag für die anarchistische Bewegung stand auch im Zusammenhang mit dem Auftauchen von Heroin in Exarchia und umliegenden Vierteln. Es gab mehrere historische Situationen in Bewegungshochzeiten, in denen Heroin das sich entfaltende widerständige Potenzial zunichte machte und große Teile einer ganzen Generation in den Abgrund riss (Italien Ende der 70er, Spanien Ende der 70er, die Zentren der Black Panther Mitte der 70er usw.)

Laut polizeilichen Statistiken wurden aus dem linksradikalen/anarchistischen Spektrum zwischen 1975 und 1980 in Griechenland 144 Bombenanschläge, 28 Brandstiftungen an Gebäuden und 108 an Fahrzeugen verübt. Von Ela und 17N wurden 52 bewaffnete Aktionen gezählt.

Gregor Kritidis vertritt in seinem Aufsatz *The Rise and Crises of the Anarchist and Libertarian Movement in Greece, 1973–2012*[34], die Auffassung, dass die anarchistische Bewegung zuerst Mitte der 80er Jahre als echte politische Kraft auf der griechischen Bühne erschien. Zuvor habe Anarchismus für die Meisten eher einen Lebensstil und eine Jugendkultur repräsentiert. Der Begriff »Anarchist« habe eine negative Konnotation gehabt, weil die Kke ihn benutzte um alle anderen Bewegungen der radikalen Linken zu denunzieren. Erst mit dem Abbruch der Le Pen-Konferenz im Hotel Caravel 1984 (siehe Kapitel 7) hätten die Anarchisten das erste Mal erfolgreich die pazifistische und legalistische Kultur überwunden, die von der kommunistischen Partei propagiert und seit dem Ende des Bürgerkriegs praktiziert wurde.

Die Linke habe Gewalt nur als letztes Mittel der Selbstverteidigung akzeptiert, dass nicht offensiv genutzt werden durfte. Diese ungeschriebene Regel sei nun von den Anarchisten gebrochen worden, mehr und mehr sei die Idee und Praxis des Insurrektionismus charakteristisch für die anarchistische Bewegung in Griechenland geworden.

Theorie hätte eine geringe Rolle in dieser Bewegung gespielt. Die Polizei wäre nicht in der Lage gewesen, die anarchistische Subkultur im Zentrum Athens zu kontrollieren. Es war ein Konflikt um die soziale Kontrolle des städtischen Raums. In den 90er Jahren habe, beworben von den neuen privaten Sendern, eine neoliberale, konsumistische und individualistische Einstellung der Leute, die Bedingungen für politische Aktionen verschlechtert.

Rückblickend aus dem Dezember 2008 dazu:

»Meiner Meinung nach waren die ersten Gewaltanwendungen der Anarchisten auf Demonstrationen eine Möglichkeit für sie, allen klarzumachen, dass sie sich grundsätzlich von allen unterschieden. Sie benutzten die Gewalt, damit andere Leute sehen konnten, dass sie mit dem Staat keine Kompromisse eingehen, wie es alle anderen Linken taten. Und gerade aus diesem Grund attackierten die Kommunisten die Anarchisten sehr heftig, denn die Anarchisten vertraten die Kritik, sie würden den Staat unterstützen. (...) Die Besetzungen, die 1979 von der Studentenbewegung organisiert wurden, waren die ersten Kämpfe, in denen wir beweisen konnten, dass wir anders waren. Wir nannten uns damals hauptsächlich Autonome, nicht Anarchisten, weil wir von den Italienern beeinflusst waren. Es gab Anarchisten, aber die fingen erst '81 an, sich so zu nennen. Und selbst dann war es weniger zur Bezeichnung und Identifikation als vielmehr zur Provokation. Nachdem die Sozialisten 1981 an die Macht gekommen waren, sagten wir, um zu provozieren, wir seien Anarchisten. Denn damals hatte dieses Wort keine politische Bedeutung, es gab keine Verbindung zu einer politischen Bewegung wie in den Vereinigten Staaten. Es hatte gesellschaftlich eine schlechte Bedeutung, es war ein böses Wort. Und wir machten uns durch Gewalt kenntlich. Aber es war auch eine existenzialistische Frage, nicht nur eine politische Entscheidung, sondern eine Spiegelung unseres Verlangens nach einem anderen Alltagsleben. (…) Nach dieser Studentenbewegung brachen viele linke Organisationen komplett zusammen und viele Leute wurden Anarchisten, zumindest in ihrer Denkweise. (…) Bei den Linken oder bei den Arbeitern glauben sie nicht ans Zurückschlagen, wenn die Polizei sie schlägt, sie glauben nicht an Selbstverteidigung. Die Anarchisten haben die absolut entgegengesetzte Einstellung. Wir wollen nicht darauf warten, dass die Polizei uns angreift, wir greifen zuerst an.«[35]

Anmerkungen

1 Darveris, Tasos; *Eine Geschichte der Nacht.* Vivliopelagos, 2002.

2 Im Juli 2021 berichtete die ND-nahe Zeitung *Kathimerini* über eine Verschwörung des Ex-Königs 1975. Tatsächlich hatte Karamanlis diese Informationen bereits damals in Wahlkämpfen benutzt. https://www.ekathimerini.com/in-depth/1164775/when-the-ex-king-plotted-to-eliminate-karamanlis/

3 https://anarchypress.wordpress.com/

4 Der Kardinal von Retz, Jean-François Paul de Gondi, war ein französischer Adliger und lebte von 1613–1679. Von 1654 bis 1662 war er nominell Erzbischof von Paris, aber im Exil. Er war an Konspirationen der französischen Eliten beteiligt, kam in Gefangenschaft und beriet die Herrschenden gegen aufständische Bewegungen. Seinen Nachruhm verdankt er vor allem seinen Memoiren. Diese waren, als sie postum 1717 in der Umbruchstimmung nach König Ludwigs XIV. Tod erschienen, ein großer Publikumserfolg und wurden bis ins 19. Jahrhundert hinein als eine Art Lehrbuch der politischen Intrige und des Machtpokers gelesen. Ihnen ist auch das Zitat auf dem Plakat entnommen, was an sich schon ungewöhnlich ist. Schließlich wird der Kardinal von Retz in keiner weiteren Abhandlung des anarchistischen Milieus davor und danach erwähnt.

5 Wer mehr von und über ihn lesen möchte: https://www.notbored.org/censor.html und https://theanarchistlibrary.org/library/gianfranco-sanguinetti-on-terrorism-and-the-state

6 Siehe: Balestrini/Moroni; *Die Goldene Horde. Eine Geschichte der italienischen Revolte 1960–1977.* Assoziation A, 2024.

7 1977 wird als Höhepunkt der Autonomia in Italien angesehen. Ob die bewaffneten Demonstrationen notwendig waren oder ihr Scheitern begünstigten ist umstritten und die Diskussionen damals wurden zensiert. Gleichzeitig wurden in Italien und Griechenland natürlich die Ereignisse in der BRD (Buback-Nachruf, »Deutscher Herbst«) verfolgt.

8 https://web.archive.org/web/20200930055758/https://www.aftoleksi.gr/2019/11/16/synenteyxi-michalis-protopsaltis-2002-to-polytechneio-amp-oi-anarchikoi-70/

9 https://athens.indymedia.org/post/241723/ und eine relativ neutrale Zusammenfassung hier https://www.ekathimerini.com/news/24182/tsigaridas-describes-ela-to-court/

10 https://kommon.gr/istoria/item/7023-23-iouliou-1975-i-athina-vafetai-sto-aima-ton-apergon-oikodomon-kai-tis-neolaias

11 https://www.nostimonimar.gr/23-%CE%B9%CE%BF%CF%8D%CE%BB%CE%B7-1975-%CE%BC%CE%B9%CE%B1-%CE%B1%CE%BA%CF%8C%CE%BC%CE%B1-%CE%BC%CE%B1%CF%84%CE%BF%CE%B2%CE%B1%CE%BC%CE%BC%CE%AD%CE%BD%CE%B7-%CE%B1%CF%80%CE%B5%CF%81%CE%B3/)

12 Es gibt zwei Versionen davon, wie er enttarnt wurde. Version 1 besagt, dass das Magazin *CounterSpy* und das Buch *Who's Who in the CIA* des ehemaligen CIA-Agenten Philip Agee, mit mehr als 1.000 Namen von CIA-Angehörigen, ihn öffentlich gemacht haben. Weitere Zeitungen berichteten dann über diese Veröffentlichungen. Version 2 glaubt, dass seine Identität vom KYP an griechische Zeitungen durchgestochen wurde, um Rache für Zypern zu nehmen. Darauf zielt die *New York Times* ab (https://www.nytimes.com/1975/12/24/archives/cia-station-chief-slain-near-athens-by-gunmen-cia-station-head-is.html) – und ein kürzlich erschienenes Buch, in dem sehr spannend aus CIA-Perspektive über die immensen Auswirkungen der Liquidation auf die amerikanische Politik berichtet wird. Allerdings wird dort die KYP-Spur als CIA-Desinformation gewertet: Risen, James/Risen,Thomas; *The Last Honest Man: The CIA, the FBI, the Mafia, and the Kennedys – and One Senator's Fight to Save Democracy.* Veröffentlich Mai 2023. Little, Brown and Company, an imprint of Hachette Book Group.

13 Siehe Kapitel 2.

14 Alexander, Yonah/ Pluchinsky, Dennis; *European Terrorism Today & Tomorrow.* Brassey's, 1992.

15 In Griechenland war die Weigerung der BRD für die Verbrechen der Wehrmacht Verantwortung zu übernehmen immer ein Thema. Der Widerstand während der Metapolitefsi identifizierte sich stark mit ELAS und sah die RAF als legitime Akteure im antifaschistischen und antiimperialistischen Kampf. Die Bonner Entscheidungsträger wurden als personelle und politische Kontinuität wahrgenommen. Die Aktion hatte ein symbolische Bedeutung, keine materiel-

le.

16 Der Freispruch für den Tod von Kassimis war 1978, Serifis war der Standardverdächtige von der Junta bis zum ELA-Prozess 2004, in dem er auch, wie für andere Vorwürfe, freigesprochen wurde.

17 Das waren Unschuldskampagnen, die mit Unterstützung durch angesehene linke Persönlichkeiten meistens zu Freisprüchen führten. Die Anklagen waren zwar tatsächlich häufig Konstrukte, aber der staatsfeindliche Charakter der Taten ging dabei unter. Unterschiedliche Regierungen befassten sich mit dem Problem der ineffektiven Justiz und ersetzten zunehmend Geschworenengerichte bei politischen Verfahren durch Berufsrichter*innen. Später bekannten sich mehr Gefangene vor Gerichten zu den Taten.

18 Im Zusammenhang mit den Reaktionen auf Stammheim, Ende 1977.

19 Kassimeris, George (1993); »The Greek state response to terrorism«. In: *Terrorism and Political Violence.* Vol. 5 Nr. 4, S. 288–310.

20 https://athens.indymedia.org/post/515172/

21 https://libcom.org/article/christakis-leonidas-1928-2009

22 https://www.mixanitouxronou.gr/vasilis-tsironis-o-giatros-toy-ai-strati-aytoktonia-i-ochi/

23 https://indexanthi.gr/vasilis-tsironis/

24 https://indexanthi.gr/vasilis-tsironis/

25 https://indexanthi.gr/vasilis-tsironis/ und ausführlicher https://athens.indymedia.org/post/1576019/

26 https://athens.indymedia.org/post/245901/

27 https://athens.indymedia.org/post/245901/

28 https://athens.indymedia.org/post/306888/

29 Pitsilidis, Michaelis; *Modern Greek Satirical Dictionary.* Archipelagos Publikationen, Seiten 258 u. 259.

30 https://www.mixanitouxronou.gr/dolofonithikan-me-gklomps-oi-quot-adikaiotoi-nekroi-quot-tis-7is-epeteioy-toy-polytechneioy-koymis-kanellopoyloy/ mit Berichten von *Rizospastis* (KKE Zeitung) und *Τα Νέα.*

31 https://www.lifo.gr/san-simera/afieroma-sti-stamatina-kanellopoyloy-kai-ton-iakobo-koymi-thymata-ton-mat-0

32 Als »die Linke« werden in Griechenland alle linken Parteien und Gruppen bzw. Strömungen bezeichnet, die weder Anarchist*innen noch KKE sind. Das heißt, PASOK, SYRIZA, marxistische, trotzkistische, maoistische, sozialistische, sozialdemokratische Parteien und Splittergruppen, Gewerkschaften wie die GSEE, studentische Gruppen, Nachbarschaftsgruppen und Individuen, sind »die Lin-

ken« aller Schattierungen. Die KKE versteht sich selbst als kommunistisch, wird aber als stalinistisch wahrgenommen. Die anarchistische Bewegung versteht sich selbst als nicht zu »der Linken« gehörend, auch wenn sich einige Gruppen als anarcho-kommunistisch bezeichnen.

33 http://www.iospress.gr/ios1996/ios19960721b.htm

34 Kritidis, Gregor; »The Rise and Crises of the Anarchist and Libertarian Movement in Greece, 1973–2012«. In: *The City Is Ours*, PM Press 2014.

35 Panagiotis Kalamares, Herausgeber der Reihe Libertäre Kultur. In: A.G. Schwarz/Tasos Sagris/Void Network (Hg.); *Wir sind ein Bild aus der Zukunft. Auf der Strasse schreiben wir Geschichte.* Laika Verlag, S. 31.

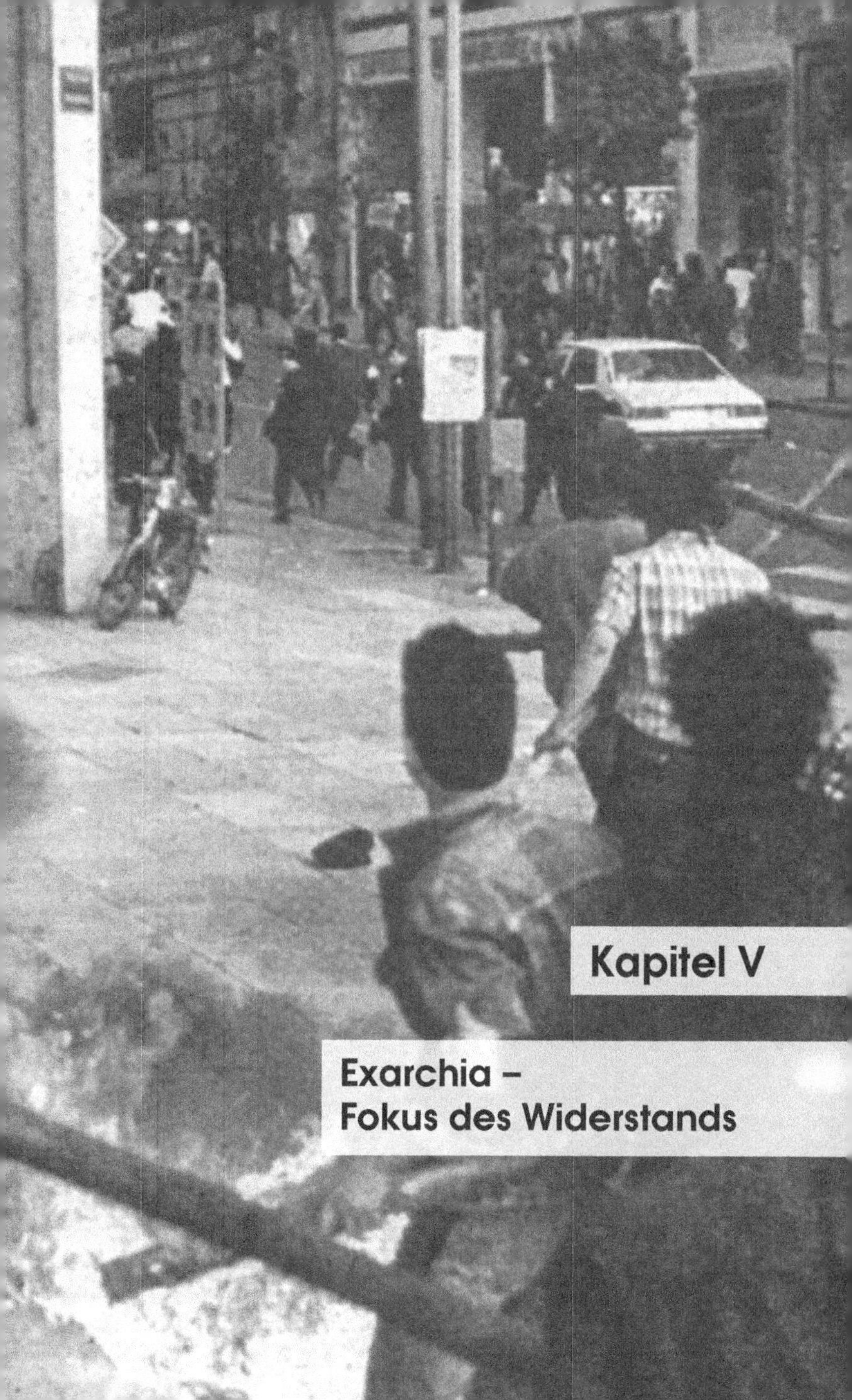

Kapitel V

Exarchia – Fokus des Widerstands

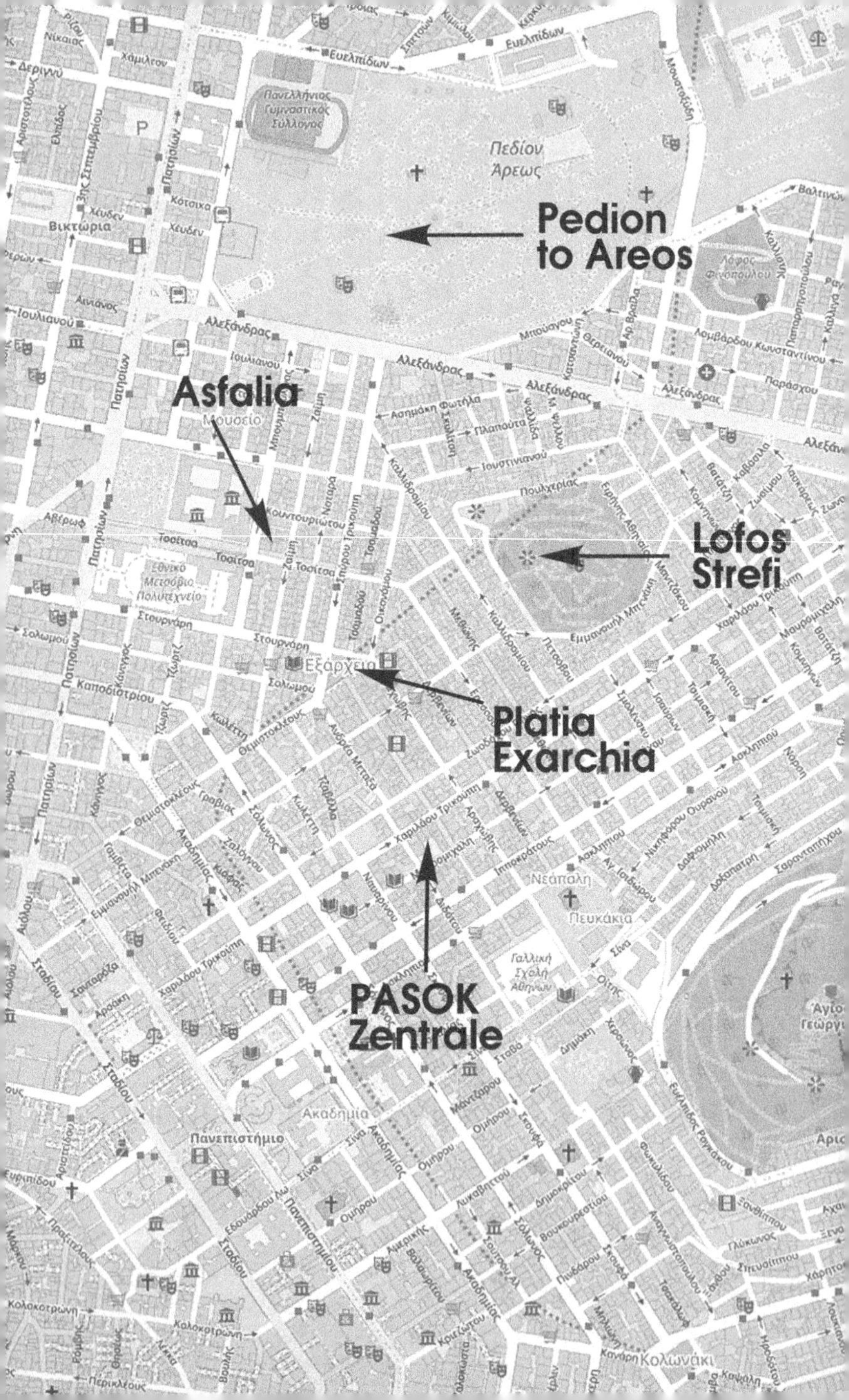
Pedion to Areos
Asfalia
Lofos Strefi
Platia Exarchia
PASOK Zentrale
Πανελλήνιος Γυμναστικός Σύλλογος
Πεδίον Άρεως
Μουσείο
Εθνικό Μετσόβιο Πολυτεχνείο
Εξάρχεια
Νεάπολη
Πευκάκια
Γαλλική Σχολή Αθηνών
Ακαδημία
Πανεπιστήμιο
Κολωνάκι
Βικτώρια
Αλεξάνδρας
Πατησίων
Ευελπίδων
Σταδίου
Πανεπιστημίου
Ακαδημίας
Σόλωνος
Χαριλάου Τρικούπη
Στουρνάρη
Τοσίτσα
Καλλιδρομίου
Εμμανουήλ Μπενάκη

Für ein Verständnis der aufständischen Dynamiken, die seit Jahrzehnten immer wieder in dieser Nachbarschaft aufflammen, sind bestimmte Faktoren von Bedeutung. Das Verhältnis von Revolten und urbanen Räumen hängt zum Einen von der Stadtteilarchitektur ab. In Exarchia sind die Straßen eng, oft zugeparkt und nachts nicht selten schlecht beleuchtet.

Auch die Gehwege sind schmal und verlaufen teilweise unter den säulengestützten Überhängen der ersten Stockwerke.

An vielen Stellen sind die Wege verwinkelt und durch Treppen miteinander verbunden. Hinzu kommt, dass die Straßen in Exarchia im internationalen Vergleich unterdurchschnittlich lang sind. Circa alle 45 Meter ist eine Kreuzung und oft staut sich der Verkehr. Das heißt aber auch, dass Polizeifahrzeuge hier in ihrer Beweglichkeit eingeschränkt und das Gelände voll möglicher Hinterhalte ist.

Die Bevölkerungsdichte im Zentrum von Athen (19.300 pro km^2) ist die höchste aller europäischen Hauptstädte, Istanbul eingeschlossen. Nur Städte wie Kairo oder Mumbai haben eine höhere Bevölkerungsdichte im Zentrum. In Ermanglung ausreichender bepflanzter Freiflächen, der oft hohen Temperatur und einer gewissen Tradition des Kommunitären, spielt sich das Leben auch Nachts oft auf der Straße ab. In alltäglichen Situation trifft die Polizei auf Menschen in prekären Lebensbedingungen und auf politische Antagonist*innen, wobei allen Beteiligten die Frage nach der Kontrolle über den urbanen Raum wichtig ist.

Punk und Anarchie als Jugendbewegung im Stadtteil

Zwischen 1978 und 1980 entstand die Bewegung der Hausbesetzungen in Griechenland vom Athener Stadtteil Exarchia ausgehend. Grund genug für die Zeitung *Rizospastis*, Zentralorgan der KKE, das Viertel als Raum von Angst und Schrecken zu verunglimpfen, in dem Anarchist*innen ihre Gesetzlosigkeit mit Drogen und einem american way of life ausüben würden, um dabei als Provokateure im Auftrag der abwesenden Polizei die Platia zu besetzen.

Außer den Kommunist*innen glaubte aber niemand diesen Lügen; Vorfälle wie am 8. April 1980, als die Bullen eine bekannte Taverne im Viertel stürmten, das Musikprogramm wegen kritischen Texten beendeten und dabei hundert Menschen verhafteten, ist eines von vielen Beispielen, die für die Bewohner*innenschaft deutlich machen, wer ihre Gegner*innen sind.

Zu diesem Zeitpunkt startete die Regierung eine »Anti-Terror«-Kampagne, die sie mit der Verbreitung von Heroin begleitete, was unter den Jugendlichen nicht wirkungslos blieb. Der darauf stattfindende Versuch, anarchistische Gruppen aus Athen, Thessaloniki, Patras, und Agrinio in einer Föderation zu organisieren, scheiterte.

Wenn die 70er Jahre das Projekt einer Revolution waren, so waren die 80er Jahre ein lebendiger und ständig erneuerter Prozess der Rebellion. Es war eine Zeit, in der die antiautoritäre Perspektive sich als Massenkultur entwickelte – nicht im Sinne einer klar definierten politischen Identität, sondern als eine allgegenwärtige Negation und Ablehnung des Bestehenden – fast ausschließlich unter der Jugend. Exarchia wird in dem von der Macht erklärten Krieg um Territorium – also Kontrollmacht über den (städtischen) Raum – ein zentraler Bezugspunkt, da sich an diesem Punkt autonome Jugendidentitäten bildeten, um den zeitgenössischen antiautoritären bzw. anarchistischen Raum zu schaffen.

Zunächst hatten sich viele aus der »ersten« Generation der (Nachkriegs-)Anarchist*innen zurückgezogen, frustriert von den Befriedungsstrategien von Pasok und Kke. Die nächste Generation war aggressiver und gewalttätiger, plötzlich lungerten Punks auf den Plätzen herum. In dieser Phase wurde der exzessive Gebrauch von Molotow-Cocktails auf Demonstrationen populär. Als im September 1981 Rory Gallagher sein legendäres Konzert in Athen gab, wollten 40.000 Menschen in das Fußballstadion im

Viertel Nea Filadelphia. Die Bullen hatten mit viel weniger Besucher*innen gerechnet und reagierten panisch. Als stundenlange Krawalle ausbrachen, die sich gegen die Bullen und Geschäfte richteten, waren Anarchist*innen darin involviert. Der Erfolg dieser Krawalle äußerte sich darin, dass der freie Eintritt erzwungen werden konnte, wodurch Verbindungen zu »unpolitischen« Leuten entstanden. Eine längere Phase kostenloser Konzerte begann.

Operation Areti – September 1984 bis Anfang 1986

Punks waren die neuen Feinde für die Presse und die Medien propagierten eine Säuberung der Gegend (Exarchia), was auch angeblich die »besorgte« Bevölkerung fordern würde.
Einer dieser besorgten Bürger war Makis Voridis, der 1984 von der Vereinigung der juristischen Studierenden ausgeschlossen

Der Faschist Makis Voridis, hier mit Axt in Exarchia.

wurde und die Führung der faschistischen EPEN-Jugendbewegung übernahm. Nach Zwischenstationen als Abgeordneter diverser Naziparteien wurde er 2012 Fraktionsvorsitzender der ND und später Gesundheitsminister.

In jenen Jahren wird Exarchia zum Experimentierfeld für Aufstandsbekämpfung und die PASOK versuchte mit neuen Bulleneinheiten und Bürgerwehren, eine Art Blockwartsystem, der Lage Herr zu werden. Die Medien trugen ihren Teil dazu bei und 1984 entdecken die Zeitungen der damaligen Zeit den neuen inneren Feind – die Punks. Anlass für den Medienrummel waren die Krawalle im September vor der ASOEE, als Studenten der KNE die Uni daran hinderten, ein Punkkonzert in Solidarität mit den politischen Gefangenen zu genehmigen. Am folgenden Tag kündigten die Presseberichte die berüchtigte »Operation Areti (Tugend)« an.

Am 14. September 1984 erschien in der Zeitung *Ethnos* eine schreckenskündende Doppelseite mit dem vielsagenden Titel: »Und jetzt die … ›Sioux‹. Exarchia: Nach den Drogen und den An-

Bei Auseinandersetzungen im Rahmen der Operation Areti.

archisten sind jetzt die Punks mit kahlgeschorenen Köpfen dran«. Der Bericht führt aus, »… mit bürstenartig geschnittenem Haar, oft bunt gefärbt, betteln sie, erschrecken ältere Menschen, lassen hier und da Bierflaschen liegen und pissen in der Öffentlichkeit, wo immer sie sich befinden«.[1] In denselben Tagen wurde die »neue« griechische Polizei, die ΕΛ.ΑΣ., aus einer Vereinigung von Stadtpolizei und Gendarmerie gebildet. Die geplante Säuberung von Exarchia wird somit ein Probelauf sein, um die operativen Fähigkeiten der neuen Einrichtung zu ermitteln (und zu demonstrieren).

Der Säuberungsplan für Exarchia begann am 28. September 1984 auf Befehl des Polizeidirektors von Attika – hundert uniformierte Bullen und Zivis marschieren in das Stadtviertel ein und verhaften wahllos Punks und Jugendliche auf den Straßen und Plätzen. Diese Einsätze fanden nun praktisch täglich statt. Doch am 1. Oktober 1984 fingen die Leute an sich zu wehren. Mit einer Razzia, in der die Bullen das VOX-Kino angriffen, begann auch eine Straßenschlacht. »Das war nur der Anfang. Zwei Jahre lang kam es je-

Verhaftung bei Operation Areti.

des Mal, wenn die Bereitschaftspolizei auf dem Platz auftauchte, zu Zusammenstößen mit einer deutlichen Eskalation der Gewalt, als Steine allmählich Molotow-Cocktails wichen und die passive Verteidigung der Besucher von einer aggressiveren Taktik dynamischer Kleingruppen abgelöst wurde, die die Polizeifahrzeuge angriffen, sobald sie in Stournari oder Harilaou Trikoupi parkten.«[2]

In den folgenden zwei Jahre, nachdem die Bereitschaftspolizei so auf der Platia erschien, war die Gegend geprägt von Zusammenstößen mit der Staatsmacht und einem Klima der Gewalt. Es war eine Zeit, in der kein Stein an seinem Platz blieb. Immer wieder flogen Brandsätze, als das Viertel durch seine Menschen leidenschaftlich verteidigt wurde.

Was die Punks betrifft, deren gefärbte Haare den Vorwand für die Repression lieferten, erkaltete das Interesse an ihnen schnell wieder und die Medien fanden zu ihrer tiefersitzenden Angst vor den »Anarchist*innen« zurück. Im Frühjahr 1985 war der vorläufige Höhepunkt der Repression erreicht, am 27. April 1985 regnete es Molotow-Cocktails auf die Bullen, als diese wieder im Viertel wüteten, Menschen in Läden zusammenschlugen und acht Personen verhafteten. Die dynamischen Gruppen, die für die Molotows verantwortlich waren, entkamen auf den Lofos Strefi.

In Ermangelung von Festgenommenen trabten die Bullen die Arachovis-Straße hinauf, eilten zur ersten Bar, die sie finden konnten, und trieben vierzehn Gäste zusammen. Ein Schnellverfahren gegen die Verhafteten fand zwei Tage später vor dem Gericht statt. Obwohl die Zeugen der Staatsanwaltschaft etwas anderes behaupteten, wurden acht Angeklagte wegen Missachtung der Staatsgewalt zu zehn Monaten Haft verurteilt. Dass sich dieses Verfahren als konstruierte Farce bezeichnen lässt, das über die Willkür der Polizei hinwegtäuschen sollte, beweist die Nachricht von der Verurteilung und den Strafen, die bereits drei Stunden vor der Verkündung des Urteils (um Mitternacht) im staatlichen Fernsehen ausgestrahlt wurde!

Antonis Zivas, Bassist in Punkbands der 80er, schreibt, dass entgegen der landläufigen Meinung die »Tugendoperationen« in

Exarchia nicht Ende September/Anfang Oktober 1984 begannen, sondern acht Jahre früher, im Frühjahr 1976. Es habe sich um groß angelegte polizeiliche Repressionsmaßnahmen in allen größeren städtischen Zentren gehandelt, ähnlich wie bei den jüngsten »Operationen polis«, bei denen insgesamt Zehntausende von Menschen grundlos festgenommen wurden. Doch während bei den heutigen Massenverhaftungen der »innere Feind« vor allem Einwander*innen und Anarchist*innen sind, war es bei den früheren Verhaftungen die gesamte Jugend. Es handelte sich im Wesentlichen um die Demonstration einer wahllosen, willkürlichen (und auch grausamen) Polizeigewalt auf Massenebene – eine Demonstration von Macht und Kontrolle.

Chemio, Mai 85

Am 9. Mai 1985 kam es zu der zweiten historischen Besetzung des Chemischen Instituts; Jahrzehnte später wird dies in Zeitzeugenberichten derjenigen, die es miterlebt haben als Wendepunkt und als einen der wichtigsten Momente in der Geschichte der postkommunistischen antiautoritären Bewegung bezeichnet. Die anarchistische Zeitung *Spastis* hatte zu einer Demonstration auf der Platia von Exarchia unter dem Motto aufgerufen: Die Bullen sollen aus dem Viertel verschwinden.

Dem Aufruf folgte eine bunte Mischung aus Anarchist*innen, Punks, Autonomen und Nachbar*innen. Die Kundgebung wurde von einem Aufgebot an MAT umzingelt, während ein Polizeidirektor sie mit der folgenden Erklärung an die Versammelten verbot: »Es ist verboten, zu marschieren und sich auf dem Platz zu versammeln. Sie haben fünf Minuten Zeit, sich zu zerstreuen. Wenn Sie es wagen, Parolen wie – Bullen, Schweine, Mörder zu rufen, dann werden Sie verhaftet und … plattgemacht!« Die Bereitschaftspolizei wartete keine fünf Minuten. Es kam zu einem heftigen Angriff mit gnadenlosen Schlägen und Verhaftungen. Eine Gruppe von etwa vierzig Gejagten flüchtete in das Chemio-

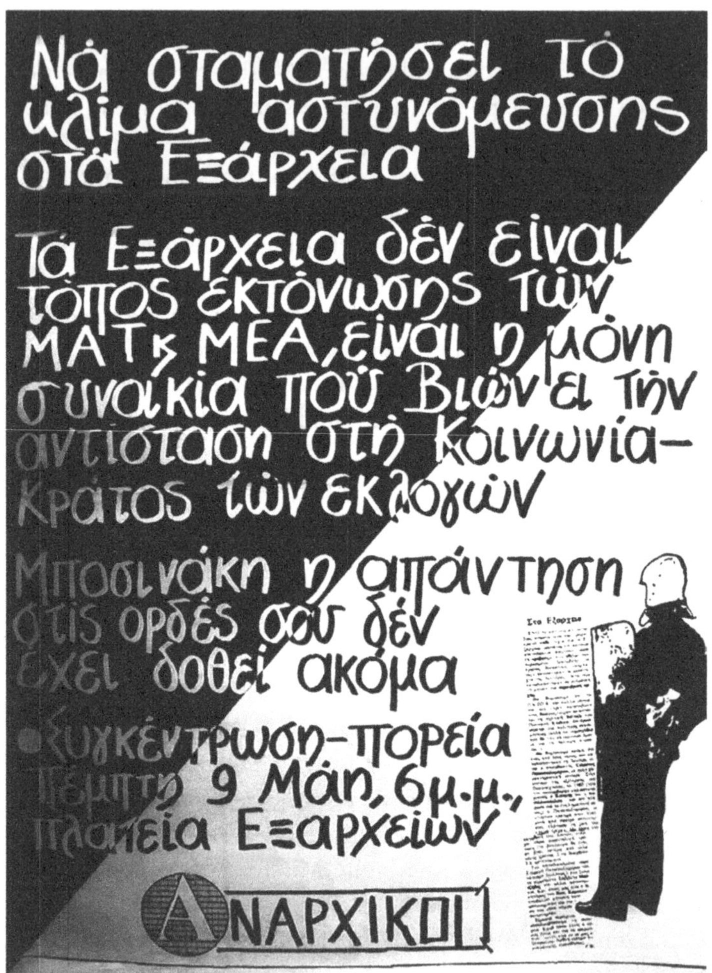

Plakat, Aufruf zur Demo am 9. Mai 85.

Gebäude und besetzte es. Die Zusammenstöße an den Barrikaden drumherum dauerten Tag und Nacht an.

Als die Mat sich ausruhte, übernahmen die Faschisten der Epen (unter aktiver Beteiligung von Makis Voridis) zusammen mit den Ethnopatrioten des Zentralkomitees der PASOK, die sich seit Beginn in großen Gruppen versammelt hatten, deren Rolle und griffen auf den Straßen Ippokratous und Harilaou Trikoupi mit Steinen und Knüppeln diejenigen an, die sie für Unruhestifter hielten. Von der Presse wurden sie als »besorgte Bürger« bezeichnet …

Anlässlich der Wahlen und trotz der Gerüchte über eine Polizeirazzia in dem Gebäude versuchte ein parlamentarischer Ausschuss unter Leitung von Manolis Glezos, Leonidas Kyrkos und dem amtierenden Minister Stathopoulos, mit den Besetzer*innen Kontakt aufzunehmen, um herauszufinden, was sie forderten und wie die Besetzung beendet werden könnte. Laut dem Blog *merlins.gr* lauteten die Forderungen der Besetzer*innen: »Dass die Polizei den Platz verlässt, dass die Verhafteten freigelassen werden, dass eine Delegation kommt, um uns abzuholen, und dass Athen von der Polizei verlassen wird«, während gleichzeitig gewarnt wurde, dass im Falle eines Einfalls in das Gebäude, die-

Vor der Chemischen Universität, 9. Mai 1985.

Auf dem Dach bereiten sich die Aktivist*innen auf die Stürmung der Bullen vor.

11. Mai 1985, an der Ecke Harilaou Trikoupi/Solonos wird ein Motorradbulle getroffen.

ses zusammen mit allen Polizisten, die es wagen, es zu betreten, in die Luft gesprengt würde. Aus einem enteigneten Polizeifunkgerät, das der einzige Kontakt zur »Außenwelt« darstellte, erfuhr man, dass die Forderungen akzeptiert und die Verhafteten per Dekret freigelassen worden waren.

Am nächsten Tag (13.5.) näherte sich eine großartige Demonstration von etwa 5.000 Menschen dem Chemiegebäude von der Akademias-Straße her. Das Komitee, dem auch Mitglieder des Internationalen Roten Kreuzes angehörten und das die Initiative zur Evakuierung ergriffen hatte, erreichte die Barrikaden. Die Besetzer*innen kamen heraus und die Mitglieder des Komitees fragten: »Aber wo sind die anderen?«. Als sie feststellten, dass sich nur 35 Personen auf dem Campus befanden, verdrehten sie die Augen, da sie glaubten, dass sich mindestens 150 Personen im Gebäude befanden. Vor dem Gebäude hing ein Transparent mit der Aufschrift: $E=mc^2$ und dem Slogan »Wir sind verrückt und glücklich«. Die Besetzer*innen schlossen sich der Demo an, alte Leute, junge Leute, Mütter, Genoss*innen und solidarische Arbeiter*innen, die die Parole riefen: »Im Chemio hat eine Handvoll Anarchisten den Staat und die Repression gedemütigt«.

Zum Jahreswechsel 85/86 schrieben die Zeitungen vom »Staat von Exarchia«, der als Ort der Prostitution, Kriminalität und Drogen dargestellt wird, wofür Anarchist*innen verantwortlich seien.

Es gab immer wieder die Momente, in denen selbstorganisiert versucht wurde, die Auseinandersetzungen mit dem Drogenhandel und den Kampf gegen Drogen, die den widerständigen Geist vernebeln und Gift in den sozialen Beziehungen sind, zu führen. Aber (vor allem harte) Drogen in den widerständigen Orten wurden immer von der Macht protegiert.

So auch am 17. Februar 1986, als Anarchist*innen eine Gruppe von Heroindealern vom Exarchia Square vertrieben, sie jedoch von Bullen verhaftet worden sind. Die Repression ist auf die Hilfe der Dealer bei der Zerstörung der sozialen Beziehungen angewiesen.

Auf dem Dach des Chemio mit Blick auf den Parkplatz, der heute der Navarino Park ist.

Aus Exarchia unterstützen Anarchist*innen und Bewohner*innen die Besetzung.

Bullen müssen in Deckung gehen.

Aus Kolonaki kommend unterstützen Epen-Mitglieder die Bullen.

Geschichte

Der älteste überlieferte Zusammenstoß von Student*innen mit der Polizei in diesem Viertel fand am 11. Mai 1859 statt und wurde unter dem Namen »Skiadika« bekannt.[3] Die Auseinandersetzungen spielten sich in den gleichen Straßen wie der Dezemberaufstand 2008 ab und führten zur ersten Besetzung eines universitären Gebäudes, aber auch zu Verhaftungen.

Der Auslöser war das Verprügeln von Student*innen und Schüler*innen durch Bullen im Pedion tou Areos Park hinter der ASOEE-Universität. Von dort aus sind anschließend Leute durch Exarchia gezogen, um die Freilassung der Verhafteten aus der lokalen Polizeistation zu fordern. Mehrere Tausend Menschen versammelten sich darauf folgend vor der Verwaltung der Universitäten bei Propylia und besetzten ein Gebäude, welches der Präsident der Universität durch Bullen räumen ließ. Die Solidarität aus der Bevölkerung war groß und die folgenden Demonstrationen gerieten außer Kontrolle.

Eine Besonderheit von Exarchia ist, dass das Viertel von mehreren historischen Universitäten umgeben ist, nämlich die ASOEE (Fakultät für Wirtschaft), Nomiki (Juristische Fakultät), dem Polytechnio und der Chemischen Fakultät. Der Namensgeber des Viertels war Anfang des 20. Jahrhunderts der einflussreiche Händler Exarchos. Aber es halten sich auch weiterhin Spekulationen über einen anderen Ursprung des Namens, da der Name Exarchia in seiner Bedeutung auch mit »außerhalb von Herrschaft« übersetzt werden kann.

Bis dahin wurde das Viertel Pitharadika (was soviel bedeutet wie Krugwerkstatt) genannt, da sich kykladische Handwerker 1840 dort ansiedelten. Die Gründung der Polytechnio-Universität, 1873, löste einen Zuzug von Studierenden aus. Diese äußerten kurz nach den Olympischen Spielen 1896 ihren Unmut über die Zusammenarbeit von Bullen und Professoren[4] – darauf wurde Exarchia zum Schauplatz von Demonstrationen und Zusammenstößen. Im November 1901 flammten erneut Unruhen im Viertel auf. Vordergründig war eine Bibelübersetzung ins moderne Griechische durch die Zeitung *Akropolis* der Auslöser, weshalb sie als »Gospel-Riots« in die Geschichte gingen. Acht Demonstranten wurden bei den Unruhen, die sich gegen die Macht der Kirche richteten, getötet.[5]

1880 hatte Athen 100.000 Einwohner*innen, nach dem Griechisch-Türkischen Krieg 1922 kamen 230.000 Flüchtlinge aus Kleinasien hinzu. Die demographische Entwicklung der folgenden Jahre machte es unausweichlich, dass sich soziale und politische Verhältnisse in bestimmten Gebieten verdichteten. Offenbar bot Exarchia die günstigsten Voraussetzungen, um zum unruhigsten Viertel zu werden.

1932 wurde das erste mehrstöckige Haus in Exarchia gebaut, das »Blaue Haus« an der Platia Exarchion, wo sich bis vor wenigen Jahren das Cafe Floral befand. Es siedelten sich nun viele Handwerker, Künstler und Rembetiko-Musiker an. Während der Deutschen Besatzung fand eines der ersten Treffen der Widerstandsorganisation EAM am 27. September 1941 in Exarchia statt.

Hinter dem Polytechnio kam es am 5. März 1943 im Zuge von Demonstrationen gegen die Verschleppung von Griech*innen zur Zwangsarbeit nach Deutschland, zu Kämpfen zwischen Bürger*innen und Einheiten der Kollaborationsbehörden.

Die ELAS-Partisan*innen nutzten den Berg von Exarchia – den Lofos Strefi, als Rückzugsort. In diesem Bereich entwickelten sich beim Beginn des Bürgerkriegs nach dem Abzug der Deutschen Wehrmacht heftige Gefechte mit den verbliebenen Sicherheitsbataillonen der Kollaborationsregierung, royalistischen Gruppen und mit ihnen verbündeten Britischen Truppen. Die ELAS nutzte das »Blaue Haus« als Waffenlager und schoss von dem Gebäude während der Dekemvriana (die so genannten Dezember-Ereignisse, markieren den Beginn des Bürgerkrieges gegen die siegreichen Partisan*innen) 1944 einen britischen Panzer ab, als dieser von der Stournari-Straße das Tor des Polytechnios durchbrechen wollte.

Ein weitgehend vergessenes Kapitel wurde am 5. Dezember 1944 geschrieben, als ELAS-nahe Student*innen, die spätere

Kompanie »Lord Vyron«, unter der Führung von Grigoris Farakos, nach dem Mittag das Polytechnio besetzte, um die aus Kollaborateuren gebildete Polizei anzugreifen, die sich direkt gegenüber in der Patission-Straße befand. Dann passierten plötzlich britische Fallschirmjäger den Hof des Polytechnios und eröffneten das Feuer. Sie drangen in das Rectory-Gebäude ein und töten und verletzen die ELAS-Leute, die im Korridor achtlos rauchten. Die auf dem Rücken liegenden Studierenden riefen um Hilfe, während die Engländer weiter auf sie einprügelten. Die ELAS versuchten sie davon zu überzeugen, dass sie sich nicht in den Konflikt mit ihrer Regierung einmischen sollten. Sie erklärten ihnen, dass sie nicht gegen die Briten kämpfen, sondern gegen die lokalen Faschisten, die Kollaborateure der Deutschen. Vergeblich. Einer der britischen Panzer, die das Gebäude umstellt hatten, krachte in das Eisentor des Polytechnios und zerstörte es. Die Junta sollte diese Szene 29 Jahre später nachstellen…[6]

Analog zur heutigen Situation operierten auch damals Briten, royalistische EDES-Verbände und faschistische Gruppen von Kolonaki (ein reiches Viertel, welches östlich angrenzt und etwas höher liegt) aus kommend gegen Exarchia.

Nachdem in jüngster Zeit der Lofos Strefi, als wichtiger Ort für Investoren und Treffpunkt des Widerstands im Viertel, durch den Bürgermeister Bakoyannis (ND) markiert wurde und von Oktober 2022 bis Februar 2024 von der Polizei durchgehend besetzt war, kam neues Interesse für die Geschichte des Hügels und Exarchias auf. Das drückt sich in der Zeitung *Der Trichter des Strefi* aus, die von einer Nachbarschaftsinitiative herausgegeben wird. In der Ausgabe 2 vom Dezember 2023, findet sich folgender Text (Zusammenfassung):

> »Die Zeitung, die Sie in den Händen halten, heißt nicht umsonst *Trichter*. Der Trichter hat in der Zeit von 1941–1947 existiert, ein Symbol und eine Waffe des Widerstands, denn er war der ›Vorfahre‹ des heutigen Megaphones, mit dessen Hilfe die Mitglieder der

Epon 1943 die Durchsagen der Eam vom Strefi-Hügel aus an die Bewohner*innen von Exarchia machten. Einer von ihnen war der Filmregisseur Roviros Manthoulis (1929–2022). Er engagierte sich in den Reihen der Jugendorganisation der Eam. Von Ende 1943 bis zur Befreiung war er der ›Trichter‹ von Exarchia, der abends von einem Dach auf dem Hügel die Nachrichten des Widerstands in die geöffneten Fenster der Mietshäuser weiter unten rief. So beschreibt es die kommunistische Schriftstellerin Melpo Axiotis in ihrem Werk *Athen 1941–1945*.

Die kollektiven Kämpfe der Anwohner*innen um die Rettung des Hügels vor den Investoren, die ihn entweder in ein pharaonisches Stadttheater, eine Autowerkstatt, ein Privatgrundstück, ein Lagerhaus für Denkmäler oder ein Touristenzentrum machen wollen, bestehen seit Langem. Dokumente aus dieser Zeit zeigen, dass die Anwohner Sanierungsmaßnahmen fordern um die Begrünung wiederherzustellen und seit den 1920er Jahren verhindern, dass das Gelände bebaut wird. Gleichzeitig wurde der Hügel bereits 1935 als Ort für politische Auseinandersetzungen, Versammlungen und Propaganda genutzt.

Die erste Erwähnung findet sich bei den Studentenmobilisierungen im März 1935. Also, nach einem Studentenstreik, der die absolute Mehrheit der Studenten der damaligen Zeit zusammenbrachte, wurde eine Versammlung auf dem Karitsis-Platz von der Polizei brutal angegriffen,mit vielen Verletzten und 35 Verhaftungen. Die Streikenden versammeln sich nach heftigen Zusammenstößen wieder auf der Platia von Exarchia und suchen Zuflucht auf dem Strefi Hügel um eine Versammlung abzuhalten. Der Hügel des Strefi wurde aufgrund seiner Lage ausgiebig für staatsfeindliche Propaganda genutzt, während der harten Jahre der Besatzung. Er war nicht nur das Hauptquartier des Exarchia-Trichters, zeitweise durchbrachen flammende Inschriften die tiefe Dunkelheit der Nacht und sandten antagonistische Botschaften an die Bevölkerung.

D. Nicolakopoulos erklärt in seinen Erinnerungen in Rizospastis (Das Studio der Democracy, 18.9.1983), dass eines Abends

bei Vollmond, nachdem er und seine Genossen das Foto eines Schwarzhändlers in der Sofokle-Straße aufgehängt hatten – (dem Sitz der Schwarzhändler seit jeher), rannte er in Richtung Ippokratos-Straße, wo er die Schüsse von den Deutschen und den Kollaborateuren hörte. ›Ich sah hoch oben auf dem Hügel des Strefi ein Feuer, das die Buchstaben von EAM bildete und von ganz Athen aus sichtbar war!‹
Im Jahr 1944, während der Zeit der Dekemvriana, wurde Exarchia hauptsächlich von der ELAS kontrolliert. Von Student*innen, die als Hauptquartier und Operationszentrum die umliegenden Gebäude des Strefi besetzten, vor allem die Schule in der Methonis-Straße. Ihnen gegenüber
operierten hauptsächlich britische Kräfte, die sich in den Gebäuden des Chemio und in Kolonaki verschanzt hatten. Sie beschossen vom Lykavettus die ELAS-Kräfte mit zwei Kanonen.

Nachgedruckt aus *Exarchia Alphabetarium (1840–1975)* von Yannis Foundas:

»Die Sicherheitspolizei. Dunkle und verhasste Regierungsbehörde, die bis Dezember 1944 an der Ecke Stournari und Patission, gegenüber dem Polytechnio untergebracht war und aus den Eingeweiden Horden von grausamen ›Bourantadon‹, die Wachleute, Spitzel und fünfhundert Beamte ausstieß. Tausende von Akten von ›Antinationalen‹. Der erste Tritt, der schließlich zur endgültigen Entfernung aus der Region führte, erfolgte am 5. Dezember 1944.
›Um Punkt 10:55 Uhr‹, heißt es in dem Bericht der Polizei ›bemerkten die Sicherheitsbeamten eine Demonstration, die von Frauen und Kinder umringt vom Exarchia-Platz die Stournari-Straße herunterkamen, zur Allgemeinen Sicherheit. Es gab Fahnenträger und andere Kommunisten, die Schilder mit verschiedenen Slogans hielten. Im selben Moment tauchten andere Demonstrationen auf dem Kanigos-Platz und Vathis-Platz auf. Genau in diesem Moment, 11 Uhr vormittags,

begannen sie das Gebäude der Sicherheit gleichzeitig intensiv mit Maschinengewehren zu beschießen, Granaten, Mörsern und anderen Waffen, von der Spitze des Strefi aus, vom Gebäude des Polytechnios aus, von den Dächern der Hochhäuser, von den mehrstöckigen Gebäuden von Exarchia, von hohen Gebäuden in der Stournari-Straße, Acharnon, Kanigos-Platz und Bouboulinas-Straße und von allen geeigneten umliegenden Wohnnungen‹. (*Chronik der Polizei*, Bd. 113, 1.2.1958, S. 5481).«
Zur gleichen Zeit, so die nationale Zeitung *Hellas*, »kamen Menschen von der Bouboulinas-Straße und drangen in den Innenhof des Polytechnios ein, von wo sie begannen mit automatischen Waffen und Maschinengewehren gegen das Gebäude der Allgemeinen Sicherheit zu feuern während andere Granaten warfen.«(*I Hellas*, 6.12.1944, S. 2).
Die Schlacht mit den jungen Männer und Frauen der Studentenkompanie dauerte bis zum Nachmittag an, als den Verteidigern die Engländer zu Hilfe eilten. Infanteriekommandos mit sieben Terra-Panzern fuhren in den Hof des Polytechnios.

Platia Exarchion 1974.

Der Zeitung zufolge verhafteten sie neunzig ELAS-Kämpfer*innen. Das Gebäude der Sicherheitspolizei wurde schließlich am 15. Dezember auf Befehl der Briten geräumt und am selben Tag wurde ein Teil des Gebäudes von den ELAS gesprengt.

In dem grausamen Regime nach dem Bürgerkrieg wurden weiterhin Botschaften des Kampfes ausgesendet. In einem Artikel der *Kathimerini* vom 27.11.1953 heißt es u. a. »Kommunisten hatten sich auf dem Strefi-Hügel versteckt und ein hell flammendes Schild gezündet, mit den Worten ›Es leben die 35 Jahre der KKE‹.«[7]

Katerina Gogou

Idionimo 3

Mein Kopf in Scherben/mit zertrümmertem Kopf
aus dem Schraubstock deiner Flohmärkte

zur Rushhour und gegen den
Strom

Ich werde ein großes Feuer anzünden

und da hinein werfe ich alle marxistischen
Bücher
damit Myrto nie erfährt

die Gründe für meinen Tod erfährt.
Du kannst ihr sagen
dass ich den Frühling nicht ertragen konnte oder dass ich über eine rote Ampel gefahren bin.
Ja. Das ist glaubwürdiger.
Rot. Das sagst du ihr./Sag ihr das.

In den Jahren nach dem Ende der Junta, entwickelte sich Exarchia zu einem Zentrum antiautoritärer und linker Gruppen, auch Künstler*innen, Intellektuelle und Militante zogen in den Kiez. Die anarchistische Dichterin und Schauspielerin Katerina Gogou (1940–1993) beschreibt mit ihrem Werk das Lebensgefühl einer unangepassten Generation.

Folgende Worte über sie, sind einem Artikel von »taxikipali« auf der Seite *libcom.org* entnommen:

> »Bis heute ist Gogou der bete-noire der modernen Poesie in Griechenland, und es gibt nur eine poetische Anthologie, die ihr bahnbrechendes ketzerisches Werk enthält. Ihre Gedichte sind jedoch ein untrennbarer Bestandteil der radikalen Kultur des Landes und des öffentlichen Imaginären von Exarchia geworden. Vor kurzem erschien eine Biografie über Katerina Gogou mit dem Titel *Katerina Gogou: Die Liebe des Todes* [*Erotas Thanatou*]. Allerdings wurde bisher keine Studie oder Geschichte über Katerina Gogous Beteiligung am anarchistischen Kampf der 1980er Jahre in griechischer Sprache veröffentlicht, was eine große Lücke sowohl in der Geschichte der Bewegung als auch in der Biografie der Dichterin hinterlässt. Obwohl Katerina Gogou eine nicht enden wollende Reihe weiblicher Stereotypen darstellte, entwickelte sie eine scharfsinnige, radikale Perspektive, die weit von den nominell konservativen Feministinnen der Nach-Junta-Ära entfernt war, die sie 1980 in einem Gedicht aus der Sammlung *Idionimo*[8] bitter verspottete. Katerina Gogous Feminismus war weit entfernt von den offiziellen republikanischen Übungen in demokratischer Fortschrittlichkeit.
>
> Viele ihrer frühen Gedichte handelten von einer Welt, die die griechische Gesellschaft, einschließlich der ideologisch dominanten Linken der späten 1970er Jahre, ignorierte oder ignorieren wollte: die Prostitution. Ein großer Teil von Katerinas Gedichten war einer viralen Beschreibung der dunklen Seite Athens gewidmet, wie sie bis dahin noch niemand zu artikulieren gewagt hatte.«

Der Titel der Sammlung bezog sich auf das Gesetz Nr. 410/1976, das die Sicherheitskräfte gegen Demonstrant*innen und das Regime selbst gegen Streiks usw. stärkte. Das Gesetz wurde damals von Anarchist*innen und Linken als »idionimo« bezeichnet, ein Wort, das sich auf das Ende der 1920er Jahre vom liberalen Premierminister Eleftherios Venizelos erlassene Gesetz bezog, das die Ausweisung von Kommunist*innen in unwirtliche Insellager anordnete. In der Gedichtsammlung griff Gogou die Kommunistische Partei Griechenlands (KKE) wegen Verrats am Kampf an. Die Anschuldigungen kamen zu einem Zeitpunkt, als die Jugend der Partei KNE eine Spezialeinheit, die Kommunistische Jugend für die Wiederherstellung der Ordnung, gebildet hatte, die während der ersten Universitätsbesetzung von 1979–1980 jeden Versuch der Autonomie und der anti-polizeilichen Gewalt brutal unterdrückte. Anarchistische Zeitschriften wie *Der Hahn, der im Dunkeln kräht* wiesen damals darauf hin, dass die KNE Anarchist*innen in speziellen Räumen des Polytechnios folterte.[9] Die Universitätsbesetzungen von 1979–1980 gegen das Bildungsgesetz Nr. 815 waren eine Art griechischer Mai ’68, bei dem die

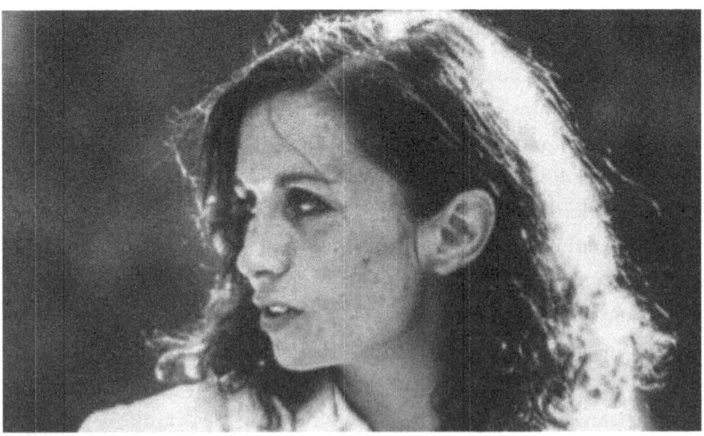

Katerina Gogou.

Jugend zum ersten Mal massiv die kommunistische und linke Orthodoxie u.a. durch Graffiti und Transparente verspottete, insbesondere die KNE und die E.K.K.E., die zahlreiche maoistische Parteien umfasste, die bereits 1977 in Exarchia mit Anarchist*innen aneinander geraten waren.

Ab 1980 war Gogou stark in die aufkeimende anarchistische Kultur von Exarchia involviert, wo 1981 in der Valtetsiou-Straße das erste besetzte Haus Athens entstand.

Zwei Jahre zuvor, 1979, spielte Gogou eine zentrale Rolle bei dem großen Konzert gegen die Polizeirepression in Sporting, an dem damals viele Sänger*innen teilnahmen.

Das Konzert diente der Forderung nach der sofortigen Freilassung von Filippas und Sofia Kiritsis, zwei Anarchist*innen, die vom Regime als Terroristen inhaftiert worden waren. Die Kiritsis-Affäre war der erste emblematische Fall von Repression gegen Anarchist*innen und spielte eine wichtige Rolle bei der Entstehung des anarchistischen Milieus durch die Solidaritätsbewegung, die für die Befreiung der Genoss*innen entstand. Natürlich endete das Konzert mit Ausschreitungen, bei denen über 100 Personen verhaftet wurden. Es war die Zeit der großen Konzertkrawalle, die ihren Höhepunkt während des Konzerts von »Police« im Frühjahr 1980 in Sporting erreichten. Es war das erste Rockkonzert in Griechenland, nachdem das Konzert der »Rolling Stones« während der Junta damit endete, dass die Polizei die Bühne betrat und den Bandmanager verprügelte, nachdem Mick Jagger Nelken ins Publikum geworfen hatte, was von den Polizisten als konspiratives kommunistisches Signal angesehen wurde.

In jener warmen Märznacht 1980, als alle Universitäten besetzt waren, stürmten zweitausend junge Leute ohne Eintrittskarten das Stadion, was zu ausgedehnten Zusammenstößen mit der Polizei auf der Patission- und der Aharnon-Allee führte.

Die roten Messer in Gogous Gedicht »idionimo 2« bezogen sich auf die traditionelle kommunistische Politik gegen Homosexualität, die von der KKE als »eine bürgerliche Perversion, die mit der Revolution verschwinden wird« bezeichnet wurde. Mitte der 1980er Jahre gab es in Griechenland einen erbitterten Kampf um die »Befreiung« der Homosexualität. Nur wenige Jahre zuvor, im Jahr 1979, hatte die rechte Regierung ein Gesetz vorgeschlagen, das die Umsiedlung von Homosexuellen in unwirtliche Insellager vorsah. Das Gesetz wurde nur durch eine Massenreaktion der Bevölkerung sowie durch internationalen Druck von Intellektuellen wie Foucault gekippt.[10] Der Kampf gegen dieses Vertreibungsgesetz war die Wiege der Schwulenbefreiungsbewegung der 1980er Jahre, die hauptsächlich von der linken Gruppe Akoa angeführt wurde. Die militanteste Rolle in diesem Kampf spielten jedoch die »Transvestiten« (dies war ihre selbstreferentielle Bezeichnung), die sich auch in Auseinandersetzungen mit der Bereitschaftspolizei begaben. Sonia war eine anarchistische Trans*person, die eng mit Paola verwandt war, der führenden anarchistischen Trans*person des Jahrzehnts, die *Kraximo*, eine anarchistische Trans*zeitschrift, herausgab, was zu zahlreichen Verhaftungen führte.

Die Ermordung von Sonia und das Aussetzen ihrer brutal zugerichteten nackten Leiche auf einen einsamen Felsen an der Küste von Attiki war damals ein symbolischer Aufruf zu den Waffen.

Gogou war selbst ein ständiges Opfer von Polizeigewalt und -willkür. Im Jahr 1986 erstattete sie Anzeige gegen General Drosoyannis, den berüchtigten Minister für öffentliche Ordnung der Pasok, nachdem sie während einer der zahlreichen anarchistischen Demonstrationen jener Zeit von Bereitschaftspolizisten brutal zusammengeschlagen worden war. Gogou stand auf der ständigen Verdächtigenliste des Ministeriums, was sich durch ihre Freundschaft und Kameradschaft mit Katerina Iatropoulou, der führenden anarchistischen Persönlichkeit im Kampf für die Abschaffung der Gefängnisse, noch verschlimmerte.

1990 veröffentlichte Katerina schließlich ihr letztes Buch *The Return Journey*, das sowohl ihren früheren politischen und sozialen Blick als auch ihre Existenzangst thematisierte. Auf einer Seite des

Buches enthält es einen handgezeichneten Kasten mit fünf Namen, die die Geburt der anarchistischen Bewegung in Griechenland markieren. Fünf Männer, die durch Polizeikugeln starben, die Stadtguerillos Kassimis, Tsoutsouvis und Prekas, der 15-jährige Kaltezas, der 1985 während des Jahrestags des Polytechnios von einem Polizisten erschossen wurde, und Tsironis, der exzentrische revolutionäre Arzt, der seine Wohnung zu einem freien Staat ausgerufen hatte und von Spezialkräften niedergeschossen wurde.

Katerina Gogou starb am 3. Oktober 1993 im Alter von 53 Jahren an einer Überdosis Tabletten und Alkohol. Sie war die letzte der drei radikalen Dichter-Sänger*innen (neben Pavlos Sidiropoulos und Nikolas Asimos), welche die sich wandelnde Bühne von Exarchia verließ.[11]

In diesem Sommer 1993 verkündete der stellvertretende Minister für öffentliche Arbeiten, George Voulgarakis in der Zeitung *Eleftherotypia*: »Exarchia wird wie Plaka werden«. Damit bezog er sich auf die geplante Verlegung der Gerichte nach Evelpidon, was zu einer starken Nachfrage nach aufgewerteten Wohnraum in der Gegend durch Hunderte von jungen Anwält*innen führte. Diese Aufwertungsprozesse, die ähnlich wie in Plaka, stattfinden sollten, dienen, wie auch anderswo, den Sicherheitsinteressen und den Grundstücks- oder Hauseigentümer*innen – als späterer Minister für öffentliche Ordnung, wird Voulgarakis selbst Eigentümer eines Gebäudes in Exarchia sein.

Ein weiterer Performance-Künstler, Komponist und Sänger mit starkem Einfluss auf die anarchistische Bewegung der 70er und 80er Jahre war Nikolas Asimos. Seine Bekanntheit reicht heute vermutlich nicht mehr über Griechenland hinaus. Sein Leben ist ebenfalls zum Gegenstand der Forschung geworden.[12]

Nikolas Asimos war der größte Troubadour der anarchistischen Bewegung in Griechenland und eine der Figuren, die Exarchia zu einem diachronischen Lebensraum für radikales Denken und Praxis machten. Seine Biographie basiert auf dem Buch *Suchen nach Crockanthropus.*

Er wurde 1949 in Thessaloniki geboren und sein erster Zusammenstoß mit dem System war 1966, als er eine Übersetzung des französischen Liedes *Monsieur Cannibal* an eine Zeitungskolumne schickte, die von Nikos Mastorakis, der damaligen Autorität für Rockmusik und später Kollaborateur der Junta, herausgegeben wurde. Anstatt die Übersetzung zu veröffentlichen, verfasste Mastorakis ein ironisches Stück darüber, auf das Asimaopoulos mit einem vernichtenden vier Seiten öffentlichen Brief unter dem Pseudonym »Asimos« antwortete, den er seit dem als seinen Nachnamen verwenden würde.

Während seines dritten Studienjahres feierte Asimos sein Debüt im Theater und spielte Moliere. Doch seine Karriere im Theater würde ihn bald gegen die Junta-Zensoren aufbringen. 1972 zog er nach Athen, wo er ein letztes Mal an einer Theateraufführung teilnahm, und tauchte immer mehr in den radikalen Aufschwung der Jugend ein, die im Frühjahr 1973 bald Ausdruck finden würde.

Der Winter von 1973/74 war der dunkelste in der 7-jährigen Diktatur mit der neuen Hardliner-Junta, angeführt von Brigadier Ioannidis, die jeden Schein von Toleranz oder Legalität abgeschafft hatten. Für Asimos war dies eine Zeit der Angst und des extremen Hungers: Am Silvesterabend wurde die Bar, in der er neben dem alten kommunistischen Guerillo Panos Tzavellas sang, von der Junta versiegelt. Bald jedoch wurde Asimos von Thanasis Gaifilias in einer Szenebar ein Job angeboten. Einige Monate später bewegte sich Gaifilias auf der Suche nach Ruhm und Asimos wurde allein gelassen, um eine musik-theatralische experimentelle Darstellung einzurichten. Das Schild an der Tür der Bar lautete: »Kein Eintritt für alle, die am 21. April geboren wurde, Zahnpasten ausgenommen«. Nach zahlreichen Razzien beschloss die Asfalia, den Laden im April 1974 endgültig als subversiv zu versiegeln.

Im Sommer 1974 veröffentlichte Asimos seinen ersten Text in der Zeitschrift *Pan Derma*, Nr. 9, die vom »Vater der radikalen Presse« in Griechenland, Leonidas Christakis, herausgegeben wurde.

Gleichzeitig gründete Asimos das »Musiktheater der Armut«, das in Plaka untergebracht war und als Künstler*innenkommune fungierte. Das Experiment scheiterte laut Asimos aufgrund der internen Kampfes zwischen den Leftist-Mitgliedern des Orchesters. Das Geschäft wurde Tzavellas übergeben, der bis dahin ein Superstar von Guerilla-Liedern geworden war, die den Soundtrack liefern würde zu einem Lebensstil der super-revolutionäre Untätigkeit einer ganzen Generation von Linken. In diesem Zusammenhang schrieb Asimos ein Prosa-Poem ohne Titel, das sich wie ein Manifest der neugeborenen anarchistischen Bewegung dieser Zeit liest, von den Gründen ihrer Geburt, dem Verrat der Linken:

Diese Jahre sind umsonst gewesen
Diese Jahre wurden von den Führern an sich gerissen
Doch diese Jahre hinterließen etwas
Etwas Starkes, das die Dunkelheit nicht verschlingen kann.
Diese Jahre tragen ihr eigenes Bewusstsein
Ihre Wahrheit über die verlorene Zeit
Über unseren Beitrag zu diesem Verlust
Wir wissen jetzt, dass die Mächtigen nicht friedlich zurücktreten werden
Sie werden sich nicht von ihrem steinernen Thron bewegen lassen.
Sie lassen sich weder durch Worte noch durch Tugenden bewegen.
Sie wissen nur zu gut, dass sie, um sich selbst zu erhalten
Um an der Macht zu bleiben, müssen sie uns, die Menge, verführen
Um unseren Kampf zu verwirren
Um unsere Führer zu kaufen.
Sie haben nichts zu verlieren, wenn wir es ihnen nicht entreißen.
Diese Jahre sind vergeudet worden
Diese Jahre wurden von unserem Volk verraten
Der blutige Weg der Freiheit schwankt nicht
Er schreitet immer in gerader Linie vorwärts.
Wenn die Versklavten das nicht sehen
verkommt der blutige Pfad der Freiheit.

Sein Weg führt nicht friedlich zu den Toren der Menschheit.
Die wahre Aufgabe der Proletarier ist die Revolution.
Die Verräter und Abtrünnigen aus unserer Klasse zu verjagen.
Die Mächtigen vom Planeten zu stürzen.
Diese Jahre waren in einem Punkt gut.
Sie haben uns dazu gebracht, die Wahrheit wiederzufinden.
Diese Jahre sind vergeudet worden.
Diese Jahre wurden von den Führern usurpiert.
Doch diese Jahre haben etwas hinterlassen
Etwas Starkes wird hinter der Dunkelheit geboren
Diese Jahre tragen ihr eigenes Bewusstsein in sich.

1975 unternahm Asimos einen vorletzten Versuch, bei der größten New-Wave-Plattenfirma Griechenlands, Lyra, aufzunehmen. Diesmal gelang es ihm, seine erste Arbeit aufzuzeichnen. Doch in Griechenland hatte sich wenig verändert, abgesehen von den schwarzen Anzügen, die den Platz militärischer Uniformen einnahmen. Die jetzt demokratische Zensur verbot eine Radioübertragung seiner Songs aufgrund ihrer anti-militaristischen Botschaft. Zu dieser Zeit schrieb und komponierte Asimos einige seiner berühmtesten anarchistischen Songs, wie *What if they hit us* und *Give it all up*, die immer noch neue Generationen von Radikalen inspirieren.

What if they hit us

Was ist, wenn sie uns mit Bomben und Kanonen beschießen?
Was ist, wenn sie unsere besten Jahre ruinieren
Während sie sagen, dass sie nur unser Wohl wollen
Sie hören nie auf unser eigenes Recht

Das ist kein Leben, unter den Bossen
Unsere Löhne sind unmenschlich
Sie führen ein leichtes Leben, und wir kämpfen
Wir machen uns Sorgen, ob wir einen Job oder was zu essen haben

Lasst uns unser Recht auf die Straße tragen
Bombardiert und verbrennt den Staat und die Polizei
Wir wissen zu gut, wer unsere Chefs sind
Das Blut des Novembers hat uns viel gelehrt

Was, wenn sie uns mit Bomben und Kanonen treffen
Was, wenn sie unsere besten Jahre ruinieren?
Wir werden die schwarz-rote Fahne vor uns hertragen
Für uns, für ein freies und jüngeres Leben
Wir werden die schwarz-rote Flagge hissen
Denn der Kampf, die Freiheit ist eine Notwendigkeit.

Give it all up

Gib die Schule auf, gib den Schrotthaufen auf
Du bist wieder dein eigener Chef
Gib die Schreibtische und die Amphitheater auf
Und komm an den Strand, um Liebe zu machen

Gib deinen Job auf, gib die Huren auf
Und sieh zu, dass du dich zuerst entscheidest
Tausende von Supermärkten voll mit Dingen
Warum klauen wir sie nicht für unser Alter?

Gib Gott auf, und deinen Vater
Willst du nicht heiraten und den Lohn eines Kulis
Weigere dich, eine doppelte Sklavin zu sein
Unsere Kinder werden in Kommunen aufwachsen

Dann gib es auf, gib die Party auf
Trag nicht deinen eigenen Leichnam herum
Hör auf, der Dolmetscher des zentralen Esels [d.h. des Zentralkomitees] zu sein
Weigere dich, Lehrmeister und Belehrter zu sein

Pisse auf das Parlament und zerschlage seine Büros
Lass die Bürokratie sich selbst ertränken
Und tragt eine Kapuze, wenn sie euch im Nacken sitzen
Damit sie dich im Aufruhr nicht erkennen

Gebt die Armee auf, den Schafstall
Und lass sie denken, wir sind verrückt
Sie bewaffnen das Volk für ein dummes Vaterland
Hierarchie ist nicht gut für Anarchisten

In dieser Gesellschaft sind wir bis auf die Knochen verrottet
Unmenschliche Institutionen sind uns zur Gewohnheit geworden
Gebt alles auf und lasst uns ungemütlich leben
Seht, wie sie Schritt für Schritt zurückweichen.

Im Winter 1976 zog Asimos nach Exarchia, was bis zum Ende seines Lebens zu seinem natürlichen Lebensraum werden würde. Als Vater einer neugeborenen Tochter begann er, am Zaun des Polytechnios zu leben, indem er Magazine, Bücher und Bänder verkaufte, während er gleichzeitig an den ersten Konzerten in Solidarität mit den politischen Gefangenen der Demokratie teilnahm. Das war die Zeit, in der Exarchia Ort von Auseinandersetzungen mit der KKE und den Maoisten wurde, wegen der Massenproduktion und -verteilung von anarchistischem Druckmaterial. Die schweren Zusammenstöße der Anarchist*innen mit der Polizei während der Demonstration nach den Morden in Stammheim, bei denen 16 Personen verhaftet wurden, darunter auch Asimos, brachten ihm und anderen Verlegern subversiven Materials den Vorwurf ein, »moralisch verantwortlich der Störung des öffentlichen Friedens« zu sein. Als liberale Künstler*innen ein großes Konzert in Solidarität für die Gefangenen organisierten, veröffentlichten drei von ihnen, darunter Asimos, ein vernichtendes Kommuniqué, in dem sie sich weigerten, Geld zu erhalten, das vom Konzert gesammelt wurde: »Wir verweigern jede Solidaritätskampagne, die das eigentliche Gesicht der Repression verbirgt, indem sie vermeidet, sich auf unsere Ideen zu beziehen.« Der Prozess würde niemals aufgrund des öffentlichen Aufschreis stattfinden, aber Asimos verbrachte zwei Monate in dem berüchtigten Gefängnis von Aegina.

Im gleichen Zeitraum überfiel die Polizei das Haus von Filippas und Sofia Kiritsis und verhaftete sie wegen des Besitzes von 8 Bierflaschen, die Molotow-Cocktails getauft wurden.

Was Asimos betrifft, so war seine Art des Protests charakteristisch eigenwillig: Er drang in das Büro des Staatsanwalts ein, mit einer Plastik-Raumwaffe und seiner kleinen Tochter in den Armen, die Konfusion und Angst bei den Beamten verbreiteten. Asimos kritisierte die »Ernsthaftigkeit« von Radikalen, die ihn beschuldigten, zu exzentrisch und unvorhersehbar zu sein. Asimos schrieb viele Gedichte über das neue Konzept des »Terrorismus«, wie das folgende mit dem Titel *Ich bin fertig mit dem Widerstand*, und verfluchte die Kultur des Prahlens mit dem imaginären oder echten Widerstand gegen die Junta, während der Widerstand mit den zivilen Erben zusammenarbeitete.

Denn viele fragen mich
Wie es mir im Gefängnis erging
Warum ich kein Lied geschrieben habe
Wie so viele »Widerstandskämpfer«
antworte ich ihnen geradeheraus
Ich verkaufe meinen Widerstand nicht

Ihr alle, die ihr Widerstand geleistet habt
Wie gut habt ihr euren Platz gefunden
Um für einen Sitz im Parlament zu kämpfen

Ich habe die Nase voll vom Widerstand
Falsche Worte von Fanfarons
Ich verwelkte in meiner Zelle
Und ich hasse Politiker

Die Gefängnisse sind voll, die Zellen sind feucht
Sträflinge in Kerkern
Sind das Alibi der Welt, um ihre Falschheit zu verbergen
Um ihre Massaker und ihre legalen Raubüberfälle zu unterstützen

Terroristen!
Sind die, die sich weigern!
sich unterzuordnen.
Liberale!
Diejenigen, die brennen
Und massakrieren.

Legt eine Bombe und sprengt
In die Luft alle Zellen
Für eure Freiheit begrabt den ganzen gesellschaftlichen Unsinn
Deines Lebens

Das Leben ist schön ohne Gesetze
Ohne Panzer
Ohne Richter und Anwälte
Ohne Bosse und Scheiße

Im grünsten Unkraut
werde ich die Liebe finden
Nie und immer handelnd
Überall und nirgends

Denn viele fragen mich
Wie ging es mir im Gefängnis…

Während eines skandalösen Ereignisse im Herbst 1981 wurde er neben Giorgos Gavalas und Nikos Saviddis verhaftet. Asimos und Saviddis wurden danach in die berüchtigte Psychiatrie von Dafni gebracht, wo sie elektrischen Schocks und Schlägen ausgesetzt waren. Tausende Menschen gingen für seine Freilassung auf die Straße, darunter viele führende Künstler*innen der Zeit. Der Aufenthalt in Dafni war jedoch schrecklich und beeinflusste den Geist von Asimos bis zu seinem Tod. Trotzdem nahm er weiterhin seine »illegalen Bänder« auf, während er gleichzeitig an Konzerten teilnahm. Im Sommer 1982 veröffentlichte er die Platte *Ho xanapes* (ein Wortspiel zwischen Kanapes – A Couch – und Xanapes – sag es erneut). Ehemalige Kollegen und die Exarchia-Anarchisten verspotteten ihn (der »Unbedeutende«, der »berühmt« werden will). Die Angriffe führten zu seinem weiteren Rückzug zu sich selbst und bestätigten in seinem Kopf seine frühere Kritik an der »Ernsthaftigkeit« vieler Anarchist*innen, die sich in einem seiner berühmtesten Lieder widerspiegelten, *Die Revolution erwies sich als ein Traum.* Im Juni 1987 wurde er erneut verhaftet und der Vergewaltigung beschuldigt. Nikolas Asimos wird bis zur Einstellung des Verfahrens im Gefängnis von Korydallos eingesperrt. Nach einem weiteren Aufenthalt in einer psychiatrischen Klinik erhängte er sich am 17. März 1988. Der *WDR* widmete ihm danach eine dreistündige Sendung.[13]

Die Revolution erwies sich als ein Traum

Wir haben gesagt, wir werden die Grenzen abschaffen
Wir sagten, wir werden den Staat abschaffen
Und wir ließen uns gleich
In unseren schleimigen Umschlägen.

Die Revolution erwies sich als ein Traum
Eine bequeme und intelligente Ausrede
Wir bewahren unseren inneren Dreck
Mittels revolutionärer Phraseologie.

Wir haben unsere traurigen Rollen nicht gebrochen
Die vorstädtischen kalten Vorurteile
Krankheit, du kochst leise in uns
Du keuchst. Warum lasst ihr uns nicht in Ruhe?

Die Revolution erwies sich als ein Traum
Eine bankrotte und intelligente Ausrede
Um unser inneres Elend zu bewahren
Mittels revolutionärer Phraseologie.

Wir haben einen schwierigen Weg zurückgelegt
Endlos, und wir können ihn nicht überschreiten
Ihr habt uns im Stillen mit Enttäuschung befruchtet
Doch vielleicht war es den Versuch wert

Die Revolution erwies sich als ein Traum
Wie ein vergessenes, vergangenes Märchen
Doch trotz all unserer geplatzten Träume
Die Wahrheit nimmt in den Ruinen Gestalt an.

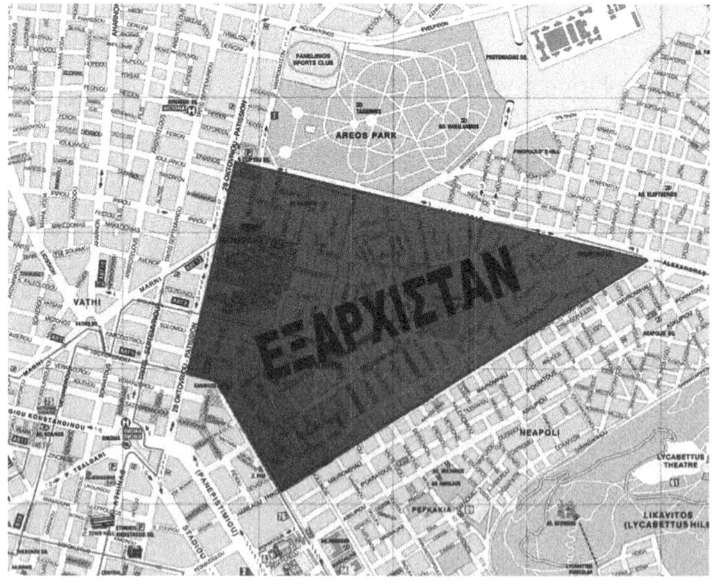

»Exarchistan« aus Sicht von Bullen und Medien, 2016.

Für noch viel mehr Details auf 571 Seiten, leider nur auf griechisch, siehe: *Exarchia 1974–2004: Skizzen einer deleuzianischen Geographie von* Dimitris Ioannou.[14]

Anmerkungen

1 https://merlins.gr/blog/1946-chemistry85

2 https://merlins.gr/blog/1946-chemistry85

3 https://el.wikipedia.org/wiki/%CE%A3%CE%BA%CE%B9%CE%B1%CE%B4%CE%B9%CE%BA%CE%AC

4 https://athens.indymedia.org/post/1514866/

5 Carabott, Philip; *Politics, Orthodoxy and the language question in Greece. The Gospel Riots of november 1901*, King's College, University of London.

6 Aus dem Buch *ΕΔΩ ΠΟΛΥΤΕΧΝΕΙΟ ΣΤΑ ΧΡΟΝΙΑ ΤΗΣ ΚΑΤΟΧΗΣ (Von den Kämpfen der Studenten)*, Editions Endos, Athen 2007.

7 https://lofosstrefi.noblogs.org/files/2023/12/DRAFT4_to_xoni2-1.pdf

8 https://libcom.org/article/gogou-katerina-athens-anarchist-poetess-1940-1993

9 https://autonomies.org/2017/12/for-kataina-gogou/

10 https://libcom.org/article/gogou-katerina-athens-anarchist-poetess-1940-1993

11 Tipp zum Weiterhören: Elena Pallantza & Jan Kuhlbrodt in Lesung und Gespräch diskutieren Gogous Gedichte und Poetik und geben Einblick in verschiedene Werkphasen im Kontext der Zeitgeschichte und von Gogous Lebensweg. https://www.youtube.com/watch?v=utGw_hy7V4U

12 https://www.researchgate.net/publication/374504816_On_the_Streets_of_Diversity_Urban_Space_as_a_Birthplace_of_Free_Expression_and_Artistic_Creation_the_Case_of_Nikolas_Asimos_in_the_Exarchia_Area_of_Athens)

13 https://libcom.org/article/asimos-nikolas-1949-1988-athens-anarchist-troubadour

14 Ioannou, Dimitris; *Exarchia 1974–2004: Skizzen einer deleuzianischen Geographie.* Dissertation, Nationale Metropolitane Polytechnische Universität, Athen 2016, https://dspace.lib.ntua.gr/xmlui/bitstream/handle/123456789/43128/PhD_full.pdf?sequence=1

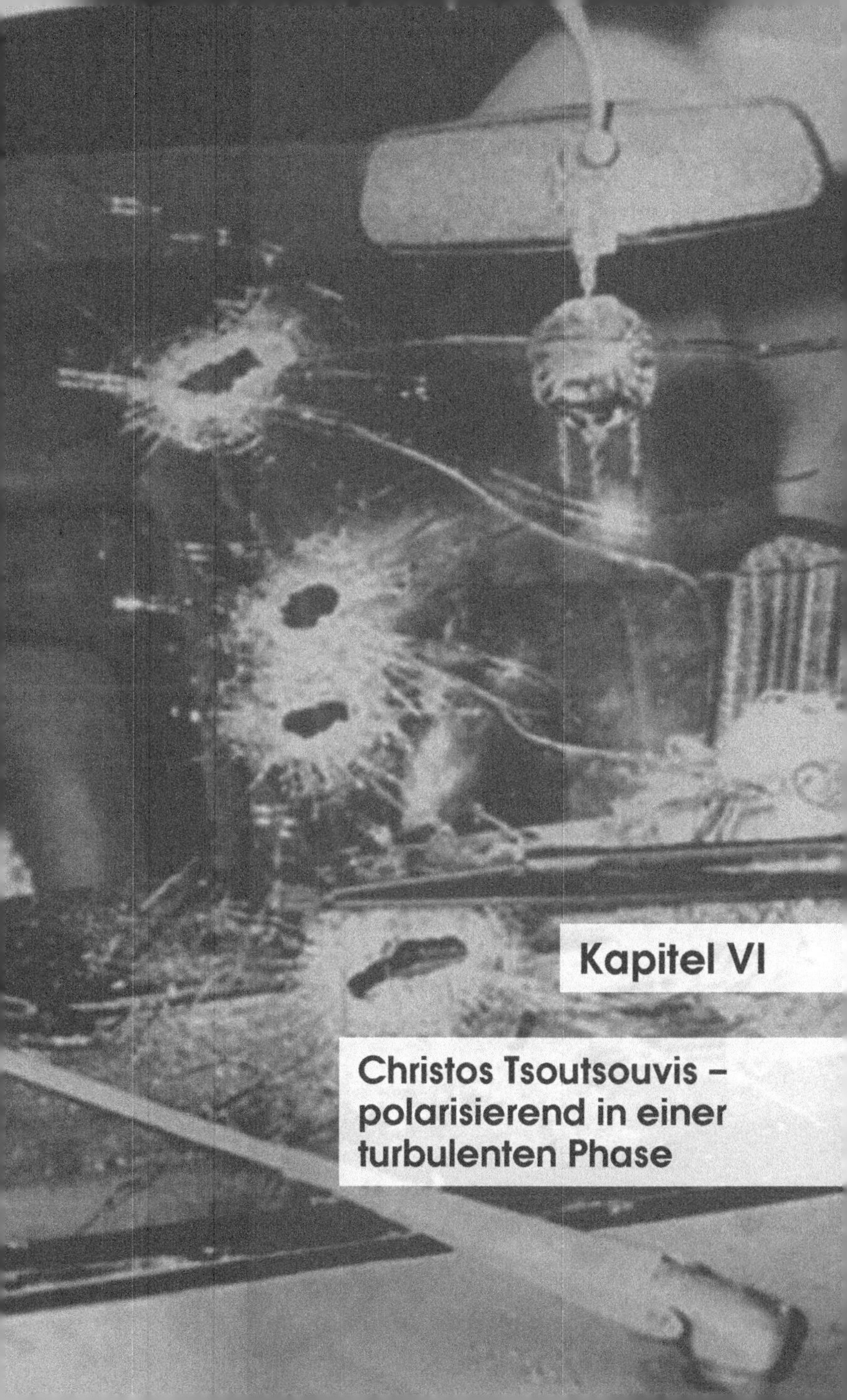

Kapitel VI

Christos Tsoutsouvis – polarisierend in einer turbulenten Phase

Christos Tsoutsouvis
GADA
Kolonaki „Dreieck des Todes“
Πολύγωνο
Γκύζη
Αλεξάνδρας
Κουντουριώτικα
Λυκαβηττός
Άγιος Γεώργιος
Πάρκο Ελευθερίας
Μέγαρο Μουσικής

Ένας, τρεις, Χρήστος Τσουτσουβής

Ende der 70er Jahre war Christos Tsoutsouvis in den Strukturen von ELA organisiert. Nach einem Studienaufenthalt in Österreich war er 1975 nach Griechenland zurück gekehrt und bald von der Bildfläche verschwunden. Im Oktober 1977 gehörte er zu dem Kommando, welches als Reaktion auf die Morde an den Gefangenen in Stammheim einen Bombenangriff auf AEG in Athen durchführen wollte, wobei der ELA-Mitbegründer Christos Kassimis erschossen wurde.

Neben seiner Arbeit an der Zeitung *Antipliroforisi, war er* an zahlreichen Kommandoaktionen beteiligt. Im Gegensatz zu den meisten ELA-Mitgliedern vertrat er eher anarchistische Positionen. Seine Vorschläge zur Finanzierung der Gruppe, nämlich Banküberfälle durchzuführen, konnten sich nicht durchsetzen, weil die marxistisch orientierte Mehrheit dadurch eine Entfremdung von den Massen befürchtete.

Diese Meinungsverschiedenheiten spiegelten sich auch in *Antipliroforisi* wieder, wo dem Milieu der anarchistischen Drop-Outs und kriminellen Gegenkulturen, deren Potenzial als revolutionäre Basis festgestellt wurde, mehrere Artikel gewidmet wurden.

Im Januar 1980 verließ Christos Tsoutsouvis die ELA und bildete mit vielen anderen Aktivisten eine neue Gruppe. Auch Dimitris Koufondinas, zu diesem Zeitpunkt beim ELA-Ableger LAS aktiv, verabschiedete sich aus seiner Gruppe, nicht ohne vorher noch drei Lastwagen von Siemens zu verbrennen. Seine neue Gruppe, REVOLUTIONÄRE LINKE, griff Energieunternehmen und Fahrzeuge der US-Militärbasen an – sie wollten die bewaffnete Bewegung durch verschiedenartige, militärisch-politische Aktionen erneuern.

Wie auch die Gruppe 17. NOVEMBER beendeten die REVOLUTIONÄRE LINKE ihre Erklärungen mit dem Slogan: »Für Volksmacht und Sozialismus.«

Im Dezember 1980 zerstörten Brände im Zentrum Athens die beiden größten Kaufhäuser, wofür sich das bis dahin unbekannte Revolutionäre Team OKTOBER 80 (O80) verantwortlich erklärte. Einige Quellen schreiben Christos Tsoutsouvis die Gründung dieser Gruppe zu, die in ihrer Erklärung zu den Brandanschlägen ausführte: »Lasst uns alles, was wir nicht enteignen können oder wollen, zerstören, es dient nur dem Profit der Bosse.«

Mündliche Quellen bezeichnen die These von Tsoutsouvis Beteiligung an dieser Gruppe als »nie bewiesenes Polizei-Szenario«. O80 habe in einem anderen politischen Rahmen gehandelt als Anti-Staats-Kampf oder Ela.

Der Anschlag auf die Kaufhäuser war nicht unumstritten, weil er 1300 Angestellte arbeitslos machte und zahlreiche Anarchist*innen danach von den Bullen zum »Verhör« abgeholt wurden.

Die Anschläge auf die Minion- und Katranzos-Kaufhäuser werden als Wendepunkte für den Einzelhandel in Athen bezeichnet. Nach der Phase der Diktatur seien die großen Kaufhäuser im Zentrum Athens wichtige Orte der Ablenkung vom Alltag für die Bevölkerung gewesen. 1980 sei ein kritisches Jahr gewesen. Die

Diese Brandanschläge sorgten für Streit: Kaufhäuser Minion und Katranzos völlig zerstört.

konservative Regierung von Georgios Rallis stand kurz vor dem Ende und die Machtergreifung von PASOK war absehbar. In dieser Stimmung habe sich die Gesellschaft auf Weihnachten vorbereitet, was natürlich vor allem Konsum bedeutete. Mit den Bränden vom 19. Dezember 1980 war das in Asche verwandelt worden. Andreas Papandreou beschuldigte die Regierung, parastaatliche Elemente zu dulden, die KKE sah eine Verschwörung. »Die Bosse nutzen die Notwendigkeit der Proletarier von Einkommen zum Leben aus und drängen sie in Teilzeitarbeit, Entfremdung und Elend«, schrieb drei Tage später O8o in ihrer Erklärung.

17N antwortete im Juli 1981:

> »Der erste Fehler – wenn auch ein zweitrangiger – besteht darin, dass in diesen Geschäften keine Produkte verkauft werden, die die vom Kapitalismus geschaffenen falschen Bedürfnisse befriedigen, sondern im Gegenteil lebensnotwendige Produkte. Diese Tatsache stiftet Verwirrung und macht die Aktion für die Volksschichten unverständlich, da sie sie als Geschäfte ansehen, in denen sie billiger einkaufen können als anderswo. Zweitens: eine weitere Enteignung und eine weitere Zerstörung. Die brillante Idee, dass wir das, was wir nicht enteignen können, zerstören werden, hält nicht nur keiner ernsthaften Diskussion stand, egal wie gut wir sie betrachten, sondern ist auch ein intellektuelles Konstrukt, um andere Schwächen zu überdecken. Drittens und vor allem: Mit der Zerschlagung von Minion–Katranzos haben die Beschäftigten ihre Arbeitsplätze und ihre Sozialleistungen verloren. Die Argumentation funktioniert für die breite Masse des Volkes: Gut, die Eigentümer sind die großen Haie, aber was war die Schuld der Arbeiter? Infolgedessen sehen sie die Aktion nicht mit Sympathie oder gar Gleichgültigkeit, sondern mit Unbehagen.«

Am 3. Juni 1981 wurden die Kaufhäuser Klaoudatos und Atene angezündet, am 4. Juli ein weiteres. Die Brandsätze mit einem speziellen Zusatz aus den Niederlanden, waren in Zigarettenschachteln zwischen Camping-Artikeln platziert gewesen. Der Schock für den Handel war groß und Besucher*innen wurden eine Zeit lang beim Betreten durchsucht, schreibt Jahre später eine zypriotische Zeitung.[1]

Oktober 80 verstand sich nicht als traditionelle bewaffnete Organisation und erklärte nach weiteren Bombenanschlägen: »Niemand wurde je durch Aktionen anderer befreit.« Die Gruppe soll sich durch Texte von Alfredo Bonanno inspiriert gefühlt haben, die damals ins Griechische übersetzt wurden.

Auch das Jahr 1981 wurde von zahlreichen Bomben- und Brandanschlägen in Athen geprägt, die einen hohen Druck auf die Polizeiführung auslösten. Ela hatte sich zu einigen bekannt aber sich von anderen, insbesondere von Serien gegen Supermärkte, distanziert. Im anarchistischen Milieu zirkulierten Kopien von Oktober 80-Erklärungen, die zwei Schwestern und befreundeten Anarchisten, bei denen diese Papiere gefunden wurden, zum Verhängnis wurden. Sie landeten für mehrere Wochen in Untersuchungshaft.

Die Organisation 17. November kritisierte ebenfalls Brandstiftungen, die, aus ihrer Sicht, an nicht vermittelbaren Zielen ver-

Das beschädigte Kaufhaus Minion.

übt wurden. In den Zeitschriften der Bewegung und auch in der bürgerlichen Presse wurde dieser Diskurs offen ausgetragen. Manche Zusammenhänge spalteten sich an dieser und ähnlicher Fragen bzw. Ableger der Gruppen führten unter anderem Namen Aktionen aus. Langfristig gingen gezielte Brandstiftungen an Zielen wie Supermärkten zurück, bei Unruhen (wie 2008, 2010, 2012) wurde aus Menschenmengen heraus jedoch vieles geplündert und dann angezündet.[2] Darüberhinaus existierten weiterhin kleine Zusammenhänge, die zum Beispiel im Mai 1981 im Viertel Pagkrati, einen Bus der Firma Grundig anzündeten – als Reaktion auf die Ermordung von Sigurd Debus, der sich im Hamburger Knast einem Hungerstreik der RAF-Gefangenen angeschlossen hatte.

In dieser Phase von öffentlich geführten Richtungsstreitereien zwischen 17N und ELA sowie O80, fiel der Wahlsieg der PASOK mit ihrem Kandidaten Andreas Papandreou, in dessen angekündigtem Kabinett, viele Posten von ausgewiesenen Gegnern der Obristen-Diktatur besetzt wurden. Der Erziehungs- und der Marineminister hatten bei den Attentatsplänen von Panagoulis gegen Junta-Chef Papadopoulos eine Rolle gespielt, Landwirtschaftsminister Kostas Simitis hatte 1969 an der Bombenkampagne einer demokratischen Gruppe teilgenommen. Der Innenminister hatte Militante vor den Gerichten der Junta verteidigt. Zudem erlaubte die neue Regierung den seit dem Bürgerkrieg exilierten Kommunist*innen die Rückkehr und liberalisierte einige Punkte im Bildungsbereich.

Auch die anarchistischen Gefangenen Filippas Kiritsis, Kyriakos Moiras und Giannis Skandalis wurden freigelassen. Wie die Erstürmung des Knasts in Korydallos durch die MAT, um eine Revolte niederzuschlagen, oder das »Brechen der Waffenruhe« in Exarchia im Januar 1982, indem die MAT Häuser räumte und einen bekannten Anarchisten für das Schlagen eines Zivilbullen verhaftete, beweisen, führte das jedoch nicht, zu einem Ende des repressiven Klimas.

PASOK hatte den Wahlsieg auch mit seiner starken außenpolitischen Rhetorik gegen die NATO und EU-Richtlinien errungen. Das hieß aber nicht, dass sich hinter den Kulissen etwas an der Bündnistreue Griechenlands änderte, auch wenn Griechenland in einigen Gremien, zur Wut seiner Verbündeten, nicht konform stimmte.

Die 17N erklärte, ihre Operationen wegen dem anti-imperialistischen und demokratischen Regierungsprogramm von PASOK auszusetzen.

Auch die ELA zündete zwar zunächst noch einige Bomben, verstummte dann aber. Ihre Zeitschrift *Antiplirofsiri* wurde eingestellt. Als eine Art Vermächtnis erschien noch eine lange Abhandlung u.a. über Bombenbau, Erste-Hilfe-Techniken und Riot-Taktiken. In dieser Publikation waren auch Texte der anarchistischen Gefangenen Bouketsidis und Pisimisis abgedruckt, in denen sie ein Abrücken der Soligruppen von Unschuldskampagnen für die Freilassung der Gefangenen forderten. Für die Bewegung und die Öffentlichkeit war nach der Einstellung von *Antiplirofsiri* nicht abzusehen, ob ELA sich nochmal zu Wort melden würde. Vielleicht wussten sie es zu dem Zeitpunkt auch selbst nicht. Ihre umfangreiche Publikation *On the Development of the Revolutionary and Popular Movement in Greece* konnte durchaus für eine Abschlussarbeit gehalten werden, danach verstummte ELA zunächst. Später begründeten sie das mit einem »spezifischen Kapazitätsmangel dieser Periode und bestimmten, ungelösten großen Problemen«. So beschreibt es 2003 Christos Halazias in seinem Werk *The Ideology of Revolutionary Popular Struggle*, der wiederum von John Brady Kiesling als wichtige Quelle zu ELA geführt wird.

Konfusion bei Bombenkampagnen

Nachdem vielen Militanten klar wurde, dass die PASOK-Regierung ihre Wahlversprechen nicht umsetzen wird, stieg die Zahl der Bombenanschläge wieder rapide an. Die zahlreichen neuen kleinere Zusammenschlüsse, die aktiv wurden, sorgten für Verwirrung, aber sowohl 17N als auch ELA unterhielten Bombenteams, die unter anderem Namen operierten. Bei beiden Gruppen war zu beobachten, dass sie sich erst später dazu bekannten oder entsprechende Behauptungen der Presse zurückwiesen. Dadurch wurde den Spekulationen über False-Flag-Operationen immer wieder neue Nahrung gegeben. 1989 würde die ELA politische und organisatorische Mitverantwortung für ein halbes Dutzend kleinerer und temporärer Zusammenschlüsse übernehmen, die Anfang der 80er Jahre in Athen und Thessaloniki zu verschiedensten Themen aktiv waren.[3] Die meisten Stadtguerilla-Gruppen dieser Zeit waren marxistisch und anti-imperialistisch orientiert, sie glaubten an die zu gewinnende Volksmacht und besonders 17N und ELA griffen regelrecht in den Wahlkampf 1989 ein, als Papandreou wegen Korruption abtreten musste. Doch am Horizont schien bereits der verstärkte Einfluss der Anarchie auf; diese hatte die Bedeutung von Maoisten, Trotzkisten und sektiererischen Linken bei der Massenmilitanz zurückgedrängt.

Daraus ergibt sich wahrscheinlich das Bedürfnis von 17N, in ihrer Erklärung zum Anschlag auf den MAT-Bus im November 1985 gegen die Anarchisten zu agitieren (siehe Kapitel 7).

Darüberhinaus liquidierte sie im Februar 1985 den Zeitungsherausgeber Nikos Momferatos, der während der Junta als Industrieminister diente.

Die ELA verdächtigte ihren Dissidenten Christos Tsoutsouvis hinter der Gruppe Anti-Militär-Kampf zu stehen, die sich im März 1983 zur Erschießung des Herausgebers einer rechten Zeitung bekannte. Tatsächlich war Tsoutsouvis in verschiedensten Bombenteams aktiv und überfiel auch zu deren Finanzierung Banken.

Zudem gehörte er zur Gruppe ANTI-STAATS-KAMPF, die am 1. April 1985 den Staatsanwalt Theofanopoulos erschoss.

In ihrer Erklärung schrieben sie dazu:

> »Heute übernehmen wir die Verantwortung für die Hinrichtung des Staatsanwaltes Theofanopoulos.
> Die Hinrichtung war für ihn das traurige Ende einer noch traurigeren und schädlichen Lebensbestimmung, die er selbst getroffen

> hat und sich damit auch für sein Ende entschied. Er war kein x-beliebiger Staatsanwalt. Gedeckt durch die Sicherheit, die ihm der Schutz der Polizeirevolver und die Gesetze gewähren, wurde er in einem solchen Maße dreist und überheblich, dass er auch Abscheu in einem Teil des Justizapparates hervorgerufen hat. Er war ein Söldner, der nicht zögerte, andere Menschen mit absoluter Kälte ins Gefängnis, unter die Folter und sogar in den Tod zu schicken. Er hat sich das Recht herausgenommen, über Leben und Schicksal anderer Menschen zu entscheiden, ein Recht, das wir ihm heute geraubt haben. Er forderte und nahm die Urteile im Namen des öffentlichen Interesses und versuchte so, davon zu überzeugen, dass die Interessen aller identisch seien mit denen der Arbeitgeber und des Staates, dem dieser Elende diente.
>
> Ihr alle, Bullen, Richter, Zeitungen, Parteien und Minister, werdet morgen schreien, dass die Demokratie ins Wanken gerät, die Terroristen vernichtet werden müssen, die Spitzel ihre Arbeit nicht gut genug machen und dass die gesellschaftliche Ruhe gestört ist.
>
> Wir werden auch nicht auf die gesellschaftliche Ruhe Rücksicht nehmen, die sowieso nie bestand. Wir werden uns nicht an sie halten, weil wir an dem Krieg teilnehmen wollen, der euren Schlaf in einen Albtraum verwandeln wird, außerhalb der Gesetze und gegen die Gesetze der Unternehmer und des Staates. Wir werden unser Schicksal und unsere Leben in die eigenen Hände nehmen.«

Die Gruppe ANTI-STAATS-KAMPF wurde auch beschuldigt, wenige Wochen später beim Überfall auf einen Geldtransport, zwei Bullen und einen Wachmann erschossen zu haben.

Am 15. Mai 1985 observierten im Stadtteil Gyzi, seit mehreren Tagen, zivile Fahnder aus einem Auto heraus ein gestohlenes Motorrad. Als zwei Männer auftauchten um das Motorrad abzuholen, wurden sie von den Bullen angegriffen. In dem folgenden Schusswechsel wurden alle drei Beamten getötet und einer der Verdächtigen entkam.

Christos Tsoutsouvis blieb tödlich getroffen liegen. Er hatte seit 1981 im Untergrund gelebt und war den Behörden angeblich völlig unbekannt. Erst nachdem das Foto seiner Leiche in den Zeitungen veröffentlicht wurde, konnte er identifiziert werden.

Wegen seinem Ansehen in der Bewegung kam es in den folgenden Tagen in den größeren Städten Griechenlands zu schweren Ausschreitungen.

ELA gab eine Woche später folgende Erklärung ab:

> »Am 15. Mai um 16.30 hat in der Amfikilia-Straße im Stadtteil Gyzi ein Gefecht zwischen einer Gruppe Kämpfer und den Organen der innerstaatlichen Unterdrückung B. Bura, G. Degeni und G. Georgou stattgefunden. Die bewaffnete Auseinandersetzung entstand aus einer den Kämpfern gestellten Falle und aus der hinterhältigen und verbrecherischen Frechheit der Sicherheitsorgane heraus, als sie versuchten, die beiden Kämpfer zu ermorden.
> Der Kämpfer Christos Tsoutsouvis wurde im Alter von 32 Jahren getötet – von den frevelhaften Kräften, welche die bewaffneten Staatsapparate des kapitalistischen-imperialistischen Systems ein-

Nach einem ganz normalen Arbeitstag vor seinem Haus im Stadtteil Kallithea hingerichtet, der Staatsanwalt Theofanopoulos.

setzen, um sich vor dem Klassen- und revolutionären Kampf zu schützen, der gegen sie geführt wird. […] Der Kämpfer Christos Tsoutsouvis wurde 1976 Mitglied des Revolutionären Volkskampfs – Ela – und nahm über mehrere Jahre an seiner gesamten revolutionären politischen Praxis teil. 1980 trat er aus dem Ela aus, um seinem eigenen Ziel zu folgen, dessen politischer Charakter nicht mit der ideologischen und politischen Praxis des Ela zusammen ging.

Vor dem politischen Wechsel von der Junta-Regierung zur Regierung von Karamanlis am 27.7.1974 und den letzten zwei bis drei Jahren der Junta-Diktatur (seit er 19 Jahre alt war), beteiligte er sich an der Aktivität einer politischen Gruppe des revolutionären Widerstands, die ganz sicher auf keinen Fall eine Gruppe der damaligen gesamtgriechischen Befreiungsbewegung (Pak) gewesen ist, weil Pak im Wesentlichen bloß ein oppositioneller Apparat einer innenpolitischen Partei war. […] Nach der Diktatur setzte der Kämpfer Christos Tsoutsouvis seine politische Praxis unter den neuen politischen Verhältnissen fort und arbeitete in verschiedenen politischen Initiativen mit, welche die Neugestaltung der Volks- und revolutionären Bewegung in unserem Land zum Ziel hatten. Er nahm direkt und indirekt an vielen Aktionen der revolutionären Volksgewalt gegen das kapitalistische-imperialistische Regime teil. Er arbeitete an vielen verschiedenen Punkten von Gruppen politischer Initiativen mit und half bei der publizistischen Tätigkeit sowie in der übrigen politischen Praxis von Gegenöffentlichkeit in den Jahren 1977–1980. In der Nacht vom 19. auf den 20. Oktober 1977 war er Teil der Ela-Gruppe, die das Fertigwarenlager und die Büros der multinationalen Firma AEG in Brand zu setzten versuchte.

Das Ziel dieser Aktion war die Unterstützung der deutschen revolutionären Kämpfer, welche die westdeutsche Regierung ermordet hatte, und zugleich ein konkreter Schlag gegen eine der wichtigsten Stützen des kapitalistisch-imperialistischen Regimes, was die multinationale Firma ist. Während dieser Aktion kam es zu einem bewaffneten Zusammenstoß mit den Organen der staatlichen Unterdrückung, K. Plessa und I. Stergiu, der den Tod des Gründungsmitglied der ELA, Christos Kassimis, zur Folge hatte.«

Tsoutsouvis stand für eine Verschiebung inhaltlicher Schwerpunkte der Stadtguerilla-Gruppen von einer anti-imperialistischen zu einer eher sozialrevolutionären Praxis.

Das wurde nicht von allen Militanten unterstützt, ein Brandanschlag am 15. Juni 1986 auf das Büro der Regierungspartei PASOK, zu dem sich eine Anarchistische Aktion bekannte, war eine Ausnahme.

Der üblichen Tradition folgend, sich nach getöteten Genossen zu benennen, bekannte sich die Gruppe, die am 25. August 1987 Bombenanschläge auf das Ministerium für soziale Ordnung und das Polizeirevier in Gyzi verübte, als GRUPPE CHRISTOS TSOUTSOUVIS. Die Erklärung, die sie in einem Papierkorb in der Patission-Straße hinterließen, hatte folgenden Wortlaut:

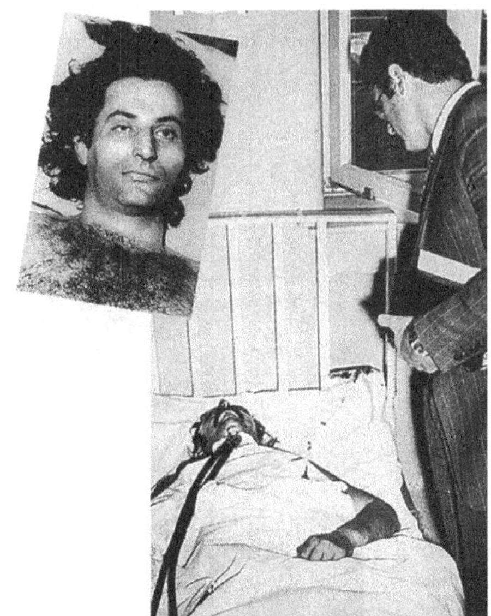

Polizeifoto des erschossenen Christos Tsoutsouvis, rechts: ein Bulle neben der Leiche von Christos Kassimis – bei dem gescheiterten Anschlag auf AEG 1977 konnte Tsoutsouvis entkommen.

»Der Mord an G. Stamatopoulos macht deutlich, daß selbst der letzte Bulle das Recht hat, über Tod oder Leben zu entscheiden. Da er und seinesgleichen mit den Wertevorstellungen des provinziellen Kleinbürgertums und mit Cowboyallüren gesäugt wurden und beeinflusst sind von den amerikanischen Serien wie *Hillstreet*, *Kojak*, *Kid*, glauben sie, dass sie die Ungeheuer und Verbrecher der griechischen Unterwelt zähmen könnten, diejenigen, die mit 15 Jahren die Umerziehungsanstalten schwänzen, Kuluriverkäufer, Kleinhehler, Bettler, Rocker, kleine Einbrecher. Treu der Traditionen von Mallios, Babalis und Karathanasis zögern sie nicht, auf Demonstrationen zu schießen, Bürger zu verfolgen und überhaupt jeden erdenklichen Menschen zu terrorisieren. Die neurotischen Würmer mit dem Dienstrevolver repräsentieren nicht nur den Charakter der Sicherheitsbehörden sondern auch den persönlichen Charakter des neuen Menschentyps den sie herziehen: Den Bullen.
Die Gesellschaft, wie sie sich die Herrschenden ausmalt, kann sich nur auf solche Menschen stützen. Die Bullen sind die Leute, die sich mit der Brutalität der Unterwerfungsmechanismen identifiziert haben. Sie sind in ihrer Barbarei die Menschenwärter

1979 von der Gruppe um Tsoutsouvis hingerichtet – Folterspezialist Petros Babalis.

der morgigen Dachaus, die Hunde der Bouboulinastraße, die heutigen Folterer in den Polizeirevieren. [...]
Wir sind nicht nur gekommen, um die Morde der Bullen an den Bürgern zu rächen sondern auch um den letzten Bullen davon abzuhalten, die Pistole zu ziehen, denn wir kennen keine höheren oder niederen Bullen, weder Bullenfrauen noch Bullenfamilien, da sie bewiesen haben, dass sie in Häuser eindringen, Kinder, Frauen und Alte foltern und töten.

Bewaffnete Organisation Christos Tsoutsouvis«

Die Erinnerung an Christos Tsoutsouvis wurde danach immer wieder in Texten und Aktionen wachgehalten, war aber dabei nicht unumstritten. Davon zeugt ein Beitrag, der in der anarchistischen Zeitschrift *ENANTIA*, Juni–Juli 1990, veröffentlicht wurde:

»Das Projekt, das sich abzeichnet, ist das der Verschärfung des Konflikts.
Der kompromittierende Sozialismus, der folkloristische Libertarismus, der defätistische Taktizismus, der konsensuale Politizismus: dies sind die praktischen Register der reformistischen Degeneration, die heute danach strebt, die aufständische Dimension des anarchistischen Diskurses zu enteignen.
Dieser Text schlägt eine Definition des Gedenkens auf der Grundlage des Konflikts mit dem Staat und den Bossen vor. Unsere Ehrung für Tsoutsouvis richtet sich nicht an die verschiedenen anarchistischen Konsumenten des neolinken Kretinismus ...
Die Politik ist die entfremdende Unterordnung der menschlichen Existenz unter die Sphäre der Quantitäten und Messungen. Wenn wir den technokratischen Sumpf der statistischen Berechnungen überwinden, werden wir auf die Revolution stoßen. Die Revolution ist zutiefst antipolitisch, und die Gewalt der Revolution ist die Rechtfertigung des menschlichen Protests gegen die Bedingungen und Fakten des Elends.

Die Taktik der provokativen Desinformation in der Umgebung von Exarchia und die Bullenmentalität anonymer Briefe hat nichts mit dem Ethos des Mannes zu tun, der sich seit seinem 19. Lebensjahr dem revolutionären Klassenkampf verschrieben hat, während heute die Träger der vulgärsten Kritik gegen ihn entweder im Haus bleiben oder eine Front mit den jammernden Lieblings-›Zweiflern‹ bilden.
Das Leben ist kein illusorischer Glanz.
Das Leben definiert sich durch die Stärke und Dauer des Wunsches nach freier Entfaltung und Entwicklung.
Was immer hemmend eingreift, muss zerschlagen werden. Wie können wir die Welt ohne Konflikte verändern?
Wie viel Arschloch ist der ›Anarchist‹, der die Erfahrung der Unterwerfung zu einer spielerischen Disposition für schmerzlose Alternativen degeneriert?
Alternativen, die radikale Bedürfnisse und revolutionäre Forderungen in Joker für den organisierten Einfallsreichtum der Bosse verwandeln. Die Glückseligkeit, die Selbstgefälligkeit und das videobesessene Elend des Kleinbürgertums müssen jedes Mal in die Luft gesprengt werden.«

Von Tsoutsouvis am 15. Mai ’85 erschossene Bullen.

Noch heute wird auf anarchistischen Demonstrationen in Griechenland und bei Straßenschlachten von der Menge eine Parole skandiert, die Bezug auf die Schießerei in Gyzi nimmt: »Ένας, τρεις, Χρήστος Τσουτσουβής«, was soviel wie »Eins zu Drei, Christos Tsoutsouvis!« bedeutet.

Mit dem Thema Stadtguerilla hat sich auch ein Buch beschäftigt, was hier leider nicht berücksichtigt werden konnte. Es wurde zudem nicht übersetzt, wird jedoch gelegentlich als Quelle benannt:

> »Welches sind die politische Identität, die Praxis und die Formen aller griechischen Organisationen der bewaffneten Volksgewalt? Wie wurde der Aktivist Christos Kassimis ermordet und warum hat das Karamanlis-Regime ein Komplott gegen Yannis Serifis geschmiedet? Warum führten die Kaufhausbrände zu innerorganisatorischen Konflikten und in welchem Zusammenhang standen sie mit den sowjetischen Interessen in Griechenland? Wer ermordete Athanasiadis? Welche Rolle spielten die amerikanischen Dienste bei der Ermordung von Athanasiadis und warum brachte die Polizei die Ermittlungen nach der Intervention von Karamanlis zum Scheitern? Wer kannte die Dienstakte von George Tsantes in Athen und wusste, wie seine Nichte Anastasia in die Welt

Die von Ela in ihren Erklärungen benutzte Signatur.

der Linken eintrat und nach der Hinrichtung ihres Onkels auf mysteriöse Weise verschwand? Wie kam es zu einer militärischen Intervention amerikanischer Kommandos in Athen im Frühjahr 1984 und warum ordnete Papandreou an, diese geheim zu halten? Was behauptet der Kyp in den ›biografischen Notizen von 48 Verdächtigen‹ griechischen Kämpfern für die Hinrichtungen von Welch und Mallios? Wie hoch ist die Zahl von Fahrzeugen der Geheimdienste, die die Bewegungen von ›gefährlichen‹ Bürgern überwachen?

Welche 200 bewaffneten Gewalttaten des Volkes in den Jahren 74–84 wurden von der Polizei und der Presse verschwiegen? Wie kam der Athener Sicherheitsdienst an Waffen, Munition und Dokumente vom 17.November und warum hat der Sicherheitsdienst G. Rallis wichtige Beweise vorenthalten? Diese und Dutzende anderer Fragen beantwortet der Journalist und Schriftsteller Giorgos Karabelas in seinem Buch *Die griechische Stadtguerilla (ΤΟ ΕΛΛΗΝΙΚΟ ΑΝΤΑΡΤΙΚΟ ΠΟΛΕΩΝ) 1974–1985*, das zum ersten Mal alles über die bewaffneten Auseinandersetzungen in Griechenland während des ersten postdiktatorischen Jahrzehnts enthüllt und auch nach mehr als siebzehn Jahren seit seiner ursprünglichen Veröffentlichung noch immer aktuell ist.«[4]

Anmerkungen

1 https://en.famagusta.news/entertainment/stories/oi-ebrismoi-tou-minion-kai-tou-katrantzou-pou-allaxan-ton-charti-tou-lianeboriou-stin-athina

2 Ein interessantes Buch zu dem Thema: Osterweil, Vicky; *In Defense of Looting: A Riotous History of Uncivil Action*. Bold Type Books, 2019.

3 Erklärung von Ela am 15. Mai 1989, zitiert in: Kiesling, John Brady; *Greek Urban Warriors. Resistance and Terrorism 1967-2014*. Lycabettus Press, 2014

4 Aus der Präsentation auf der Rückseite des Buches.

Kapitel VII

Zwischen Stadtguerrila und Straßenpräsenz – die anarchistische Bewegung der 80er Jahre

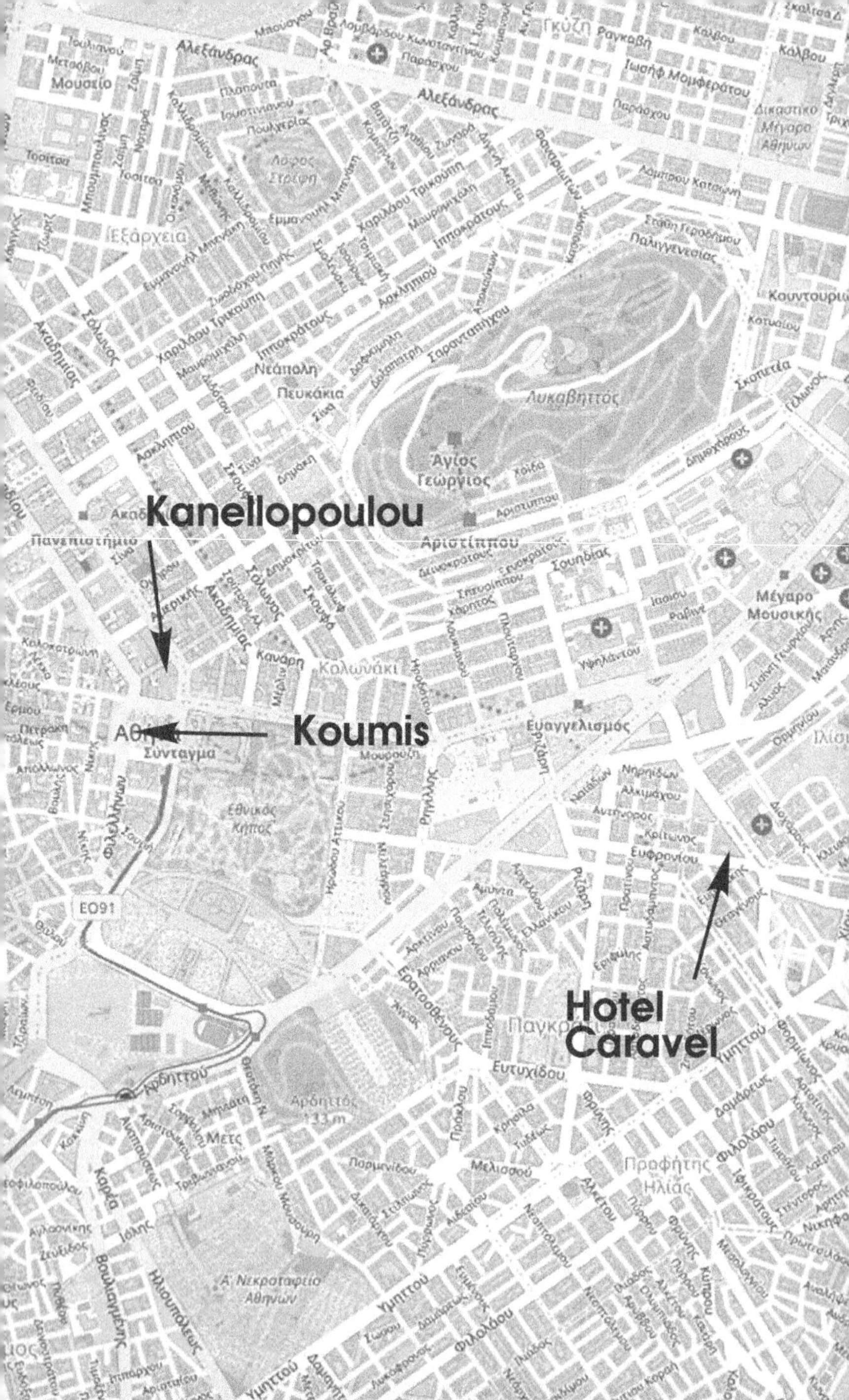

Kanellopoulou
Koumis
Hotel
Caravel
Αλεξάνδρας
Μουσείο
Εξάρχεια
Λόφος
Στρέφη
Ιπποκράτους
Νεάπολη
Πευκάκια
Λυκαβηττός
Άγιος
Γεώργιος
Αριστίππου
Σουηδίας
Κολωνάκι
Ευαγγελισμός
Μέγαρο
Μουσικής
Σύνταγμα
Εθνικός
Κήπος
Ακαδημίας
Σόλωνος
Καναρη
Φιλελλήνων
EO91
Αρδηττού
Αρδηττός
Ερατοσθένους
Ευτυχίδου
Μελισσού
Προφήτης
Ηλίας
Φιλολάου
Υμηττού
Α. Νεκροταφείο
Αθηνών
Ηλιουπόλεως
Βουλιαγμένης
Καρέα
Μετς
Ιωσήφ Μομφεράτου
Κάλβου
Δικαστικό
Μέγαρο
Αθηνών
Παλιγγενεσίας
Κουντουριώτου
Σκοπετέα
Ρηγίλλης
Μουρούζη
Ιπποδάμου
Αρχιμήδους

Im Vorfeld des jährlichen Gedenkens an den Polytechnio-Aufstand wurde im November 1983 das Büro von *Rizospastis*, dem Sprachrohr der KKE, von Anarchist*innen angegriffen und zerstört, aus Solidarität mit dem Widerstand von Arbeiter*innen in Polen gegen das stalinistische Regime. Am Folgetag demolierten sie die Kammer für Technische Beratung der Regierung.

Ein Höhepunkt der anarchistischen Bewegung war im Dezember 1984 der Sturm auf das Caravel Hotel im Zentrum Athens. Dort wurde eine Konferenz der europäischen Rechten ausgetragen, zu der auch Jean-Marie Le Pen aus Frankreich eingeladen war. Zum Inhalt dieser Konferenz ist kaum etwas in Erfahrung zu bringen. 1984 wird als das Jahr bezeichnet, in dem Le Pen die größte Popularität genoss. Die Europawahl im Juni ’84 war die erste mit Beteiligung Griechenlands und ein Erfolg für Le Pen. Zwei Monate zuvor wurde das Magazin *Chrysi Avgi* eingestellt und im Januar 1985 gründete Nikolaos Michaloliakos unter dem selben Namen eine Organisation, die 1993 Parteistatus erlangte. Es kann daher vermutet werden, dass die Konferenz im Caravel mit Personen abgehalten wurde, die etwas zum Aufbau einer faschistischen Partei in Griechenland beitragen wollten. Zum ersten Mal formierte sich eine Demonstration, die fast ausschließlich aus Anarchist*innen bestand.

Es waren Tausende, die das Hotel angriffen und damit die Absage der Konferenz erzwangen. Für die Demonstrierenden war es ein Aufbruch in eine neue Phase, da es sich um eine geplante und nicht spontane Aktion handelte und sie entsprechend gut ausgerüstet auftraten.[1] Einige Quellen[2] bezeichnen dieses Ereignis als Geburtsstunde der anarchistischen Bewegung in Griechenland.

Die Ermordung von Michalis Kaltezas

Der 17. November 1985 war nach Ansicht der linken Tageszeitung *efsyn* das wichtigste »Polytechnio« der Generation, die im

Demonstrant*innen greifen das Hotel Caravel an ...

... welches von der Polizei verteidigt wird.

Schatten des heroischen Jahres 1973 und des tragischen Jahres 1980 aufgewachsen ist. Für diejenigen, die es miterlebt haben, hinterlässt – laut *efsyn* – die Erinnerung an diese Tage ein stechendes Gefühl im Magen. Von den Nachfolgenden, aber auch der Medienindustrie und diversen digitalen Nachrichtenportalen, wurde es als Projektionsfläche für jegliche Arten von Erzählungen genutzt – insbesondere im feurigen Dezember 2008. Einer der zentralen Momente des Gedenkens im November und der Geschichtsschreibung war lange Zeit die Ermordung von Kaltezas, das Symbol schlechthin für den gescheiterten »Wandel«. Von der Bedeutung her vergleichbar mit dem Mord an Carlo Giuliani während des G8-Gipfels in Genua. Auf regierungspolitischer Ebene markierte der Herbst 1985 das Ende dieses linken »Wandels«, ausgelöst durch das Wahlerdbeben von 1981. Das Scheitern der keynesianischen Politik der ersten vier Jahre der Pasok (als die Lohnerhöhungen, anstatt die inländische Produktion zu steigern, die Importe aus der EWG ankurbelten und das Zahlungsbilanzdefizit aufblähten) wurde von der Regierung Papandreou mit harten Sparmaßnahmen gegenüber den weniger privilegierten Bevölkerungssegmenten beantwortet: Abwertung der Drachme um 15 %, Kürzung der automatischen Indexierung[3] und ein gesetzliches Verbot jeglicher Lohnerhöhungen.

Die Durchsetzung des »Stabilisierungsprogramms« führte zum Verlust der Kontrolle über die Gsee durch die Regierung und zu zwei massiven Generalstreiks (21.10. und 14.11.).

Am Vorabend des Aufstands sollte eine Kette von Ereignissen die angespannte Situation im Zentrum von Athen erhöhen. Am Nachmittag des 14. November 1985 erstachen Mitglieder der Evp am Omonia-Platz drei türkische linke politische Flüchtlinge, die Propagandamaterial gegen die Junta von General Evren verteilten.

Die griechische Linke und auch die Anarchist*innen fühlten sich traditionell mit dem Widerstand gegen die autoritären Regime der Türkei verbunden. In den 70er Jahren waren gesellschaftliche Massenkämpfe in der Türkei stark ausgeprägt, die sich mit Devrimci Sol, Tkp/Ml und anderen Gruppen, auch in einem bewaffneten Kampf ausdrückten. Am 12. September 1980 führte General Kenan Evren mit weiteren Offizieren einen Militärputsch gegen die Regierung Demirel an. In dessen Folge wurde das Kriegsrecht verhängt, zahlreiche Menschen verhaftet, gefoltert und hingerichtet, oder sie verschwanden. Das führte zu einer Flucht von politisch Aktiven und Militanten. In Griechenland entwickelten sich Exilstrukturen der bewaffneten Gruppen, die ins Visier sowohl des türkischen Geheimdienstes als auch des griechischen Faschismus gerieten. General Evren regierte bis 1989 und wurde 2014 wegen dem Putsch zu lebenslanger Haft verurteilt, die er aber nicht antreten musste.

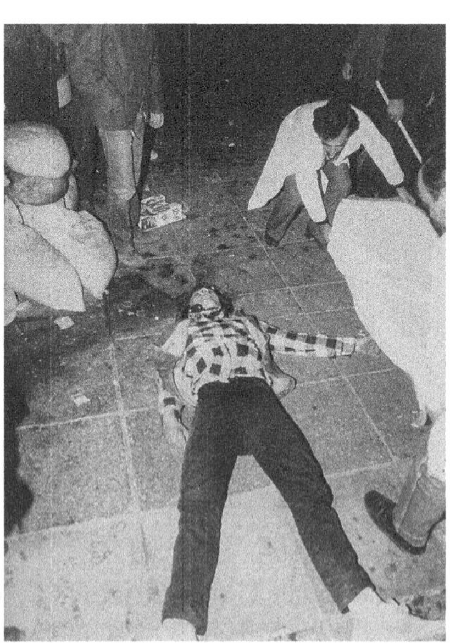

17.11.85, Michalis Kaltezas ermordet.

Unter dem Motto »Das Volk vergisst nicht, hängt die Faschisten auf« zog eine spontane Demonstration von Hunderten von Student*innen und anderen jungen Menschen am Nachmittag des folgenden Tages von der NTUA zu den Büros der EPEN in der Akademias-Straße, bewarfen diese mit Steinen und einige Demonstrant*innen versuchten das Gebäude in Brand zu setzen. Im Morgengrauen des 16. November reagierten daraufhin die Rechten, indem sie den anarchistischen Buchladen »Free Press« anzündeten.

Als Vergeltung zerstörte eine Gruppe von Anarchist*innen in der folgenden Nacht das Verlagsgebäude der rechten Zeitung *Nea Thesi* mit Molotow-Cocktails.

Während der Demonstration am 17. kam es nur zu zwei kleineren Zwischenfällen, die nicht zu Verletzten führten: Das im Voraus geplante symbolische Zertrümmern des Büros der South African Airlines am Syntagma-Platz, als Ausdruck der internatio-

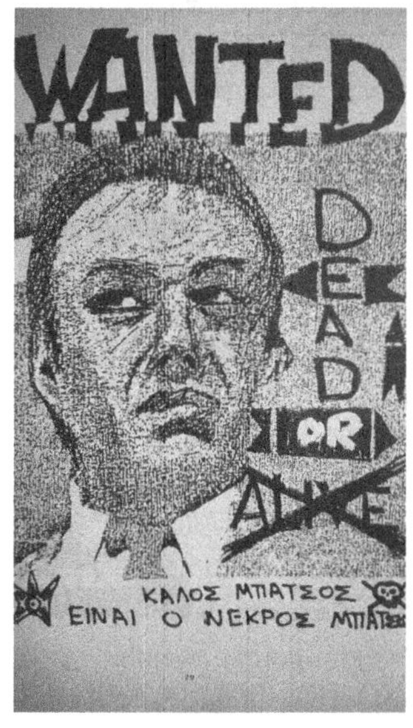

1990, Plakat gegen Melistas, den Mörder von Michalis Kaltezas.

nalen Solidarität mit dem Anti-Apartheids-Aufstand, der damals auf seinem Höhepunkt war.

Die vom südafrikanischen Staat praktizierte Apartheid führte in Griechenland, wie auch in anderen europäischen Ländern, zu einer Solidarisierung mit dem schwarzen Widerstand, speziell dem ANC. Diese Solidarität kam nicht nur aus der anarchistischen Bewegung sondern aus dem weiteren anti-imperialistischen Spektrum. Den Aufstand von Soweto mit 500 Toten, der am 16. Juni 1976 begann, verbanden einige Faktoren mit der Situation in Griechenland. Er entwickelte sich seit 1974 die Student*innen gegen den Zwang protestierten, Afrikaans als Unterrichtssprache zu benutzen. Also kurz nach den Polytechnio-Ereignissen. Südafrika wurde von den selben Staaten unterstützt, die auch die Obristen unterstützt hatten. Im Mai 1983 hatte der ANC in Pretoria mit einer Autobombe das Hauptquartier der Luftwaffe angegriffen, eine Aktion, die *Der Spiegel* in seiner Ausgabe 22/1983 als »terroristisch« bezeichnete. Südafrika bombardierte daraufhin Maputo, die Hauptstadt Mosambiks als Vergeltung, angeblich wurden dort ANC Mitglieder getroffen.

Wenig später zerstörte eine Gruppe die Fenster des Hilton Hotels. Diese sehr spontane Aktion wurde dadurch provoziert, dass Dutzende von gut situierten Herren und Damen mittleren Alters aus dem Luxushotel kamen, um das (damals seltene) Schauspiel des vorbeiziehenden anarchistischen Blocks zu begaffen.

In Exarchia griffen kurz vor Mitternacht mehrere Dutzend Jugendliche einen geparkten Konvoi der Polizei in der Stournari-Straße mit Molotow-Cocktails an. Dabei wurde dem 15-jährigen Schüler Michalis Kaltezas, als er sich vom Ort des Kampfes entfernte, von hinten in den Kopf geschossen. Er wurde von Athanasios Melistas aus relativ kurzer Entfernung getötet, einem Beamten ohne Kampferfahrung, aber mit spezieller Schießausbildung, der später behauptete, er habe »die Beherrschung verloren«. Um halb zwei morgens besetzten zahlreiche Jugendlichen das Chemische Institut und schlugen die Fenster des Zwischengeschosses ein. Es war die dritte historische Besetzung des Chemio. Sie errichteten Barrikaden in der Navarino-Straße und installierten eine Lautsprecheranlage, die sie aus einem benachbarten Geschäft besorgt hatten auf dem Dach, neben der sie Materialien (auf Fotos sind es Steine, Molotows und Chemikalien) deponierten. Die ersten Versuche der Polizei, die Barrikade und ihre Erbauer*innen zu entfernen, wurden mit Steinen und Molotow-Cocktails zurückgeschlagen.

Am Morgen beriefen die Aktivist*innen eine Versammlung ein, auf der sie an »jeden Menschen, der sich eine grundlegende Sensibilität bewahrt hat, um seine Träume praktisch werden zu lassen« appellierten und gleichzeitig »eine zweistündige Fernsehsendung, die im Chemio gefilmt wird, mit einer Diskussion zwischen jedem, der daran teilnehmen möchte, und den Eltern von Kalteza« forderten. Letzteres ist heute undenkbar, wurde jedoch als Versuch einer Antwort auf die Vertuschung von Polizeigewalt durch den staatlichen Fernsehsender *ERT* gesehen. Gegen acht Uhr dreißig verweigern die Besetzer*innen auch jede Interaktion mit dem Asylausschuss des Senats, der das Gelände zuvor besucht hatte. Dieser dreigliedrige Asylausschuss, bestehend aus dem Rektor Michalis Stathopoulos, dem Dozenten Dimitrios Mavrakis und des Vertreters der griechischen Polizei, Yannis Tsamourgkeli, beschloss einstimmig dem Einschreiten der Bullen eine Genehmigung zu erteilen. Am folgenden Tag wurde die Haltung des Rektors vom einberufenen Universitäts-Senat mit einer Mehrheit von 31 zu 12 Stimmen gebilligt.

Die Reaktion der Regierung und der Polizei erfolgte blitzschnell. Um zehn Uhr fünfundzwanzig, nach Ablauf eines fünfminütigen Ultimatums begann von den Dächern der benachbarten Gebäude der Beschuss mit Tränengas.

Technisch unvorbereitet und unerfahren im Umgang mit und der Abwehr von chemischen Kampfstoffen, brach die Besetzung innerhalb weniger Minuten zusammen.

Es folgte die Erstürmung des Geländes durch Einheiten der MEA, die sich mit Feuerwehrleitern Zutritt zum Gebäude verschafften. Wer ihnen nach dem Beschuss mit Tränengaskanistern in die Hände fiel, wurde misshandelt, es gelang dennoch einigen Leuten durch die Kanalisation zu entkommen.

Im weiteren Verlauf wurde um sechzehn Uhr das Polytechnio von etwa 2.000 Leuten besetzt. Der Kern der Besetzer*innen bestand aus den Organisationen, die Le Pen im Dezember des vorigen Jahres so dynamisch empfangen hatten und sie stellten fünf Forderungen:

(a) Bestrafung der unmittelbar und moralisch Schuldigen des Mordes,
(b) Rücktritt der verantwortlichen Minister Tsouras und Koutsogiorgas,
(c) Freilassung der im Chemio verhafteten,
(d) Ausschluss des »Dekans der Bereitschaftspolizei« vom Asylausschuss, Stathopoulos,
(e) Auflösung der MAT-MEA und Entwaffnung der EL.AS.

Im Anschluss starteten junge Leute, meist Anarchist*innen, eine Demonstration die zur damaligen GADA in der Stadiou-Straße führen sollte.

Mit Slogans wie »Blut ist geflossen/wir fordern Rache«[4] und »Diese Nacht gehört Michalis« zerstörten sie unterwegs systematisch Banken, bis sie auf der Höhe der GADA von der Bereitschaftspolizei angegriffen wurden. Die Demo wurde aufgelöst und die Menge kehrte zur Uni zurück, deren äußerer Bereich sich wiederum in ein Schlachtfeld verwandelte. Es kam zu langen Straßenkämpfen mit den Einheiten der MAT, Autos wurden in Barrikaden verwandelt und anliegende Geschäfte zerstört und geplündert.[5]

Auf einem Foto ist Kostas Hatzopoulos, Gitarrist der Punk Band Genia tou Chaous, zu sehen, der einen bewusstlosen Freund wegträgt.

In zwei Zeitungen[6] wurde er aufgrund dieser Aufnahme als Kollaborateur der Polizei bezeichnet. Die Anzahl und das politische Spektrum der Beteiligten (laut *Ta Nea waren es mehr als 4.000*), die Haltung des NTUA-Senats und vor allem der geschichtlich symbolträchtige Ort Polytechnio, ließen eine militärische Räumung wie im Chemiegebäude nicht zu.

Der Widerstand an den Straßensperren wurde um drei Uhr nachts mit einem massiven Einsatz von Tränengas unterdrückt, aber die wichtigste Waffe in den Händen der griechischen Polizei war eine andere, »Empörte Bürger«.

Schon bei der Besetzung des Chemio im Mai des selben Jahres hatten Hunderte von PASOK-Mitgliedern und Dutzende von Faschisten der EPEN aufseiten der Bereitschaftspolizei, aber getrennt voneinander, agiert. Vor dem Polytechnio, in der Nacht des 18. November 1985, endete diese Differenzierung voneinander durch die Bildung einer einzigen Menge »empörter Bürger«, in der die Mitglieder der EPEN kaum, abgesehen von einigen sporadischen Slogans, von denen der PASOK zu unterscheiden waren. Es entstand eine Partnerschaft, die *Ta Nea* am nächsten Tag mit Genugtuung als »neue Form der Beziehungen und der Koexistenz zwischen Polizei und Bürgern gegen die Linken« begrüßte (indem sie leichtfertig von einer »politisch unbestimmten Menge« sprach).[7v]

Kostas Hatzopoulos.

Ein Zivilbeamter wirft Steine.

In demselben Bericht wird ein charakteristischer Moment dieses Bündnisses beschrieben: »Gegen 9 Uhr erschien eine große Gruppe von Bürgern, die einen jungen Besetzer als Beute festhielten und ihn blutig schlugen [...] Der junge Mann rief mit erhobener Faust ›Wir werden siegen‹ und die Menge rief ›Du bist ein Penner‹.«

Unter dem Schutz der Polizei versuchten die EPENiten wiederholt, das Polytechnio zu stürmen. Im Morgengrauen durchbrachen sie sogar das Haupttor, wurden aber nach einem Gefecht zurückgeschlagen. Auf dem Rückzug lässt einer von ihnen seine Brieftasche zurück, die einen Polizeiausweis und ein Foto des Diktators Papadopoulos enthält. Unter den Verwundeten, deren Namen in der Presse veröffentlicht wurden, sticht der von Makis Voridis [EPEN] hervor.[8]

Es folgten eine Ruhepause und lange Verhandlungen. Am Nachmittag des 19. November endete die Besetzung mit dem Rückzug der EL.As. und dem sicheren Auszug der etwa zweitausend Eingeschlossenen mit einer Demonstration ins Zentrum

Erstürmung des Chemio ...

... durch die Sondereinheit Mea.

von Athen. Parallel fand ein anderer Kampf statt. Das Zentralkomitee der Efee hatte für den Nachmittag des 19. Novembers einen Protestmarsch wegen der Ermordung von Michalis Kaltezas und des Einmarsches in das Institut für Chemie angekündigt. Nach dem Eingreifen der Regierung setzte die Kke ihre Jugendlichen unter Druck, aufzugeben und erzwang die Absage der Kne am Marsch. Die Kke-nahen Zeitungen »entlarvten« erneut die Besetzer*innen der Universitäten und Beteiligte an den Straßenschlachten als »rekrutierte Provokateure« unter der Führung von »wer weiß, welchen Zentren«. Die Zeitung *Avriani* verkündete am selben Tag, ähnlich wie sonst auch bei Unruhen jeglicher Art, erneut auf der Titelseite: »Die Demokratie ist in Gefahr. Verdächtige Kreise verstecken sich hinter den Anarchisten«. Deren Analysen lasen sich beispielsweise so:

> »Die Haltung der Polizei und die Rolle einiger anarcho-autonomer Elemente bei den Ereignissen erinnerte an das bekannte Volkssprichwort ›eine Hand wäscht die andere und beide Hände waschen das Gesicht‹«[9]. Die Widersprüchlichkeiten, die die Ver-

> leumdungen gegen die Aktivist*innen beinhalteten, schienen nicht zu stören oder wurden geflissentlich übersehen. Denn trotz der Darstellung der randalierenden Jugendlichen als eine Bande von Spitzeln, wird das stellvertretende Mitglied des Europäischen Parlaments, Panagiotis Lafazanis, darauf achten, die Führung der Nationalen Polizei von jeglicher Verantwortung freizusprechen, da es die Polizeidirektoren, die nach dem Mord vorübergehend ersetzt wurden, als »Sündenböcke« bezeichnete. Panagiotis Lafazanis war seit 1971 ein führendes Mitglied der KNE und später Mitglied des Politbüros des Zentralkomitees der KKE. Er blieb bis 1991 in der KKE, während er 1992 als Mitglied des politischen Sekretariats der Synaspismos beitrat, um 2015 Minister für SYRIZA zu werden. Zwischendurch betätigte er sich als Journalist und schrieb den besagten Artikel. 2019 wurde er von Antiautoritären auf der Straße vor dem Polytechnio angegriffen.«[10]

Die interne Krise der KKE ESOTERIKOU im November 1985, die ihre schnellstmögliche Beteiligung an der Regierung, komplementär zur PASOK anstrebte, wurde durch die Reaktionen auf den Mord an Michalis Kaltezas ausgelöst. Der Stein des Anstoßes war die Haltung der Parteijugend, RIGAS FERAIOS, zu den Ereignissen, denn für RIGAS war der Mord an Kaltezas bedeutend genug, um sich über die Parteidisziplin hinwegzusetzen und eine gemeinsame Demonstration mit ansonsten gegnerischen Gruppen anzukündigen.

Am 18.11. stimmte RIGAS FERAIOS zusammen mit der KNE für eine Demonstration am nächsten Tag und zog damit den Zorn der Parteiführung auf sich, die eine Abgrenzung zu den Anarchist*innen für bedeutender hielt, als den Mord an Kaltezas: Es gäbe ein Phänomen von Pseudo-Anarchisten, dass gefiltert sei und von der Regierung ausgenutzt werde. Um sie herum versammelten sich unter den Bedingungen der sozialen Krise verschiedene Elemente.

Die KKE-Führung schlug eine Demonstration des EFEE mit völlig anderer Ausrichtung an einem späteren Tag vor. Es sollte nicht die Polizeiführung angeklagt werden, da ja ein Provokateur (Kaltezas) getötet worden war. Die Parteijugend setzte sich jedoch mit der Demo durch und wurde dafür von einem Vertreter des rechten Flügels der Partei mit folgenden Worten angegriffen: »Die Provokateure sind in der Juliana (Juli Ereignisse 1965) aufgetaucht. Seitdem gab es keine Massenveranstaltung mehr, bei der sie nicht aufgetaucht sind. Unsere Haltung gegenüber den ›Anarchisten‹ muss geklärt werden. Die Regierung steckt bis zum Hals in der Verantwortung. Aber ihre Rettung wurde auch mit den Anarchisten gemacht. Also scheint sich R. F. mit den Anarchisten zu identifizieren.«

In diesem Konflikt zwischen Parteiführung und Basis spielte auch das Foto eines Rigas-Mitglieds eine Rolle, der mit einem Brandsatz in der Hand abgelichtet wurde.

Ein Parteisprecher meinte dazu: »Die Molotowcocktail-Bombe in den Händen von Rigas ist nicht die Position von R. F. in all den Jahren.« Das fragliche Foto existierte tatsächlich, befand sich allerdings nicht in den Händen des Efee.

Die Parteiführung hätte nämlich von sich aus dieses Foto nie veröffentlicht und hätte wohl gerne dessen Echtheit oder Exis-

Anhaltende Unruhen und Versammlungen.

tenz bestritten. Vermutlich gab es damals eine Debatte über die Herkunft und EFEE hätte zugetraut werden können, damit eigene Interessen zu verfolgen. Die politische Begründung dieser Haltung wurde in einem Beschluss der Exarchia-Organisation (19.11.1985), der im R. F.-Archiv im ASKI aufbewahrt wird, von Riga folgendermaßen argumentiert:

> »Unsere Abwesenheit von der Straße, von diesen Massenkämpfen, hat auch Konsequenzen für die Linke. Der ›Raum‹ [der außerparlamentarischen Linken] erscheint als die einzige linke Präsenz und wird dank dieser ›exklusiven Vertretung‹ aufrechterhalten und reproduziert. Eine direkte Folge davon ist das Phänomen von Dutzenden von Riganern, die an den Schauplatz der Krawalle und der Demonstrationen kommen, weil sie die Haltung des Schweigens ablehnen, obwohl sie mit dem Rahmen des Raums nicht einverstanden sind. […] Die langfristige Folge ist die Verzerrung der Physiognomie unserer Organisation. Die

Die darauf abgebildete Person war jedoch nicht der einzige RIGAS, der an den Zusammenstößen in jener Nacht beteiligt war.

> Bildung einer kampflosen Haltung, Schüchternheit und Introvertiertheit, die Verschlechterung des politischen Dialogs, die Abwesenheit der R. F., sich den wirklichen Problemen zu stellen […] Der gegenwärtige unvorbereitete, unorganisierte Marsch (den wir als einen positiven Schritt der R. F. betrachten) hat das Potenzial unserer Ideen gezeigt, Potenziale, die über unsere organisatorischen Grenzen hinausgehen.«

Die rechte Zeitung *Kathimerini* schreibt am 20. November 1985:

> »Mit ihrer Tendenz zur Wiederbelebung des sozialen Bodens und der Schmeichelei für die antisozialen Instinkte des plebejischen Liberalen, kultivierte die Pasok Promiskuität, Libertinismus, Asozialität und Exzentrizität in den unreifsten und qualitativ minderwertigsten Schichten«;

außerdem ließe sie das Handeln der Anarchisten »ungestraft und ungesühnt«, das wiederum

> »die Frucht von Perversion und psychopathologischen Zuständen ist und nicht von irgendwelchen Ideologien«.

Auch die Juristische Fakultät Nomiki war 1985 Ziel von Angriffen der Bullen.

Während die Diskussionen in den Parteien und studentischen Organisationen hochkochten und von der Presse ausführlich kommentiert wurden, benötigte die Stadtguerilla nur eine Woche um ihre Agenda in die Praxis umzusetzen.

Als Vergeltung für den Mord an Michalis Kaltezas griff die Revolutionäre Organisation 17. November am 26. November 1985 einen Konvoi von MAT-Bussen an, der sich von der Station der Spezialeinheiten in Kaisariani auf den Weg ins Zentrum Athens machte. In Höhe des Ilissia-Parks machten drei Männer den Ort frei von Unbeteiligten, damit diese nicht verletzt oder getötet werden, dann explodierte eine ferngezündete Autobombe neben dem Polizeikonvoi. Ein MAT-Bus wurde völlig zerstört, wobei einer der Bullen getötet und 15 weitere verletzt wurden.

Ein Auszug aus dem Bekennerschreiben

> »Die Antwort der Stadtguerilla – gesprengter MAT Bus« von 17N: »Der Mord an dem 15jährigen Schüler Michalis Kaltezas enthüllte die tragische Wahrheit der heutigen griechischen Gesellschaft, ihre politische und gesellschaftliche Schläfrigkeit. Er zeigt, dass die dem Faschismus immer näher kommende PASOK schlimmer ist, als wir dachten.
>
> So passierte das Tragische, dass eine Gesellschaft einen 15jährigen Schüler durch ihre eigenen Leute ermordet – eine der schlimmsten Gewalttaten – es gibt nicht nur keine Reaktion aus breiten Teilen der Bevölkerung, sondern verschiedene Regierungsorgane und Parteien verbreiten auch Mythen, um den Mord zu entschuldigen; Mythen, die zum gesellschaftlichen Faschismus führen.
>
> Der Schüler kann kein Anarchist gewesen sein, auch kein Kommunist oder Linker, weil man in seinem Alter noch keine festgesetzte Meinung hat. Er war ein Jugendlicher, der sich Gedanken macht. Er war unschuldig – und eine Gesellschaft, die statt Lösungen für seine Probleme zu suchen, ihn erschießt, ist keine Demokratie. Die Einzigen, die sonst noch 15jährige ermorden, sind Pinochet und Südafrika.

Michalis soll einen Molotow-Cocktail geworfen haben. Zeugen sagen, dass es nicht stimmt, sondern dass der Polizist ihn einfach so erschossen hat und auf ihn gezielt hat. Was bestätigt wird, wenn man weiß, dass er zu den besten Schützen der Einheiten gehört.

Aber dieser Mythos funktioniert nur zusammen mit der Theorie, dass die Aufgabe der Polizei nicht darin besteht, die Gesetzesbrecher festzunehmen und sie der Justiz zu übergeben, sondern dass ihre Aufgabe die direkte Strafe ist.

Der Mord an dem 15jährigen ist kein Zufall. Er kommt nach den Morden an Koumis und Kanelopoulou im November 1980;

den zehnfachen Schießereien von Seiten der Polizei gegen Motorradfahrende Jugendliche,

der Verletzung von 3 Jugendlichen im Mai 83 bei einem Rockkonzert,

der schweren Magenverletzung eines 16jährigen durch Schüsse, der von der Polizei angehalten wurde und weiter fuhr,

Die Antwort der Stadtguerilla – gesprengter MAT Bus.

den Schüssen auf einen 14jährigen, der aus einem Heim abgehauen war,
den Schüssen auf einen 17jährigen, der versucht hatte, eine Apotheke zu beklauen,
und der Ermordung einer englischen Touristin während einer Personenkontrolle.
Die Regierung ist verantwortlich für die Methoden der Polizei, die nicht davor zurückschreckt, Jugendliche für kleine Straftaten zu erschießen. Und diejenigen, die unsere Tat erschreckend finden, sollten uns sagen, was sie gemacht haben, um die Verhältnisse zu ändern.
Aber dieser Mord war ein Manöver, um von den Auseinandersetzungen am 17.11. abzulenken, um die brutalen Einsätze von Polizei und Militär zu decken. Diese Auseinandersetzungen sind nicht durch den Mord entstanden, aber genau wie in England sind die Ausgangspunkte immer Kleinigkeiten wie Personalienfeststellung usw. Der wahre Grund sind die großen gesellschaftlichen Klassenunterschiede in Griechenland, die Wirtschaftskrise, die neuen Maßnahmen, die Arbeitslosen und die aussichtslose Zukunft der Jugend.
Diese Arbeitslosen sind keine Anarchisten, es sind unorganisierte Linke.
Die organisierten Anarchisten glänzen durch ihre Abwesenheit. Sie verbrachten ihre Zeit mit verbalen Auseinandersetzungen im Gebäude des Polytechnio und versuchten, die Kämpfe zu verhindern.
Unsere Bombenanschlag gegen den Bus ist eine Antwort auf den Mord, eine Antwort auf die milde Strafe für den Mörder, eine Antwort auf die Tatsache, dass die einzigen, die auf den Mord reagierten, zusammengeschlagen und festgenommen wurden.

Für die Volksmacht und den Sozialismus! Der Kampf geht weiter!«

17N erwähnte Pinochet in ihrer Erklärung, weil nur wenige Monate zuvor, am 29. März 1985, in Santiago die beiden Brüder Eduardo (20) und Rafael (18) Vergara Toledo von Carabineros ermordet wurden. Beide waren Militante der MIR und die Jahrestage ihrer Ermordung werden seitdem von Anarchist*innen, militanten Linken und Nachbar*innen gemeinsam als Dia del joven combatiente begangen.

Michalis Kaltezas wurde zu einem Symbol der antiautoritären Bewegung. Bis sich im Dezember 2008 ein weiterer 15jähriger in das Pantheon der Opfer von Polizeigewalt einreihte.

Am 23. September 1988 wurde Athanasios Melistas vom Gericht in der ersten Instanz wegen vorsätzlichen Totschlags zu einer milden Strafe von zweieinhalb Jahren verurteilt, dabei wurden als mildernde Umstände berücksichtigt, dass er sich in einem Zustand geistiger Unruhe befand und deswegen die Grenzen des Selbstschutzes überschritten hatte. Ein Berufungsgericht unter der Regierung Xenophon Zolotas (1989–1990) sprach ihn jedoch am 26. Januar 1990 vollständig frei, da der Mord aus »Angst und Aufregung« begangen worden sei. Jeder Schritt auf diesem juristischen Weg war von neuen Krawallen geprägt, die jeweils von

Νύχτα τρόμου στο κέντρο της Αθήνας

ΜΑΧΕΣ ΑΣΤΥΝΟΜΙΚΩΝ - ΑΝΑΡΧΙΚΩΝ ΩΣ ΤΑ ΞΗΜΕΡΩΜΑΤΑ

Typischer Zeitungsbericht: Horror-Nacht im Zentrum Athens.

unterschiedlicher Intensität und Dauer waren. Die Bedeutung der Demonstration am 17. November schwankte in den nächsten Jahren ständig, 1986 gab es einen der größten anarchistischen Blöcke, in jenem Jahr wurden neue Versuche unternommen die anarchistische Bewegung zu einigen. Eine der ersten Zeitungen, die in dieser Zeit herausgegeben wurde, war *DOKIMI* (1985–1987). Im Frühjahr 1987 wurde ein zweitägiges Treffen von Anarchist*innen aus dem ganzen Land organisiert, das auf die Initiative von Personen, die an *DOKIMI* teilgenommen hatten, und von Genoss*innen aus anderen Gruppen zurückging. Dieses Treffen war der Ausgangspunkt eines politischen Prozesses, der zur Gründung der Anarchistischen Union und zur Herausgabe der Zeitung *ANARCHIA* führte, die landesweit verbreitet wurde und die Veröffentlichung von *DOKIMI* einstellte.
Später war eine Gruppe von Genoss*innen, die an der Anarchistischen Union teilnahmen, mit der Gruppe aus ideologischen Gründen nicht einverstanden und gründete die Anarchistische Versammlung (Syspirosi Anarchikon) und gab 1988 die Zeitung *ENANTIA* und um 1990 die Zeitschrift *ANARHIKI THEORISI* heraus. Nach einer erneuten Spaltung innerhalb der Anarchistischen Versammlung stellte *ENANTIA* seine Auflage ein. Daraufhin beschloss die Anarchistische Versammlung, die Herausgabe der Zeitung *EXEGERSI* zu übernehmen und beteiligt sich heute an der Redaktion der Zeitung *DIADROMI ELEYTHERIAS*. Einige derjenigen, die die Anarchistische Versammlung verließen, gaben später die Zeitung *ANARHIKO DELTIO* heraus, die in *MAVRI SIMEA* umbenannt wurde. Parallel zur Veröffentlichung der Zeitung *ENANTIA* (1988) der Anarchistischen Versammlung in Athen beschloss die Anarchistische Union von Thessaloniki, die Zeitung *EKTOS NOMU* auf lokaler Ebene herauszugeben.

Das scheiterte aber und der anarchistische Raum blieb fragmentiert. In seinem Buch *Versuche der anarchistischen Organisation in den 1980er Jahren in Griechenland* beschreibt Dimitris Troaditis

Cover der Zeitschrift *ANARCHOS*, Mai 1986.

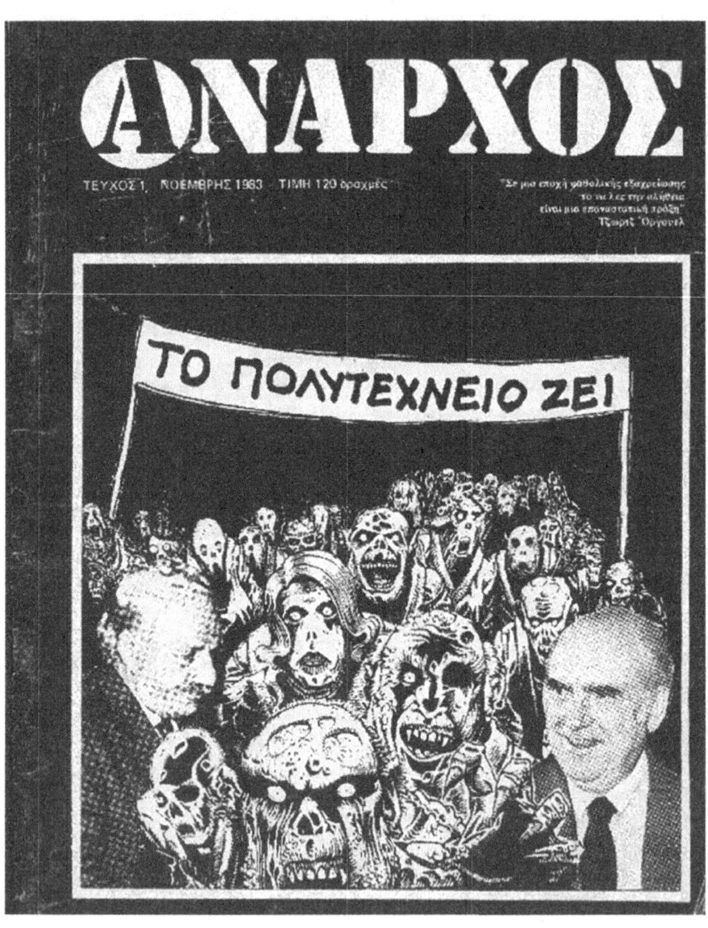

Cover der Zeitschrift *ANARCHOS*, November 1983.

die anti-organisatorischen Tendenzen und die Besonderheiten des griechischen Anarchismus, der die Organisierung als anstrengenden und zeitraubenden Prozess ansah. Laut einer Rezension wurde statt der Organisation eine individualistische Sichtweise auf ein unkonventionelles Leben gepflegt.

> »Es sei wahr, dass die organisatorische Perspektive der anarchistischen Kräfte in Griechenland tausend Wellen durchlaufen hat, und das Studium dieser Reise ist ein notwendiges Feld für die heutige Generation. Denn am Ende scheint es, dass wir, anstatt durch dialektische Sprünge und politische Upgrades vorwärts zu gehen, mehrere Schritte zurückgegangen sind. Trotz der Bemühungen der Vergangenheit, trotz der Existenz schwerwiegender kritischer Positionen gegen organisatorische Fragmentierung und die opportunistischen Partnerschaften zwischen den Gruppen, änderten sich die Dinge nicht nur nicht, sondern im Gegenteil, die Probleme wurden konsolidiert. In der verzerrten Sicht der anarchistischen Bewegung wird eine vermeintliche Freiheit geschätzt, die Strukturen hasst, und die mit dem Chaos der primitiven Gesellschaften identischer ist. Die Organisation für Anarchisten ist ein Konzept, das mit sozialen Bindungen verflochten ist, und die anarchistische Sichtweise hat konsequent argumentiert, dass die Gesellschaft weder eine entspannte Beziehung zwischen Individuen noch die Summe der Individuen als liberale Traditionen ist. Der Mensch, der ein soziales Wesen ist, konnte nicht überleben, geschweige denn außerhalb der Gesellschaft Zufriedenheit erreichen, und nur darin kann er seine Freiheit erkennen und seine Individualität entwickeln.
>
> Das Konzept des Anarchismus entspricht dem Konzept der Organisation auf einer höheren Ebene und nicht einer molekularen Organisierung kleiner autonomer Gemeinschaften. Die Gesellschaft, für die wir kämpfen, ist nicht in autonomen Gemeinschaften verkörpert, die voneinander abgeschnitten sind.
>
> Wenn unsere Strategie und unser visionärer Horizont darauf abzielen, eine libertäre föderalistische Gesellschaft aufzubauen,

> muss unsere Organisation in der Gegenwart erfolgen. Wenn wir eine Gesellschaft der Gleichen anstreben, sollte unsere Organisation jetzt gleich sein. Wenn wir um die Freiheit kämpfen, vergessen wir nicht Bakunins Worte, dass die Freiheit nur durch Freiheit geboren wird. Im Kontext des laufenden politischen und Klassenkampfes ist die Organisation die notwendige Vereinigung von Militanten, sowohl in bestimmten anarchistischen Organisationen als auch in sozialen/Klassenorganisationen. In ihnen ist die Gesellschaft von morgen vorbereitet und durch sie wird der Kampf, der dazu führt, geplant. Weise, die anarchistische Vorschläge aus einer Reihe allgemeiner Visionen in einen bestimmten Vorschlag verwandelt, der ihren Realismus überzeugen kann.«[11]

1987 begannen dreitägige Unruhen schon mit der versuchten Kranzniederlegung von Regierungsvertretern auf dem Uni-Gelände und 1989 beteiligten sich nur wenige Anarchist*innen mit einem eigenen Demoblock.
Für das Jahr 1986 ist ein weiteres vergessenes Opfer der Arbeitskämpfe zu erwähnen. Am 3. September 1986 protestierte der 60-jährige EDOK-ETER-Arbeiter Angelos Mauroidis zusammen mit 650 seiner Kollegen mit einem Sitzstreik vor dem Industrieministerium, nachdem der stellvertretende Minister sich geweigert hatte, sie in der Frage der Nichtauszahlung ihrer Löhne zu empfangen. Sie wurden von Polizeibeamten gewaltsam zurückgedrängt, wobei er schwer verletzt wurden. Er starb an einer posttraumatischen Komplikation im Krankenhaus.[12]

Der nächste Tote: Michalis Prekas

Im Milieu der Militanten bewegte sich Michalis Prekas, ein Anarchist und Uruhestifter aus der Unterschicht. Über ihn wird berichtet, er habe die Schule als Knast empfunden und schon früh Gesetze ignoriert. In dem armen Stadtteil Brachami/Athen sei er schnell der Polizei aufgefallen und im Security Detention Center misshandelt worden. Dadurch voller Hass auf die Cops, kam er in Kontakt mit dem anarchistischen Raum. Für die Polizei passte er in ihre Theorie von kommunizierenden Schiffen zwischen der anarchistischen und der kriminellen Szene.[13] Am 1. Oktober 1987 versuchten Christoforos Marinos, Klearchos Smyrneos und Michalis Prekas in Kalogreza/Athen ein Funkgerät aus einem Polizeiauto zu enteignen, das es dem damals flüchtigen Prekas ermöglichen sollte, die Bewegungen der Polizei zu verfolgen. Nach Angaben der Behörden begann der Fall mit dem anonymen Telefonanruf eines unbekannten Mannes bei einem Beamten einer Sondereinheit. Er teilte diesem mit, dass sich an der Kreuzung von Perata und Ethnikis Antistaseos in Kalogreza drei verdächtige Personen in einem geparkten Auto befanden, das sich als Dienstwagen des Gouverneurs der Region Attika herausstellte. Zuvor hatten sie es in Halandri gestohlen, wo es ein Polizist, der Fahrer des Regionalgouverneurs, zurückgelassen hatte.

Es kam zu einer Verfolgungsjagd, bei der Michalis Prekas schließlich in ein Wohnhaus flüchtete und dort nach einem längeren Schusswechsel mit der Polizei erschossen wurde. Die beiden anderen wurden verhaftet. Danach behaupteten die Bullen, ihn als Beteiligten an verschiedenen Anschlägen unterschiedlicher Gruppen identifiziert zu haben, u. a. am Bombenanschlag auf eine AEG-Niederlassung in Solidarität mit Gefangenen der RAF in Deutschland.[14] ELA gab später eine Erklärung zu Prekas ab, die eine Verbindung zu anarchistischen Strukturen nahelegte. Dies geschah zunächst im Oktober 1987 durch eine Broschüre, in der sie an den Jahrestag der Tötung von Christos Kassimis erinnerten und sich dabei auch auf Michalis Prekas bezogen. Im April 1990 legten sie eine Erklärung nach, die das Handeln von Prekas verteidigte.

Der folgende Auszug aus einer Erklärung von 17N, die am 11. Oktober 1987 anlässlich der Entdeckung eines angeblichen Verstecks in der Kalamas-Straße in Sepolia abgegeben wurde.

Die Presse berichtete ausgiebig von angeblichen konspirativen Wohnungen der Gruppe um Prekas und Marinos, in denen Waffen, Zünder, Bombenteile, Erklärungen usw. gefunden wurden, und es wurden oft Bezüge zu anderen Gruppen und Personen behauptet. Das waren aber nie eigene Recherchen der Zeitungen, sondern von der Polizei lancierte Meldungen, so das der Wahrheitsgehalt meistens gering war. Die Erklärung der 17N dazu wurde erneut, anlässlich des Jahrestages der Schießerei, im Oktober 2014 auf *Indymedia Athen* veröffentlicht:

> »Abgesehen von der ständigen Fehlinformation durch die Journalisten, stellen wir fest, dass die ganze Operation mit dem brutalen faschistischen Mord an Prekas endete. Hunderte von Polizisten in Zivil, die zu seinem Lynchmord aufriefen und sich als angeblich empörte Bürger ausgaben, um einen Konsens für ihre faschistische Praxis zu schaffen. Männer der Spezialeinheiten, die Marinos verprügelten und ihn durch die Presse als von Zivilisten Verprügelten darstellten. Schließlich das Attentat, das eine Folge der Kombination aus der Änderung der amerikanischen Politik, die in solchen Fällen die Tötung von ›Terroristen‹ vorschreibt,

Michalis Prekas.

> und der griechischen Besonderheit ist, dass Prekas auf dem Balkon herumlief und sie verhöhnte, ohne Vorsichtsmaßnahmen zu treffen, die es erforderlich machten, ihn nicht zu töten. Dieser Mord erschütterte den Mythos der Spezialeinheiten, enthüllte ihr wahres Wesen und entlarvte sie feierlich als einen Haufen inkompetenter, dreister Verschwender.
>
> Sie hatten alle Vorteile auf ihrer Seite, modernste Waffen, kugelsichere Westen, sie hatten Prekas umzingelt, waren etwa hundert Mann gegen einen, d. h. sie gingen auf Nummer sicher, da sie sich nicht in Gefahr befanden, und es gelang ihnen nicht nur nicht, ihn festzunehmen, sondern sobald Prekas auf dem Balkon erschien und einen Schuss in die Luft abgab, drehten sie buchstäblich durch und antworteten mit einem Sperrfeuer von Kugeln. Man kann mit Fug und Recht behaupten, dass Prekas, der von ihren Kugeln erschlagen zu Boden fiel, sich an ihnen bitter rächte. Er hat sie auf die demütigendste Weise bloßgestellt.«

Vier Jahre später wurden zwei an der Ermordung beteiligte EKAM-Beamte als Waffenhändler verhaftet. Der ehemalige Kommandeur der EKAM wurde wegen illegalen Waffenbesitzes und -handels zu einer Freiheitsstrafe von drei Jahren und sein Bruder – einen Unteroffizier der EKAM – wegen Besitzes und Handels mit Waffen und Munition sowie des Besitzes einer geringen Menge Haschisch zu vier Jahren und zwei Monaten vom Athener Berufungsgericht verurteilt.

1987 bahnte sich der »Koskotas-Skandal« an, ein Skandal der selbst für griechische Verhältnisse außergewöhnliche politische Erschütterungen auslöste. In deren Folge wurde der korrupte Premierminister Andreas Papandreou nach etlichen Skandalen aus dem Amt gedrängt. Giorgos Koskotas begann als Verwaltungsangestellter der Bank von Kreta. Von 1982 bis 1984 arbeitete er in der zentralen Filiale der Bank in Athen als Buchhalter. Den Ermittlungen zufolge veruntreute Koskotas 210 Millionen

Dollar der Bankgelder auf sein eigenes Konto, das er nutzte, um die Kontrolle über die Bank zu erlangen, ein Verlagsgeschäft aufzubauen, das zwei Tageszeitungen in Athen, fünf Zeitschriften und einen Radiosender umfasste, und er übernahm den Fußballverein Olympiacos Piraeus. Unter Koskotas' Führung entwickelte sich die Bank von Kreta von einem kleinen Finanzinstitut zur zweitgrößten Bank des Landes. Koskotas wurde in den USA wegen älterer Straftaten im Oktober '87 verhaftet. Von dort aus behauptete er, Premierminister Andreas Papandreou habe staatliche Unternehmen angewiesen, Gelder bei der Bank zu deponieren, und mit gestohlenem Geld Bestechungsgelder angenommen. Auf Kaution und Passabgabe freigelassen, verhalf ihm die griechische Botschaft mit einem neuen Pass zur Flucht nach Griechenland. Am 20. Oktober 1988 wurde Koskotas dort wegen fünffacher Fälschung und Unterschlagung angeklagt und vom Amt des

Bullen auf der Jagd in Kalogreza.

Die bewaffneten Mörder schaffen die Leiche von Michalis Prekas fort.

Bankpräsidenten suspendiert. Am 7. November entkam er einer 24-stündigen Bewachung seines Hauses und floh aus dem Land. Die Anschuldigungen von Koskotas gegen die Regierung Papandreou führten auch zum Rücktritt mehrerer Minister und zur Forderung nach einem Misstrauensvotum gegen die Regierung. Die vorgezogenen Neuwahlen sollten die Nachfolgepartei der Junta, Nea Dimokratia, an die Macht bringen. Diese bediente sich dafür der Kke, die im Wahlbündnis Synapsismos der Nd zur Regierungsübernahme verhelfen wollte. Das Wahlergebnis im Juni 1989 ließ nur eine absurde Koalition aus Nd, Kke und Pasok zu, so dass die Demokratie weiter an Ansehen verlor. 1989 verurteilte ein vom Parlament eingesetztes 13-köpfiges Gericht zwei ehemalige Minister des Kabinetts wegen ihrer Verwicklung in den Skandal. Papandreou wurde jedoch 1992 vom Obersten Gerichtshof von allen Anschuldigungen freigesprochen (mit 7 zu 6 Stimmen). Nach seiner erneuten Verhaftung in den USA wehrte sich Koskotas gegen seine Auslieferung mit dem Argument, dass die Anklage politisch motiviert sei und ihm bei einer Rückführung nach Griechenland ein Attentat durch 17N drohen würde. Trotzdem wurde er ausgeliefert und saß einige Jahre im Knast. Die Enttäuschung vieler Wähler*innen in Pasok und die Demokratie war groß, nachdem überall Kürzungen verordnet wurden und Arbeitskämpfe gegen den Lohnverfall wenig Erfolg hatten, während die Regierung hemmungslos in die eigene Tasche wirtschaftete. John Brady Kiesling hat dem Koskotas-Skandal in seinem Buch einigen Raum gegeben und als Triebfeder für eine neue Offensive von 17N bezeichnet.[15]

ELA und 17N hatten im Wahlkampf mehrere Richter, Staatsanwälte und Politiker getötet oder verletzt und Bomben gegen Behörden gerichtet. 17N schrieb dazu, dass »jetzt eine revolutionäre Lösung notwendig sei, als Resultat einer extra-parlamentarischen Aktivität, sowohl bewaffnet/gewaltsam als auch autonomer Massenkämpfe.«[16]

Im November 1988 kam es zu einer Serie von Bombenangriffen auf Einrichtungen von PASOK und ND, zu der sich eine neue Gruppe *Sozialer Widerstand* bekannte. Dahinter steckte 17N, wie Koufondinas in seinem Buch bekannte. Ihre Erklärungen plädierten für Wahlboykott, korrespondierten aber mit den Artikeln einer empörten Zeitungslandschaft und stellten dadurch eine Art Wahlbeteiligung der Stadtguerilla dar.[17] Aus anarchistischer Perspektive ist die Ablehnung von Wahlen eindeutiger als aus marxistisch-leninistischer Sicht. 17N war natürlich auch für Wahlboykott, analysierte aber sehr genau die Programme der Parteien und versuchte Widersprüche und Skandale auszunutzen um in der Gesellschaft eine revolutionäre Stimmung zu erzeugen. Daraus entstand ein Dialog, 17N führte Angriffe durch, die Presse empörte sich, die Parteien verurteilten es und lieferten immer neue Gründe um Verantwortliche anzugehen. 17N und ELA machten Politik, die einer Strategie folgte. Die anarchistischen Gruppen initiierten Kampagnen ohne strategisches Interesse. Schließlich wollten sie weder Unterstützung aus der Gesellschaft noch einen Machtwechsel, ihr Interesse lag eher an einer Beteiligung der Zuschauer*innen.

Anmerkungen

1 Boukalas, Pandelis/Xydakis, Nikos; *The Brief Night of Anarchy Or: Fascism-Antifascism, the Conditions and Limits.* Dekapenthimeros Politis, 1984.

2 U.a.: A.G. Schwarz/Tasos Sagris/Void Network (Hg.); *Wir sind ein Bild aus der Zukunft. Auf der Strasse schreiben wir Geschichte.* Kapitel von Panagiotis Kalamaras, Laika Verlag, 2010.

3 Meint eine Bindung von Löhnen und Renten an die Inflation.

4 »Το αίμα κυλάει / εκδίκηση ζητάει«. Quelle, wie zu den anderen Details ist https://www.efsyn.gr/arheio/fantasma-tis-istorias/130728_oi-nyhtes-toy-mihali

5 U.a. https://anarchypress.wordpress.com/2016/11/12/%CF%80%CE%BF%CE%BB%CF%85%CF%84%CE%B5%CF%87%CE%BD%CE%B5%CE%B9%CE%BF-%CE%BC%CE%AF%CE%B1-%CF%83%CF%8D%CE%BD%CF%84%CE%BF%CE%BC%CE%B7-%CE%B1%CE%BD%CE%B1%CE%B4%CF%81%CE%BF%CE%BC%CE%AE/ und https://athens.indymedia.org/post/953247/.
Das ist ein Text vom Dezember 2008, der sich auf von der KKE über ihr Zentralorgan Rizospastis verbreitete Meldungen bezieht, die Unruhen würden von staatlichen Provokateuren angezettelt. Nikos Bogiopoulos soll in Rizospastis den Vergleich von Provokateuren 1985 und 2008 angestellt haben, das Foto von Kostas Hatzopoulos als Kollaborateur soll demnach zuerst von der Zeitung Ethnos verbreitet worden sein. Der Beitrag von Rizospastis ist nicht mehr abrufbar.

6 https://freedomgreece.blogspot.com/2013/03/blog-post_11.html

7 Von der Gruppe Anarchistisches Archiv wurden die Texte »Days of Remembrance and Rebellion, two leading moments: POLYTECHNIO 1985 – POLYTECHNIO 1995« (Parts A & B) in der Zeitung *DIADROMI ELFTHERIAS*, #44, publiziert.

8 Vgl. *Ta Nea* 19/11.

9 Panagiotis Lafazanis in: *Ta Nea* 24/11.

10 https://www.iefimerida.gr/ellada/epitethikan-ston-panagioti-lafazani-sta-exarheia

11 Von https://ngnm.vrahokipos.net/index.php/elladiki-anarxiki-istoria/a-1980, das ist ein anarcho-syndikalistischer Blog. Die dort vertretenen Positionen konnten sich in der Bewegung einfach nicht durchsetzen.

12 http://www.iospress.gr/ios1996/ios19960721b.htm

13 https://en.famagusta.news/entertainment/stories/i-polythryliti-machi-tis-kalogrezas-metaxy-anarchikon-ke-astynomikon

14 Tageszeitung *Eleftherotypia*, 1987, zitiert in: Kiesling, John Brady; *Greek Urban Warriors. Resistance & Terrorism 1967 - 2014*. Lycabettus Press, 2014.

15 The »Rotten and Corrupt Regime«. In: Kiesling, John Brady; *Greek Urban Warriors. Resistance & Terrorism 1967 - 2014*. Lycabettus Press, 2014, S. 170.

16 *17 ΝΟΕΜΒΡΗ ΟΙ ΠΡΟΚΗΡΥΞΕΙΣ 1975–2002*. Kaktos Verlag, 2006.

17 Siehe Absatz: »Justifiying the Unjustifiable«. In: Kiesling, John Brady; *Greek Urban Warriors. Resistance & Terrorism 1967 - 2014*. Lycabettus Press, 2014, S. 187.

Kapitel VIII

Die ’95-Polytechnio-Generation

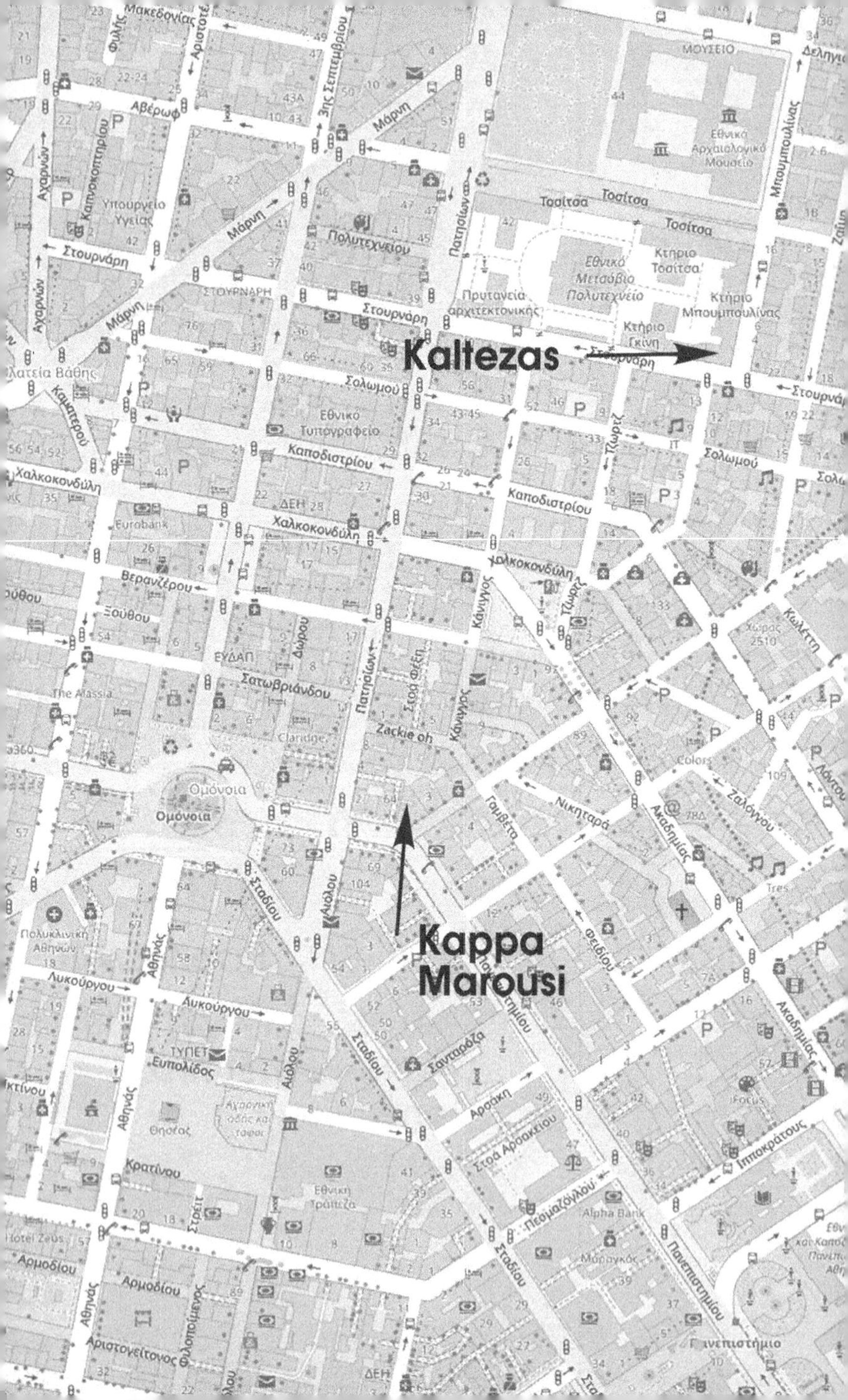
Kaltezas
Kappa Marousi
ΜΟΥΣΕΙΟ
Εθνικό Αρχαιολογικό Μουσείο
Τοσίτσα
Εθνικό Μετσόβιο Πολυτεχνείο
Κτήριο Τοσίτσα
Κτήριο Μπουμπουλίνας
Κτήριο Γκίνη
Πρυτανεία αρχιτεκτονικής
Πολυτεχνείου
Υπουργείο Υγείας
Εθνικό Τυπογραφείο
Μακεδονίας
Αβέρωφ
Μάρνη
3ης Σεπτεμβρίου
Πατησίων
Στουρνάρη
Σολωμού
Καποδιστρίου
Χαλκοκονδύλη
Βερανζέρου
Ξούθου
Σατωβριάνδου
Κάνιγγος
Ακαδημίας
Ζαλόγγου
Νικηταρά
Γαμβέτα
Φειδίου
Κωλέττη
Μπουμπουλίνας
Αχαρνών
Καποκοπτηρίου
Ομόνοια
Σταδίου
Αιόλου
Αθηνάς
Λυκούργου
Ευπολίδος
Σανταρόζα
Αρσάκη
Στοά Αρσακείου
Πεσμαζόγλου
Πανεπιστημίου
Ιπποκράτους
Κρατίνου
Αρμοδίου
Αριστογείτονος
Φιλοποίμενος
Εθνική Τράπεζα
Alpha Bank
Πολυκλινική Αθηνών
Hotel Zeus
Eurobank
ΔΕΗ
ΕΥΔΑΠ
ΤΥΠΕΤ
Θησεΐας
Claridge
The Alassia
Zackie oh
Colors
Focus
Πανεπιστήμιο

In der Phase des erodierenden Realsozialismus der sich auflösenden Staaten des Warschauer Pakts, geriet auch das Spektrum des militanten Widerstands in Griechenland in Turbulenzen. Im September 1989 regierte die postfaschistische NEA DIMOKRATIA in einer Koalition mit der stalinistischen KKE. Diese entfernte wegen diesbezüglicher Kritiken zahlreiche Mitglieder aus ihrer Jugendorganisation KNE – einer von ihnen war Sotiri Kondylis. Kondylis wird im Jahr 2002 als reuiges Mitglied der Organisation 17. NOVEMBER vor Gericht Aussagen machen. Angeklagt wurde seine Gruppe unter anderem für die Hinrichtung des korrupten ND-Abgeordneten Pavlos Bakoyannis im Kolonaki-Viertel in Athen. Pavlos Bakoyannis wurde 1982 von Koskotas angestellt, um mit der Firma Grammi A. E. Finanztransaktionen durchzuführen, die von einem Gericht als Geldwäsche bezeichnet wurden. Dank seiner Immunität als Abgeordneter für ND konnte Bakoyannis nicht bestraft werden. Er wurde am 26. September 1989 erschossen, als Teil der Strategie, PASOK- und ND-Politiker gleichermaßen im Wahlkampf zu töten um die Spannungen in der Gesellschaft zu erhöhen. Bakoyannis war durch seine Nähe zu Junta und seinem Widerstand gegen Koalitionen mit der KKE ein geeignetes Ziel. In seiner Zeit als Journalist hatte Bakoyannis die Hinrichtung des Folterspezialisten Mallios durch 17N im Dezember 1976 verurteilt.

Die ND und ihre Zeitungen behaupten nach dieser Aktion, die kurz vor den Neuwahlen stattfand, eine Verbindung zwischen 17N und PASOK, deren Spitzenkandidat Andreas Papanderou ebenfalls im Koskotas-Skandal steckte. Die Presse des SYNASPISMOS-Bündnisses, Koalitionspartner von ND, das von der KKE dominiert wurde, sprach der Organisation 17. NOVEMBER im Anschluss des Wahldesasters das Recht ab, dieses Datum im Namen zu tragen. Wohlgemerkt hatte die KKE den Polytechnio-Aufstand 1973 selbst jahrelang als Werk von CIA-Agenten bezeichnet, bevor sie begannen sich als dessen Initiatoren darzustellen.

17N wiederum interpretierte die Wahlenthaltungen und ungültigen Stimmabgaben, zu denen sie aufgerufen hatten, als eine Unterstützung ihrer Politik durch ca. 300.000 Menschen in Griechenland. Dafür wurden sie von der eher maoistischen Gruppe 1.Mai kritisiert, die lieber am 2. November 1989 eine Bombe an das Haus des Polizeichefs Ioanis Antonopoulos legten, als sich mit Parteien zu vergleichen. Auch Ela kritisierte die Vorgehensweise von 17N und zündete wie schon des öfteren, Fahrzeuge des US-amerikanischen Militärs an. Drei Bomben am 22. Oktober 1989 gegen die US-Basis in Glyfada/Athen zerstörten mehrere Fahrzeuge und verletzten vier Soldaten leicht.

Die Neuwahlen im November 1989 führten zu einer Großen Koalition, bestehend aus Pasok, Nd und Kommunist*innen. Vielleicht wegen der scharfen Kritiken ob ihrer Konzentration auf Wahlen und Parteien oder aus Einsicht, damit kein Vehikel für eine Bewegung zu finden, ließ 17N neue Anschläge vorerst pausieren. Die Strategie von 17N im Jahr 1989 war, durch Angriffe auf Pasok und Nd die vorhandenen Unzufriedenheiten in der Gesellschaft so zu zuspitzen, dass sich Massenkämpfe entwickeln würden, in deren Folge die Handlungsfähigkeit des Staates abnimmt. Das trat aber nicht ein, sie wurden vielmehr auch von den anderen bewaffneten Gruppen dafür kritisiert. Exekutionen von Politikern waren somit kein Vehikel um Massenkämpfe auszulösen. *Eleftherotypia* hat es so ähnlich in ihrer Ausgabe vom 9. Dezember 1989 formuliert. Dafür verbuchten sie mit dem Einbruch in ein Waffenlager der Armee und dem Raub von Bazookas aus dem Kriegsmuseum im Zentrum von Athen einen Propagandaerfolg. Der Diebstahl von Waffen aus einem Depot der Armee in Sykourio bei Larissa am 24. Dezember 1989 und mehr noch der Raub von funktionsfähigen Waffen aus dem Museum am 3. Februar 1990 sind in Griechenland Allgemeinwissen und werden auf Seite 195 in *Greek Urban Warriors* ausführlich beschrieben. Geheimdienste behaupten, dass sich hinter den Anschlägen auf Fahrzeuge von Botschaften, die eine US-Resolution gegen Kuba unterstützten und für die sich eine Gruppe Sozialer Widerstand bekannte, ein Surrogat von 17N verbarg. John Brady Kiesling schreibt etwas zu Textanalysen dieser Gruppe, die mit Sicherheit vom Cia angefertigt wurden. Tatsächlich hat Koufondinas diese These in seinem Buch bestätigt.

Der Polizeibeamte Athanasios Melistas, der Mörder von Michalis Kaltezas, wurde am 25. Januar 1990 freigesprochen. Die Nachricht von seinem Freispruch führte zu neuen schweren Unruhen in Athen und Thessaloniki, während das Polytechnio 18 Tage lang besetzt war.[1]

Auch anarchistische Gruppen waren zu der Zeit aktiv. Sie griffen mit Molotow-Cocktails einige Ministerien an, nachdem der Freispruch bekannt wurde. So zum Beispiel u. a. am 6. Februar 1990 das Handelsministerium und die Pensionskasse der Richter.[2] Der Staatsanwalt sagte in dem Prozess, laut Bericht der Zeitung *Nea*: »Die Anarchisten werden zu Agenten von Leuten, die Kinder wie Michalis finden und sie zu solchen Taten (Angriff auf die Polizei) zwingen«[3]

Am selben Abend ruft die Efee zu einer Demonstration auf, an der sich Hunderte von Student*innen und Jugendlichen beteiligen. Die Stimmung ist geladen. »Gruppen von Anarchisten«, etwa »100

Demo nach dem Freispruch von Melistas.

Personen mit Vermummung«, wie es im Bericht der *Nea* heißt, versammeln sich am Polytechnio, folgen aber nicht dem Marsch. Es kommt zu Zusammenstößen mit der Bereitschaftspolizei. »Das Blut fließt, Rache fordert«, »Diese Nacht gehört Michalis« sind die vorherrschenden Slogans. Zwei Busse werden beschlagnahmt und als Barrikaden auf die Patission-Straße gestellt. Einer von ihnen wird den Flammen übergeben. »Ein Tränengasfeuer der Polizei zwingt die Anarchisten, das Polytechnio zu schließen, das von der Bereitschaftspolizei blockiert wird.« Es wird behauptet, dass die Bereitschaftspolizei und MEA Steine auf die versammelten Jugendlichen geworfen haben. Um Mitternacht zog sich die MAT zurück und es folgte ein Treffen mit Vertretern der EFEE, die beschlossen, die Besetzung fortzusetzen.[4] Am nächsten Tag finden in verschiedenen Städten des Landes Demonstrationen statt. In Athen beginnt der Marsch an der Polytechnischen Universität, angeführt von der Mutter von Kaltezas. Tausende von Student*innen und Mitgliedern linker politischer Organisationen, Massenorganisationen usw. nehmen daran teil. »Melista ins Gefängnis sperren, MAT in den Müll werfen«, »MAT und MEA auflösen oder die Jugend wird sie auflösen« sind einige der vorherrschenden Slogans. Nach dem Ende des Marsches kommt es zu Zusammenstößen rund um das Polytechnio. »In Thessaloniki findet ein Marsch von 1200 Menschen (1000 Linke und 200 Anarchist*innen) statt. Auch in Patras und Rethymno finden Demos statt.«[5] Die Patission wird gesperrt und die umliegenden Geschäfte und Repressionsorgane werden angegriffen, während das Polytechnio als Basis dient. Die Unruhen dauern bis in die frühen Morgenstunden mit schrecklicher Intensität an.[6] Aus diesem Grund wurde auch das Polytechnio besetzt und Riots in dessen Umgebung gestartet.

Eine andere Quelle schreibt: »Im Laufe der Tage häufen sich die Presseberichte über Vandalismus innerhalb der NTUA, wodurch die Abschaffung des Asyls in den Mittelpunkt rückt.« Der stellvertretende Bildungsminister Kontogiannopoulos schlug am 20. Februar 1990 vor, die Polizei einzuschalten, um das Polytechnio zu räumen, während der andere Minister Simitis betonte, dass »das Asyl geschützt werden muss«, da »ein Eingreifen der Polizei einen schlechten Präzedenzfall für die Zukunft schaffen würde«.[7] Letztendlich gingen die Besetzer*innen von selbst.

Die Knastkämpfe und die Solidarität mit Gefangenen sind eines der zentralen Themen der anarchistischen Bewegung in Griechenland.

Von einer Gruppe namens Revolutionäre Solidarität wurde am 19. Februar 1990 Marios Maratos, der berüchtigte Psychiater und Folterer der Haftanstalt Korydallos hingerichtet. Das gilt als ein Meilenstein im Anti-Knast-Kampf, auf den bis heute verschiedene Zusammenhänge Bezug nehmen. Militante aller Strömungen, die gegen Knäste sind. z.B. die Gruppe ΟΡΓΑΝΩΣΗ ΠΟΛΙΤΟΦΥΛΑΚΗΣ ΛΑΪΚΗ ΔΙΚΑΙΟΣΥΝΗ (schwer zu übersetzen, ungefähr Organisation Volksgerechtigkeit), welche die Verantwortung übernahm für die Erschießung des Leiters des Hochsicherheitsknastes Domokos am 21. Februar 2015. Sie bezog sich in ihrer Erklärung auf Maratos:

> »Was war Maratos? Ein Häftlingsmörder. Ein Psychiater, der seine wissenschaftlichen Kenntnisse in den Dienst der Unterdrückung stellte. Ein Untermensch, der als Direktor des psychiatrischen Krankenhauses von Korydallos (80er Jahre) Hunderte von Gefangenen zu Versuchskaninchen machte. Ein Folterknecht, der diejenigen, die es wagten, sich seinen ›therapeutischen‹ Methoden zu widersetzen, zur Kreuzfolter, zur Sedierung und schließlich zum Tod führte.«[8]

Der 54jährige Direktor der psychiatrischen Abteilung, in der u.a. hungerstreikende Gefangene gebrochen werden sollten, verließ abends seine private Praxis am Fuß des Lykavittos, als ihm zwei Personen auflauerten und mit vier Schüssen einer bis dahin unbekannten Pistole sein grausames Leben beendeten.

Maratos folterte die Gefangenen auf verschiedene Arten, auch mit Medikamenten und Drogen. Die Aktion fand im »Dreieck des Todes« von Kolonaki statt. So wurde diese Gegend genannt, weil bereits Angelopoulos, Mompferatos und Bakoyannis in diesen Straßen getötet wurden. Da bei der Tat außer vier Patronenhülsen keine Spuren hinterlassen wurden, ermittelte die Polizei gegen die üblichen Verdächtigen in Exarchia – erfolglos bis zum heutigen Tag.

Hier ein Auszug aus der verbreiteten Erklärung zu der Aktion:

> »Wir haben den Psychiater Marios Maratos hingerichtet und damit all jenen eine minimale Antwort gegeben, die zur ›heiligen‹ Kaste der ›Experten‹ gehören und auf höchst kriminelle und unkontrollierte Weise die Grenzen von ›normal‹ und ›abnormal‹, ›gesund‹ und ›krank‹, ›angepasst‹ und ›fehlgesteuert‹ definieren. Wir haben den Psychiater Marios Maratos exekutiert, um mit diesem Akt der Solidarität unsere Unterstützung für die verelendeten Insassen des psychiatrischen Krankenhauses des Korydallos-Gefängnisses und für jeden psychiatrischen Insassen auszudrücken, der täglich systematisch im Rahmen der Umsetzung der ›therapeutischen Regierungsprogramme‹ zur Anpassung, dahinvegetiert.«

Δολοφονήθηκε ο Μάριος Μαράτος, ψυχίατρος του Κορυδαλλού

19 Φεβρουαρίου. Ο γνωστός Αθηναίος γιατρός νευρολόγος – ψυχίατρος Μάριος Μαράτος δολοφονήθηκε χθες στο Κολωνάκι. Αυτόπτες μάρτυρες δήλωσαν ότι άγνωστος πλησίασε το γιατρό, τον πυροβόλησε εξ επαφής τέσσερις φορές και στη συνέχεια διέφυγε με τη μοτοσικλέτα που οδηγούσε ο συνεργάτης του. Η αστυνομία αν και είναι πεπεισμένη ότι πρόκειται για έργο της «17 Νοέμβρη», ή της «1ης Μάη» εξετάζει και τη μικρή πιθανότητα να πρόκειται για έγκλημα του κοινού ποινικού δικαίου, το οποίο να έχει σχέση με εμπόρους ναρκωτικών.

Λίγες ώρες πριν τη δολοφονία έφτασε στον Ιατρικό Σύλλογο της Αθήνας επιστολή, την οποία υπέγραφαν η 17 Νοέμβρη και η 1η Μάη και συνέδεε ονόματα γνωστών γιατρών με το λαθρεμπόριο ναρκωτικών.

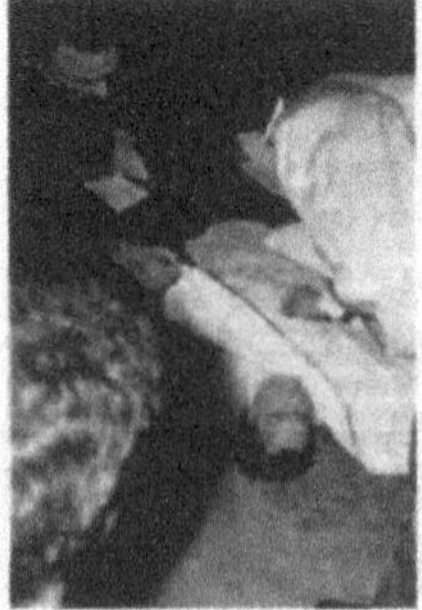

Ο ψυχίατρος Μαράτος νεκρός.

Ein glücklicher Tag für die Gefangenen in Korydallos – die Meldung vom Tod des Psychiaters Marios Maratos.

Berichten zufolge war es nicht das erste Mal, dass Maratos ins Visier genommen wurde. In den vergangenen zehn Jahren hatten zahlreiche ehemalige Gefangene und Angehörige, Anklage gegen den Psychiater erhoben. Nur eine Woche vor seiner Erschießung trat er in einer Sendung auf *ANTI* auf, um seinen Namen medial reinzuwaschen.

Im April 1990 kam es zu einer Serie von Bombenanschlägen auf Ziele, die schon öfters angegriffen worden sind – Verwaltungsgebäude des Industriellenverband SEV, der Gewerkschaft GSEE und der EU. Eine diesbezügliche Erklärung wurde von ELA und der Gruppe 1. MAI gemeinsam unterzeichnet. ELA war gezwungen ihre anarchistischen Tendenzen zugunsten der Kooperation mit 1. MAI abzuschwächen, in ihrem Programm wurde aus dem Aufruf »alle Anordnungen und Gesetze zu brechen«, »Aktionen gegen Institutionen, Law and Order«.

Aus dieser Kooperation entstand eine Broschüre über Gegeninformation und Propaganda[9], in der einige anarchistische Ansätze von ELA dokumentiert sind, die aber von der Gruppe 1. MAI abgeschwächt zu sein scheinen. In ihren Erklärungen hinterließ ELA auch Grußbotschaften an die RAF.

Die Organisation 17. NOVEMBER ließ im Mai 1990 mit einer neuen Strategie wieder von sich hören. Eine Serie von kleinen Brandstiftungen im luxuriösen Vorort Ekali gegen Personen aus der Oberschicht wurde von einem Text begleitet, der alle Arbeiter*innen und Basismilitanten der linken Parteien aufforderte, autonome Gruppen zu bilden um Villen und Autos der Reichen anzuzünden, Finanzämter und Fahrscheinautomaten zu zerstören und Kontrolleure zusammenzuschlagen. Wenn auch von 17N mittlerweile (2024) nicht mehr viel geblieben ist, wird doch diese Praxis immer noch in Kampfzyklen praktiziert.

Die Schwäche der Stadtguerilla und die Härte des Staates stärken den anarchistischen Raum

In dieser Phase des Umbruchs und der offenbaren Konzeptionslosigkeit der traditionellen Stadtguerilla-Gruppen (in der BRD waren sie zur selben Zeit schon im Auflösungsprozess begriffen) und während in der anarchistischen Bewegung der Schwung der 80er-Jahre-Generation langsam verblasste, schlummerte in den Schulen und Universitäten bereits die nächste Generation der Koukoulofori (Die Vermummten). Davon wusste ND-Premierminister Konstantin Mitsotakis nichts, als er Ende 1990 die Rechte von Lehrergewerkschaften und Studentenorganisationen einschränkte, um eine neoliberale Bildungsreform durchzusetzen. Diese sah Sanktionen bei unentschuldigten Abwesenheiten, eine »einheitliche« Kleidung und »Disziplinarkontrollen« des außerschulischen Lebens, die Wiedereinführung des Schulgebets, der Beflaggung des Schulgebäudes, den Aufbau privater Universitäten, Kürzungen der Sozialleistungen für Studierende und andere sozialen Angriffe vor. Des weiteren war der Kirchenbesuch verbindlich im Gesetz vorgegeben. Das Gesetz wurde von Vassilis Kontogiannopoulos, dem Minister für nationale Bildung und religiöse Angelegenheiten, im November 1990 vorgelegt. Bei *Wikipedia* wird dieses Gesetz als »für damalige Verhältnisse besonders anachronistisch und konservativ« bezeichnet.[10]

Eine Reaktion ließ nicht lange auf sich warten und über sieben Wochen hinweg waren 2000 Schulen und Universitäten in Griechenland besetzt. Es war eine, in ihrer Größe, Breite und Dauer einzigartige Bewegung mit wöchentlichen Versammlungen auf denen Hunderttausende Schüler*innen und Studierende, die Fortdauer der Besetzungen beschlossen und riesige Demonstrationen organisierten. Diese Rebellion gegen den Neoliberalismus führte zum Ende der Phase des in den letzten Jahren aufsteigenden Konservatismus in der griechischen Gesellschaft. Im

Gegensatz zu den linken Parteien Pasok und Kke, die nur ohnmächtige Zuschauer dieser Proteste waren, unterstützten Lehrer*innen und Eltern den massiven Bildungsstreik.

Am 7. Januar 1991 fanden landesweit die ersten Schüler*innenversammlungen nach der Weihnachtspause statt. Als dabei die Verlängerung der Besetzungen beschlossen wurde, war es das Startsignal für die Nd-Parteiführung, ihren Mitgliedern den Auftrag zu geben, als »besorgte Eltern« – eine Version der »besorgten Bürger« – die illegalen Besetzungen zu beenden.

Dieser Job wurde von der »Jugendorganisation« der Partei, Onned, ausgeführt, einem Sammelbecken rechtsradikaler Jugendlicher und mafiöser Auftragsschläger. Nikolaos Michaloliakos gründete im Dezember 1980 das Magazin *Chrysi Avgi*. Im Januar 1984 war er an der Gründung der Ethniki Politiki Enosis (Epen) beteiligt, die von dem inhaftierten Ex-Diktator Georgios Papadopoulos geleitet wurde. Ein weiteres wichtiges Epen-Mitglied war Makis Voridis, damals als Mann mit der Axt

Januar 1991, Bullen im Steinhagel einer aufgebrachten Schüler*innenbewegung.

auf Bürgerwehrpatrouillen in Exarchia bekannt, später Minister von ND. EPEN war als Partei erfolglos, unterstützte aber die Polizei bei Angriffen gegen besetzte Universitäten. Ihr Personal kam aus der Neo-Nazi-Szene und aus Junta-Verehrern. Giannis Giannopoulos, ein ehemaliger Offizier, organisierte gleichzeitig rechte Straßengangs nachdem er zuvor bei der faschistischen AFRIKANER WEERSTANDSBEWEGING (AWB) in Südafrika aktiv war.

> »Diese Schläger waren der ND-Führung gut bekannt. Sie waren Mitglieder paramilitärischer Organisationen, die sich seit Jahren innerhalb der ONNED organisierten. Sie haben Dutzende von gewalttätigen Angriffen auf Personen und Büros anderer Parteien verübt, und 1988 hatte Mitsotakis persönlich den Aufstieg ihrer Fraktion innerhalb der ONNED unterstützt – ein Prozess, der an sich schon mit Gewalt verbunden war.«[11]

Bereits am 4. April 1977 hatte die *Washington Post* gemeldet:

> »Kalentzis, 25, ist ein Schüler des italienischen neofaschistischen ›New Order‹-Führers Elio Massagrande und ein hochrangiges Mitglied der Gruppe des Vierten August, deren Straßenbanden die frühere Militärregierung unterstützten. Gegen die Gruppe ›Vierter August‹ wird im Zusammenhang mit einer Welle politischer Gewalt in Athen ermittelt, die sich vor allem gegen politische Parteien, die Presse und Buchhandlungen richtete. Nach dem friedlichen Übergang von der Diktatur zur Demokratie, bei dem sich die Junta nach den Worten eines Parlamentariers ›einfach verflüchtigt hat, verschwunden ist‹, mehren sich die Anzeichen dafür, dass die Rechte ihre Kräfte unter Jugendlichen, politisch Unzufriedenen, in der Presse und im Sicherheitsapparat neu organisiert. Obwohl Kalentzis Berichten zufolge den Ermittlern nur wenig gesagt hat, haben seine beiden Begleiter laut den der Presse zugespielten Gerichtsprotokollen ein James-Bond-Szenario gezeichnet, das von Kontakten zu internationalen Faschisten, umständlichen Wegen zu Treffpunkten, sicheren Häusern, in

denen Waffen und Bargeld versteckt sind, und einer Mitgliedschaft von mehr als 1.000 Aktivisten in der ›Fourth of August‹ handelt.«

Umgehend griffen diese Schlägerbanden landesweit besetzte Schulen an, wobei sie zahlreiche Schüler*innen, Eltern und Lehrer*innen verletzten. In Athen setzten sie gegen die Besetzungen sogar Molotow-Cocktails ein.[12] Aber trotz dieser Straßengewalt im Regierungsauftrag konnten sie damit keine einzige Besetzung beenden.

In der Nacht zum 9. Januar 1991 griffen Mitglieder der ONNED-Führung eine besetzte Schule in Patras an und prügelten die Schüler*innen aus dem Gebäude heraus. Die Jugendlichen versammelten sich vor der Schule und riefen ihre Lehrer*innen

Nikos Temponeras, seine Ermordung löste Unruhen aus.

und Eltern zur Hilfe. Als diese eintrafen, begaben sich alle gemeinsam in das Gebäude, wobei sie von dem 38-Jährigen Mathematiklehrer Nikos Temponeras angeführt wurden. Temponeras war Mitglied einer proletarischen anti-imperialistischen Gruppe und bekannter Aktivist des Bildungsstreiks. Er wurde sofort von den ONNED-Schlägern angegriffen und von deren Anführer Yannis Kalabokas mit einer Eisenstange erschlagen, dabei machte er obszöne Gesten in Richtung der schockierten Menschen.[13] Die alarmierten Bullen ließen sich, gemäß einer Regierungszusage an die ONNED, entsprechend Zeit um den Tätern eine Flucht zu ermöglichen. Kalabokas wurde später zu lebenslanger Haft verurteilt, nach drei Jahren jedoch wieder freigelassen und setzte seine politische Arbeit in der ND fort.

Als sich die Nachricht von der Ermordung Temponeras herumsprach, brachen in allen größeren Städten Griechenlands Unruhen aus. Während der Demonstration in Patras, der 25.000 Menschen folgten, wurden die Stadtverwaltung und die Polizeistation niedergebrannt und in Athen fand am 10. Januar die seit Jahren größte Demo mit 150.000 Teilnehmenden statt. Es wurde der Rücktritt der Regierung der Mörder gefordert und nach stundenlangem friedlichem Demonstrieren griffen MAT-Einheiten die Menge mit riesigen Mengen von Tränengas an[14].

Später wurden in den Straßen Athens 3.500 verschossenen Tränengas Granaten gefunden.

Die Auseinandersetzungen zogen sich von Mittags bis halb vier des nächsten Morgens und über ein großes Gebiet hin. Nach einem Bericht, der später auf *Indymedia Athen* veröffentlicht wurde umfasste das Gebiet ungefähr fünfzehn Quadratkilometer.

> »Und während sich der Omonia-Platz, die Straßen Panepistimiou, Chautia, Patission und 3. September mit Menschen füllen, kommt es zu einem Angriff auf die Bereitschaftspolizei vor den Büros der Nea Dimokratia in der Chalkokondyli-Straße. Die Zusammenstöße verbreiten sich immer mehr. Entlang der Pa-

nepistimiou in Omonia, Athinas Str., Piraeus Str., 3. September und den umliegenden Straßen werden Barrikaden errichtet und Feuer entzündet. Tränengas wird von den Repressionskräften in unabsehbaren Mengen geworfen. Gegen 4 Uhr nachmittags wurden die Büros der ND zerstört. Später wird ein koordinierter Einsatz der MAT, der Feuerwehr und eines Hubschraubers zur ›Räumung‹ von Patission und Omonia durchgeführt. Das Ergebnis ist, dass sich die Randalierer noch weiter ausbreiten: Das Gebiet von Athinas bis Monastiraki und von Pireos bis Geoponiki wird mit Barrikaden und Bränden überzogen. Während dieses Angriffs der Repressionskräfte wird das Geschäft von K. Marousis an der Ecke Panepistimiou und Themistokleous mit Tränengas angezündet und vier Menschen werden ermordet. Es sollte betont werden, dass die Koordinatoren die Menschen dazu aufriefen, sich an der Propyläa zu versammeln, während überall im Zentrum von Athen wilde Straßenkämpfe stattfanden!!!«[15]

Das Kappa Marousi brennt nach einem Granatentreffer durch Bullen ab, vier Menschen sterben.

Das Einkaufszentrum Kappa Marousi brannte ab, nachdem eine Tränengasgranate der Polizei ein Kleidungsgeschäft entzündet hatte und die anrückende Feuerwehr ebenfalls mit Tränengas beschossen wurde.[16]

> »Vier Menschen werden es nicht schaffen, sie sterben an Erstickung und Verbrennungen im Gebäude. Als das Feuer gelöscht ist, finden die Feuerwehrleute den 32-jährigen Geschäftsmann Pericles Repapi, den 57-jährigen Rechtsanwalt Manolis Kontopoulos und den 59-jährigen Goldschmied Yannis Memetzidis tot auf. Eine weitere Person wird verkohlt aufgefunden, ihre Leiche wird jedoch nie identifiziert. Was den tödlichen Brand bei ›K. Marousis‹ betrifft, so sagten Dutzende von Zeugen aus, dass er durch Tränengas verursacht wurde, das mit den der Bereitschaftspolizei zur Verfügung stehenden Spezialgewehren abgefeuert wurde. Die offizielle polizeiliche Ermittlungsbehörde schloss den Fall jedoch ab und bezeichnete ihn als ›Brandstiftung des Gebäudes durch Anarchisten‹«[17]

Die Regierung beschuldigte sofort Anarchist*innen für diese Katastrophe verantwortlich zu sein und dementierte die Möglichkeit eines Brandausbruchs durch Tränengasgranaten der Polizei. Eine dreiste Lüge – denn es wurden ja 3.500 Gasgranaten aufgelesen, deren Beschriftung, »Nur im Freien einsetzen« und »Kann tödlich wirken und Feuer verursachen«, eindeutig auf die Gefahr einer Feuerentwicklung durch diese hinweist.

Nach einigen Jahren kamen auch alle Gutachten zu dem Schluss, dass das Feuer im Kappa-Marousi-Center durch eine mit Gewehr verschossene Granate der Polizei ausgelöst wurde. Es gab keine Konsequenzen für die beteiligten Beamten. Doch diese spezielle Tränengasgranate aus US-Beständen, die seit Ende der 70er Jahre ihr Ablaufdatum überschritten hat, wird immer noch verschossen, bei größeren Krawallen liegen die Hülsen herum.

Als im Mai 2010 während eines Generalstreiks Feuer in der Marfin Bank ausbrach und drei Angestellte tötete, erlebten viele eine Art deja-vu und die Ereignisse vom 10. Januar 1991 kehrten ins kollektive Bewusstsein zurück.

Inzwischen ist das Buch *Studentenbewegung und Besetzungen – 1974–2000* von Dimitris Sklavenitis[18] erschienen. Der Autor erläutert in der Einleitung zu diesem hoch angesehenen Werk, das einen bedeutenden Zeitraum abdeckt, die Gründe, die ihn zum Studium und zur Abfassung veranlasst haben:

> »Die spärliche Aufzeichnung und Analyse von Studentenaktionen in Griechenland in der Zeit nach der Diktatur war ein motivierender Faktor für meine Entscheidung, mich mit den kollektiven Aktionen der Studenten von den ersten Tagen nach dem Sturz der Junta bis zum Ende des 20. Jahrhunderts zu befassen, wobei ich mich hauptsächlich auf ihren Zusammenhang mit den Bildungsreformen dieser Zeit konzentriere. Bezeichnenderweise erwähne ich, dass bei der Durchsicht der griechischen Literatur nur drei Arbeiten über Schülermobilisierungen – Besetzungen – gefunden wurden, die anlässlich der Ereignisse von 1990–1991 (die ersten beiden) und 1998/1999 (die dritte) in Schulen veröffentlicht wurden [...] Das gemeinsame Element aller drei oben genannten Studien ist die Annäherung an das Phänomen der Schulbesetzungen von seinem rechtlichen Aspekt und die Identifizierung der Gründe für seine Legitimierung auf sozialer und psychologischer Ebene«.

In Teil A werden die studentischen Mobilisierungen des Zeitraums 1974–1990 in drei Unterkapiteln untersucht, wobei sich das erste mit der Wiederbelebung der Student*innengruppen, aber auch der Gründung studentischer Parteigliederungen im Zeitraum 1974–1981, der Bildungsreform von 1976, die von der PASOK 1981 herbeigeführte »Wende« im Bildungswesen mit modernisierenden Maßnahmen wie der Einführung des monotonen Systems, der Änderung der Satzung der Student*innengemeinschaften, der Fünftagesschule, denen Maßnahmen wie das Wahlrecht mit 18 Jahren und die allgemeine Einführung des

Demotischen im sogenannten öffentlichen Leben gegenüberstehen (Dimotiki = die Volkssprache des Neugriechischen, offiziell seit 1976. Im Gegensatz zu Katharevousa = die reine Bildungssprache). Das zweite Kapitel beschreibt die Auswirkungen des Wandels in den Schulen sowie die Besetzung der Polytechnischen Schulen im Dezember 1986, während das dritte Kapitel die Ereignisse analysiert, die nach Ansicht des Autors zur »Krise« des Zeitraums 1988–1990 beigetragen haben.

Teil B befasst sich mit den Student*innenmobilisierungen des Zeitraums 1990–1991, als die Nea Dimokratia die Führung der Staatsgeschäfte übernahm und die Regierung Tzanetakis (ND-Union SYN unter Beteiligung der KKE) und die Koalition (ND, Union SYN, PASOK) ablöste. Hier werden die Ursachen für die Zunahme des Phänomens der Besetzungen und die Eskalation der Konflikte unter Bezugnahme auf die Präsidialdekrete von Kontogiannopoulos gesucht. Der Autor macht ausgiebig Gebrauch von Archivmaterial sowie von mündlichen Zeugnissen von Student*innen jener Zeit und versucht mit großer Ehrlichkeit, wichtige Spuren des kollektiven Gedächtnisses zu dem von ihm behandelten Thema zu erfassen, um zum vierten und letzten Kapitel dieses Teils über die Ereignisse von Patras mit dem Mord am Lehrer Temponeras zu gelangen, der einen fast ein Jahrzehnt andauernden Konflikt in den studentischen Räumen auslöste, voller Veranstaltungen, Besetzungen und Versammlungen tausender junger Menschen, die sich von den offiziellen oder inoffiziellen Parteilinien entfernten.

Hier ist ein repräsentatives Zitat aus dem Buch:

> »Außerdem schrieben die meisten Zeitungen die Zerstörungen im Zentrum Athens den Straßenkämpfen zwischen ›Anarchisten‹ – ›Provokateuren‹ und der Bereitschaftspolizei zu, mit Ausnahme von Kathimerini, die berichtete, dass viele andere Menschen – darunter auch Schulkinder – mit MAT zusammenstießen. Insbe-

sondere der Artikel von *Eleftherotypia*, in dem von ›200 Randalierern‹ die Rede war, löste bei den Student*innen ›Verwunderung‹ aus, da die Zeitung von Anfang an der Studentenbewegung freundlich gesinnt war. Wahrscheinlich wollte die traditionell in der linken Mitte angesiedelte Zeitung auf diese Weise das gute Image der Studentenbewegung, das sie selbst durch ihre Berichte und Artikel geschaffen hatte, nicht beschmutzen. ›Was *Eleftherotypia* über 200 Anarchisten schrieb, die Athen in Brand setzten, war eine große Lüge. Wir sprechen hier von Tausenden von Menschen. Am Nachmittag kamen andere Leute ... Arbeiter. Am Polytechnio waren mindestens 3–4 Tausend von uns. Aber es waren auch Anarchisten dabei, denn es gab eine Reihe anarchistischer Studenten‹, erklärt D. Kousouris. Das beispiellose Ausmaß der Unruhen, die vier Tote und erhebliche Zerstörungen im Zentrum der Hauptstadt zur Folge hatten, konnte nicht das Werk der Student*innen (und) der gesamten griechischen Gesellschaft, selbst der fortschrittlichen Teile, sein, da es in der Geschichte beispiellos war, dass Student*innen in einem solchen Ausmaß mit der Polizei zusammenstießen. Die Anschuldigungen, dass nur ›anarchistische Unruhestifter‹ oder ›Provokateure‹ die Vorfälle verursacht hätten, ergeben sich weder aus den Aussagen der Student*innen – unabhängig von ihrer ideologischen oder parteipolitischen Identität – noch aus der Massivität und Intensität der Zusammenstöße.«[19]

Teil C zeichnet die Entwicklung der Studentenmobilisierungen in den 1990er Jahren nach, die zu den Massenbesetzungen von 1998–1999 führten. Hier reicht der erste Teil bis 1996, einem Zeitraum, in dem die Stabilisierung der Studentenbesetzungen auf jährlicher Basis zu verzeichnen ist, die Mobilisierungen, die im Allgemeinen im Bereich der technischen Bildung anlässlich der Einrichtung der IEKs stattfinden, Die Haltung der Student*innen zur »mazedonischen« Frage und die Frage, ob sie mit ihren militanten Aktionen übereinstimmt oder davon abweicht, wird ebenso untersucht wie die Beteiligung der Student*innen an

Die Konfrontationen…

…im Zentrum Athens…

…nach der Ermordung…

...von Temponeras.

der Besetzung des Polytechnios im Jahr 1995, während auf die Ausweitung des anarchistischen Raums in diesem Zeitraum mit der kontinuierlichen Gründung und Stärkung anarchistischer Gruppen hingewiesen wird.

Die Straßenschlachten des beginnenden Jahres 1991 in Athen und anderen Städten ließen erst nach, als der neue Bildungsminister die Rücknahme der Regierungspläne verkündete.

Der Mord an Nikos Temponeras wurde von der Regierung als Unfall bezeichnet[20] und damit war die Illusion, der sich Teile der Gesellschaft bis dahin hingaben, nämlich dass die griechische Rechte sich nach dem Ende der Junta gewandelt habe, verflogen.

Zusätzlich verstärkten sich die Spannungen ab dem 16. Januar 1991 durch den Beginn des Golfkriegs. Als Reaktion auf die Bombardierungen des Iraks durch die westliche Koalition, gehörten nun auch nächtliche Explosionen in Athen fast zum Alltag. 17N legte Bomben gegen zahlreiche Banken, französische Einrichtungen und Diplomatenfahrzeuge.[21] Sogar die 1989 erbeuteten Raketen flogen nun in die Büros von American Express und British Petroleum und ein US-Soldat wurde mit einer ferngezündeten Bombe getötet. Nebenbei zerstörten Bomben der 17N, als Unterstützung für einen Busfahrerstreik, fünf Busse, die von Streikbrechern gefahren wurden.

Ela/1. Mai legten im Frühjahr Bomben gegen Banken und den Sitz der UN in Athen (Amalias Boulevard)[22], während 17N weitere Raketen auf ein, nach einem warnenden Telefonanruf, geräumtes Luxushotel, eine Siemens-Niederlassung und die Löwenbräu-Brauerei schoss. Auch in Thessaloniki kam es zu Anschlägen auf Lufthansa, AEG und Miele. Diese bezogen sich auf eine Kampagne wegen der Weigerung Deutschlands Entschädigungen für begangene Kriegsverbrechen zu zahlen. Von der griechischen Regierung wurde die Frage der Reparationen immer wieder aus rein taktischen Gründen an Deutschland gerichtet, zuletzt im Jahr 2015. Lokale Verwaltungen aus den betroffenen Dörfern betrieben ernsthaftere Bemühungen die Massaker nicht auf sich beruhen zu lassen. Eine Kampagne betrieben nur die militanten Gruppen der 90er Jahre, auch wenn die deutschen

Alltag 1991 im Zentrum von Athen.

Kriegsverbrechen in Erklärungen häufiger erwähnt wurden. Um die übliche Verbreitung der Anschlagserklärungen zu stoppen, erließ der Staatsanwalt Tseva im März '91 ein Publikationsverbot für die Presse.

Die Zeitung *Eleftherotypia* hielt sich wie gewohnt nicht daran, woraufhin erst ihr Chefredakteur, Serafeim Fyndanidis, und, als sechs Zeitungen aus Solidarität mit *Eleftherotypia* ebenfalls Erklärungen abdruckten, auch deren Chefredakteure verhaftet wurden.

Am 24. Juni 1991 bekannte sich ELA zum ersten Mal zu einem Angriff auf Personen. In einer gemeinsamen Erklärung mit 1.MAI übernahmen sie die Verantwortung für eine Bombe, die hinter einer Sitzbank versteckt am Archäologischen Museum Athens explodierte, auf der sich sechs Bullen ausruhten. Der Text erklärte der Polizei den Krieg und forderte eine »anti-hierarchische, selbstorganisierte Bevölkerung auf, die Bewachung der Gemeinschaftsgüter zu übernehmen«.

Als der amerikanische Präsident George W. Bush I. wenige Tage später als erster Präsident der verhassten USA seit dem Besuch Eisenhowers 1959 Griechenland bereiste, taten anarchistische und linksradikale Gruppen im Zentrum Athens ihr Möglichstes um diese Visite in eine Katastrophe für die Offiziellen zu verwandeln. Während sich Bush für die Hilfe im Golfkrieg bedankte und neue Rüstungsdeals offerierte, lieferten sich Demonstrant*innen unter anderem mit Molotow-Cocktails heftige Straßenschlachten mit Tränengas schießenden Bullen. ELA/1.MAI verband eine neue Serie von Bombenangriffen gegen US-amerikanische Einrichtungen mit einem Aufruf zum Kampf gegen die US-Militärbasen, derweil traf eine Bombe von 17N einen türkischen Diplomaten, Deniz. B. lukbasi, stellvertretender Chief of Mission der Türkischen Botschaft, der verletzt überlebte. In ihrer nationalistischen Erklärung zu dem Anschlag verwies 17N auf die Zypern-Frage. Die Echtheit des Bekennerschreibens wurde zuerst angezweifelt, aber diese Zweifel räumte 17N kurz darauf mit der Erschießung des türkischen Presseattachés, Cetin Görgü, aus.

Zypernkonflikt

Seit 1878 war Zypern eine britische Kolonie. Der sich selbst als griechisch verstehende Teil der Bevölkerung wollte die Vereinigung mit Griechenland, es gab Spannungen mit den türkischen Bewohner*innen. Die Zyperngriech*innen fühlten sich mehrheitlich gut von ihrem Erzbischof vertreten, die Vereinigung wird als Enosis bezeichnet. Seit 1931 gab es Phasen des Aufstands gegen die britische Herrschaft, 1955 begann eine Bombenkampagne der EOKA (Nationale Organisation zypriotischer Kämpfer), die von dem Faschisten Georgios Grivas geführt wurde. Grivas hatte bereits während der deutschen Besatzung die, mit den Deutschen kollaborierende, Organisation X gegründet. Die Türkei erhob 1956 Anspruch auf Zypern. 1958 kam es zum Bürgerkrieg zwischen griechischen und türkischen Gruppen, der von den britischen Behörden angeheizt wurde. 1960 wurde Zypern unabhängig. Sowohl Griechenland als auch die Türkei unterstützten rechte Gruppen, die gegen die jeweils andere Nationalität vorgingen. Es entstand die terroristische EOKA-B, die auch linke Zyperngriech*innen und gemäßigte Politiker angriff, sowie auf türkischer Seite die Türk Mukavemet Teşkilatı (TMT). In dieser angespannten Lage verübten am 21. Dezember 1963 zyperngriechische Polizeikräfte ein Massaker an zyperntürkischen Zivilist*innen (»blutige Weihnachten 1963«). Danach kam es zu gewaltsamen interkommunalen Kämpfen, bei denen insgesamt 1000 Zyperntürk*innen und mindestens 200 Zyperngriech*innen starben. Später brüstete sich der Faschist Nikos Sampson damit, 200 türkische Frauen und Kinder ermordet zu haben. Als Folge wurde die Insel nach Volksgruppen geteilt und von einer internationalen »Friedenstruppe« getrennt. Der zypriotische Präsident Makarios wollte nach dem Putsch im April 1967 in Athen keine Vereinigung mehr mit Griechenland. Deshalb unterstützte die Junta nun bewaffnete Aktionen gegen Makarios, der auch der NATO als zu links galt. Grivas führte seit 1971 einen Guerilla-Krieg gegen die zypriotischen Behörden, was am 15. Juli 1974 in einem Putsch des Faschisten Sampson mündete. Das alles geschah mit Rückendeckung des Athener Regimes. Daraufhin kam es zu einer Invasion türkischer Truppen. Die griechische Diktatur ordnete zwar eine Mobilmachung an und schickte Truppen nach Zypern, allerdings waren diese schlecht ausgerüstet und nicht motiviert, so dass sich die Türkei nach wenigen Tagen durchsetzen konnte. Auch in Folge dessen brach die Junta zusammen, während paramilitärische Zyperngriechen am 14. August 1974 Massaker in türkischen Dörfern durchführten. Die NATO hatte sowohl der Türkei als auch Griechenland politische Unterstützung signalisiert, letztendlich aber den türkischen Interessen den Vorzug gegeben. In Nikosia stießen am 19. August 1974 Zyperngriechen mit US-Marines beim Angriff auf die US-Botschaft zusammen, wobei der Botschafter getötet wurde.

Exkurs: Kalamata

1991 war insgesamt ein unruhiges Jahr, nicht nur in Athen. Ein unbekannter Aspekt in der modernen Geschichte der Aufstände und Konflikte in Griechenland und in der Geschichte von Kalamata ist der Aufstand vom 24. September 1991, der durch den Tod des 18-jährigen Dimitris Lagonikakos ausgelöst wurde, nachdem er von einem Polizeiauto verfolgt worden war.

Es ist bezeichnend, dass dieses Ereignis im Internet trotz des Informationsüberangebots, nicht zu finden ist. Offenbar liegt der Grund, warum dieser Aufstand trotz seiner Vehemenz und Bedeutung so wenig bekannt ist, darin, dass er von keinem politischen Raum unterstützt werden konnte. Die Menge, die sich an diesen Angriffen beteiligte, zeigte keine Fahnen oder Symbole, stellte keine Forderungen, hatte keine Sprecher*innen, war daher auch nicht zu vereinnahmen. Der dominierende Faktor der wütenden Spontaneität war der Hass gegen die Polizei. Das Ziel bestand darin die Polizeistation von Kalamata zu zerstören, deren Beamten für den Tod des 18-jährigen Dimitris Lagonikakos verantwortlich waren.

Am 19. September waren der Jugendliche und seine Freunde auf dem Weg in die Stadt Messina, wo das traditionelle Fest stattfand. Auf der Höhe des Flughafens hielt Dimitris nicht an einer roten Ampel und wurde daraufhin von einer Streife bis in eine verlassene Seitenstraße verfolgt. Was genau in der Seitenstraße passierte konnte nicht rekonstruiert werden, aber Dimitris' Freunde verlieren ihn in dieser Situation aus den Augen. Einige Zeit später wird er von dem Polizeiwagen, der ihn verfolgte, in ein Krankenhaus gebracht. Die dortige ärztliche Untersuchung wird bei ihm Schürfwunden und Hämatome im linken Scheitelbereich, mehrere Abschürfungen und Bruchwunden an den Schienbeinen, Knien, Ellenbogen und dem linken Schulterblatt feststellen.

Auf dem Röntgenbild ist kein Hämatom zu erkennen, Auch die Verlegung in das besser ausgestattete Krankenhaus von Patras wird ihn nicht mehr retten können. Er stirbt vier Tage später an einer inneren Hirnblutung.[23]

Am Dienstag, dem 24. September, wurde Dimitris in Begleitung einer großen Menschenmenge, Verwandte, Freund*innen und Menschen, die ihre Solidarität bekunden wollen, beigesetzt. Nach dem Ende der Beerdigung fuhren Dutzende von Motorrädern durch die Hauptstraßen der Stadt in Richtung Polizeistation. Die versammelten Menschen errichteten Barrikaden mit brennenden Mülltonnen, um den Bereich um die Polizeistation abzusperren und begannen, die Polizeibeamten für Dimitris' Tod zu beschimpfen und mit allen möglichen Gegenständen zu bewerfen.

In dieser Nacht hatten sich mehr als 2.000 Menschen auf dem zentralen Platz versammelt, um gegen den Tod von Dimitris zu protestieren. Die Versammelten lösten sich nicht auf, und um 22 Uhr wurden die ersten Molotow-Cocktails geworfen, die dazu führten, dass der Eingang der Polizeistation in Brand gesetzt wurde. Einige brennende Mülltonnen wurden in Richtung des Eingangs der Dienststelle geschoben, um diesen zu blockieren. Menschen kletterten auf die Dächer der nahe gelegenen Wohnhäuser und warfen von dort aus Flaschen und Steine auf die Polizeibeamten, die aufgrund der Heftigkeit der Angriffe und der Blockade des Vordereingangs im hinteren Teil der Polizeiwache eingeschlossen waren. Ein angrenzendes Spirituosenlager wurde geöffnet, in dem sich die Leute mit Flaschen eindeckten, um daraus neue Molotow-Cocktails zu basteln oder sie auf die Polizisten zu werfen. Am späteren Abend trafen Polizeiverstärkungen aus Pyrgos, Sparta und Tripolis zusammen mit dem Polizeidirektor des Peloponnes ein, und dieser beschloss, Chemikalien gegen die Protestierenden einzusetzen. Die Kämpfe beschränkten sich nicht mehr nur auf das Gebiet um die Polizeistation, sondern dehnten sich auf die Straßen rund um den zentralen Platz aus. Auch die angrenzende Präfektur war von den versammelten Menschen umzingelt. In den Gassen rund um den zentralen Platz wurden zahlreiche Bullen verprügelt.

Trotz der chemischen Einsätze dauerten die Auseinandersetzungen bis in die frühen Morgenstunden an, bis sie sich abschwächten und der Gegenangriff der Polizei begann. Insgesamt hielten die Belagerung der Polizeistation und die Kämpfe um den Platz mehr als zehn Stunden. Die Besonderheit dieser Kämpfe zeichnen sich durch die spontane Masse der Beteiligten, des »unpolitischen« Charakters und der Verweigerung von Reformismus – dadurch dass keine »bessere« Polizeiarbeit gefordert wurde – aus.

Im Dezember 2008 wurde geschrieben, dass die Erfahrung der Gesellschaft, was in solchen Situationen zu tun sein, auf die ständige sichtbare Praxis der Anarchist*innen zurückzuführen ist. Vielleicht trifft das auch auf Kalamata 1991 zu.

Wenn das Jahr 1991 als eine Phase starker gesellschaftlicher Massenkämpfe bezeichnet werden kann, die sich gegen die Bildungspolitik von ND, gegen den Golfkrieg und gegen Polizeigewalt richteten, fällt der ideologische Spagat von 17N auf, da der Konflikt mit der Türkei in der Zypernfrage ein Thema der Rechten war und ist.

Der zuvor genannte Anschlag auf den türkischen Diplomaten im Sommer verspielte einige Sympathien, die 17N bisher im antiautoritären Lager genoss.

Doch nur wenig später bezog sich 17. November auf genau dieses Spektrum. Die Studierendenproteste hielten noch an und es kam weiterhin landesweit zu Demonstrationen und Besetzungen. Am 24. Oktober 1991 zogen sich Anarchist*innen nach harten Auseinandersetzungen mit Mat-Einheiten auf das Polytechnio-Gelände zurück. Innerhalb der Kämpfe fing ein historisches Verwaltungsgebäude Feuer, die Polizei setzte massenhaft Tränengas ein und viele der 28 Verhafteten wurden zusammengeschlagen, nachdem die Bullen die Universität stürmten und damit zum ersten Mal seit langem das Asyl brachen.

Aus Anlass der Kämpfe im Bildungsbereich 2006 wurde auch die Erinnerungen an 1991 wieder lebendig. Auszug aus einem diesbezüglich veröffentlichten Text:

Ein weiters Feuer durch Tränengasgranaten der Polizei, Verwaltungsgebäude im Polytechnio.

»Oktober 1991, zu Beginn des Monats kommt es zu Besetzungen von Gymnasien und Lyzeen. Die ›wütenden‹ Eltern versuchen, die Schulen zu besetzen, während die Medien einen wesentlichen Beitrag zu den Bemühungen des Staates leisten, die Mobilisierungen der Schüler zu verzerren, zu verleumden und zu terrorisieren. 18.10., im Zentrum von Athen demonstrieren Schüler*innen aus besetzten Schulen zum Bildungsministerium. Während des Aufzugs werden Steine auf die Univerwaltung geworfen, Eier und verschiedene Gegenstände auf die Polizisten geworfen, eine Bank zerbrochen und das Motorrad eines Polizisten in Brand gesetzt. Vor dem Ministerium bewarfen die Demonstrant*innen die Repressionskräfte mit Steinen, einige Fensterscheiben gingen zu Bruch. Vor dem Polytechnio werden die Demonstrant*innen von der Bereitschaftspolizei verprügelt, einige flüchten in das Polytechnio, andere in die ASOEE. Das Motorrad eines weiteren Polizisten wird zerstört, aber die Zusammenstöße eskalieren nicht. 24.10., eine Versammlung und ein Marsch von etwa 2.000 Student*innen findet vom Polytechnio zum Bildungsministe-

Brennender *Antenna*-Wagen.

rium statt. Vor dem Bildungsministerium, wo der Minister keine ›Vertreter‹ der Studenten akzeptiert, kommt es zu einem Angriff von Polizisten in Zivil und mit Schlagstöcken auf die Student*innen, die verschiedene Gegenstände in Richtung des Eingangs des Ministeriums und der dortigen Polizisten werfen. Während der Marsch zum Polytechnio zurückkehrt, kommt es in der Nähe des Parlaments zu einem Angriff auf ein Fahrzeug der Group-4. Dann wird ein Fahrzeug von *Antenna*, das sich in Propylaea befindet, in Brand gesetzt.
Von diesem Punkt an beginnt der Angriff der Repressionskräfte. Der Marsch wird aufgelöst und die Demonstrant*innen fliehen in Richtung des Polytechnios. Das Gelände ist von starken Repressionskräften umstellt. Später blockieren Gruppen von Randalierer*innen den Verkehr auf der Stournari-Straße und errichten Barrikaden. Es werden Feuer gelegt, und die Zusammenstöße mit Mat erstrecken sich bis zur Patission, wo ein Bus der EAS brennt. Bezeichnend ist die Anwesenheit von Faschisten und ›empörten‹ Bürgern, die die Repressionskräfte unterstützen. Es wird eine Versammlung abgehalten und beschlossen, die Faschisten zurückzudrängen und das Polytechnio zu verlassen, und zwar von der Mehrheit der im Polytechnio anwesenden Personen. Dennoch verbleibt eine gewisse Anzahl von Personen im Bereich des Polytechnios. Im Morgengrauen wird das Verwaltungsgebäude durch Tränengasgranaten der Polizei in Brand gesetzt. Um 9.00 Uhr morgens stürmen die Polizeikräfte das Polytechnio. 28 Personen werden verhaftet, während sich Dutzende während der Invasion verstecken können, um der Festnahme durch die Schweine des Staates zu entgehen. Während des Marsches wurden 38 Personen verhaftet, sechs werden angeklagt. 28.10., die sechs Verhafteten der Demo vom 24.10. werden vor Gericht gestellt. Während des Prozesses fällt der Anarchist Thanasis Chaldoupis aufgrund der Schläge auf den Kopf durch die Polizisten in Ohnmacht. Ein Supermarkt in Athen und Parteibüros der Nd in Piraeus werden mit Molotowcocktails in Brand gesetzt. Die Verantwortung wird von der anarchisti-

schen Gruppe ›Michalis Kaltezas‹ in Solidarität mit den Verhafteten übernommen. 29.10., die Verhafteten der Demo vom 24. Oktober werden zu Haftstrafen von 5 bis 8 Jahren verurteilt. Den Verhafteten des Überfalls auf das Polytechnio wird der Prozess gemacht. 31.10., die nach dem Überfall auf das Polytechnio am 25. Oktober Verhafteten werden zu Haftstrafen von bis zu 3 Jahren verurteilt, während sechs Personen freigesprochen werden. Gleichzeitig wird in einem Klima der Einschüchterung und des Terrors Anklage wegen der Brandstiftung im Rektorat des Polytechnios erhoben. November 1991, 2.11. Dreiunddreißig anarchistisch-antiautoritäre Personen werden verhaftet, weil sie ein Plakat aufgehängt haben, auf dem unter anderem behauptet wird, dass die Bullen und Faschisten das Rektorat des Polytechnios nach dem Studentenmarsch vom 24. Oktober in Brand gesteckt haben. Sie werden von den humanoiden Organen des Staates gefoltert und verprügelt. Auch die Anarchistin Maria Nikolaidou wird von den Söldnermördern verprügelt, obwohl sie schwanger ist. 3.11. die 33 Anarchist*innen werden zur Staatsanwaltschaft gebracht, wo sie angeklagt werden und beschlossen wird, sie bis zur Verhandlung in Haft zu nehmen. 5.11., die 33 Anarchist*innen werden vor Gericht gestellt und sind in einen Hungerstreik getreten. 15.11., die Anarchisten A. V. Gounaris und A. Alanis werden wegen der Zerstörung ihrer Schule verurteilt. 17.11. der traditionelle Marsch anlässlich des Aufstandes vom November ’73 findet statt. Aufgrund der methodischen Repression der letzten Monate ist es nicht möglich, Praktiken gegen das Fest zu entwickeln, das die Machthaber jedes Jahr veranstalten. 22.11., die Büros der aus Student*innen bestehenden anarchistischen Gruppe ›Rigma‹ werden von der Polizei gestürmt. Die Polizisten beschlagnahmen fast alle Gegenstände und Druckerzeugnisse in den Büros der anarchistischen Gruppe in Brahami. 6.12. ein Supermarkt wird in Brand gesetzt. Die Verantwortung wird von der anarchistischen Gruppe ›Michalis Kaltezas‹ in Solidarität mit den Gefangenen der Demo und der Invasion des Polytechnios am 24./25. Oktober übernommen.«[24]

Diese Konfrontationen passierten im Kontext der über das ganze Jahr anhaltenden Proteste der Studierenden. Auch wegen den im Kappa-Marousi-Einkaufszentrum von der MAT verbrannten Menschen war noch eine Rechnung offen.

Zur Vergeltung der im Feuer des Kappa-Marousi-Einkaufszentrum Ermordeten schlich sich ein Team von 17N am 1. November 1991 an einen Bus der MAT ran, der am Rand von Exarchia in Stellung gegangen war.[25] Von einem benachbarten Grundstück feuerten sie eine Rakete auf den Bus ab, die einen der Beamten tödlich verletzte. Das darauf folgende Bekennerschreiben kündigte ähnliche Angriffe für zukünftige Fälle von Polizeigewalt an, machte aber die Einschränkung, dass einfache Streifenbullen verschont würden, wenn diese nicht zur Waffe greifen.

Nur ein paar Wochen später schien die Polizei diese Drohung vergessen zu haben. Wegen einem Autodiebstahl herbeigerufen, lieferten sich drei Streifenwagen eine Schießerei mit einem Team von 17N, das gerade dabei war ein Fahrzeug zu akquirieren. Nachdem das Team erfolgreich entkommen konnte, blieben mehrere, durch Kugeln und Handgranaten verletzte Bullen zurück.[26]

MAT-Bus zum Schutz der PASOK-Zentrale nach Raketentreffer.

Unterdessen griff die anarchistische Gruppe »Michalis Kaltezas« aus Solidarität mit den Gefangenen einen Supermarkt in Athen und Büros von ND in Piraeus mit Brandsätzen an.[27] Auch in Thessaloniki und anderen Städten kommt es bis 1997 zu vielen Angriffen auf Bildungseinrichtungen, Besetzungen, militanten Demonstrationen, Brandanschlägen auf Schulbusse und Autos von Uni-Direktoren. Die zunehmenden Angriffe auf schulische Einrichtungen oder Fahrzeuge verdeutlicht den starken Zuwachs aus den Schulen und Universitäten, den der anarchistische Raum erhält. Wie viele schriftliche Quellen und mündliche Überlieferungen berichten, werden die Bullen bei Zusammenstößen, insbesondere im Zuge von Besetzungen, oft von »besorgten Bürgern« bzw. Faschisten unterstützt.

17N begeht einen tödlichen Fehler

Einen Monat hatte ein Team der Organisation 17. November im Zentrum Athens auf der Lauer gelegen, um den Wirtschaftsminister Ioannis Palaiokrassas mit einer Rakete zu liquidieren. Bisherige Versuche waren wegen dem Risiko für Passant*innen abgebrochen worden, doch am 14. Juli 1992 betätigte ein Mitglied der Gruppe den Auslöser. Die Rakete verfehlte die gepanzerte Limousine des Ministers jedoch knapp, stattdessen wurde der Student Thanos Axarlian von Splittern tödlich getroffen.

Der Tod eines Unbeteiligten führte natürlich zu persönlichen und politischen Brüchen in der Organisation. 17N hatte das Selbstverständnis, die unterdrückten Klassen gegen die Herrschenden zu verteidigen und einer marxistisch-leninistischen Analyse folgend, zum Aufbau einer Volksmacht beizutragen. Sie mussten dafür populistisch agieren. Den Tod eines Studenten statt eines Ministers zu verschulden, war das genaue Gegenteil der Bestrebungen aller militanten Gruppen in Griechenland. Die Aktion wurde ja nach mehreren erfolglosen und abgebrochenen Durchläufen ausgeführt, obwohl die internen Sicherheitsbestimmungen nicht erfüllt waren, z. B. die Nähe von Unbeteiligten. Es folgten noch einige Bombenanschläge auf die Steuerbehörden, doch die Luft schien bei 17N raus zu sein. Die Aussagen der angeklagten Mitglieder im Prozess gegen die Gruppe machen deutlich, dass einige traumatisiert waren von dieser Aktion. Es gab interne Vorwürfe gegen die Verantwortlichen und Frust über die ausbleibenden Konsequenzen. Koufontinas bezeichnet in seinem Buch den Tod von Axarlian als Wendepunkt in der Geschichte der Organisation. Die Konsequenzen waren jedoch lediglich taktischer Art. Erschwerend kam für die Gruppe hinzu, dass sie keines ihrer mittelfristigen Ziele erreichen hatten.

Trotz einer gewissen Popularität in der Gesellschaft war die erhoffte Einschränkung staatlicher Handlungsfähigkeit nicht eingetreten. Da wo es gelang Widersprüche zu verschärfen, hatten sich einfach die Regierungen abgewechselt.

> »Während also die frühe Metapolitefsi das Aufkommen autonomer Akteure (z. B. der Aufstieg von Chorós (antiautoritären

Thanos Axarlian neben der zerstörten Limousine des Wirtschaftsministers.

Räumen) an den Universitäten) erlebte, die – in angemessenem Rahmen – die Dominanz der Parteien herausforderten (Papadogiannis 2015b; Serdedakis 2015), war dies bei der mittleren Metapolitefsi nicht der Fall. In den 1980er Jahren nutzten die Parteien die chronische Schwäche der griechischen Zivilgesellschaft aus und kolonisierten den öffentlichen Raum, der in eine Arena für den Parteienwettbewerb verwandelt wurde (Mavrogordatos 1993; Close 1999; Huliaras 2015). In diesem extrem polarisierten Kontext kämpften die Parteien gegeneinander um die Kontrolle der Massenbewegungen (z. B. der Arbeiterbewegung, der Studentenbewegung, kultureller oder lokaler Vereinigungen), die in den meisten Fällen in den Parteiapparat integriert wurden. Die Resonanz auf das Leitbild des ›Wandels‹ erleichterte die Vorherrschaft der sozialistischen Partei auch im ideologischen Bereich, nachdem sie durch die faktische Kontrolle des Staatsapparats auch im politischen Bereich dominiert hatte. Die ideologische Vorherrschaft der Pasok hatte erhebliche Auswirkungen auf die revolutionäre linke Bewegung, da sie zur Fragmentierung und Marginalisierung der Parteien der außerparlamentarischen Linken beitrug (Kousis 2007; Serdedakis 2015).

Außerdem führte das Zögern der sozialistischen Partei, die radikalen Ziele ihres Wahlprogramms zu erfüllen, nämlich die Verstaatlichung der Schlüsselindustrien, die Abschaffung der US-Militärbasen und den Austritt des Landes aus der NATO und der EWG, dazu, dass die Pasok von der radikalen linken Bewegung fast eindeutig als reformistisch abgelehnt wurde; selbst von Teilen der Bewegung, die ihr zuvor sympathisch gewesen waren. In dieser Periode vertiefte sich also ein Prozess, der bereits seit der vorangegangenen Ära im Gange war, nämlich die Institutionalisierung der außerparlamentarischen linken Parteien und der Rückgang ihres Einflusses auf die revolutionäre linke Bewegung (Alexandropoulos und Serdedakis 2000; Simiti 2002). Infolge der Institutionalisierung eines Teils der Bewegung bildete sich Anfang der 1980er Jahre eine neue radikale Generation heraus, die sich durch antiautoritären

Eifer auszeichnete, eine Abneigung gegen die Hegemonie der PASOK und die Entschlossenheit, das demokratische Regime herauszufordern (Giovanopoulos und Dalakoglou 2011). Zu dieser Generation von Aktivisten gehörten: unzufriedene Mitglieder der traditionellen linken Parteien, die von der zustimmenden Haltung der KKE und der KKE-ES gegenüber der PASOK-Regierung enttäuscht waren; ehemalige Mitglieder der außerparlamentarischen linken Parteien, die mit der Routinisierung des Aktionsrepertoires der Parteien unzufrieden waren; Antiautoritäre und Anarchisten (Giovanopoulos und Skalidakis 2009).

Die ersten beiden Jahre der PASOK-Regierung (1981–1983) waren durch das Ausbleiben von Angriffen auf höchster Ebene sowie durch eine Reihe von Umschichtungen innerhalb des Milieus der revolutionären Gruppen gekennzeichnet (Koufontinas 2014). Für 17N, die von 1980 bis 1983 inaktiv blieben, war dies eine Gnadenfrist für die sozialistische Partei, um ihre radikale sozialistische Agenda in die Praxis umzusetzen (17N 1983 I). Die vorübergehende Aussetzung der Aktivitäten änderte jedoch nichts am Glauben der 17N an die revolutionäre Gewalt. Tatsächlich gelang es der bewaffneten Gruppe in nur zwei Jahren (1983–1985), ihre eigene Gewaltbilanz der frühen Metapolitefsi zu übertreffen, indem sie fünf Opfer hinrichtete; gleichzeitig diversifizierte sie ihre Ziele, indem sie Vertreter der, wie sie es nannte, ›Lumpengroßbourgeoisie‹ einbezog. Während dieser ganzen Zeit pflegte 17N akribisch ein ›Robin-Hood-Image‹ (Smith H. 1999), indem sie die Bösen (z.B. US-Imperialisten und Folterknechte der Junta) und die Reichen (z.B. Kapitalisten) ins Visier nahm, die die Arbeiterklasse missbrauchten und ihre Interessen verunglimpften (Nomikos 2007). In den späten 1980er Jahren hatte es die Gruppe geschafft, zu einem festen und fast akzeptierten Bestandteil des politischen Lebens in Griechenland zu werden (Kassimeris G. 2006).

Gegen Ende des Jahrzehnts richtete 17N ihre bewaffnete Kampagne gegen Ziele der Korruptionsbekämpfung, da die Aufdeckung eines tief verwurzelten Korruptionsnetzes innerhalb der PASOK von der Gruppe als Gelegenheit erkannt wurde, in die zentrale politische Szene des Landes einzugreifen. Die angebliche Verwicklung prominenter Regierungsmitglieder – einschließlich des Premierministers Andreas Papandreou selbst – in Betrugs- und Veruntreuungsfälle und der dadurch ausgelöste politische Aufruhr veranlassten 17N, ihre Gewalttätigkeit zu eskalieren, um die Voraussetzungen für einen allgemeinen Aufstand zu schaffen. Zu dieser Strategie gehörte auch, dass die Gruppe mit Anschlägen auf hochrangige Politiker das Herz des politischen Systems attackierte. Die Ermordung eines populären Abgeordneten führte jedoch zu einem Ende der Toleranz gegenüber 17N – und gegenüber bewaffneten Gruppen im Allgemeinen – sowie zu einer Politisierung der revolutionären Gewalt innerhalb des griechischen Gemeinwesens (Karyotis 2007).

Der Aufstieg der ND an die Macht bedeutete auch das Ende der mittleren Metapolitefsi, da er mit einer umfassenderen Übergangsphase auf internationaler und nationaler Ebene zusammenfiel, die gekennzeichnet war durch: den Untergang der Sowjetunion und den Aufstieg des Neoliberalismus, die erste Beteiligung der griechischen Linken an einer Regierung und die zunehmende Desillusionierung der Öffentlichkeit gegenüber der Parteipolitik, die durch das Zusammenwirken von Populismus, Korruption und Klientelismus hervorgerufen wurde. Für 17N fiel der Beginn der späten Metapolitefsi mit einer Periode der gewaltsamen Eskalation zusammen, die die politische Krise von 1989 in Gang gesetzt hatte.

In der Tat kam es in der Zeit von 1989 bis 1992 zu einer quantitativen und qualitative Steigerung der Gewalttätigkeit von 17N, als die Gruppe ihre Operationen gegen hochrangige Ziele intensivierte. Der kollaterale Tod eines Unbeteiligten im Jahr 1992 und die dadurch ausgelöste öffentliche Aufregung führten jedoch zu einer strategischen Neuausrichtung der Gruppe auf weniger und weniger anspruchsvolle Operationen (Koufontinas 2014). In der Zeit zwischen 1992 und 2002 ging die Gewalttätigkeit von 17N zurück, da sich die Gruppe auf Anschläge von geringerem Aus-

> maß konzentrierte, bevor der fehlgeschlagene Bombenanschlag vom Juni 2002 zu ihrer Auflösung führte. Der Rückgang der revolutionären Gewalt war auch eine Folge der fortschreitenden Versicherheitlichung des Phänomens im Laufe der späten Metapolitefsi.
> Noch wichtiger ist, dass der Rückgang der Tätigkeit revolutionärer Gruppen zusammen mit dem Aufstieg eines radikalen aufständischen anarchistischen Kollektivs zu einer Konsolidierung der anarchistischen Bewegung und insbesondere ihrer aufständischen Strömung führte, die zu Beginn der 2000er Jahre die radikale Flanke der revolutionären linken Bewegung dominierte.
> 17N wurde zu einer entschieden geschlossenen und streng hierarchischen Gruppe für bewaffnete Propaganda (17N 1984 I), die das revolutionäre Bewusstsein der griechischen Unterschichten wecken wollte. Inspiriert von den Ideen und Erfahrungen Guevaras und der Tupamaros vertrat die Gruppe eine griechische Version des ›focismo‹ (Koufontinas 2014) und erkannte die Stadtguerilla als Mittel zur Schaffung aufständischer Verhältnisse im Land. Zentrales Ziel der Gruppe war auch die Mobilisierung der Massen gegen den kapitalistischen Staat und zu Beginn der 1980er Jahre gegen die ›reformistische‹ Regierung der Pasok (17N 1983 1). Nach Ansicht von 17N verriet Andreas Papandreou die Hoffnungen, die die Menschen in ihn für einen radikalen Wandel in der griechischen Politik gesetzt hatten, und gab das vor den Wahlen aufgestellte Programm der Pasok für wirtschaftliche Umverteilung und nationale Unabhängigkeit vollständig auf – eine Entwicklung, die die Gruppe in ihrer Überzeugung bestärkte, dass es keinen friedlichen Weg für den Übergang zum Sozialismus gibt.«[28]

Anfang der 90er Jahre waren weiterhin US-Basen in Griechenland das Ziel von Angriffen. Die Kampagne gegen korrupte Politiker und ungerechte Steuerpolitik zeigte keine echte Veränderung und die Wahlerfolge von Nd schienen auf einen gesellschaftlichen Rechtsruck hinzudeuten.

Ihre faktische Aktionspause lenkte die öffentliche Wahrnehmung (oder vielleicht auch nur die der Behörden) auf die Angriffe aus dem anarchistischen Milieu. Zwischen Sommer 1993 und Februar 1995 zählte die Polizei 245 Brandanschläge und Gazakis gegen Schulen, Medien, Sicherheitsfirmen und staatliche Einrichtungen, oft gegen deren Fahrzeuge.

Gazakis
Handelsübliche Campinggas-Kartuschen, die durch einen Brandsatz zur Explosion gebracht werden. Dadurch zerbersten Glasscheiben, der Schaden für die Angegriffenen ist hauptsächlich psychologisch. Manchmal entstehen hierdurch auch größere Brände.

Anfang der 90er Jahre, Demo trifft vor dem Nationalen Historischen Museum in Athen auf Mat, die nur wenig Riotausrüstung verwendet.

Klassische Bekenner*innenschreiben tauchten nur selten auf, meistens wurden Zeitungen telefonisch darüber in Kenntnis gesetzt. Wenn man sich vergegenwärtigt, dass Mitte der 90er Jahre 3.000 Gebäude in Athen, die als potenzielle Ziele vermutet wurden, rund um die Uhr unter Polizeischutz standen, offenbart dies eine Ahnung von der Breite und Dynamik militanten Widerstands zu der Zeit.

Dennoch wurde diesen autonomen Gruppen wenig Relevanz beigemessen. Viele Erklärungen waren mit ständig wechselnden Namen unterschrieben, weswegen Polizei und Geheimdienste glaubten, dass sich die Teams nach einigen Anschlägen wieder aufgelöst hätten, weil sie niemand rekrutieren konnten. Man hielt sie für reine Adrenalin-Junkies. Die Unfähigkeit der griechischen Behörden wurde noch durch ihre Neigung gefördert, selbst falsche Spuren, ganz nach Drehbuch für Aufstandsbekämpfung, zu legen.

Wie beispielsweise zwei Jahre zuvor, als am 8. November 1990 in einer Wohnung in Exarchia eine kleine Bombe beim Zusammenbau explodierte.

Der Anarchist Kyriakos M. wurde dabei schwer verletzt und später direkt im Krankenhaus verhaftet. Danach behauptete die Polizei in dieser yafka (Bezeichnung für sichere Wohnung) zahlreiche Minen, Granaten, Zünder, Schusswaffen und Texte gefunden zu haben, darunter auch die Hinrichtungserklärung für den Knastpsychiater Marios Maratos. Kyriakos M. und zwei durch Fingerabdrücke in der Wohnung identifizierte Genossen, gaben keine Informationen an die Behörden weiter. Um ihn aber zum Sprechen zu bringen oder wenigstens zu diskreditieren, verfassten die Beamte eine gefälschte Erklärung der Organisation 17. November, in der die yafka als Drogenhöhle und Unterschlupf von Einbrechern, mit Kyriakos M. als bezahltem Spitzel, bezeichnet wurde. Des weiteren wurde behauptet, dass er mit der Bombe der ND-Regierung in die Hände spielen wollte. M. wurde 1991/92 wegen Mitgliedschaft in einer terroristischen Vereinigung zu 17 Jahren Knast verurteilt.[29] Es folgte eine Freilassungskampagne, auf die selbst linke Parteien aufsprangen, da die polizeilichen Ermittlungen unglaubwürdig waren. Die Verhaftung der drei erfolgte mit dem Ziel, eine »terroristische Vereinigung« konstruieren zu können. Dies geschah auf der Grundlage der Fingerab-

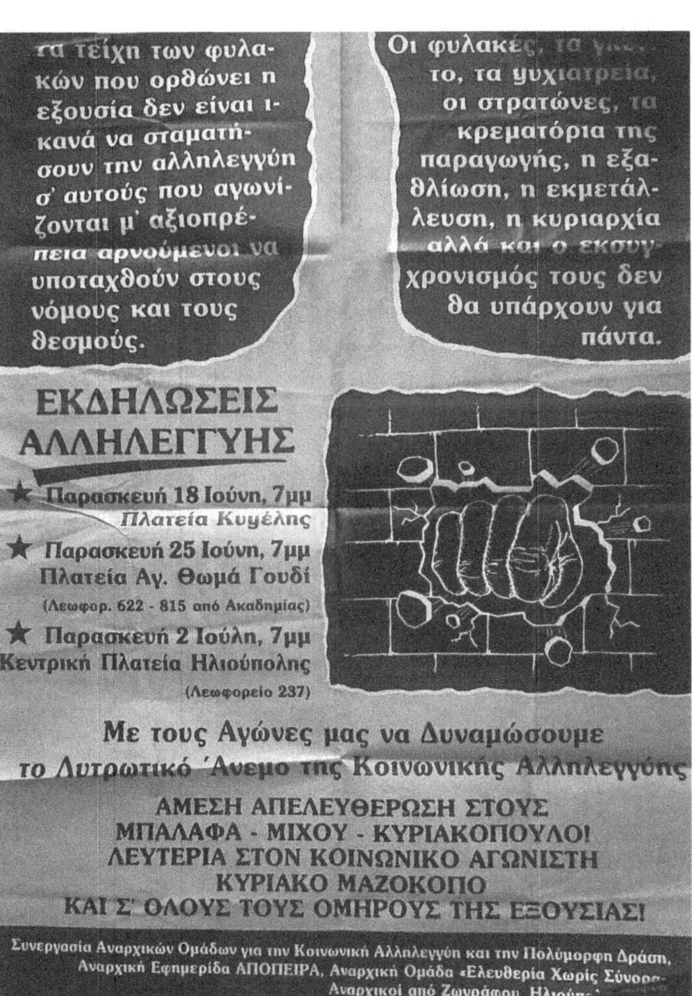

Soli-Veranstaltungen für Gefangene 1993.

drücke, die im Inneren der yafka gefunden wurden, und man daher leicht von einer offensichtlichen Beteiligung ausgehen konnte. Wenn es keine Solidaritätsbewegung gegeben hätte, hätten die Richter die polizeiliche Argumentation sicher ungestört anwenden können. Die Fingerabdrücke der drei wurden zwar innerhalb des Hauses gefunden, aber auf beweglichen Teilen wie Büchern, Papieren usw., die hätten transportiert werden können, und in der Tat stellten die Fingerabdrücke nach einem Gerichtsurteil keinen stichhaltigen Beweis dar, um sie zu verurteilen.[30] Die vielen Ungereimtheiten in den Behauptungen der Polizei führten dann in der Berufungsverhandlung 1995 zu seiner Freilassung.

Für Ärger im Milieu der international vernetzten Anarchist*innen und Autonomen sorgte noch die Berliner Zeitschrift *radikal* in ihrer Ausgabe 142, die den Spitzelvorwurf gegen ihn mit folgenden zynischen Formulierungen verbreitete: »[...] Und alle miteinander kämpfen sie gegen das Spitzelunwesen der Bullen. So gab es vor ca. 2 Wochen einen Zwischenfall, der in Zukunft möglicherweise an Bedeutung gewinnen wird. Ein bekannter Szene-Typ (einige behaupten allerdings, daß er ganz sicher ein Spitzel ist) bastelte gerade an einer kleinen Bombe, als diese in seiner Hand explodierte. Fazit: Hand ab, ein Auge weg.« Im selben Text stellt die *radikal* auch die Organisation 17. November in den Verdacht, eine vom Militär gesteuerten Gladio-Struktur zu sein. Dies geschah in der Phase, in der die Stasi-Archive offengelegt und damit die Kontakte deutscher Stadtguerilla-Gruppen zu östlichen Geheimdiensten bekannt wurden. Aus nicht feststellbaren Kreisen wurde diese Stimmung ausgenutzt um alle möglichen Gruppen zu diskreditieren, bei 17N bot sich anscheinend Gladio an, ein Gerücht das auch mal gegen die Brigate Rosse gesät wurde. Auf der selben Welle schwamm das Buch *Das RAF-Phantom – Wozu Politik und Wirtschaft Terroristen brauchen*[31], über die dritte Generation der RAF. Eine weitere Verzerrung dieser Jahre wird später verbreitet:

> »Aufgrund ihrer gemeinsamen ideologischen Wurzeln mit der 17N wurde die Pasok lange Zeit mit dem Vorwurf konfrontiert,

> die Gruppe vor Strafverfolgung zu schützen. Und in der Tat scheint sich im Laufe des Jahres ein komplexes Geflecht verdächtiger Personen und politischer Interessen im Umfeld von 17N und ELA gebildet zu haben, das sie schützen und Ermittlungen behindern sollte. Zu diesem Zeitpunkt ist ziemlich klar, dass die ELA Verbindungen zur ostdeutschen Geheimpolizei (der Stasi) hatte, die eine gut dokumentierte Erfolgsbilanz bei der Finanzierung aller Gruppen hatte, deren Aktivitäten zur ›Destabilisierung der westlichen Demokratien‹ beitrugen. Das Ausmaß des Stasi-Einflusses auf die ELA kann nur vermutet werden, aber es hat den Anschein, dass die ostdeutsche Unterwanderung der griechischen Regierung nach 1981 zunahm und Stasi-Agenten parastaatliche Verbindungen zum griechischen Geheimdienst aufbauten. In dieser Zeit erreichten auch die Aktivitäten von 17N und ELA ihren Höhepunkt.«[32]

Die damalige *radikal*-Redaktion wird vermutlich nur sehr oberflächliches Wissen über die Situation in Griechenland gehabt haben und die berechtigte Kritik an 17N mit Fake News vermischt haben. In der Ausgabe 144, Teil 2 nahm die *radikal* die Vorwürfe zerknirscht zurück und druckte eine Übersetzung der Erklärung zu den Raketenangriffen von 17N auf deutsche Firmen ab.

Militante Streiks gegen das neoliberale Programm von ND

Ein nicht zu vergessender Faktor dieser Zeit waren die Arbeitskämpfe. Nea Dimokratia bewunderte den von Thatcher und Reagan in den 80er Jahren auf den britischen Inseln und in den USA verschärften Klassenkrieg von Oben. Privatisierungen staatlicher Unternehmen, Angriffe auf das Sozialversicherungssystem, Entlassungen und Lohnkürzungen waren eine »Therapie«, die die griechische Gesellschaft nicht ertragen wollte. Die Auseinandersetzungen begannen bei den Arbeiter*innen der »problematischen« Unternehmen, die geschlossen werden sollten. 6.500 Beschäftigte in Unternehmen wie Piraeus-Patraiki (ein Textilunternehmen), PyRkal (Rüstung), Olympic Catering (Fluggesellschaft) sahen sich unter dem Damoklesschwert der Entlassungswelle. Sie reagierten mit militanten Streiks und Fabrikbesetzungen sowie einem Generalstreik im September 1990.[33]

Die Arbeiter*innen der Städtische Verkehrsgesellschaft EAS nahmen den Kampf im Februar 1991 auf. Am ersten Februartag besetzten sie die Büros der Unternehmensleitung, forderten Lohnerhöhungen gegen die Politik der Lohnkürzungen und traten in den Streik[34]. Um den Zusammenhalt der Streikenden zu brechen, nutzte die Regierung das kürzlich verabschiedete Gesetz 1915, das 20% Sicherheitspersonal vorschreibt. Aber auch diese Option konnte die Wut der Arbeiter*innen nicht brechen.

Am ersten Tag, waren 54 der 540 üblichen Busse unterwegs, am zweiten Tag waren es nur noch 15 und am dritten Tag fuhr kein einziger Bus mehr. Daraufhin versuchte die Regierung den Streik ins Leere laufen zu lassen, indem sie Militärfahrzeuge ein-

21. August 1992, streikende Busfahrer im Depot von Votanikos/Athen.

setzte. Am 21. März '91 erfuhr die Bereitschaftspolizei aus erster Hand, was Widerstand der Arbeiter*innen bedeutet.

Nach einer Straßenschlacht mit Steinen und Knüppeln vor dem Verkehrsministerium musste sich die Polizei zurückziehen und die Regierung war gezwungen, die geforderten Gehaltserhöhungen zu gewähren, Der Streik wurde auf Druck der Gewerkschaftsbürokratie durch den Vorsitzenden der GSEE, Lambros Kanellopoulos, der zur »Vorsicht« riet, beendet.[35]

Der nächste staatliche Angriff erfolgte im Juli 1992, indem 1200 Entlassungen angekündigt wurden. Eine eilig einberufene Versammlung aller Beschäftigten der EAS am 23. des Monats beschloss infolgedessen einen langen Streik. Nach Ende dieser Generalversammlung folgte eine militante Demonstration zum Parlament. Die folgenden zehn Tage waren für den Staat ein Schock. Tausende von Streikenden in jedem Depot, an jedem Ausgangspunkt und an jeder Haltestelle bewachten ihren Streik und schafften es, alle Busse von der Straße fernzuhalten. Der Gegenangriff erfolgte mit nächtlichen Razzien der Betriebshöfe durch die Bereitschaftspolizei, die diese daraufhin »besetzt« hielten. Für zusätzliches Öl im Feuer sorgte die Abstimmung über die Privatisierung der EAS am 7. August im Parlament. Dies beinhaltete die Schließung der EAS, die Entlassung aller Beschäftigten und die Übergabe der Leitung an die SEP, die »Haushälter«, wie Mitsotakis sie nannte.

Der Streik der EAS inspirierte andere Arbeiter*innen. Es ist bezeichnend für die antikapitalistische Ausstrahlung des Arbeitskampfes bei EAS in die Nachbarschaften, sich auf diese Art im Alltag zu unterstützen, dass viele Bäckereien den Streikenden Brot im Tausch gegen Hilfsgutscheine gaben, unbezahlte Lehrer*innen den Kindern der Streikenden freiwilligen Unterricht gaben und überall Unterstützungskomitees gegründet wurden. Die Organisation der Sozialistischen Revolution (OSE, aus der die SEK hervorging) und ihre damals vierzehntägig erscheinende Zeitung *Arbeitersolidarität* unterstützten die Streikenden durch die Verbreitung ihrer Forderungen.

Am 18. August kam es zu Zusammenstößen zwischen den Streikenden und der Bereitschaftspolizei nahe des Syntagma-Platzes, da die wenigen Streikbrecher blockiert wurden. Diese Zusammenstöße entwickelten sich zu Straßenschlachten, an die sich heute noch erinnert wird.[36] Am 20. August rief das Unterstützungskomitee zu einer Kundgebung auf. Der Omonia-Kiez wurde von 60.000 Arbeiter*innen und Jugendlichen überflutet, obwohl Athen normalerweise wegen des Sommers leer war. Der Staat hatte sicher auf eine Besonderheit im griechischen Politkalender spekuliert. Wegen der Temperaturen im Juli und August von durchgehend über 30 Grad, fahren fast alle Griech*innen auf die Inseln; die politische Saison beginnt erst wieder Anfang September. Traditionell nutzen Regierungen die Sommerpause um unbequeme Fakten zu schaffen. Aber: »Ganz Griechenland ist mit uns«, lautete der Slogan der Streikenden.[37]

Am nächsten Tag, dem 21. August, versuchte die Regierung, die Busse aus dem Stadtteil Votanikos herauszuholen.

Das Busdepot wurde von den MAT-Einheiten in ein Schlachtfeld verwandelt. Tausende von Arbeiter*innen kamen aus ganz Athen, um die Streikposten zu unterstützen, die Selbstverteidigungsgruppen gebildet hatten. Ein Lastwagen der Stadtverwaltung Athen lud Holz für die von den Streikenden entzündeten Feuer ab, Anwohner*innen aus der Umgebung verteilten Zitronen und Vaseline an die Streikenden, um die Folgen des Tränengas' abzumildern. Die Folge des MAT-Angriffes war die sechsstündige »Schlacht von Votanikos« zwischen Bullen und Tausenden Busfahrern. Während sich viele Bewohner*innen des armen Viertels Votanikos mit den Streikenden solidarisierten, hetzte die Gewerkschaftsführung im Einklang mit der Presse und der KKE, dass 500 Provokateure für die Krawalle verantwortlich seien. Die einzigen politischen Gruppen, die die Busfahrer unterstützten waren die Linksradikalen und Anarchist*innen.

Am 28. August stürmte die Bereitschaftspolizei das Depot von Elliniko und verhaftete fünf Streikende, darunter auch den Gewerkschaftsvorsitzenden. Unmittelbar darauf starteten zwei

Demonstrationen. Mit Transparenten der EFEE und OSE lief die erste vom Elliniko-Depot und die zweite von Omonia aus los, bevor sie sich bei der GADA trafen und vereinigten. Bis zum Abend wuchs die Demonstration auf mehrere tausend Beteiligte an und die Behörden waren gezwungen, die Streikenden freizulassen.

Diese Arbeitskämpfe verstärkten noch einmal die internen Probleme der Regierung Mitsotakis. Die Regierung musste ja bereits 1991 ihre Bildungsreform wieder zurücknehmen, Arbeitskämpfe in diesem Ausmaß machten deutlich, dass ND weder für Wohlstand, noch Sicherheit, noch soziale Gerechtigkeit stand sondern nur die Polarisierungen in der Gesellschaft anfeuerte. Am 26. Februar 1992 zündete ELA/1. MAI eine Bombe neben einem fahrenden MAT-Bus in Thissio/Athen und verletzte damit zwölf Beamte. John Brady Kiesling bezeichnet die folgende Erklärung als »Anti-Polizei-Tirade« die ELA aus ihren vorherigen Texten kopiert habe. Zudem enthielt die Bekennung ein Mini-Essay über Nationalismus, wobei ELA erläuterte das »chauvinistischer Nationalismus und post-nationalist cosmopolitism mit-

Von ELA/1. MAI gebombter MAT-Bus.

einander verbundene Werkzeuge kapitalistisch-imperialistische Ausbeutung seien«[38]

Während ihrer gesamten Amtszeit sah sich die Regierung mit interner Opposition konfrontiert, die manchmal verdeckt (Miltiades Evert) und manchmal offen (Antonis Samaras) auftrat, was im April 1992 zur Entlassung von Samaras aus der Regierung führte. Nach seinem Rücktritt gründete Antonis Samaras am 30. Juni 1993 eine politische Gruppe namens »Politischer Frühling« und forderte im September desselben Jahres seine Parteifreunde der ND auf, sich unabhängig zu machen. Der Rücktritt des Abgeordneten für Kilkis, Jorgos Simpilidis, aus der Fraktion der ND führte dazu, dass die Regierung ihre schwache Mehrheit verlor. So war sie gezwungen, am 14. September 1993 vorgezogene Neuwahlen auszurufen. Am 10. Oktober war die ND-Regierung zu Ende.

Nachdem PASOK die Wahl für sich entscheiden konnte und Andreas Papandreou erneut zum Ministerpräsidenten ernannt wurde machte ELA ein Waffenstillstandsangebot an die Regierung, unter der Bedingung, dass einige Gefangene freigelassen würden.

Die Öffnung der Stasi-Unterlagen und deren Übermittlung an Griechenland waren möglicherweise ein Anlass für das Angebot der Waffenruhe.

Die Regierung ging nicht darauf ein, auch wenn sie das Antiterrorgesetz 1961/1990 von ND aufhob. Auch 17N beachtete das ELA-Angebot nicht und legte weiter Bomben, ebenso die anarchistische Bewegung, die kein Interesse an einer Kommunikation mit dem Staat hatte.

Das ganze Jahr 1994 über folgten Bomben- und Raketenangriffe von ELA und 17N gegen NATO-Einrichtungen in Athen. Auch ein britisches Kriegsschiff, verschiedene Versicherungsgesellschaften, IBM, Miele, Botschaften und deren Autos waren erklärte Ziele dieser Kampagne in Solidarität mit Serbien gegen die NATO. Der Bombenanschlag der ELA auf einen Polizeibus im

Stadtteil Perrisos war von herausragender Bedeutung, da dadurch ein hoher Beamter, Police Sub-director Apostolos Vellios, getötet wurde.[39]

Die verstärkten Bemühungen der Polizei diesen Angriff aufzuklären, führten zu mehr Interesse für Stasi-Unterlagen, aus denen schließlich Kostas Agapiou[40] als Verdächtiger und angeblicher Kontakt von ELA zur Carlos-Gruppe öffentlich benannt wurde. Aus einem Prozessbericht 2004:

> »Seit 1974 sei die Demokratie in Griechenland wiederhergestellt, sogar die KP sei großherzig legalisiert worden: Wohlfahrtsstaat, Sozialversicherung für alle, Fortschritt. Zur gleichen Zeit habe es jedoch einige Personen gegeben, die am Parlamentarismus nicht teilnehmen und stattdessen dem Land schaden wollten. So beschrieb der Staatsanwalt Eleftherios Patsis in seinem Schlussplädoyer den Kontext der Entstehung der griechischen Stadtguerilla-Gruppe ELA (›Revolutionärer Volkskampf‹) und verlangte Mitte Juli die Verurteilung der fünf mutmaßlichen Mitglieder der Gruppe, die seit Februar in Athen auf der Anklagebank sitzen, für alle dem ELA zur Last gelegten Aktionen. Den fünf Angeklagten werden Mitgliedschaft in einer kriminellen Ver-

Von ELA gesprengter Polizei-Transporter in Perrisos.

einigung, Beteiligung an zwei Morden, 17 Mordversuche und 69 Sprengstoffanschläge vorgeworfen.

Der 1975 gegründete ELA verstand sich als Teil einer Bewegung ›zum revolutionären Sturz des kapitalistisch-imperialistischen Systems und zur Errichtung einer sozialistischen Herrschaft des Volkes‹. Der militante Arm des ELA ging zwischen 1975 und 1995 vorwiegend gegen symbolische Ziele – Konzerne, Banken, Polizeistationen – vor, seit Anfang der Neunziger vermehrt auch gegen Personen. 1995 endeten die Aktionen.

In dem eifrigen Versuch, vor Beginn der olympischen Spiele einen Grabstein auf die Geschichte des bewaffneten Kampfes in Griechenland zu setzen, wurden in diesem Prozess die rechtsstaatlichen Garantien gegenüber den Angeklagten weitgehend ignoriert.

Die Anklage fußte zum Teil auf Aussagen der Kronzeugin Sofia Kiriakidou, die mit einem der Angeklagten, Angeletos Kanas, verheiratet war, zum Teil auf Stasi-Material, das den Kontakt des ELA zur so genannten Carlos-Gruppe belegen soll (*Jungle World*, 36/02).

Eine Blamage erlebte die Anklage just am Tag vor dem Plädoyer, als die Tageszeitung *Avriani* in einem Artikel behauptete, der Antiterror-Abteilung sei seit Jahren bekannt, dass die Sprengstoffanschläge auf den saudi-arabischen Botschafter 1983 und auf die von US-Marines besuchte Kneipe »Oscar« in Athen 1988 ein Libanese mit dem Decknamen ›George‹ begangen habe, angeblich ein Komplize von Carlos und Johannes Weinrich. Die Zeitung veröffentlichte ein Bild des Libanesen sowie die Aktenzeichen der entsprechenden Dokumente. Diese Anschläge werden dem Angeklagten Angeletos Kanas zur Last gelegt, der angeblich denselben Decknamen benutzte und mit der Carlos-Gruppe kooperierte.

Christos Tsigaridas ist der einzige Angeklagte, der bestätigt hat, zum ELA gehört zu haben.

Aber er verließ nach eigenen Angaben die Organisation bereits 1990, womit der Vorwurf der Mitgliedschaft in einer kriminellen Vereinigung nach der bis 2001 gültigen Rechtslage verjährt wäre.«[41]

Die letzte Aktion zu der sich ELA bekannte, fand am 24. Januar 1995 statt. Eine Bombe explodierte nachts in der ASOEE Universität und verursachte einen Sachschaden. Der Anschlag war eine Racheaktion dafür, dass die Uni-Leitung, entgegen der Tradition, der Polizei im August 1994 erlaubt hatte, das Gelände zu betreten, um eine Besetzung zu beenden. Dabei wurden 51 Anarchist*innen verhaftet, die einen Gebäudeteil besetzt hatten. Diese Besetzung war eine Solidaritätsaktion für anarchistische Gefangene. In jenem Sommer fanden die Prozesse gegen Odysseas Kambouris und Giorgos Balafas, ein Freund von Christos Tsoutsouvis, statt. Odysseas wurde für den Raubüberfall auf einen Bullen, der die KKE-Zentrale bewachte angeklagt. Zu den verhafteten Besetzer*innen der ASOEE gehörte auch Nikos Maziotis, der später als Mitglied des Revolutionären Kampf bekannt werden sollte. Nach dieser Aktion und zwanzig Jahren bewaffneten Kampfes verschwand ELA ohne Auflösungserklärung.

Da der Text stilistisch von früheren ELA-Texten abweicht, spekulierte John Brady Kiesling, dass die ältere ELA-Generation Platz für die jüngeren anti-autoritären Arsonists gemacht habe. Stattdessen weise er Ähnlichkeiten mit späteren Texten der Revolutionären Kerne und von Nikos Maziotis auf. Die Zustimmung der Universitätsrektoren für Einsätze der Polizei auf dem Campus war immer ein Abwägen politischer Faktoren. Mit dieser Vergeltung wollte ELA die Hürde für zukünftige Asyl Brüche höher legen. Und Soliaktionen nach Repression sind das tägliche Brot aller militanten Zusammenhänge in Griechenland. Die weitere Spekulation der Presse – ausgehend von polizeilichen Informationen – war, dass der Revolutionärer Kampf, die spätere Gruppe von Maziotis, das Nachfolgeprojekt von ELA war.

Die Bedeutung des Jahrestages des Polytechnio-Aufstands

Wie bereits in den 80er Jahren war die Beteiligung der Anarchist*innen an den Gedenktagen im November von unterschiedlicher Intensität und entschied sich manchmal an der Möglichkeit, ob einer Vereinnahmung des Jahrestags durch KKE und Linke ausgewichen werden konnte oder nicht.

Am 17. November 1990 versammelten sich die Anarchist*innen im hinteren Bereich der traditionellen Demonstration und griffen Banken und öffentliche Gebäude an.

1992 wurde bereits am 16. November gegen Mittag das Arbeitsministerium mit Molotow-Cocktails angegriffen und am Abend gab es eine Demonstration für die inhaftierten Anarchisten Nikos Maziotis, N. Skiftoulis, Kyriakos Mazokopos und B. Tsouris, die sich im Hungerstreik befanden.[42] Diese endete in Straßen-

17. November 1994, Riots vor dem Polytechnio.

schlachten mit den Bullen in der Umgebung des Polytechnios. Bei weiteren Riots am nächsten Tag wurden ein Büro der ND und Verkaufsstellen der Verkehrsbetriebe niedergebrannt, wobei über 20 Leute verhaftet wurden.

»Das Polytechnio von 1992 ist durch die intensive Aktivität von Aufstands-Konfliktsituationen gekennzeichnet. Schon vom 16.11. an scheint der 19. ›Jahrestag‹ des Polytechnios ein heißer zu werden. Am Mittag gibt es einen Molotowcocktail-Anschlag auf das Handelsministerium auf dem Kanigos-Platz und auf die Haltestelle des öffentlichen Verkehrsnetzes vor dem Ministerium. Am selben Nachmittag findet eine Kundgebung und ein Marsch von den Propyläen zum Polytechnio statt, an dem etwa 200 Personen teilnehmen.

Die Versammlung und der Marsch wurden von der Kooperation anarchistischer Gruppen und Einzelpersonen für soziale Solidarität und polymorphe Aktionen organisiert. Nach dem Ende des Marsches am Polytechnio wurden Barrikaden errichtet und Molotowcocktails auf die Polizeikräfte in den Straßen um das Polytechnio geworfen. Auf dem Höhepunkt der Feierlichkeiten am 17. November wurde ein Fahrkartenschalter an der Kreuzung der Straßen Patission und Stournari in Brand gesetzt. Der anarchistische Block bestand aus etwa 3.000 Personen. Der Marsch begann am Polytechnio, und die Vorfälle setzen sich an den Büros der ND am Kanigos-Platz und an einem weiteren OAS-Kartenbüro in der Veranzerou-Straße fort.

Feuerwehrleute, die versuchten, die Brände zu löschen, wurden ebenfalls angegriffen, wobei sie von MAT unterstützt wurden. Die MINION- und die OMEGA-Schule wurden angegriffen. Diese Aktivitäten der Anarchist*innen verursachten Probleme für die KKE und ihre Repressionskräfte wurden aktiv. Leider war das Ergebnis für sie das Gegenteil von dem, was sie anstrebten. Vom Polytechnio bis Stadiou gab es Scharmützel zwischen Anarchist*innen und der KNAT. Unter anderem wurde die Nationalbank (Panepistimiou und Patission) angegriffen, der Sitz

> der Post in Aeolou wird in Brand gesetzt und vollständig zerstört, während die Bank von Griechenland (Emmanuel Benaki und Stadiou) ebenfalls angegriffen wurde. In diesem Moment begann der gleichzeitige Angriff von Bereitschaftspolizei und KNAT, der zu 26 Verhaftungen führte.«[43]

Seitdem PASOK 1993 wieder an die Macht gekommen war, stieg die Repression gegen die anarchistische Bewegung an. In Exarchia versuchten schwerbewaffnete Spezialeinheiten erfolglos die Lage in den Griff zu bekommen (auch mit Hilfe der Presse – allerdings ebenso erfolglos wie bestimmte Anarchistischen Föderationen, wie es damals die anarchistische Zeitung *Black Flag* formulierte), aber kleine Gruppen wie WOLVES OF EXARCHIA oder WILD GEESE OF THE CITY waren in ihren Aktionen unkontrollierbar. Die Anarchistische Föderation versuchte Krawalle zu kontrollieren bzw. zu verhindern, wenn sie sie für »antisozial« oder politisch falsch hielt. Im Januar 2011 wird bei *Indymedia Athen* nach den WOLVES OF EXARCHIA gefragt. Aus den Antworten der folgenden Kontroverse:

> »Unter demselben Namen waren 2 verschiedene Gruppen tätig. Die erste, in der Generation der 80er Jahre agierte als Straßen- und Patrouillenteam und hatte epische Zusammenstöße zu verzeichnen. Die Outlaw Wolves wurden irgendwann im Jahr 1986 gegründet. Der Hauptgrund für ihre Gründung war die gewaltsame Beseitigung der Drogendealer, die damals den Platz übernommen hatten. Sie waren hauptsächlich Anarcho-Punks und ›wilde Jugendliche‹. Die zweite, die zur nächsten Generation, der der 90er Jahre, gehörte, war eher eine ›Nacht‹-Gruppe mit Molotovs und Brandstiftung. Das Einzige, was diese Gruppen, abgesehen vom Namen, miteinander gemeinsam hatten, war, dass sie echte Kinder ihrer Generation waren und diese widerspiegelten. (…) Es handelt sich um die Wiederbelebung der ›Wölfe‹ aus der Saison '86 und betrifft den Zeitraum 94–96. Sie wurde von einigen Mitgliedern der ursprünglichen Generation

der ›Platia-Leute‹ wiederbelebt, die als Nährboden fungierten, zusammen mit der damaligen rebellischen Jugend des Platzes, bestehend aus Exoten und Stammgästen aus verschiedenen Gegenden Athens. Die gleichen Jugendlichen waren Teil der damaligen Konfrontationsbewegung, die sich auf den Aufstand von 1995 und die Zeit kurz davor und danach konzentrierte. (…) Bei den in den Medien den ›Wölfen von Exarchia‹ zugeschriebenen Anschlägen handelte es sich hauptsächlich um spontane Mobactions auf verschiedene Ziele ausschließlich in Exarchia. Ihr Aktionsradius reichte vom Polytechnio über das Museum, die Alexandras-, die Ippokratous- und die Asklepios-Straße bis hin zum Kanigos-Platz. Mit anderen Worten, es funktionierte folgendermaßen: eine Gruppe wählte ein Ziel aus, wie z. B. das Finanzamt von Exarchia, die Büros von Pasok oder ein staatliches Fahrzeug, das das Glück hatte, innerhalb des Aktionsradius geparkt zu sein und schlug zu. Es handelte sich nicht um eine geschlossene Gruppe, und jeder, der Lust auf Konfrontation hatte, konnte an einer Wolfsaktion teilnehmen, sie mitbestimmen und sofort durchführen. (…)«[44]

Im November 1994 verteilten Anarchist*innen schon in den Tagen vor dem 17. November Flugblätter, hängten Transparente auf und sprühten Parolen an die Wände des Polytechnios. Am 16. November griffen circa 30 Menschen einen Bus der Mat sowie Luxusautos am nahen Kanigos-Platz mit Brandsätzen an. Und während am 17. die offiziellen Reden im Polytechnio gehalten wurden, sahen sich die in der Umgebung stationierten Riot-Bullen Angriffen mit Molotow-Cocktails und Steinen gegenüber. Auch ein Übertragungswagen des privaten TV-Senders *SKAI* wurde später am Abend zerstört. Darauf reagierten die Behörden mit einer Verhaftungswelle von Anarchist*innen. Im Rückblick schien das für Beteiligte ein Beweis dafür, dass direkte Aktionen und gewaltsame Konfrontationen mit dem Staat die Repression zum Bumerang werden lassen können.

Die Besetzung von 1994 sei hingegen ein großer Erfolg für Anarchist*innen und kämpfende ungehorsame Jugendliche gewesen.

Ein anderer Text findet folgende Worte:

> »In den Jahren nach dem Aufstand vom November '73 waren der 17. November und das Gelände des Polytechnios mit dem Beitrag der Anarchisten wiederholt der räumlich-zeitliche Brennpunkt der Aufständischen der Metropole, die anlässlich des Jahrestages die erlösende Freude des Konflikts feierten, – bewusst oder unbewusst – die fabrizierte Feier der Demokratie mitsamt dem ganzen Flickenteppich an maskierten Werten zertrampelten und entweihten, der sie begleitete.
>
> Darin liegt bis zu einem gewissen Grad die Gefahr des Polytechnios als Bezugspunkt für die radikalsten Teile der Jugend und der Anarchisten, denn es ist ein Punkt der dialektischen Verbindung mit dem Rest der Gesellschaft, da das kollektive Subjekt, das – bewusst oder unbewusst – als Träger der Geschichtlichkeit

Auseinandersetzungen vor dem Polytechnio.

> vergangener Kämpfe agiert, das größte Potenzial hat, durch die kleinen oder großen Explosionen, die es provoziert, in das Herz der Gesellschaft einzudringen.
> Aus diesem Grund war es immer wieder Schauplatz heftiger ideologischer und politischer Auseinandersetzungen zwischen dem Staat auf der einen und dem rebellischsten Teil der Jugend und den Anarchisten auf der anderen Seite, die ihren Höhepunkt im Polytechnio von '95 fanden«.

Kostis Kornetis hingegen behauptete in einem Kommentar zum 50. Jahrestags des Aufstands in der rechten Tageszeitung Kathimerini:

> »... die Zusammenstöße zwischen Polizei und Demonstranten am Jahrestag in einer performativen Art von Geschichte, die sich jeden 17. November wiederholt, haben ebenfalls zur Diskreditierung des Ereignisses und seiner Bedeutung beigetragen.«[45]

Nach den Uni-Besetzungen im Januar 1994 hatte Pasok erfolglos versucht das Uni-Asyl abzuschaffen.[46] Die Geschichte des Uni-Asyls ist geprägt von vielen politischen Vorstößen der Regierung, die aber selten in Gesetzesänderungen mündeten. Daher ist die Quellenlage konfus. Der Versuch von 1994 – aggressivere Polizeieinsätze an Unis seit der erneuten Regierungsübernahme von Pasok 1993 – hat es nicht in die Geschichtsbücher, sondern nur in die Archive der Gegeninformationsseiten geschafft. Eine leicht bearbeitete Übersetzung einer zypriotischen Zeitung dazu:

> »Ab 1859 gab es, obwohl es kein relevantes, kanonisches Gesetz gab, dieses ›ungeschriebene Gesetz‹, das im Wesentlichen die Existenz eines Universitäts-Asyls institutionalisierte, das niemand (mit wenigen Ausnahmen) bestritten hat.
>
> Sogar die Diktatur der Obristen bestritt nicht, zuerst im Februar 1973 in der Besetzung der Nomiki und dann natürlich im

Polytechnio im November, die Existenz dieses ungeschriebenen Gesetzes. Trotz der Tatsache, dass die Junta ständig Beamte an die Universitätsinstitutionen schickte, machte sie im Februar keinen relevanten Schritt in den Ereignissen von Nomiki. Während der Ereignisse des März desselben Jahres drang die Polizei ein, nachdem sie die relevante Genehmigung des Rektors erstmals erhalten hatte. In Bezug auf die deutlich wichtigeren Ereignisse des großen Aufstands des Novembers und trotz der Tatsache, dass der emblematischste Eingriff in das Universitäts-Asyl mit der Invasion des Panzers stattfand, hatte die Junta das Bedürfnis, sich zu rechtfertigen (und damit die Existenz des Asyls anzuerkennen) betonte, dass ›die überwiegende Mehrheit derjenigen, die innerhalb der Institution versammelt waren, aus Personen verschiedener Kategorien bestand, die dem Polytechnio fremd sind‹!

Fast direkt mit dem Beginn der Metapolitefsi begannen die ersten Versuche, das erste reguläre Gesetz zu schaffen, welches das Universitäts-Asyl institutionalisieren würde. Die Regierungen von Karamanlis und Ralli gegen die Opposition von Pasok erlaubten dies nicht. Schließlich wurde das erste Gesetz über die Universitäts-Asyl von der ›Regierung des Wandels‹ getroffen, die mit dem Gesetz 1268/82 die Existenz formalisierte.

Tatsächlich war das Pasok-Gesetz über Universitäts-Asylum von 1982 bis Anfang 2007 und dann im Jahr 2011 und mit kleinen individuellen Interventionen ›leicht beeinträchtigt‹. Am wichtigsten war das berühmte Gesetz von Marietta Giannakou (Law 3549/2007), was zu einem monatelangen Widerstand der Student*innen führte, der jede Woche mit Krawallen im Zentrum von Athen und anderen großen Städten auftrat. Das Gesetz wurde schließlich während brennender Barrikaden und heftigen Zusammenstößen verabschiedet.

Das Gleiche geschah mehr oder weniger mit dem Gesetz 4009/11 von Anna Diamantopoulou, das ebenfalls von Nd beschlossen wurde, etwas später und mitten im Memorandum-Jahr. Das

Gesetz 4009/11 von Anna Diamantopoulou wurde wiederum zurückgezogen, den Platz übernahm Law 4485/2017 von Costas Gavroglou/Syriza und das ist das, was dem ersten Gesetz von 1982 am nächsten liegt.

All diese Gesetze erfassen, dass Asyl der akademische Freiheit und die freie Verbreitung von Ideen garantiert sind und das Recht auf Lernen, Wissen und Arbeit schützt. Die Beschreibung dessen, was Asyl ist, war klar, und daher bedeutete alles, was nicht damit zu tun hatte, automatisch, dass die zuständige Stelle (die einzige Ausnahme hier ist das Gesetz von Diamantopouou) d. h das Rektorat, die Polizei anrufen musste, um einzugreifen. Nur abhängig von der Zeit und natürlich der Regierung war es schwieriger (siehe PASOK der 1980er Jahre und Syriza) oder leichter (siehe ND und die späte PASOK).

In dem Gesetz von 1982 konnte der Rektorat beispielsweise die erforderliche Einstimmigkeit nicht erreichen, da die Studierenden systematisch nicht zustimmten. Dies verhinderte natürlich nicht den bedeutendsten Bruch des Asyl am Polytechnio während des Aufstands von November 1995.

Im Gegensatz dazu, obwohl das Gesetz von Diamantopoulou es der Polizei erlaubte, die Verfolgung von kriminellen Handlungen innerhalb und außerhalb der Universitätsinstitutionen nicht zu unterscheiden, ging die Polizei nicht rein, selbst wenn sie gerufen wurde, weil sie die allgemeinen Reaktionen befürchtete, aber auch wegen der Atmosphäre der ›politischer Deckung‹ (der Unruhen)!

Gleiches gilt für das Gesetz Giannakou im Jahr 2007, wo er die komplexen Verfahren von 1982 abgeschafft hat, die Verantwortung für die Aufhebung des Asyl einer kleineren Spitze im Rektorat übertragen und die Funktion begrenzte, nur Bildungsaufgaben zu sichern. Trotzdem hat die Karamanlis-Regierung die Polizei nie im großen Aufstand von Dezember 2008 in Schulen geschickt!

Das Gesetz von Costas Gavroglou erlaubte ›die Intervention der staatlichen Gewalt in den Räumlichkeiten von Hochschulen ex officio in Fällen von Drogenhandel und Verbrechen gegen das Leben, in allen anderen Fällen auf Beschluss des Rektorrates.‹ Die relevante Bestimmung stellt die Kompetenz des Rektorrates wieder her und erklärt, dass die Institution – abgesehen von den

Plakat für eine Veranstaltung zu den Ereignissen im ASOEE, 1994.

akademischen Funktionen – ›die Etablierung demokratischer Werte‹ schützt.

Das Gesetz von 1982 hat bis heute auf verschiedene Weise immer der Polizei das Recht gegeben, innerhalb der Universitäten einzugreifen. Ob die Operation durchgeführt wurde oder nicht, hatte mehr mit Politikern oder der Angst der Polizei zu tun, mit brutaler Repression fortzufahren, wenn beispielsweise Tausende von Menschen in einem Innenhof waren.

In der Zeit von 1983 bis 2006 (als es theoretisch schwieriger war) gab es auf dem Campus mindestens 13 Einsätze von Polizei oder sogar Militärpersonal. Hingegen von 2007–2019 mit den Gesetzen von Giannakos und Diamantopoulou, sind die Operationen an den Fingern einer Hand abzuzählen.«[47]

Der Hungerstreik von Christoforos Marinos als Auslöser von Polytechnio 1995

Die griechische Polizei und der in Athen operierende CIA hatten in dieser Phase einer ausufernden Militanz einen »üblichen Verdächtigen« für ungeklärte Fälle. Bereits seit seiner Verhaftung 1987, bei der auch Michalis Prekas erschossen wurde, war der Anarchist Christoforos Marinos scheinbar prädestiniert für diese Rolle. Es gab immer wieder Vorfälle, an deren Ende Ermittlungen gegen Marinos als Täter eingeleitet wurden, so zum Beispiel bei einem Autodiebstahl mit anschließendem Schusswechsel oder auch wegen vermeintlicher Entführungspläne von 17N im Frühjahr 1992. Im November 1990, kurz nachdem Kyriakos Mazokopoulos durch den Sprengsatz, der in seinen Händen explodierte, verletzt wurde, floh Marinos nach Ungarn. Zu diesem Zeitpunkt bot der politische Raum, dem Christoforos Marinos angehörte, ihm keinen Schutz mehr. 1991 stellte die Regierung der Nea Dimokratia den pensionierten Polizisten und PASOK-Mitglied K. Roumeliotis ein und beauftragte ihn, Marinos in

Ungarn ausfindig zu machen und zu verhaften. Er wurde von den ungarischen Behörden festgenommen und einige Monate später an Griechenland ausgeliefert. Im Jahr 1992 wurde er wegen 54 Verbrechen und Vergehen angeklagt. Er wurde in fast allen Fällen freigesprochen und nur wegen drei Vergehen verurteilt. Im September 1992 kam es dann zum »Fall Exarchia«.[48]

Im Laufe des Jahres 1995 hatte es sowohl in Athen als auch in Thessaloniki viele Verhaftungen von Militanten gegeben. Vier Anarchisten saßen wegen unterschiedlicher Raubüberfälle in Untersuchungshaft. Einer von ihnen war Christoforos Marinos, der einen Hungerstreik begann.

Spiros Dapergolas, Herausgeber der anarchistischen Zeitung *alpha*, saß wegen einem anderen Raub im Korydallos Knast. Die Beweise, die gegen ihn vorlagen stammten, wie bei Kostas Kalameras aus »verschärften Vernehmungen« anderer Leute.

Auch Kostas trat im Oktober '95 in einen Hungerstreik.

Zur Unterstützung dieser Gefangenen fand in Thessaloniki eine kleine Demonstration statt, die von den Bullen angegriffen worden ist. Die Demonstrant*innen besetzten daraufhin einen Teil der Universität während Piratenradios zur Solidarität mit

Die Besetzer*innen werden abgeführt.

den Gefangenen aufriefen. Daher sammelten sich auch Menschen außerhalb des Campus, wo die Bullen erneut angriffen, um diese mit Molotow-Cocktails abzuweisen.

Die Besetzung der Universität in Thessaloniki endete am 16. November mit der Beteiligung der Besetzer*innen an einer Studierenden-Demonstration. Am nächsten Tag nahmen über 1.000 Menschen am anarchistischen Block der Gedenkdemo teil und suchten sich nicht von den Bullen provozieren zu lassen.

In Athen kam es am 17. November 1995 jedoch bei der Demonstration zu Auseinandersetzungen mit der MAT und auch aufgrund des starken Tränengaseinsatzes zogen sich 1700 Leute auf das Gelände des Polytechnios zurück. Vor allem wegen dem Hungerstreik der Gefangenen beteiligten sich viele Aktivist*innen an dieser Besetzung.. Die Bullen umstellten, mit Hilfe von Mitgliedern von PASOK und KKE, den Campus und ließen weder medizinisches Personal hinein, noch Personen aus dem Gelände raus. Aus der Straßenschlacht, die sich hieraus entwickelte, wurde ein Schlüsselerlebnis der anarchistischen Bewegung und für diese Generation von Militanten. Die stundenlangen Kämpfe auf der zentralen Patission-Straße wurden live im Fernsehen übertragen und politisierten sowohl Jugendliche, wie sie auch Erinnerungen an den 17. November 1973 weckten. Ein Jugendlicher wurde vor den Toren des Polytechnios verhaftet und vor laufenden Kameras krankenhausreif geprügelt.

Als die Leitung der Universität die erforderliche Zustimmung gab, stürmten Bullen am nächsten Morgen das Polytechnio und verhafteten 504 Besetzer*innen. In einer Inszenierung des staatlichen Machtanspruchs wurden sie durch das gleiche Tor hinaus geführt, welches 22 Jahre zuvor von einem Panzer niedergewalzt wurde.

Bis in die Gegenwart werden von den Medien diese Bilder aufgegriffen, wenn es gilt spektakuläre Aktionen des anarchistischen Raums mit Bildmaterial zu unterfüttern. Die Fülle an Bildern, die damals produziert wurden, helfen auch heute noch Bullen und Presse dabei, nicht zu vergessen, wer von den heutigen bewaffneten Gruppen oder politischen Bankräubern 1995 im Polytechnio dabei war. Das heißt, das oft bei Ereignissen, die bekannte Personen aus der anarchistischen Bewegung betreffen, die Medien ihre Bilder von 1995 wieder verbreiten und darauf hinweisen, wer damals zu den Festgenommenen gehörte.

Auch Lambros Foundas, der in der Nacht des 10. März 2010 im Stadtteil Dafni bei einem Schusswechsel mit der Polizei getötet wurde, war an der Besetzung 1995 beteiligt, wie es in den Nachrufen des Anarchistischen Archivs und der Gruppe Revolutionärer Kampf erwähnt wird.

> »Der Kampf von uns allen, die wir uns gegen jede Form von Macht wehren, die wir jeden Augenblick ›besorgt‹ sind, um nicht verloren zu gehen, und die hartnäckig an dem Glauben festhalten, dass wir nicht unfähig sind, eine freie und machtlose Welt zu schaffen, ist von jeder Art von Mythologie so weit entfernt wie die Erde vom Mond. Dieser Kampf hatte und hat unzählige Tote, Geiseln, aber auch Menschen, die aufgeben, weil sie ihre

MAT beim Angriff auf das Polytechnio.

Hoffnungen verlieren oder sich anpassen, weil die Macht einen ›kleinen‹ oder ›großen‹ Preis gefunden hat, um sie freizukaufen. All jene, die deshalb nach Hagiographien, nach Märtyrern oder nach Rettern, nach Helden oder nach ›heiligen Monstern‹ suchen, unterscheiden sich nicht von jenen, die keine Gelegenheit auslassen, mit dem Finger auf die ›Abenteurer‹, die ›verlorenen Schafe‹, die ›verdächtig Abweichenden‹, die politisch ›für immer Verlorenen‹ zu zeigen. Sowohl die von den Ersteren verherrlichten ›transzendenten Wesen‹ als auch die ›Extremisten‹, von denen sich die Letzteren distanzieren, sind konsumierbar. In beiden Fällen geht es um das Vergessen, auch wenn die einen oder die anderen das Gegenteil predigen. Die ›Ekstatiker‹ sprechen von ›den Opfern‹, während die anderen mit politischer Frömmigkeit die Grenzen des ›Verlustes‹ abstecken. Dabei ist es gleichgültig, ob diese Annäherung aus Fanatismus oder Illusionen, aus Naivität oder Zielstrebigkeit, aus Gründen des politischen Überlebens und der Projektion oder aus dogmatischen Übungen erfolgt. Die obigen ›widersprüchlichen‹ Stimmen schreien, um zu überzeugen, dass sie Feinde sind, aber ihr Trick hat sich nur mit großer Mühe versteckt.

Sei es drum. Das ›Schauspiel‹ ist traurig und tausendmal geprobt, aber das Bekannte vermittelt immer ›Gewissheit/Sicherheit‹. Immer? Oder vielleicht doch nicht? Die nachstehenden Worte und alle oben genannten sind nicht das Ergebnis einer Verpflichtung oder Pflicht. Sie sind auch nicht Teil eines revolutionären Nekrologs. Sie sind weit weg und feindselig gegenüber jedem Versuch der Mythologisierung, der Rückgewinnung, der Intervention oder der Distanzierung, sie sind gegen den Dreck und die Abwertung, die die Macht durch die Veröffentlichung der Identität und des Fotos eines toten ›Terroristen‹ nach einem Zusammenstoß mit der Polizei in Dafni zu kanalisieren versucht.

Lambros Foundas, der bei einem Schusswechsel mit der Besatzung eines Streifenwagens in der Gegend von Dafni ums Leben kam, ist für seine anarchistischen Aktivitäten bekannt. Er beteiligte sich als Gymnasiast an sozialen Praktiken und etwas später an der anarchistischen Gruppe Black Thorn, die die Zeitschrift *Roads of Rage* herausgab. Er war aktiv bei Protestmärschen, Demos, sozialen Zusammenstößen, Flugblattaktionen, Gesprächen und Veranstaltungen. Er gehörte zu den Tausenden von Jugendlichen, die damals in keine Jugendgruppe einer Partei eintraten, die an den Schülerbesetzungen und Zusammenstößen nach der Ermordung des Lehrers Nikos Temboneras in Patras teilnahmen, die von den aufständischen Ereignissen im Januar 1991 inspiriert waren, aber auch von den anarchistischen Ansichten und Praktiken, die sie sich mit einer Lebendigkeit zu eigen machten, die mit Worten nicht auszudrücken ist. Die anarchistische Gruppe Black Thorn beteiligte sich bis zu ihrer Auflösung an der Koordination anarchistischer Gruppen und Einzelpersonen für soziale Solidarität und vielseitige Aktionen. Während der Besetzung des Polytechnios 1995, die am Jahrestag des Aufstandes von 1973 stattfand, gehörte Lambros Foundas zu den 504 Personen, die von den staatlichen Repressionskräften verhaftet wurden, die am Morgen des 18. November 1995 in das Polytechnio von Athen eindrangen.

Er gehörte also zu den jungen Menschen seiner ›Generation‹, die die politisch ›Korrekten‹ als ›verloren‹ bezeichneten. Er gehörte zu den Genossen, die sich für eine Seite entschieden und das Jahrzehnt der 1990er Jahre von Demonstration zu Demonstration, von Barrikade zu Barrikade ›reisten‹, in bedingungsloser Solidarität mit jedem sozialen Sektor, der sich entschloss, der Macht entgegenzutreten [...] Mit Lambros haben wir uns seither so oft bei Demonstrationen, Zusammenstößen und auf den Barrikaden wiedergefunden.

Wir sind daher der festen Überzeugung, dass das, was die kämpfenden Menschen zurücklassen, ALLES ist, was wirklich und nicht nur unwesentlich zum Prozess der Befreiung von den Fesseln der Unterdrückung und Ausbeutung beiträgt. Das ist ihr Erbe, das über ihre individuellen Bedürfnisse, Entscheidungen oder Wahlmöglichkeiten hinausgeht. Weil die Mittel kein Ziel an sich sind, trennen sie die Kämpfenden nicht, sondern befreien die Möglichkeiten; sie machen aus denen, die diese oder jene Form wählen, keine Heiligen, noch erheben sie sie und füllen sie mit Orden. Es gibt keine allgemein und abstrakt zu Unrecht verlorenen Genossen. Auch ist es in diesen Fällen nicht wichtig, nach operativen Fehlern zu suchen. Aber auch die Logik, dass Erklärungen das Privileg hieratischer Räte, der Eingeweihten oder irgendwelcher erhabener interner Angelegenheiten sind, ist nicht gut für uns. Auch kann unsere Antwort an diejenigen, die Szenarien entwerfen, nicht mit dem Satz ›Verluste sind ein notwendiges Übel‹ beginnen und enden. Unsere Positionen sollten klar und deutlich sein.

Zum Schluss verabschieden wir uns von Lambros mit einem indischen Wunsch (und der Gewissheit): Das nächste Mal (wenn wir uns treffen) wird es besser sein!

ANARCHIST ARCHIVE OF ATHENS«[49]

Foundas war in jenen Jahren bei der anarchistischen Gruppe Mavro Agathi, die das Zine *Dromi tis orgis* herausgab. Aktiv auf allen Ebenen des Konflikts, seit den Unruhen nach dem Mord an Temponeras 1991, beteiligte er sich später auch bei der Organisation Revolutionärer Kampf. Im Zusammenhang mit der Invasion ins Polytechnio am 17. November 1995 wurden Leute in Krankenhäusern verhaftet und Razzien durchgeführt, unter anderem im Anarchistischen Archiv.

Das Anarchistisches Archiv schrieb zehn Jahre später:

»Das Polytechnio 1995 war im wahrsten Sinne des Wortes eine antistaatliche Revolte. Das lag nicht daran, dass die Teilnehmer*innen sich selbst als Anarchist*innen bezeichneten oder es waren, sondern an den Merkmalen, die sie an den Tag legten. Die Unmittelbarkeit der Aktion, die spontane und selbstlose Solidarität mit den Aufständischen im Korydallos-Gefängnis, den Hungerstreikenden Marinos und Kalarema, der Ausbruch von

Zusammenstößen und die Besetzung der Theologischen Schule von Thessaloniki in den vorangegangenen Tagen zeigen eine Intensität, die nicht zufällig oder wegen dem Datum ist.«[50]

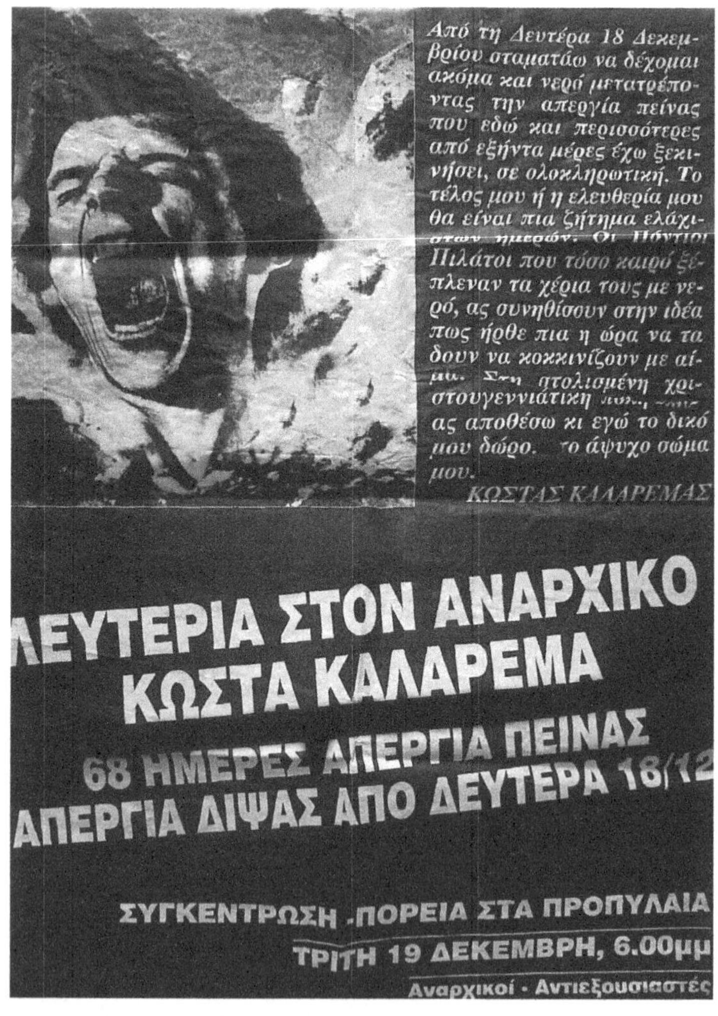

Soliplakat zum Hungerstreik von Kostas Kalarema, 1995.

Die Medien und die Linke, natürlich auch Nd versuchten, diese Revolte herunterzuspielen und zu verleumden, gerade weil sie klar und unmissverständlich gezeigt hat, dass sie nicht von einer politischen und »militanten« Instanz angeführt und ausgenutzt werden kann. In der Revolte waren die Unterprivilegierten der damaligen Arbeitskämpfe und die mit den Gefangenen Solidarischen präsent. Es waren Kämpfe die für sich selbst sprachen und von der Linken nicht vereinnahmt werden konnten, schließlich war die Linke nicht gegen Knäste und wollte die Arbeitskämpfe befrieden. Die Besetzung und die Konfrontationen waren Ausdruck kollektiver Prozesse, und außer der Freiheit gab es nichts zu gewinnen. Es gab zudem auch keine Sprecher*innen.[51] Die staatliche Vorgehensweise gegen Anarchist*innen versuchte eine damalige Einschätzung zu umschreiben, indem sie davon ausging, dass die Repression die Verbindungen der anarchistischen Bewegung zu den Student*innen dadurch zu zerschlagen versuchte, indem die letzteren immer von den Angriffen auf die anarchistischen Demos und Besetzungen mit getroffen wurden. Die Zeitung *Black Flag* schrieb dazu, dass die Stärke der anarchistischen Bewegung ihre Vielfalt sei und es neben Aktionen gegen Bullen es auch welche gegen Dealer, Medien und Business gab. Aber dass es wenig mehr Gemeinsamkeiten unter den vielen Gruppen gäbe.

Während einige Quellen annehmen, dass die Anarchist*innen nur in der Bewegung an den Unis und Hochschulen nennenswerten Einfluss hatten, nicht aber unter Industriearbeiter*innen, deuten andere auf die langwierigen und konfrontativen Mobilisierungen der Beschäftigten des städtischen Verkehrssystems hin, bei denen der anarchistische Raum eine wesentliche Rolle spielte.

Die Besetzung von Universitäten mit anschließenden Straßenschlachten vor deren Toren ist in Griechenland ein Ritual und zugleich Symbol. Panagiotis Papadimitropoulos von *Void Network* schreibt unter dem Titel »Wahrnehmung von Gewalt unter griechischen anarchistischen Gruppen«:

»Im Kontext einer politischen Aktion und entsprechend einer bestimmten Wahrnehmung gesellschaftlicher Realität versuchen Aktivisten durch die Inszenierung symbolischer Konfrontation auf der Grundlage von ›Repräsentation antagonistischer Verhältnisse und dem Nachbilden prototypischer Gewaltbilder‹ eine soziale Transformation zu bewirken. Das rituelle Element scheint bedeutsamerweise allgegenwärtig, besonders was Zusammenstöße mit der Polizei betrifft. Das Ritual ist in allen politischen Systemen wichtig, und es gibt viele Methoden, das Ritual in der Politik zu verwenden. Das Ritual, allgemein bestimmt als symbolisches Verhalten, das sozial standardisiert und repetitiv ist, wird zur Erzeugung einer Realität für die Leute in seiner Nähe verwandt, während es gleichzeitig Gefühle kanalisiert, Wahrnehmung leitet und soziale Gruppen ordnet. Außerdem legitimiert das Ritual nicht nur Herrschaft, da es auch von denen verwendet wird, die sie stürzen wollen. Das heißt, es gibt Riten, die Herrschaft legitimieren, und Riten die sie deligitimieren.

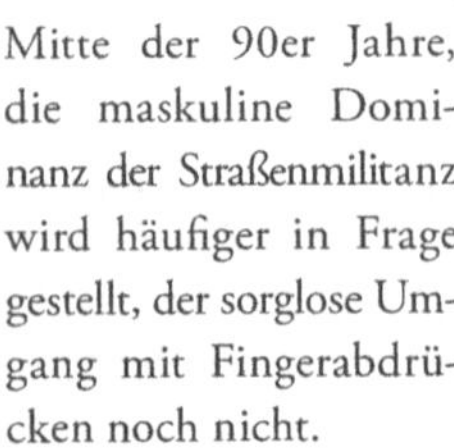

Mitte der 90er Jahre, die maskuline Dominanz der Straßenmilitanz wird häufiger in Frage gestellt, der sorglose Umgang mit Fingerabdrücken noch nicht.

Da alles menschliche Verhalten und Wahrnehmen der Realität symbolisch organisiert ist, es also nicht das Wesen der Dinge sondern eher ein Verhältnis zwischen ihnen repräsentiert, folgt gleichzeitig, dass Politik sich als Sphäre symbolischer Bedeutung aufspannt, eine Sphäre, die zum einen auf existierendem Habitus beruht, während sie zum anderen bestimmte Diskurse über Macht, Idealformen sozialer Beziehungen, die Rolle des Menschen und die ›Natur der Dinge‹ insgesamt hervorbringt.
Symbole sind Mittel, wohl die wichtigsten Mittel, mit denen wir der Welt um uns herum Bedeutung verleihen.
Sie erlauben uns zu deuten, was wir sehen, und sie erlauben uns selbstverständlich, uns auf bestimmte Weisen zu sehen und andere auszuschließen.«

Staatlicher Mord auf einer Fähre

Christoforos Marinos war in Folge des Hungerstreiks und nachdem er ins Koma fiel im Januar 1996 gegen Auflagen aus der Haft entlassen worden. Marinos war eine bekannte Person in der anarchistischen Bewegung, aber er war nicht unumstritten. Als er einmal wegen Mitgliedschaft in einer bewaffneten Gruppe verhaftet wurde, durchsuchte die Polizei in dem Zusammenhang auch einen Unterschlupf, in welchem sie die Fingerabdrücke einer anderen Person fanden. Einige Leute behaupteten daraufhin fälschlicherweise, dass Christoforos Marinos den Bullen diesen Hinweis gegeben hatte.

Manche glaubten, das er seine Aktionen von da an übertrieb, um seinen Ruf wiederherzustellen.

Als er am 23. Juli 1996 in einer Kabine auf der Fähre Pegasus im Hafen von Piraeus tot aufgefunden wurde, die er unter Missachtung der Auflagen des Hausarrestes bestiegen hatte, behaupteten die Bullen einen Selbstmord, um sich seiner Verhaftung zu entziehen. Auf der gleichen Fähre befand sich jedoch die Frau des Premierministers und zahlreiche Spezialkräfte der Bullen, aus deren Reihen es vorher Morddrohungen gegen Marinos gegeben hatte.

Nach dem Mord an Christoforos verhafteten die Bullen eine Person, die aussagte, kurz zuvor mit ihm zusammen auf das PASOK-Büro in der Straße Harilao Trikoupi in Exarchia (auch heute noch Ziel unterschiedlichster Angriffe) geschossen zu haben. Dieser Verräter behauptete auch, dass Marinos verrückt gewesen sei und wurde darin von Leuten aus der Vorläuferstruktur der späteren Gruppe Alpha Kappa bestärkt und verteidigt.

Alpha Kappa

Ein Genosse, der vor dem Druck dieses Buches ein Exemplar zum Lesen erhielt, kritisierte die Reduzierung von Alpha Kappa auf diesen einen Nebensatz. Die ANTIAUTORITÄRE BEWEGUNG – Αντιεξουσιαστική Κίνηση (AK) beeinflusste viele Jahre die anarchistische Szene Griechenlands, und diese Strömung zu übergehen sei billiger Journalismus. Alpha Kappa wurde 2002 gegründet als

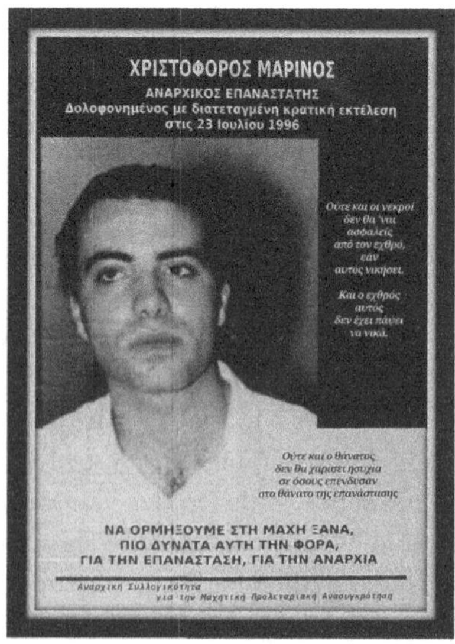

Plakat zum Gedenken an die Ermordung von Christoforos Marinos.

der EU-Gipfel in Thessaloniki absehbar war. Seit 2019 gibt es keine Veröffentlichungen der Gruppe mehr. Die Vorgängerstrukturen haben kaum etwas hinterlassen, was bei den Recherchen zu diesem Buch aufgefallen ist. Das heißt nicht, das AK unbedeutend war. In einem Interview von 2013 äußerten sie sich so:

»**Frage:** Was ist die Antiautoritäre Bewegung, Alpha Kappa?

Grigoris: Die Antiautoritäre Bewegung entstand 2002 als Reaktion auf die Nachricht, dass der Westbalkan-Gipfel der Europäischen Union (EU) 2003 in der Nähe von Thessaloniki unter griechischem EU-Vorsitz stattfinden sollte. Es ist ein politisches Netzwerk, an dem sich Antiautoritäre beteiligen. Die EU-Versammlungen fanden in den Hauptstädten aller Länder statt, die zu diesem Zeitpunkt die EU bildeten. Der hochrangige Teil der Reise – mit Präsidenten, Premierministern und Staatsoberhäuptern – sollte in Thessaloniki stattfinden. Die Anti-Autoritäre Bewegung entstand 2002 als Reaktion darauf.

Frage: Waren anarchistische und antiautoritäre Politik in Griechenland in den letzten Jahrzehnten populär? Oder anders gefragt, wann haben sie begonnen, populärer zu werden?

Grigoris: Diese Politik begann in den 1970er Jahren populärer zu werden, nachdem Georgios Papadopoulos an die Macht kam. Zwischen 1974 und 1981 war die Partei Nea Dimokratia an der Macht. Im Jahr 1981 wurde Andres Papandreou Ministerpräsident. Er griff linke Ideen in Griechenland auf. Dies schuf mehr Raum für antiautoritäre und anarchistische Ideen.«[52]

Folgender Nachruf auf Christoforos Marinos wurde 2014 auf *mpalothia.net* veröffentlicht:

> »In den 1980er Jahren, als Christoforos in den sozialen Kampf eintritt, ist die Welt der Anarchie in Griechenland ein Laboratorium

von Ideen und Aktionen. Der Situationismus, der einen starken Einfluss auf die Leute hatte, die die Anarchie nach Griechenland zurückbrachten, die europäische und amerikanische Gegenkultur, die zeitgenössischen Zeugnisse der linken Guerilla und der antikolonialen Bewegungen, der traditionelle Klassenanarchismus und die libertär-kommunale Kultur, die sich auf einem von doktrinären Zwängen freien Terrain vermischen, wie es weltweit in den hierarchischen Bereichen der linken und neolinken Nachkriegsbewegungen und bürokratischen anarchistischen Organisationen der Fall war. Mit der unmittelbaren Erinnerung an den Aufstand von '73 und dem gesellschaftlich manifestierten Bürgerkriegsgeist waren der Aufstandsgeist und die Ablehnung des Pazifismus fast universelle Annahmen. Leidenschaft, Spontaneität und Solidarität drückten sich auf unterschiedlichste Weise aus, und ihre Aufrichtigkeit ließ eine Vielzahl von Organisationsprojekten entstehen. In diesem Klima wurden zwei nationale Kongresse abgehalten und ein Versuch unternommen, die Anarchisten zu föderieren. Die Union der Anarchisten ist einer davon. Einige enthalten sich der Stimme, entweder weil sie die Idee einer allgemeinen politischen Organisation der Anarchisten ablehnen oder weil sie, obwohl sie deren Notwendigkeit bejahen, das Vorherrschen von zentralisierten Kontrolltendenzen voraussehen. Es ist die Zeit, in der die PASOK ihre Strategien der Massenassimilation der Linken in den Staatsapparat und ihre Strategien des Aufkaufs eines großen Teils der Bevölkerung erschöpft hat und einen brutalen wirtschaftlichen und repressiven Angriff auf die Gesellschaft startet.

Christoforos wird ein aktives Mitglied der Union. Denn er begreift die Sache der individuellen und sozialen Befreiung als eine ernsthafte Aufgabe in einem kulturellen Umfeld, in dem die Kräfte heftig aufeinander prallen.

Visionen werden auf der Straße durch ihre politische, soziale und aktive Organisation getestet. Und in diesen Kontext stellt er auch das Verhältnis der Anarchisten zur Illegalität und zu den Waffen. Aber das Klima in dem Teil der Union, der sich entschieden hat, diese Ideen zu fördern, ist hin- und hergerissen zwischen Verschwörertum und Spektakel, zwischen Arroganz und Komik, zwischen behaupteter Ernsthaftigkeit und angewandter Torheit. Es gibt viele Gegner dieser Situation, sowohl innerhalb als auch außerhalb der Union. Aber niemand kann eine andere allgemeine Orientierung geben.

Wenn eine Gruppe sich einem Ganzen aufdrängt, handelt die Gruppe so, wie sie es versteht. Die Sackgasse liegt in der Unfähigkeit des Ganzen, Prozesse der Selbstorganisation zu entwickeln. So wurde der Boden für die kommenden Schläge gegen die Anarchisten bereitet. Und der Zentralismus konnte den Zerfall nur herbeiführen, indem er die Tendenz zur mikropolitischen Kontrolle und zur ideologischen Verankerung reproduzierte.

Der Staat hatte sich vorgenommen, die Anarchisten mit so viel Gewalt zu treffen, wie er brauchte, um seine verlorene Souveränität wiederherzustellen, die Aussicht auf ihre Ermächtigung zu verhindern und die wachsende soziale Dynamik des Antiautoritarismus zu stoppen. Mit dem Mord an Michalis Prekas, einem öffentlichen institutionellen Ritualmord, hat der Staat allen unverhohlen gezeigt, was er mit seinen Feinden vorhat. Die Botschaft hat sich im kollektiven Unterbewusstsein der Gesellschaft und der Anarchie, die der befreiende Ausdruck der ersteren ist, festgesetzt und die Dialektik des Kampfes in den folgenden zwanzig Jahren belastet. Die Konfrontation mit der bewaffneten Macht des Staates, der Grundlage aller seiner Institutionen, wird zu einem Nicht-Ort, geht in das Reich der Utopie über und die Sache der Revolution, die seit '73 in der kollektiven Vorstellungskraft des kämpfenden Volkes genährt wurde, wird auf eine unbestimmte Zukunft verschoben.

Die Arroganz der vorangegangenen Periode brach augenblicklich zusammen. Der Elitarismus, der die sozialen Verbindungen der Anarchisten zersägte, verwandelte sich in einen Wettlauf um die Mobilisierung institutioneller Akteure und unbedeutender linker Organisationen zur Verteidigung der beiden Verhafteten im Gefängnis. Denn wenn sich die fragmentarische Subjektivität in Bezug auf die soziale Dynamik und ihr kollektives politisches

> Umfeld überschätzt, versucht sie, wenn die ›Verbiegung‹ kommt, ihre eigene Haut zu retten und sich gegenüber den verfolgten Genossen zu verantworten, da sie sich zuvor als allmächtig dargestellt hat, um die persönlichen Folgen der Niederlage zu mildern, hat sie keine Hemmungen, die erworbenen radikalen Bedingungen des Kampfes zu verkaufen und Mechanismen Raum zu geben, die existieren, um die mörderische Legitimität des Staates zu bestätigen und die kämpfenden Menschen in institutionelle Prozesse einzubinden.
> Genau zu diesem Zeitpunkt drangen die Linke der ›Rechten‹ und die Humanisten der Macht in die Felder des sozialen Kampfes ein, die durch die direkte Aktion und die Selbstorganisation erschlossen worden waren, und ließen sich dort nieder.
> Die Entwicklung der Ereignisse nach dem Mord an Michalis Prekas ist für die Union der Anarchisten katastrophal. Eine Vielzahl von Genossen zieht sich kollektiv zurück und weigert sich, die dekontextualisierte und im Lichte des antistaatlichen, antikapitalistischen, klassenkämpferischen und aufständischen Kampfes schädliche Handhabung des Schlages zu akzeptieren. Aber die Zersplitterung geht weiter. Bis in die 90er Jahre hinein kommt es immer wieder zu Abspaltungen und der Bildung neuer Formationen, die sich von den vorherigen abspalten.«

Aus dem Kreis der in diesem Kapitel umrissenen Generation wurde, als Vermächtnis und Agitation, Anfang der 2000er Jahre eine Video Dokumentation als CD produziert, die später auch ins Internet gelangte. Sie ist in Bezug zur Selbstwahrnehmung dieser Tendenz der Bewegung und zur Mythologisierung der Koukoulofori, der Vermummten, aufschlussreich.[53]

Anmerkungen

1 https://athens.indymedia.org/post/1534322/

2 Kapitel 14 in: Kiesling, John Brady, *Greek Urban Warriors. Greek Urban Warriors: Resistance and Terrorism 1967-2014*. Lycabettus Press, 2014.

3 https://www.toperiodiko.gr/26-%CF%87%CF%81%CF%8C%CE%BD%CE%B9%CE%B1-%CE%B1%CF%80%CF%8C-%CF%84%CE%B7%CE%BD-%CE%B1%CE%B8%CF%8E%CF%89%CF%83%CE%B7-%CE%BC%CE%B5%CE%BB%CE%AF%CF-%83%CF%84%CE%B1-%CF%84%CE%B1-%CE%B3%CE%B5%CE%B3%CE%BF/.

4 *Nea* 27/1/1990.

5 *Nea* 30-1-1990.

6 https://athens.indymedia.org/post/1526995/

7 https://www.toperiodiko.gr/26-%CF%87%CF%81%CF%8C%CE%BD%CE%B9%CE%B1-%CE%B1%CF%80%CF%8C-%CF%84%CE%B7%CE%BD-%CE%B1%CE%B8%CF%8E%CF%89%CF%83%CE%B7-%CE%BC%CE%B5%CE%BB%CE%AF%CF-%83%CF%84%CE%B1-%CF%84%CE%B1-%CE%B3%CE%B5%CE%B3%CE%BF/.

8 https://athens.indymedia.org/post/1544924/

9 80 Seiten booklet für »counter-information, propaganda and ideological-political confrontation«, von To Vima irrtümlich als neue Ausgabe von Antipliroforisi bezeichnet. Siehe: Kiesling, John Brady, *Greek Urban Warriors. Greek Urban Warriors: Resistance and Terrorism 1967-2014*. Lycabettus Press, 2014, Forschung zu ELA Texten https://web.archive.org/web/20111004193535/http://www.bradykiesling.com/ela_proclamations.html.

10 https://el.wikipedia.org/wiki/%CE%92%CE%B1%CF%83%CE%AF%CE%BB%CE%B7%CF%82_%CE%9A%CE%BF%CE%BD%CF%84%CE%BF%CE%B3%CE%B9%CE%B1%CE%BD%CE%BD%CF%8C%CF%80%CE%BF%CF%85%CE%BB%CE%BF%CF%82

11 https://libcom.org/article/greece-after-school-occupations-1991

12 U.a. https://libcom.org/article/greece-after-school-occupations-1991

13 https://libcom.org/article/greece-after-school-occupations-1991

14 https://www.mixanitouxronou.gr/i-dolofonia-toy-kathigiti-nikoy-temponera-to-1991/ , https://anarchypress.wordpress.com/2021/01/11/30-%cf%87%cf%81%ce%bf%ce%bd%ce%b9%ce%b1-%ce%b1%cf%80%ce%bf-%cf%84%ce%b7%ce%bd-%ce%b4%ce%bf%ce%bb%ce%bf%cf%86%ce%

bf%ce%bd%ce%b9%ce%b1-%cf%84%ce%bf%cf%85-%cf%84%ce%b5%ce%bc%ce%bf%ce%bd%ce%b5%cf%81%ce%b1/, https://www.sansimera.gr/articles/383

15 https://athens.indymedia.org/post/512688/

16 U.a. https://www.rovespieros.gr/29-xronia-apo-dolofonia-temponera/ , https://www.mixanitouxronou.gr/i-dolofonia-toy-kathigiti-nikoy-temponera-to-1991/

17 https://www.newsit.gr/ellada/tragodia-sto-polykatastima-k-marousi-4-nekroi-meta-apo-epeisodia-gia-ti-dolofonia-temponera/3950442/)

18 Sklaveniti, Dimitris; *»Κάτσε καλά Γεράσιμε...« Μαθητικό κίνημα και καταλήψεις, 1974-2000.* Asini Verlag, 2016.

19 Ebd.,S. 383–384.

20 https://libcom.org/article/greece-after-school-occupations-1991

21 »Vengeance for Desert Storm«. In: Kiesling, John Brady; *Greek Urban Warriors. Resistance and Terrorism 1967-2014*. Lycabettus Press, 2014.

22 Ebd.

23 https://kalamatajournal.gr/messinia/kalamata/item/8653-kalamata-24-septemvri-1991-mia-apelpistika-adespoti-kai-orfani-eksegersi

24 https://athens.indymedia.org/post/582650/

25 Exarchia ist mindestens seit Anfang der 80er Jahre dauerhaft von Bussen der Bereitschaftspolizei umstellt, die neuralgische Punkte bewachen. Dieser stand vor der Pasok-Zentrale in der Harilaou-Trikoupi-Straße.

26 Siehe dazu den Absatz: »The Sepolia Shoutout«. In: Kiesling, John Brady; *Greek Urban Warriors. Resistance and Terrorism 1967-2014*. Lycabettus Press, 2014. Dieser ist so detailreich, dass der Autor vermutlich Zugang zu den Akten hatte.

27 U.a. https://athens.indymedia.org/post/582650/

28 Karampampas, Sotirios; *How Has the Phenomenon of Revolutionary Groups Been Resilient in Greece? A Relational Study of Two Contentious Episodes (1965–2002)*. 2017.

29 Hier gibt es eine anarchistische Zeitung, die über seinen Hungerstreik berichtet: https://libertarianarchive.gr/archive/item/12410/download/11181

30 https://www.babylonia.gr/2018/05/08/apotypoma-vs-dna-2/

31 1992 bei Droemer Knaur erschienen.

32 *The Green Anarchy Collective, Decoding the Apocalypse of the Militant Greek Left*: https://theanarchistlibrary.org/library/the-green-anarchy-collective-decoding-the-apocalypse-of-the-militant-greek-left

33 https://rproject.gr/article/oi-agones-poy-ta-allaxan-ola-kai-tin-aristera

34 Das ist einer der detaillierten Berichte:
https://prin.gr/2022/07/apergia-eas-leoforeia-1992/

35 Die GSEE-Funktionäre wurden dafür bezahlt, mit Geld oder Aufstieg in politische Mandate für Parteien, eine Eskalation von Arbeitskämpfen verhindern.

36 https://prin.gr/2022/07/apergia-eas-leoforeia-1992/

37 https://www.mixanitouxronou.gr/to-xevrakoma-ton-odigon-sep-stin-omonia-i-apolisi-8-500-ergazomenon-tis-eas-se-mia-nichta-i-18mines-sigkrousis-me-ta-mat-kata-tis-idiotikopiisis-ton-leoforion/

38 Kiesling, John Brady; *Greek Urban Warrior.Resistance and Terrorism 1967-2014*. Lycabettus Press, 2014.

39 ELA Kills a Policeman. In: Kiesling, John Brady; *Greek Urban Warrior.Resistance and Terrorism 1967-2014*. Lycabettus Press, 2014, S. 256.

40 Die griechische Zeitung *To Paron* veröffentlichte am 13.11.1994 eine Ermittlung der Schweizer Staatsanwältin Carla del Ponte gegen die »Carlos Gruppe« wegen Raketenangriff auf ein französisches AKW. Griechische Journalisten erweiterten die Story auf Kostas Agapiou, den Cousin des gleichnamigen Aris-Team-Militanten. Grundlage der Verfahren waren Stasi-Unterlagen; alle Ermittlungen erwiesen sich als haltlos. Kiesling bezieht sich in seinem Buch auf diesen Komplex. Kapitel Aris Team in: Kiesling, John Brady; *Greek Urban Warrior.Resistance and Terrorism 1967-2014*. Lycabettus Press, 2014, S. 52 (Abschnitt über Maria Elena Angeloni).

41 Beweise von der Stasi, von Rechtsanwalt Harry Ladis, Thessaloniki, in *Jungle World* #32/2004

42 Diese Hungerstreiks richten sich immer gegen die Haftbedingungen oder fordern die Freilassung, in diesem Fall lassen sich keine Erklärungen dazu finden. Hungerstreiks im November beabsichtigen auch eine Dynamik für den 17. November auszulösen.

43 Ein Bericht von https://anarchypress.wordpress.com/2016/11/12/%CF%80%CE%BF%CE%BB%CF%85%CF%84%CE%B5%CF%87%CE%BD%CE%B5%CE%B9%CE%BF-%CE%BC%CE%AF%CE%B1-%CF%83%CF%8D%CE%BD%CF%84%CE%BF%CE%BC%CE%B7-%CE%B1%CE%BD%CE%B1%CE%B4%CF%81%CE%BF%CE%BC%CE%AE/

44 https://athens.indymedia.org/post/1250782/

45 https://www.ekathimerini.com/opinion/1225058/the-athens-polytechnic-uprising-50-years-on/

46 https://anarchypress.wordpress.com/2016/11/12/%cf%80%ce%bf%ce%bb%cf%85%cf%84%ce%b5%cf%87%ce%bd%ce%b5%ce%b9%ce%bf-%ce%bc%ce%af%ce%b1-%cf%83%cf%8d%ce%bd%cf%84%ce%bf%ce%bc%ce%b7-%ce%b1%ce%bd%ce%b1%ce%b4%cf%81%ce%bf%ce

%bc%ce%ae/

47 https://en.famagusta.news/entertainment/stories/mythi-ke-alithies-schetika-me-to-panepistimiako-asylo

48 https://athens.indymedia.org/post/126931/

49 https://libcom.org/article/anarchist-killed-greek-police und https://actforfree.noblogs.org/2023/03/12/greece-honor-forever-to-the-comrade-lambros-fountas-by-the-members-of-r-o-revolutionary-struggle-nikos-maziotis-pola-roupa/

50 *Der Aufstand, Polytechnio 1995*, Textsammlung vom Anarchistischen Archiv, 2011. https://anarchypress.wordpress.com/2011/11/02/k%cf%85%ce%ba%ce%bb%ce%bf%cf%86%ce%bf%cf%81%ce%b5%ce%af-%cf%84%ce%bf-%ce%b2%ce%b9%ce%b2%ce%bb%ce%af%ce%bf-%ce%b7-%ce%b5%ce%be%ce%b5%ce%b3%ce%b5%cf%81%cf%83%ce%b7-%cf%80%ce%bf%ce%bb%cf%85%cf%84%ce%b5/)

51 Die Texte »Days of Remembrance and Rebellion, two leading moments: POLYTECHNIO 1985 – POLYTECHNIO 1995« (Parts A & B) wurden in der anarchistischen Zeitung *DIADROMI ELFTHERIAS*, sheet 44 veröffentlicht https://anarchypress.wordpress.com/2009/11/15/%ce%b7%ce%bc%ce%ad%cf%81%ce%b5%cf%82-%ce%bc%ce%bd%ce%ae%ce%bc%ce%b7%cf%82-%ce%ba%ce%b1%ce%b9-%ce%b5%ce%be%ce%ad%ce%b3%ce%b5%cf%81%cf%83%ce%b7%cf%82-%ce%b4%cf%8d%ce%bf-%ce%ba%ce%bf%cf%81%cf%85%cf%86-2/

52 https://inthesetimes.com/article/greeces-alpha-kappa-movement-takes-on-golden-dawn

53 *The Best Years of Our Lives [Legendary documentary on riots in Greece during the 90s]*. https://www.youtube.com/watch?v=u5JouWSbPNI oder bei Altersbeschränkung: https://piped.video/watch?v=u5JouWSbPNI

Kapitel IX

Fazit

Der hier vorliegende Texte erhebt keinen wissenschaftlichen Anspruch, trotz dessen wurde versucht, wo es möglich war, die Quellen ausfindig zu machen, damit sie zum Weiterlesen und für weitere Beschäftigungen nutzbar sind.

Die Recherche erfolgte ohne das Ziel irgendeine These beweisen zu wollen. Die Radikalität der Ereignisse im November 1973 hätte sich, ohne die Beteiligung einiger Anarchist*innen, vermutlich nicht in dieser Form entwickelt. Ohne sie hätten es gewisse linke Organisationen sicher einfacher gehabt, die Revolte abzuwürgen.

In bestimmten Bereichen der Gesellschaft lag ein Bewusstsein vor, sich nicht alles gefallen lassen zu müssen. Die kollektive Erinnerung hatte den Widerstand gegen die deutsche Besatzung im Zweiten Weltkrieg als mögliche Option der Selbstverteidigung verinnerlicht. Zwischen dem Ende des Bürgerkriegs 1949 und dem Putsch der Militärs am 21. April 1967 wurde die Linke nie rehabilitiert. Es fiel ihr daher leicht, gegenüber der Junta in die Rhetorik des Widerstands zu verfallen. Militanz war, anders als in der BRD, gesellschaftlich keineswegs geächtet. Die ersten offen auftretenden Anarchist*innen mussten nicht nur dem Druck der Polizei, sondern auch dem verleumderischen Vorwurf der Linken, gesteuerte Provokateur*innen zu sein, standhalten. Um überhaupt erst Subjekt werden zu können, mussten Anarchist*innen bereit sein, Gewalt anzuwenden. Mit einiger Verspätung zündete die Lunte der situationistischen und anarchistischen Tendenz des Pariser Mai '68 auch in Griechenland.

Nach dem Sturz der Obristen versagten die linken Organisationen genau da, wo schon die KKE als maßgebliche Partei im ELAS 1944 versagt hatte: den Klassenkrieg für sich zu entscheiden. Griechenland hat mit seinem oligarchischem System (weiterhin) extreme Klassenunterschiede. Während die Eliten im Luxus schwelgen, besteht für viele Griech*innen das Leben nur im Kampf ums materielle Überleben. In den drei hier behandelten Jahrzehnten waren die zahlreichen Bildungs- und Arbeitskämpfe ein Ausdruck des Klassenkampfs. Anarchist*innen waren in diesen Kämpfen immer anwesend. Gleichzeitig war die konkrete staatliche Gewalt drastisch; das wurde auch von der Gesellschaft so empfunden; die Apathie hatte sich noch nicht durchgesetzt. Somit waren die Voraussetzungen Anfang der 80er Jahre für die anarchistische Bewegung günstig, sich weiter zu entwickeln.

Sie hatte eine hohe Glaubwürdigkeit erlangt, weil sie sich durch ihre heterogene Zusammensetzung in alle Konflikte einmischte. Viele Militante waren Student*innen und kämpften tatsächlich um den politischen Raum der Universitäten und Schulen. Die Beteiligung an Arbeitskämpfen und Streiks kam nicht von außen, sondern Anarchist*innen gehörten wirklich zur proletarischen Klasse. Die Bewegung rief nicht nur dazu auf, Gesetze zu missachten, sie tat es auch; Demonstrationen wurden nicht angemeldet, Anarchist*innen überfielen Banken und klauten Autos. In der Gegenwart liegt in vielen Ländern hier ein Widerspruch: Obwohl viele Student*innen zur anarchistischen/ autonomen Szene gehören, werden Unis kaum als Ort der Auseinandersetzung behandelt. Arbeiter*innen treten am Arbeitsplatz selten als Anarchist*innen auf. Und viele, die zum Rechtsbruch aufrufen, lösen brav ein Ticket in der Bahn. Die mangelnde Sichtbarkeit trägt nicht zur Ausstrahlung der anarchistischen Perspektive bei.

Ein weiterer wichtiger Faktor für die Ausbreitung war es, das über Orte verfügt wurde, von denen aus angegriffen und in die sich zurückgezogen werden konnte, Orte auch für Experimente des Alltags: die Universitäten und einen Stadtteil.

Zusätzlich gab es eine Gegenkultur in Form von Musik und anderen Ausdrucksformen, die der Staat zu unterdrücken, statt zu vereinnahmen, versuchte. Eingebettet in die Gegenkultur und einen ständigen inhaltlich-theoretischen Prozess, standen die Besetzungen oder militante Demos nicht isoliert da. Dazu gibt es tatsächlich eine Doktorarbeit von Nikos Souzas unter dem Titel *Political and cultural dimensions of social movements: the case of the antagonistic movement in Greece (1974–1998)*[1], die so zusammengefasst wird:

> »Die zentrale theoretische Frage, mit der sich diese Dissertation beschäftigt, bezieht sich auf die Bedeutung kultureller Komponenten des politischen Prozesses für die Bildung kollektiver Identitäten. Durch die Fokussierung auf ungesehene Aspekte der politischen Kultur nach der Diktatur wird versucht, soziale Mobilisierungen und Entwicklungen von historischer Bedeutung zu verstehen. Insbesondere wird versucht, empirische und qualitative Erkenntnisse über die politischen und kulturellen Dimensionen der antagonistischen Bewegung in Griechenland im Zeitraum 1974–1998 zu sammeln, zu erfassen, zu analysieren und zu interpretieren. In der Praxis werden stichprobenartige Untersuchungen und Analysen in Bezug auf den Inhalt des umfangreichen empirischen Materials durchgeführt, das von der untersuchten Bewegung produziert wurde und hauptsächlich aus privaten Akten und dem Internet stammt, wobei besonders darauf geachtet wird, dass die Forschungsergebnisse so differenziert sind, dass sie qualitativ hochwertige Daten liefern. Zusammenfassend lässt sich sagen, dass die antagonistische Bewegung in Griechenland ein geeignetes empirisches Forschungsfeld für eine Theorie des kollektiven Handelns darstellt, die die Bedeutung der kulturellen Dimension sowohl in Bezug auf die Entstehung sozialer Bewegungen als solche als auch in Bezug auf ihr Potenzial zur Veränderung der Wahrnehmungs- und Bewertungskategorien des sozialen Lebens hervorhebt und damit zu entscheidenden politischen und kulturellen Veränderungen beiträgt.«[2]

Vor diesem Hintergrund ist anzunehmen, dass eine anarchistische Bewegung es schwer haben wird zu entstehen, wenn es keine kollektive Erinnerung an Widerstand in der Gesellschaft gibt, gegenkulturelle Einflüsse ausbleiben und keine eigenen Orte existieren.

Eine relativ starke Linke scheint in Griechenland die Entwicklung der anarchistischen Idee begünstigt zu haben. Wo es keine Reibung mit der Linken gibt, werden weniger Menschen eine Notwendigkeit für die anarchistische Perspektive erkennen.

Das meint nicht, eine starke Linke würde die Anarchie fördern, sondern sie kann die anarchistische Bewegung dazu zwingen sich nicht in selbstreferenziellen Diskursen zu verlieren.

Unter anderem aus gewerkschaftlichen Arbeitskämpfen, Unruhen im Bildungsbereich und den Angriffen bewaffneter Gruppen unterschiedlicher ideologischer Ausrichtung, eröffnete sich der Anarchie ein Raum für ihre Praxis.

Bei der Recherche wurde keine besondere Bedeutung der anarchistischen Klassiker für das Aufkommen der Bewegung gefunden. Auch die Propaganda der Tat ab dem späten 19. Jahrhundert taucht in Texten und mündlichen Überlieferungen kaum auf.

> »In Griechenland gibt es keinen Einfluss aus dem traditionellen Anarchismus, denn für uns begann das alles erst in den 70er Jahren. Hier haben viele, die sagen, sie seien Anarchisten, nie Bakunin oder Kropotkin gelesen. Wir hatten eine große Bewegung im klassischen Sinn bis zum Ersten Weltkrieg. Aber wegen des großen Einflusses der Kommunistischen Partei ist das alles verschwunden. Und kam erst in den 70ern wieder.«[3]

Anarchist*innen fanden sich eher aus einem bestimmten Lebensgefühl zusammen, für das sie sich aktueller philosophischer Ansätze bedienten. Sogenannte »Intellektuelle« hatten in den Sechziger und Siebziger Jahren mit neuen Beiträgen die alten, linken Ismen überflüssig gemacht, in einer hochpolitisierten Gesellschaft wie der griechischen, war die Anarchie eine glaubwürdige Identität um aus den konservativen Verhältnissen auszubrechen.

Hier liegt der Gegensatz zur Gegenwart in den meisten europäischen Regionen: in entpolitisierten Gesellschaften tauchen keine neuen philosophischen Ansätze auf.

Die Verhältnisse werden kaum als konservativ empfunden, daher besteht kein Drang auszubrechen. Manche Stimmen behaupten sogar, dass es einen szenetypischen Konservatismus gibt, der ähnlich dem gesellschaftlich bekannten Konservatismus,

Entwicklungen und Neues systematisch ablehnt und zu verhindern sucht. Als Folge bedienen sich heute Anarchist*innen Begrifflichkeiten, die wenig Dynamik entfalten können.

Anmerkungen

1 https://pergamos.lib.uoa.gr/uoa/dl/object/1333049/file.pdf

2 https://pergamos.lib.uoa.gr/uoa/dl/frontend/en/browse/1333049

3 Panagiotis Kalamares, Herausgeber der Reihe Libertäre Kultur. In: *Wir sind ein Bild aus der Zukunft. Auf der Strasse schreiben wir Geschichte.* Laika Verlag, 2010, S. 31.

Anhang

unvollständige Quellenangabe:

Eberhard, Erik; Revolution und Konterrevolution in Griechenland. Arbeitsgruppe Marxismus Nr. 25, 2005.

Panourgia, Neni; Dangerous Citizens. The Greek Left and the Terror of the State. Fordham Uiversity Press, 2008.

Kiesling, John Brady; Greek Urban Warriors. Resistance & Terrorism 1967–2014. Lycabettus Press, 2014.

Vradis, Antonis / Dalakoglou, Dimitris; Revolt and Crisis in Greece: Between a Present Yet to Pass and a Future Still to Come. Occupied London Project, 2011.

Karampampas, Sotirios; How has the phenomenon of Revolutionary Groups been resilient in Greece (1965–2002). University of Sheffield 2017.

Voglis, Polymeris; »The Junta Came to power by the force of arms, and will only go by arms«. Political Violence and the Voice of the Opposition to the Military Dictatorship in Greece, 1967–74. University of Thessaly, December 2017.

A.G. Schwarz / Tasos Sagris / Void Network (Hg.); Wir sind ein Bild aus der Zukunft. Auf der Strasse schreiben wir Geschichte. Laika Verlag, 2010.

Kornetis, Kostis; Children of the Dictatorship. Student Resistance, Cultural Politics and the ›Long 1960s‹ in Greece. Berghahn Books, 2013.

Koufontinas, Dimitris; Geboren am 17. November. bahoe books, 2019

Amnesty International

Indymedia Athen

ASKI – Contemporary Social History Archives Athens
Anarchistisches Archiv mit seinen Blogs

mündliche Überlieferungen

Organisationen

AA – Antiautoritärer Kampf, militante Gruppe 1987-1989

AAA (Unabhängiger Befreiungswiderstand) – militante Anti-Junta-Gruppe mit Verbindungen zum Militär

AASPE – halb klandestine Studentenorganisation, hervorgegangen aus E.K.K.E.

A-EFEE – auch AntiEFEE (Anti-Diktatur) zahlenmäßig große, marxistische und prosowjetische Studierendenorgansisation während der Junta

Afrikaner Weerstandsbeweging – 1973 von einem ehemaligen Polizist gegründete faschistische Terrormiliz, die den südafrikanischen Staat als zu liberal bekämpfte und Schwarze ermordete. Zog Faschisten aus der ganzen Welt.

AKOA – 1987 Abspaltung von KKE Esoterikou, ging in SYRIZA auf

Alpha Kappa – Antiautoritäre Bewegung von 2002 bis 2019

Anarchistische Föderation – immer Mal wieder neugegründete plattformistische Organisation

ANC – seit 1912, Afrikanischer Nationalkongress, politische und militante Bewegung zur Befreiung der Schwarzen in Südafrika
Antipliroforisi – ELA Zeitung

Aris-Rigas Feraios (ARF) – militante Organisation, gebildet 1969 aus Teilen der Jugendstruktur der abgespaltenen KKE-Fraktion »KKE Esoterikou«. Diese Fraktion ging später in SYRIZA auf. Rigas Feraios wird als Held der griechischen Unabhängigkeitsbewegung gegen das Osmanische Reich bezeichnet.

Asfalia – Sicherheitspolizei, von 1967 bis 1974 eine der zentralen Folterinstitutionen

Avanguardia Nazionale – eine faschistische und putschistische Terrorgruppe in Italien 1960–1976

Bewegung 2. Juni – anarchistische Stadtguerilla in der BRD mit Schwerpunkt West-Berlin, 1972–1980

Bewegung 20.Oktober (20.0) – eine international vernetzte Struktur mit anarcho-syndikalistischen Einflüssen, die sich nach dem Datum ihrer ersten Bombe 1969 benannte.

Bewegung 29.Mai (29M) – guevaristisch, bewaffnete Gruppe während der Junta, Spaltung 1969 in Popular Revolutionary Resistance (LEA) und E.K.K.E.

Brigate Rosse – 1970 für bewaffnete Propaganda gestartete kommunistische Guerilla in Italien, mit Schwerpunkten in den Fabriken, beendet 1990 mit Nachfolgeorganisationen bis 2003

Chrisi Avgi (Goldene Morgenröte) – 1993 als faschistische Partei in Griechenland gegründet, Terrorgruppe mit Hilfe der Polizei, nach der Ermordung des Rappers Pavlos Fyssas 2013 als kriminelle Vereinigung verurteilt

DA (Demokratische Verteidigung) – der späteren PASOK-nahe Bombenleger der akademischen Linken

DEA (Demokratisches Komitee des Widerstands) – trotzkistisch, militante Gruppe an den Universitäten während der Junta

DEMOKRATISCHE UNION – kurzlebiges Bombenteam 1968/1969 mit studentischen Wurzeln

Devrimci Sol – 1978 als marxistisch-leninistische, antiimperialistische Volksbewegung in der Türkei gegründet, betrieb bewaffnete Parteipolitik

DSE – Demokratische Armee Griechenlands, von der KKE kontrollierte Streitkräfte im Bürgerkrieg 1946-1949, die KKE wollte mit der Namensänderung auch die Konflikte aus dem ELAS-Partisanenkampf loswerden

EAM/ELAS – EAM war die Nationale Befreiungsfront seit 1941 gegen die Achsenmächte, dominiert von der KKE, die Partisanenarmee hieß ELAS

EAS – Die Städtische Verkehrsgesellschaft war von August 1977 bis Juli 1992 das staatliche Busunternehmen von Athen und Piraeus.

ESA – die Militärpolizei bis 1974, eine der Machtsäulen der Diktatur

EAT-ESA (Ειδικό Ανακριτικό Τμήμα της Ελληνικής Στρατιωτικής Αστυνομίας) – Spezielle Vernehmungseinheit der Griechischen Militärpolizei

EDA – Vereinigte Linke, nach dem Verbot der KKE in den 50er und 60er Jahren die Partei, in der sich die Kommunist*innen sammelten.

EDES – royalistischer und rechter Widerstand gegen die Besatzung der Achsenmächte ab 1941, Kollaboration mit der Wehrmacht ab 1943, opportunistische Guerilla mit Nähe zur britischen Regierung, später beteiligt am weißen Terror im Bürgerkrieg

EFEE – Nationale Studentenunion Griechenlands war eine Organisation der Studentenvereinigungen der höheren Bildungseinrichtungen Griechenlands. Sie wurde 1967 von der Diktatur aufgelöst und 1971 unter staatlicher Kontrolle neu gegründet. Dominiert von der KNE und Rigas Fereios

EKAM – mit der GSG 9 in Deutschland vergleichbare Spezialeinheit

E.K.K.E. – Revolutionäre Kommunistische Bewegung Griechenland, 1969 Abspaltung der Bewegung 29M, maoistisch, bildet halb klandestine Studentenorganisation AASPE

EKOF – eine faschistische Studentenorganisation in den 50er bis 70er Jahren, mit Verbindungen zum Staat. Verwickelt in den Mord an Grigoris Lambrakis 1963.

ELA (Epanastatikos Laikos Agonas – Revolutionärer Volkskampf) – sozialrevolutionäre Stadtguerilla von 1975 bis 1995

ELAS – siehe EAM/ELAS

ΕΛ.ΑΣ. – die Griechische Polizei, ging 1984 aus der Vereinigung der Gendarmerie und der Stadtpolizei hervor.

EOKA – Nationale Organisation zypriotischer Kämpfer, seit 1955 Guerilla gegen die britischen Kolonialbehörden, mit faschistischen Wurzeln zur deutschen Kollaboration

EPEN – eine faschistische Partei, die 1984 von dem inhaftierten Ex- Diktator Papadopoulos gegründet wurde. Sie stellte die "besorgten Bürger" um der Polizei gegen anarchistische und linksradikale Aktionen zu unterstützen. Makis Voridis war ihr Generalsekräter, bevor er zum Minister der Nea Dimokratia wurde.

Epithesi (Angriff) – illegale Zeitung bewaffneter Zusammenhänge während der Junta, Mitteilungsblatt von LEA

ESESI – Tarnorganisation des KYP um im Auftrag der Obristen die Aktivitäten griechischer Student*innen in Italien zu überwachen

ETA – 1959 bis 2018 als antifrancistische, linke Bewegung für die Befreiung des Baskenlands aktiv

Europa Civiltà – faschistische Organisation in Italien

EVP – kurzlebige, faschistische Splittergruppe

FUAN-La Caravella – Fronte universitario d'azione nazionale, 1950 bis 1996 als neofaschistische Organisation an italienischen Universitäten aktiv

GADA – die Polizeizentrale von Athen und Attika

Gruppe 1.Mai – maoistische Struktur, die ab Anfang der 90er mit ELA zusammenging

Revolutionäre Organisation 17.November – marxistische Stadtguerilla von 1975 bis 2002

Gruppe »Vierter August« – militante faschistische Gruppe im Athen der 70er Jahre

Gruppe Anti-Staats-Kampf – entstand ungefähr 1980, nachdem sich Christos Tsoutsouvis und weiter Militante von ELA trennten

Gruppe Revolutionäre Solidarität – Aktionsgruppe, die sich 1990 zur Erschießung von Maratos bekannte

GSEE – General Confederation of Greek Workers, eine Gewerkschaft um die Arbeiter*innen daran zu hindern, ihre Interessen selbst wahrzunehmen

KEA – royalistische Bombenteam gegen die Junta, 1969–1972

KKE (Kommunistische Partei Griechenlands) – stalinistisch, von Verschwörungstherorien und falschen Analysen geleitete Partei, deren Hauptmerkmal der Verrat ihrer eigenen Klasse ist.

KNE – ihre Jugendorganisationen, dominant an den Unis

KOA – eine bürokratische Struktur der KNE

KPI – Kommunistische Partei Italiens

KKE Esoterikou – die eurokommunistische Abspaltung der KKE, aktiv im Widerstand gegen die Junta

KYP – Geheimdienst

Laiki Pali (Popular Struggle) – trotzkistische militante Gruppe, 1968, Thessaloniki

LAOS – 1968 unter der Bezeichnung Peoples Liberation Teams of Sabotage eine kleine Struktur um Panagoulis für sein Attentat auf Papadopoulos, 1973/74 von der PAK subventioniert und unter dem Namen Organisierte Volksbefreiungsarmee mit weiteren Bombenangriffen aktiv

LAS – ein Proxy von ELA

LEP – Laiki Epanastatiki Pali, Popular Revolutionary Struggle, 1968–1974, bewaffnete Gruppe mit trotzkistischem und maoistischem Hintergrund, die in Thessaloniki entstand

Liga de Unidade e Acção Revolucionária – linksradikale militante Gruppe von 1967 bis 1976 in Portugal

MAS – eine studentische Organisation der KNE

MAT – Einheit zur Wiederherstellung der Ordnung (Bereitschaftspolizei), gegründet 1976 unter Führung ehemaliger Beamter der Junta, die dafür in den USA ausgebildet wurden.

MEA – teilweise zivile Sondereinheit seit 1979, die MAT unterstützen sollte, wegen ihrer Nähe zur Pasok 1990 von ND aufgelöst

MIR – gegründet als marxistisch-leninistische (Guerilla) Partei 1965 in Chile

Nea Dimokratia (ND) – 1974 von Karamanlis gegründete christlich, wirtschaftliberale Partei, die zahlreiche Anhänger*innen der Junta aufnahm

Nomiki – die Juristische Fakultät in Athen

OEM – Neutrale Front Griechenlands, eine revolutionäre Gruppe, 1974 von Dr. Tsironis gegründet

OKDE – trotzkistische Anti-Junta-Gruppe

ONNED – 1974 gegründete rechte Jugendorganisation von ND. Ihre anfängliche Straßenmilitanz als Auffangbecken parastaatlicher Schläger ist verblasst.

Organisation Volksgerechtigkeit (ΟΡΓΑΝΩΣΗ ΠΟΛΙΤΟΦΥΛΑΚΗΣ ΛΑΪΚΗ ΔΙΚΑΙΟΣΥΝΗ) – einmalige Aktionsgruppe 2015

OSE – Organisation der Sozialistischen Revolution

Ordine Nuovo – 1956 in Italien gegründete parastaatliche, faschistische Terrororganisation

PAK (Panhellenic Liberation Movement) – Gründung 1968 von Zentrums-Politiker Andreas Papandreou

PAM (Panhellenische Antidiktatur Front) – militante Organisation der KKE Esoterikou, 1968

Pasok – von Andreas Papandreou 1974 gegründete sozialistische Partei

PLO – 1964 gegründete Palästinensische Befreiungsorganisation

Propaganda Due – P2 – 1944 in Italien gegründet, ein konspiratives Netzwerk aus Führungspersonen der Polizei, des Militärs, der Wirtschaft, der Politik, der Mafia und von Geheimdiensten, mit dem Ziel eines Putsches. Verwickelt in faschistische Attentate.

LEA (Laiki Epanastatiki Antistasi) – Revolutionärer Volkswiderstand, eine bewaffnete Gruppe ab 1971, Abspaltung der Bewegung 29M, Vorläufer der Organisation 17. November

RAF – von 1970 bis 1998 antiimperialisitische Stadtguerilla mit Avantgarde Anspruch in der BRD mit marxistisch-leninistischen und maoistischen Analysen

Revolutionäre Linke – kurzlebige militante Gruppe Anfang der 80er Jahre
Revolutionäres Team Oktober 80 (080) – eine bewaffnete Gruppe, laut Polizei von Christos Tsoutsouvis, was von glaubwürdigeren Quellen aber bestritten wird

Rigas Feraios – war als Jugendorganisation seit 1967 an den Universitäten bedeutsam, unterstützt ab 1968 die KKE Abspaltung KKE Esoterikou, die später in SYRIZA aufging.

SEV – Griechischer Verband der Unternehmer

SINISTRA PROLETARIA – von 1969 bis 1971 militante, kommunistische Vorläuferorganisation der Roten Brigaden in Italien

Situationistische Internationale – 1957 gegründete linke Gruppe europäischer Künstler*innen und Intellektueller. Die Situationisten beeinflussten die Linke, speziell im Umfeld des Pariser Mai 1968, die Entwicklung der Methoden der Kommunikationsguerilla und die internationale Kunstszene bis 1972

Spoudastiki Pali – siehe Laiki Pali

Syrizia – 2004 als linkspopulistisches Wahlbündnis gestartet, übernahm SYRIZA 2015 die Regierungsgewalt in Griechenland. Korrumpierten erfolgreich linke Strömungen in der Gesellschaft und betrieben die Spaltung der antiautoritären Bewegung. Für viele die schlimmsten Feinde der Anarchie. Zum Glück auf dem Weg in die Bedeutungslosigkeit.

Ta Nea – auflagenstärkste Zeitung der 80er und 90er Jahre, bewegte sich von Pasok-freundlich immer weiter nach rechts

TKP/ML – 1972 gegründete bewaffnete Türkische Kommunistische Partei, die sich mehrfach gespalten hat.

Türk Mukavemet Teşkilatı (TMT) – 1957 auf Zypern gegründete bewaffnete Widerstandsorganisation gegen die EOKA, mit rechtsnationalistischer Ideologie

Tupamaros – 1963 in Uruguay entstandene kommunistische Guerilla, seit 1985 Partei, Vorbild vieler europäischer Stadtguerillagruppen

Die Verschwörung der Feuerzellen – aus den Bildungsprotesten 2006/2007 entstandene anarchistische Stadtguerilla in Athen und Thessaloniki

Zentrumsunion – seit 1961 die Klientelpartei von Georgios Papandreou, als Fortsetzung der liberalen Partei, mit sozialdemokratischen Rhetoriken.

Personen

Petros Babalis – Folterspezialist der Asfalia bis 1974, hingerichtet von einem ELA Team im Januar 1979

Tassos Darveris – ein Maoist, der 1968 an der Gründung von LEP in Thessaloniki beteiligt war

Georgios Georgalas – ehemaliger Marxist, Chef Ideologe der Junta, später im Neofaschismus aktiv

Alexandros Giotopoulos – *1944, Trotzkist, Gründer Bewegung 29. Mai (29M), später Mitglied von LEA, verurteilt als Rädelsführer der Organisation 17. November, in Haft seit 2002

Manolis Glezos – *1922–2020, ein Antifaschist der 1941 die deutsche Fahne von der Akropolis riss, als Kommunist während der 50er Jahre und während der Junta inhaftiert. Später Schriftsteller und Abgeordneter für Pasok und Syriza.

Filippas Kiritsis und Sophia Kiritsis – wurden Ende der 70er Jahren durch ihre Verhaftung über die anarchistische Bewegung hinaus bekannt, danach in Knastkämpfen und publizistisch aktiv.

Christos Konstantinidis – einer der ersten öffentlich bekannt gewordenen Anarchisten, der seit 1972 als Aktivist einer kleinen Gruppe und Verleger an Demonstrationen und Besetzungen teilnahm.

Kostis Kornetis – schrieb das Standartwerk Children of the Dictatorship, Professor für contemporary history Universidad Autonoma de Madrid.

Evangelos Mallios – Folterspezialist der Asfalia, erschossen von 17N am 14.12.1976

Alexandros Panagoulis – *1939 – 1976, Deserteur, Bombenleger der Gruppe LAOS (Peoples Liberation Teams of Sabotage), Attentäter gegen Papadopoulos 1968, Abgeordneter der Zentrumsunion nach 1974, vermutlich durch den Parastaat ermordet

Sotiris Petroulas – Student und Kader der EDA Jugend, am 21. Juli 1965 bei Demonstration von Polizei getötet
Andreas Papandreou – *1919–1996, der Sohn des Premierminister Georgios Papandreou war selbst mehrfach Regierungschef Griechenlands, während der Junta im Exil, danach Gründer von

Pasok, stolperte über einen Korruptionsskandal. Beschäftigte in den 80er und 90er Jahren seinen Sohn George als Minister.

Georgios Papandreou – *1888–1968, diente unter diversen sozialdemokratischen und rechten Regierungen als Minister oder Premierminister, stürzte mit Hilfe der Briten Griechenland in einen Bürgerkrieg um den Einfluss der KKE zu stoppen. Trotzdem populär in der Bevölkerung.

Giannis Serifis – mutmaßliches Mitglied von 20. Oktober, freigesprochen in Prozessen wegen ELA und 17N

Georgios Papadopoulos – *1919–1999, Oberst, Chef der Militärjunta von 1967 bis 1973

Dimitrios Ioannidis – Chef der Militärpolizei ESA, löste von November 1973 bis Juli 1974 Papadopoulos ab

Konstatin Karamanliis – *1907–1998, ein rechter Politiker, der seit 1947 in diversen Regierungen als Minister und Premierminister diente, im Auftrag der Junta übernahm er die »Demokratisierung« Griechenlands 1974, wofür er die Nea Dimokratia gründete.

Stergios Katsaros – *1938–2021, ein Straßenkämpfer in Arbeitskämpfen seit 1961 und während der Juliana, während der Junta entwickelte er aus der guevaristischen Theorie illegale Aktionen, flüchtete nach Kuba, kam im May 1968 zurück nach Griechenland. Wegen Beteiligung an Laiki Pali verhaftet und gefoltert. Nach Amnestie im August 1973, Teilnahme am Polytechnio Aufstand. Der Verlag Black List veröffentlichte 1999 sein viel diskutiertes Buch *I, the Provocateur, the Terrorist-The Charm of Violence.*

Weitere Bücher bei immergrün:

»Haftantritt ausgesetzt« erzählt die authentische Geschichte eines Antifaschisten. Nach einer zehnmonatigen Untersuchungshaft beschließt Karl, nachdem ihm weitere Jahre hinter Gittern drohen, unterzutauchen und in die Illegalität ins Exil zu gehen.

Smily
Haftantritt ausgesetzt
Über Knast, Untertauchen und Solidarität

978-3-910281-12-7

Der Männerrundbrief (1993 – 2002) bemühte sich über die Jahre im Wesentlichen zwei Zielen gerecht zu werden. Zum ersten sollten [...] Aktivitäten und Positionen der radikalen Männerbewegung dokumentiert werden. Zum zweiten versuchte das Redaktionskollektiv, politische Diskussionen zu initiieren und voranzutreiben.

Der Männerrundbrief. Eine Auswahl
radikal – autonom – profeministisch

978-3-910281-09-7

Ricardo war unter anderem in der Dresdener Graffiti-, HausbesetzerInnen- und Antifaszene aktiv. Um einer weiteren Haftstrafe zu entgehen, beschloss er Deutschland zu verlassen. Dieses Buch ist der Versuch von GefährtInnen und FreundInnen, eine Auseinandersetzung zum Thema Flucht, Exil und Illegalität zu führen.

gata preta
Ich vermisse euch wie Sau

978-3-910-281-02-8